Ludwig Cramer Klett.

Ludwig Benedikt Freiherr von Cramer-Klett

# *Zum Jagen zog ich frohen Sinn's*

Auf Rehbock, Hahn und Hirsch

Verlag Paul Parey · Hamburg und Berlin

**CIP-Kurztitelaufnahme der Deutschen Bibliothek**

**Cramer-Klett, Ludwig Benedikt Frhr. von:**
Zum Jagen zog ich frohen Sinn's : auf Rehbock, Hahn u. Hirsch / Ludwig Benedikt Frhr. von Cramer-Klett. – Hamburg ; Berlin : Parey, 1986.
ISBN 3-490-06111-x

 Anschriften: Spitalerstraße 12, 2000 Hamburg 1; Lindenstraße 44–47, 1000 Berlin 61.
Satz und Druck: Westholsteinische Verlagsdruckerei Boyens & Co., Heide in Holstein. Umschlag: Evelyn Fischer, Hamburg.

ISBN 3-490-06111-x

# *Inhalt*

# *Pro Memoria*

*,,Durch die Wälder, durch die Auen – zog ich frohen Sinns dahin . . .“*

Diese Zeilen aus Webers ,,Freischütz“ waren das Leitmotiv dieses letzten Buches, dessen Erscheinen er nicht mehr erlebt – denn der Freiherr Ludwig Benedikt von Cramer-Klett ist tot. Mitten aus den Abschlußarbeiten zu diesem Buch ist er am 15. August 1985 einer kurzen, aber schweren Krankheit im achtzigsten Lebensjahr erlegen und unter großer Beteiligung der jagdlich und heimatverbundenen Freundes- und Leserkreise auf heimischer Scholle zu Grabe getragen worden.

Mit Ludwig Benedikt Freiherr von Cramer-Klett verliert der Verlag Paul Parey und mit ihm die Jägerschaft im deutschen Sprachraum ihren bedeutendsten zeitgenössischen Jagdschriftsteller, der, immer bereit und in der Lage, seinen klaren Gedanken und Empfindungen unmißverständlich Ausdruck zu verleihen, in der Jagd mehr sah als eine biologisch notwendige Betätigung. Ihm war das Waidwerk eine Herzensangelegenheit, eine Mischung von Natur und Philosophie, zu der er sich mit der ihm eigenen leisen Ironie unter anderem im ,,Ausklang“ seines Buches ,,Glückselige Einsamkeit“ bekannte:

,,Wenn man heutzutage als ein Waidmann gelten und etwas erzählen will, dann muß man eigentlich von dem, was unsere waidgerechten Väter Jagen nannten, schon weit entfernt sein, ja, mehr noch, man muß es als überlebte Kinderei betrachten . . . Ich selber bin kindisch geblieben oder vielleicht dadurch geworden, daß ich den Anruf der neuen Zeit überhört habe. Ich mag noch waidwerken! Ich halte das nicht für viel kindischer, als sich siebzehnmal am Tag mit demselben Skilift hochschleppen zu lassen, um siebzehnmal möglichst schnell achthundert Meter Höhenunterschied auf gewachsten Holzsohlen über den Schnee wieder herunterzurutschen . . .“

In seiner eleganten und gleichzeitig so präzisen Sprache hat er sich denn auch in acht Büchern und ungezählten Aufsätzen und Artikeln in der jagdlichen Presse, vor allem in WILD UND HUND, zu Worte gemeldet und nicht nur von seinen jagdlichen Erlebnissen berichtet, sondern vor allem auch ein unvergleichlich farbenfrohes, von menschlicher Güte durchdrungenes Bild von Land und Leuten „seines" Chiemgaues, ja seiner geliebten bayerischen Heimat gezeichnet.

Vom früheren Chefredakteur von WILD UND HUND, Richard Kruse, angeregt und genossen gemacht, hatte er sich in den 50er Jahren in eine enge Bindung zur Verlagsbuchhandlung Paul Parey begeben, die zu einem besonders freundschaftlichen Verhältnis des schreibenden Freiherrn zu dem damaligen Mitinhaber des Verlages, Dr. phil. Arthur Georgi, führte. Beide Kavaliere der alten Schule, setzten sie hohe Wertmaßstäbe an ihr eigenes Tun und fanden so zu einer Übereinstimmung, wie sie zwischen Autor und Verleger wünschenswert, aber in dieser eleganten Form selten ist.

In dieser geistigen Verwandtschaft entstanden die Bücher „Traum auf grünem Grund" (1956), „Spiel der Lichter und Schatten" (1960), „Glückselige Einsamkeit" (1964) und „Des Waldhorns Widerhall" (1968).

„Die Souveränität, mit der hier ein humanitäres Klima geschaffen und literarisch weit über das Jagen hinaus in einem persönlichen Stil erlebt wird, ist bezaubernd", schrieb Kasimir Edschmid in einer großen Würdigung, und der Deutsche Jagdschutz-Verband und der internationale Jagdrat verliehen Herrn von Cramer-Klett 1965 und 1974 ihre Literaturpreise.

Nach dem Tode Arthur Georgis setzte sich das Autor-Verleger-Verhältnis wie selbstverständlich, nicht zuletzt auch wegen politischer Harmonie mit dem Vetter, Dr. h. c. Dr. h. c. Friedrich Georgi, fort, und wir konnten zwei weitere Bücher verlegerisch betreuen: „Mit der Flinte" und „Des Jägers Glück kennt kein Verweilen". Diesem letztgenannten Buch kommt ein besonderer literarischer Rang zu, weil im ersten Kapitel „Von Jagdhütten, Hüttenbüchern und von Menschen, die Jäger waren" Cramer-Kletts Fähigkeit, außergewöhnliche Persönlichkeiten und ihre Charaktere plastisch zu schildern, eine liebenswerte Blüte erlebte.

1983 veröffentlichten wir eine leicht überarbeitete dritte Auflage seines allerersten Buches, „Die Heuraffler", das schon 1950 aus Gründen heimatlicher Zusammenarbeit im Verlag F. C. Mayer in München erschien und dort nach Fusion mit dem Bayerischen Landwirtschafts-Verlag nicht wieder aufgelegt worden war. So war das gesamte jagdlich-literarische Schaffen im Verlag Paul Parey vereint.

Dieses letzte Buch war gemeinsam zu seinem achtzigsten Geburtstag im Frühjahr 1986 geplant und im Manuskript noch von letzter Hand abgeschlossen. Ich habe es wie vorgesehen verlegerisch betreut und damit eine fast dreißig Jahre währende Zusammenarbeit dankbar zu Ende geführt.

Der Baron von Cramer-Klett war aber auch in seinem Wirken im Chiemgau, als Freund, Förderer und kultureller Berater vieler Trachtenverbände, als Vorbild geistiger und typenbildender Kraft und menschlicher Größe ein Mann von historischem Format. Über 30 Jahre war er Protektor des Chiemgau-Alpenverbandes für Tracht und Sitte, und als Grundherr hat er in uneigennütziger Weise in der Nachkriegszeit Flüchtlingen zu Wohnungen verholfen und Grund und Boden für gemeinnützige Zwecke der Gemeinden zur Verfügung gestellt.

Sein Fehlen wird sich auf all diesen Feldern der menschlichen Gesellschaft erst allmählich, dann aber schmerzlich bemerkbar machen. Mit ihm endet nicht nur eine Epoche großer jagdlicher Kultur, sondern mit ihm tritt auch ein Schriftsteller und Mäzen aus unserem heutigen Leben, der sich die Freiheit nahm, die Würde und Anschauung erfahrener Geschlechter ohne Rücksicht auf die Gunst des Augenblicks zu vertreten.

Als man den Freiherrn Ludwig Benedikt von Cramer-Klett zu Grabe trug in einer unübersehbaren Menschenmenge, die ihm die letzte Ehre erweisen wollte, verhüllten sich in einer eigenartigen Wetterkonstellation bei sonst schönem Sommerwetter seine geliebten Berge, der Heuraffler und die Kampenwand, als würden sie Trauer tragen. Dem Leser werden auch unwillkürlich die letzten Sätze seines Kapitels „Der große und kleine Hahn" aus diesem Buch in besonderer, ahnungsvoller Bedeutung auffallen, denn sie lauten: „Der Himmel war von kühlem Blau. Weiße Wolken überwanderten ihn. Sie kamen über das breite Tal dahergezogen wie Herolde des ihnen dichtauf folgenden Frühlings. Dann stieg ich in mein Fahrzeug und rollte aus dieser beglückenden Welt hinaus."

Uns bleibt Cramer-Kletts literarisches Werk, das in seiner sprachlichen Schönheit und seinem ethischen Gehalt zeitlos ist und allen Jägern, aber auch seinen Kindern und Kindeskindern ein dankenswertes Vermächtnis sein wird.

Gerhard Schwennesen

# *Blattzeit*

Fast bin ich versucht zu sagen: So etwas erlebt man nur einmal! Aber da ist jenes andere Gesetz, das der Duplizität, welches einen trotz großer Ausgefallenheit von Ereignissen oder Erlebnissen Lügen strafen könnte.

Einen solchen Fall möchte ich, um am Beispiel verständlich zu machen, was ich meine, eh' ich mit meiner Blattzeitgeschichte beginne, hier schnell noch einfügen. Vor einigen Jahren ist's gewesen, in der Hirschbrunft. Es war uns, mir und dem Jäger Andreas, ausnahmsweise das gelungen, was zu Schwarzpulverzeiten die alten Birschjäger bei ihrem Planen immer anstrebten, ja beinahe für unerläßlich hielten, was aber, seit man seine Geschosse mit mehr als tausend Metersekunden fliegen läßt, will heißen, ihre gestreckte Bahn auf über das Doppelte verlängern konnte, nimmer gar so wichtig ist, nämlich *vor* dem Hirsch zu sein, auf den man und auf den wir es abgesehen hatten. Wir saßen vermittels einer klugen Umgehung, die der Andrä sich ausgedacht hatte, mit gutem Halbwind am Rand eines weiten Almkessels, durch dessen Mitte die Baumgrenze verläuft, so daß sein oberer Teil nur noch von kleinen Latschenbeeten bestockt, dafür aber mit viel Felsgeröll und -getrümmer bedeckt ist. Halbrechts unter uns, hinter Bodenwellen verborgen, ließ der Hirsch seine grobe Stimme in längeren Zeitabständen vernehmen. Wir hatten seinen Einwechsel höher auf der Alm erwartet, so daß er mit besserem Wind und näher bei uns hätte vorbeikommen müssen.

Allzulang durfte ich nicht warten, wenn er dort unten herum irgendwo sichtbar wurde, denn sein Rudel mußte uns, sobald es aufwärtsziehend unsere Hangseite betrat, binnen kurzer Frist in den dann nimmer halben Wind kriegen. Und so ist es dann anscheinend auch geschehen: Ohne Schreckton und Gepolter und ohne daß wir auch nur ein Haar vom Kahlwild oder ein Geweihende vom Hirsch zu Gesicht bekommen hatten, mußte die ganze Gesellschaft nach unten weggebrochen sein. Jedenfalls hörte der eifrig röhrende Hirsch nach einer Weile ganz unvermittelt auf, sich zu melden, und es war auch nicht so, daß man ihn auf einem anderen als dem zuvor eingeschlagenen Wechsel noch vernommen hätte. Still war's geworden mit einem Mal wie an einem Sommermorgen.

Wir überlegten und besprachen halblaut, wo und auf welche Art wir die hier aussichtslos gewordene Frühbirsch fortsetzen sollten, als knapp hundertfünfzig Meter vor uns ein Alttier sein Haupt über den Rand einer der vielen unseren Hang steil nach unten durchlaufenden Mulden hob, in deren Deckung es sich anscheinend vom Grund des Kessels heraufgeäst hatte. Es war vielleicht durch das Verstummen des Platzhirsches beunruhigt und wollte jetzt auf dem an unserem Ansitzplatz vorüberführenden Wechsel in die Latschen einziehen. So kam es im langsam unsicheren Troll auf uns zu, und ihm folgten zwei weitere Stück Kahlwild und ein sichtlich junger Gabelhirsch mit ziemlich langen, weit ausgelegten, aber dünnen und etwas gekorkzieherten Stangen, deren Augsprossen kaum daumenlang waren. Man konnte, eigentlich mußte man ihn schießen. Mit der Talbringung würde es auf dem Almweg auch keine allzu große Schwierigkeit haben. Bis ich aber zu dem Entschluß kam, diesen Geringen doch mitzunehmen, hatte das Leitstuck sich nach jähem Anhalten und längerem Verhoffen kaum sechzig Meter vor uns anscheinend zu einer anderen Route in den Tageseinstand entschlossen, schlug um und trollte, vom Rudel gefolgt, senkrecht bergab. Das ganze Rudel tauchte in der Überriegelung des hier nach oben in einen steilen Graben übergehenden Almbodens unter, und ich war darob nicht sonderlich betrübt.

Aber es währte keine fünf Minuten, bis es drüben im Gegenhang steinelte und das schon gesichtete Rotwild, gefolgt von zwei weiteren Kälbertieren und einem jungen Achter mit frisch verfegtem, schlohweiß-endenblitzendem Geweih im Troll dort auftauchte. Obwohl ich jetzt einen auch für Bergjägerbegriffe weiten Schuß tun mußte, entschloß ich mich dazu. Ich ging, die Entfernung etwas überschätzend, vielleicht zu hoch ins Blatt hinein und zog ab, als der Gabler kurz stehenblieb. Er brach zusammen, als sei er mit einem schweren Eisenhammer aufs Kreuz geschlagen worden, blieb eine Weile regungslos liegen, war aber noch nicht verendet und kam nach einer Weile ins Rutschen und ins Kollern. Erst fünfzig Meter tiefer, wo der Hang an Steile verlor, fing er sich wieder. Auf einem kleinen grasigen Rücken versuchte er, mit dem Haupt heftig um sich schlagend, wieder hoch zu werden. Ich sah durch das Büchsenfernrohr, daß er aus dem Äser schweißte, wollte aber doch so rasch wie nur möglich ein Ende machen und zielte, den rechten Haltepunkt jetzt kennend, sehr genau aufs Blatt. Im Augenblick, da der Schuß brach, sank der Hirsch verendend auf die

Seite, und zwar so, daß er mir die Bauchseite zeigte. Auf diese Weise ergab es sich, daß die dem Blatt vermeinte und nicht mehr zurückholbare Kugel genau das Brustbein des Gablers traf, somit von unten her in die Kammer drang und im Ziemer steckenblieb. Als wir dies, sobald wir beim Hirsch waren, feststellten, sagte ich zum Andrä, daß dieser Weg einer Kugel etwas nahezu Einmaliges sei und sich in hundert Jahren kaum je wiederholen würde. Man bedenke: von unten her senkrecht nach oben durch das Brustbein ins Leben! Um das bewußt auf ein lebendes Stück zu bewerkstelligen, müßte man unter ihm auf dem Rücken liegen, oder – bei einem eingestellten Jagen etwa – den Abzug in genau dem Augenblick berühren, in dem das in die Enge getriebene Wild einem, wie der ältere Haider das einmal sehr witzig gezeichnet hat, mit Riesenflucht über den Kopf springt!

Es vergingen keine zehn Tage, da zielte mein Sohn einem Hirsch, der, so wie jener Gabler, nicht gleich verendet war und sich nochmals aufzurichten versuchte, diesmal hangaufwärts eine Kugel aufs Blatt. Auch da sank der Hirsch genau im Schuß bergwärts auf die Seite, so daß die Kugel ihn, durch das Brustbein eindringend, genau senkrecht von unten nach oben durchschlug.

Jetzt zu den Rehböcken und in die Blattzeit, die mir jahrzehntelang eine der drei Kronen im Kreis meines Waidwerkens bedeutet hat. Wie die drei goldenen Königskronen auf Schwedens türkisfarbenem Wappenfeld, so gleichwertig vereint standen Hahnfalz, Blattzeit und Hirschbrunft für mich auf dem smaragdenen Grund. Keine hätte ich missen, keine um eine der anderen vertauschen mögen. Und so sind sie mir auch heute noch vereint, aber heute ist's in überlaufenen, durchlärmten, ihrer Weihe beraubten Wäldern nimmer die alte Lust, die einem früher beim Jagen das Herz sprengen wollte, und das Gold der Kronen ist darüber verschwärzt und verblaßt. Aber, ich will ja erzählen.

An einem diesigen Augustvormittag erkletterte ich mit dem Vorsatz, die ausgedehnte Frühbirsch danach zu beenden, eine kleine Blattkanzel inmitten eines weiträumigen, auf sandigem Grund sehr langsam emporgewachsenen Kiefernaltholzes. Es wird an dieser Stelle von einem schmalen, aber recht tiefen, vielgewundenen Bach durchschlichen, der nur in langen Zeitabständen manchmal leise aufgluckert und gleich wieder verstummt, als läge ihm viel daran, sein Vorhandensein geheimzuhalten. Smaragdene Moospolster an seinen Ufern, grellgrüne Adlerfarnbeete ringsum zwischen den Stämmen der Altföhren und da und dort teils zimmer-, teils hausgroße, dichtest ineinander verwachsene Jungfichtennester. An diesem Platz sind mir einmal drei Böcke gleichzeitig aufs Blatt gesprungen. Das hatte vielleicht ein zornkeuchendes Durcheinanderwirbeln gegeben, ein rotes Aufblenden über die Sonnenflecke hinüber und herüber, bis das plärrige Schrecken einer Kitzgeiß, die ungesehen herangeschlichen war und anscheinend Wind bekommen hatte, dem Tanz ein Ende machte. Groß war das Unglück nicht, denn keiner von den dreien wäre etwas für meine Kugel gewesen, obwohl sie mir nach langem Mißerfolg ziemlich locker im Lauf saß. Zwei Zweijährige waren es, ein Gabler und ein schwach angedeuteter Sechser, ein Brüderpaar höchstwahrscheinlich und ein hoch aufhabender dreijähriger Sechser mit enggestellter, langendiger Krone, der sich zumindest hier und heute als der empörte Platzbock aufspielte. Ja, so war das dort einmal gewesen, und es hätte dabei bleiben können, wären nicht – wir brauchten eine Weile, bis wir dahinter kamen – ein paar jagdfrohe Jünglinge darauf verfallen, sich die dortigen Waldabteilungen zum Tummelplatz ihres Ferienzeitvertreibs zu erkiesen. Diese Kurzweil bestand darin, daß sie mit bunten Tonregistern tagtäglich und wo immer es ihnen Erfolg zu versprechen schien, im Walde herumblatteten. Alle möglichen Verdachte kreisten hinter meiner Stirn, was für einen Grund es haben könnte, daß, kaum hatte man in jener Gegend dem Blatt die ersten paar Töne entlockt, ein zorniges, manchmal mehrstimmiges Schreckkonzert einsetzte und einem sozusagen die Maske vom Gesicht riß. Eines Tages aber kam ein Streifenwagen der Polizei am Forsthaus vorbeigefahren, und die beiden Landpolizisten machten den Revierförster darauf aufmerksam, daß sie auf dem Rücksitz eines ihnen im Wald begegnenden Personenwagens ein Kleinkaliber-, vielleicht auch nur Luftgewehr hatten liegen sehen. Da machte der Beamte sich unverzüglich auf den Weg und durchstreifte die seiner Betreuung anvertrauten Wälder. Hiebei nun beobachtete er einen Jüngling, der am Rand einer Waldwiese auf dem Bauch lag und rehherzzerreißende Blattöne ins Grüne entsandte. Er war aber anscheinend doch nicht so ganz in sein Musizieren vertieft, denn er bemerkte die rasche Annäherung des Försters zu früh und lief, trotz dessen Halterufs, davon. Ein hoch über den Kopf des Entfliehenden auf gut hundert Meter abgegebener Schrotschreckschuß hatte sodann gar merkwürdige Folgen. Die Herren Väter der Blattkünstler (anscheinend waren es ihrer zwei gewesen) ermahnten nicht (wie man dies in nun freilich längst überlebten Zeiten von ihnen erwartet haben würde) ihre Söhne, solch unrechte Störung fremder Bereiche bleiben zu lassen, sie zeigten statt dessen den Förster seines Schreckschusses halber an. Hätten die Landpolizisten nicht den von ihnen gegebenen Hinweis auf das gesichtete Kleinkalibergewehr bestätigt, wäre er vermutlich wegen seines Vorgehens gegen harmlose, wenn auch flüchtig enteilende Waldspaziergänger, sie waren anscheinend wirklich unbewaffnet gewesen, bestraft und nicht nur verwarnt worden.

Von da an also kannten wir die Gründe für das Vergrämtsein, für die Allergie der Rehe gegen akustische Verlockungen im dortigen Waldbereich.

An jenem Morgen nun, an dem ich damals die Blattkanzel wieder einmal aufsuchte, lag die Schreckschußaffäre ein oder zwei Jahre zurück, und ich stieg die Leitersprossen nicht eben erwartungsfroh hinan. Es war dann auch so, wie ich es befürchtet hatte. Meine Töne schwebten zaghaft erst und dann laut begehrlich in den kirchenstillen Föhrenforst hinein, ohne daß, trotz sauberen Bemühens, auch nur der leisest knisternde Laut etwas von Wildnähe hätte ahnen lassen. Ich wollte es lang nicht wahrhaben, daß hier in einer der Herzkammern des Reviers mit ihren vielen Deckung, Kühle und Ruhe gewährenden verfilzten Fichtennestern unter schirmendem Kiefernkronenbaldachin gar nichts sich eingestellt haben, gar nichts zustehen sollte, steigerte zuletzt gegen meine Gepflogenheit noch die Lautstärke, aber schließlich gab ich es auf.

Ich rüstete schon zum Abbaumen, als vor mir gegen den Rand der Felder zu in den dort den Bachrand begleitenden hohen Fichten ein Tauber zu balzen anhub. Der kunstgerecht herangerufene Ringeltauber ist eine für mich seit jüngsten Jägerjahren unverändert erfreuende Zusatzbeute hochsommerlicher Blattbirsch. So fing ich also, die entsicherte Büchsflinte fest in Händen, zu locken an. Aber es ergab sich diesmal nicht der erhoffte glatte Verlauf, das Verstummen des Partners nach ein-, zweimaligem Wechselgesang, das kurze Flügelklatschen, das Herangleiten des blauen Schattens über die Wipfel her, und dann das erneut aufklatschende sich Einschwingen irgendwo in leicht erlangbarer Nähe, daß einem der Herzschlag in die Kehle springt. Ein zweiter entweder zugestrichener oder zuvor schon stumm in den Fichten rastender Tauber gab zugleich mit dem erstvernommenen Antwort, und die Erhitzung der gurrend und heulend ineinander vermengten Strophen galt von nun ab nicht mehr dem von mir vorgetäuschten Gegner. Immerhin, ich hielt weiterhoffend das Konzert in Gang, bis mir nach etwa fünf Minuten von links her eine gleitende Bewegung aus allernächster Nähe in den Augenwinkel fiel. Kaum fünfundzwanzig Gänge neben meiner Kanzel schob sich von rückwärts her ein feuerroter starker Rehrumpf durch die hier schütter zwischen den Adlerfarnen stehenden halb mannshohen Jungfichten. Dieses Gebäude und die ganz gleichmäßig hellkupferne Farbe konnten, das wußte ich auf den ersten Blick, nur einem älteren Bock angehören. Schon im nächsten Augenblick wurde auch das schiefergraue Haupt sichtbar. Keine Spur eines weißen Abzeichens wies es auf bis vor zur schwarzsamtenen Muffel. Um die Krone, in die ich von oben hineinsah, anzusprechen, brauchte ich auf diese Entfernung kein Glas, das zu heben ich bei solcher Nähe dieser bösfunkelnden Tollkirschenlichter auch nicht hätte wagen dürfen: ein gut vereckter Sechser war es, mit sehr starken, gedrungen großrosigen Stangen von dunkler Tabakfarbe bei gelblich aufgehellten Enden. Mit nur halb erhobenem breiten Träger und in jener sonderbaren Gemessenheit, die man an starken Altböcken stets dann beobachten kann, wenn sie mit bis zum Äußersten angespannten Sehnen auf Kampf gefaßt und eingestellt sind, zog er flammend rot und so leicht und lautlos, daß man meinen konnte, er berühre den Boden nicht, über den grellgrünen Grund. Als der Bock sich zwischen ein paar höheren Fichten durchschob, konnte ich schnell die Büchse heben. Es hätte keine Sekunde später sein dürfen, denn er drehte jäh nach rechts ab und tauchte, mir jetzt das Blatt zeigend, in den dicht vor mir beginnenden größten der umliegenden Jungfichtenhorste hinein, der sich gut schrotschußbreit fast bis zum Feldrand hinzog. Wo und vor allem ob er aus ihm wieder herauskommen würde, war ungewiß. Haupt, Vorschlag und Blätter waren schon im heckenhaft dichten Gezweig verschwunden, als ich die zwischen zwei Herzschlägen mit schmerzhaft angehaltenem Atem gezielte Kugel in letzter Sekunde noch fliegen ließ.

Der Bock lag nur zwanzig Schritt vom Anschuß entfernt. Ich brauchte aber mehr als eine Viertelstunde, bis ich ihn, die Äste der Jungfichten immer wieder bis zum Boden auseinanderteilend, gefunden hatte. Besichtigung, Betasten und lange Rast und Wacht auf den lichtgrünen Mooskissen am Bachesrand ergaben nichts, was ich nicht zuvor schon gesehen oder angenommen hatte. Er war vermutlich sieben-, vielleicht auch achtjährig und blieb mein bester Frankenbock in jenem Jahr. Aber ich habe nicht deshalb von ihm erzählt. Die Besonderheit des Erlebnisses war, daß auch dieser Bock, der schon seit Jahren hier herum sein Wesen trieb und die Herrschaft ausübte, sicherlich und wahrscheinlich mehrmals und jedenfalls gründlich von jenen gesetzlich geschützten Jungmeistern verblattet war. Vielleicht gelang *mein* Flötenspiel ein wenig glaubhafter, jedenfalls war er, wenn auch mit bei ihm zu fester Gegebenheit gewordenem Mißtrauen, auf mich zugezogen und nicht allzuweit weg in guter Deckung, mehr mit den Lauschern als mit den Lichtern beobachtend, stehen geblieben. Als dann genau dort, wo er Menschentrug argwöhnte, der Tauber zu rufen anhub, war er dieser von mir nicht berechneten doppelten Täuschung unterlegen, der eifersüchtige Zorn wurde nun bestimmend und ihm zum Verhängnis. Hätte ich die Tauben Tauben sein und mich, alter Birschgewohnheit folgend, so leise wie möglich über die Leiter hinabgelassen, er wäre mit ein paar entlarvenden Schrecklauten irgendwo in meinem Rücken unsichtbar davongepoltert, noch ehe ich mit einem Fuß auf festem Boden gestanden hätte.

Meine Großmutter war nicht nur eine vielseitig begabte Frau, Pianistin, Übersetzerin, Kunstgewerblerin (nur nannte man zu ihrer Zeit diese letztere Art von Fertigung „Handarbeit"), sie kam auch, früh verwitwet, für sich und den Sohn, der, als ihr Mann starb, erst acht Jahre alt war, mit dem Leben zurecht, verwaltete, von Freunden beraten, die der sein Ende vorausfühlende Gatte ihr empfohlen hatte, mustergültig ihr Vermögen und das große Erbe ihres Kindes, war eine passionierte Landwirtin (nur mußten, wenn sie den Stall besuchte, mit Rücksicht auf ihre städtisch sommerlichen Toiletten, die Schwänze der Kühe festgebunden werden), und nicht zuletzt führte sie, überall selbst Hand anlegend, einen nicht nur glänzenden, sondern vor allem durch eine besondere persönliche Note sich auszeichnenden Haushalt. Sie wußte auch stets, was praktisch not tat, und – deswegen erzähle ich das alles – war eine geradezu geniale Schenkerin. Vom klingenreichen Schülertaschenmesser und gut eingerichteten Reisekoffer bis hinauf zum ziselierten Silberpokal am Tag der Großjährigkeit und zum Niederländerbild für die Wohnung der Jungvermählten war alles durchdacht, mit Sachverstand aus Kollektionen ausgewählt, mit sicherem Qualitätssinn erkoren oder von nur besten, vertrauenswürdigen Ratgebern besorgt.

Mein Onkel General (einziger Sohn ihres Bruders) hat mir die nette Geschichte vom Kauf des ersten Jagdgewehrs für meinen Vater zu dessen achtzehnten Geburtstag mehrmals erzählt. Außerhalb ihres intimen Kreises zeigte meine Großmutter meist eine ernste, strenge, manchmal sogar schroffe Art. Das war zweifellos die Folge eines ständigen Sichbehaupten-Müssens, ob in der Familie, im Werk ihres Mannes und nicht zuletzt in der Gesellschaft. Ihr nobles, verständnisvoll gütiges Grundwesen kannten nur die ihr nahestehenden Menschen, ganz gleich ob Freunde, Verwandte oder Untergebene.

Ein Gewehr also sollte für ihren Theo, den künftigen Herrn über ein weites und wildreiches Berg- und Wälderrevier, angeschafft werden. Erbstücke gab es keine, weil mein Großvater zeitlebens nie gejagt hatte. August von Ganghofer, Ludwig Ganghofers Vater, empfahl für den Anfang eine kombinierte Gebrauchswaffe, besorgte, weil's andererseits eine Gabe fürs Leben werden sollte, die Anschriften der ersten Büchsenmachermeister jener Zeit und entwarf ein entsprechendes Schreiben. In den folgenden Wochen brachte die Post in mehr als einem halben Dutzend länglicher Kisten Ansichtssendungen aus verschiedenen deutschen und österreichischen Städten in das bis dahin völlig unjagdliche großelterliche Landhaus. Auf dem mit grünem Filz bezogenen langen Tisch der Silberkammer lagen schließlich in Reih und Glied die Prachtstücke, Büchsflinten und Drillinge aus Frankfurter, Münchner, Insbrukker, ja sogar Prager Meisterwerkstätten, und auch den von der Großmama herbeigeholten Kennern bereitete die Wahl große Qual. Mein Onkel – er war zwei Jahre jünger als mein Vater, von seinem Vater aber jagdlich schon gut vorgeschult – wurde gleichfalls, hoch geehrt durch solches Vertrauen, um seinen Rat gefragt. Er mag daraufhin wohl ein paar Stunden in der Silberkammer zugebracht haben. Schließlich gab er der Tante sein Gutachten ab:

„Diese zwei, Tante Lisa, sind die allerschönsten! Welches das schönere ist, kann ich wirklich nicht sagen", erklärte er. Ein Hahndrilling mit bezaubernd geschnitztem Schaft, reichster Gravierung und in Gold eintauschierten zierlichen Wildfiguren auf Schloß und Hähnen, mit Damastschrotläufen des damals noch seltenen Kalibers 20 und einem Zehnerkugellauf war das eine, eine Hahnbüchsflinte von gleichfalls bestechender Ausführung das andere der beiden erwählten.

Die Großmutter besichtigte die zwei Jagdgewehre eingehend und ließ sich deren Vorteile und Schönheiten vom begeisterungsfähigen Neffen erklären.

„Und du weißt wirklich nicht, welches das schönere ist?", fragte sie schließlich.

„Nein, Tante, da täte mir die Wahl weh!", gab der Sechzehnjährige zur Antwort.

„Aber wenn *du* dir eines von beiden aussuchen müßtest, Heinemännchen, dann würdest du dich doch auch entscheiden!? Überleg's einmal genau!"

Wieder und wieder hob der Neffe die beiden Gewehrschönheiten ins Licht, öffnete die Schlösser, schaute durch die Läufe und ging in Anschlag.

„Nun!?", fragte die Großmama.

„Ja, Tante, wenn ich mich unbedingt entscheiden müßte, ich glaube doch, ich würde die da mit den zwei Läufen, die Büchsflinte, nehmen."

„Nun gut, wir haben ja noch Zeit bis morgen früh", entschied die Mama des Geburtstagskindes, und die Silberkammer wurde abgesperrt.

Als mein Onkel, das ,,Heinemännchen", am Abend nach einer kleinen Vorfeier auf sein Zimmer kam, stand da im Schein der Spiritus-lampe ein schmaler, mit einer weißen Serviette bedeckter Tisch, und auf ihm lag, von Tannenbrüchen umkränzt – die Büchsflinte, an der wiederum ein Kärtchen lehnte:

,,Zum Dank für Deine Mithilfe und zur Erinnerung an Theos achtzehnten Geburtstag! Tante Lisa."

Und auf meines Vaters Geburtstagstisch lag anderen Morgens der Drilling. Er hat ihn, dieses zierlich, wie für Damenhände gebaute herrliche Gewehr, durch mehrere Jahre ausschließlich geführt, schoß mit ihm, wohl gemerkt aus dem Kugellauf, seinen ersten und einzigen Auerhahn, und gleichfalls mit dieser Zehnerkugel einen jungen Adler ,,auf der Klippe Horst", damals noch des Alpenjägers stolzeste Beute, schoß einen Teil seiner sehr wenigen Rehböcke, zwei seiner Hirsche und einen Gamsbock damit. Aber als er einundzwanzig Jahre alt wurde, bekam er eine unüberbietbar elegante, gleichfalls leichte, aber doch um einiges männlichere Hahndoppelbüchse aus der Münchner Meisterwerkstatt von Miller und Valentin Greiss geschenkt, und nachdem wieder einige Waidmannsjahre ins Land gegangen, kaufte er sich einen Mannlicher Repetierer mit schwerem Achtkantlauf und einem Zielfernrohr, das man vor jedem Repetierschuß seitlich um- und dann wieder zurückkippen mußte, dessen Konstruktion aber mit einer ungeheuer harten Feder so ausgezeichnet war, daß mein Vater, ohne daß je eine Reparatur daran notwendig geworden wäre, viele haargenau hingehende Zwei- und Dreihundertmeterschüsse damit machen konnte. Und von da ab schlief das kleine Drillingswunderwerk jahrzehntelang in seinem Eichenholzkoffer mit den schwermessingnen Eckbeschlägen und dem herzförmigen Schild um das Schlüsselloch, bis ich es als zwölf-, dreizehnjähriger Bub entdeckte, es unerlaubterweise zusammensetzte, scheu bewunderte, an die Wange legte, schließlich die Munition dazu in einer Lade des Gewehrschrankes fand und es, aber erst nach Jahren heimlicher Liebe, erst als ich zum waffenerfahrenen Jäger herangewachsen war, mit in die Wälder nahm.

Vielleicht komm' ich ein andermal dazu, von dem gar nicht Wenigen, was ich mit diesem Gewehr in zwei weit auseinanderliegenden Perioden gemeinsamer Wege erlebt habe, zu erzählen. Es war nämlich so, daß ich den schönen Liebling schon nach zwei oder drei enttäuschungsreichen Jahren wieder in den Ruhestand versetzte. Dazu muß ich nun um der Gerechtigkeit willen sagen, daß ein Drilling für mich nicht die ideale Gebrauchswaffe sein kann, oder vielleicht richtiger, daß ich für einen

Drilling ein wenig geeigneter Partner bin. Wenn ich während der meist sehr aufregenden Momente des Ernstwerdens, kurz eh' die Waffe sprechen soll, noch viel an Hin- und Herhebeln von Schrot auf Kugel, von Kugel auf Schrot, oder – auch das kann manchmal zu den Notwendigkeiten gehören – an doppelte Bereitschaft mit dem gezogenen und einem der glatten Rohre denken, mit im Hals pochendem Puls noch Besonnenheit, mit auf das begehrte Wild gerichtetem Blick noch aufs Technische gerichtete Konzentration bewahren soll, dann geht das über mein menschliches Vermögen. Noch dazu mußte bei diesem Drilling das Umstellen auf Kugel mit genau derselben Daumenbewegung getätigt werden, wie das Entsichern an einer zur Zeit seiner Entstehung noch kaum eingeführten hahnlosen Doppelflinte.

Gerade bei unseren intimen kleinen Riegeln im Gebirg dachte ich mir's reiz- und stilvoll, diese hochkultivierte, leichte, gefällige, so richtig „g'führige" Dreiläuferin, die edel geformten Hähne gespannt, auf den Knien liegen zu haben. – Dann aber schoß ich einem beim Durchdrücken einer kleinen Hasendickung mir völlig unerwartet spitz anwechselnden Alttier die Einserschrotladung aus dem zum Glück schon fast verboten streuenden rechten Zylinderlauf auf den Stich. Der Schnee um seine Fluchtfährte war rot, und ich glaubte sicher sein zu dürfen, es hinter der nächsten Bodenwelle zwischen Gefels und Altfichten verendet liegen zu sehen. Einem auf dem gleichen Wechsel nur knapp eine Minute zuvor gemächlich heranbockelnden Hasenpatriarchen hatte ich dafür die Kugel unmittelbar vor die Vorderpfoten gesetzt. Da jeweils nach dem Schuß alles in blauen Schwarzpulverdampf gehüllt war, bemerkte ich die beiden kleinen, aber deshalb nicht minder schweren Fehlgriffe erst, als ich das Schloß zum Nachladen aufkippte und die Schrothülse noch rauchte. Das Stuck war nirgends ins Wundbett gegangen, die vergebliche Nachsuche führte hoch in die Berge hinauf. Es kam nach Jahren, und bei dem damaligen Rotwildreichtum unserer Wälder darf man sagen zufällig, zur Strecke. Der alte Zerwirkmeister wies mir in der hohlen Hand das Vierteldutzend unter der Decke des gesunden und sehr feisten Gelttieres herausgeschärfter grober Schrotkörner vor. „A jed's kost a Maß!", war sein knapper Kommentar. Damit möchte ich meinen Falschgriff bei jenem jetzt mehr als fünf Jahrzehnte zurückliegenden Riegeln nicht ins harmlos Heitere abwandeln, aber viel Leids war, Huberto sei Dank, dem Wild dadurch nicht geschehen, auch nicht bei einem anderen Riegeln an einem strahlenden Spätoktobervormittag im übernächsten Jahr, an dem eine Schnepfe so nah, daß man das schwarze Perlauge sah, dabei breit und überdies, weil zum erstenmal gehoben, träg gleitenden Fluges an mir vorüberkam und ich ihr mit der Zehnerkugel eine Schwungfeder abschoß! Dieses kaum bewußte Vorschieben der Sicherung beim In-Anschlag-Gehen wird dem Schrotjäger, der, wie ich damals, sein meistes Niederwild auf der Streife schießt, zum kaum noch beherrschbaren Reflex. Aber von da weg hatte ich genug von solchen in Schwarzpulverblaurauch gehüllten Überraschungen mit der so zärtlich Verehrten. Um jedoch ihres Anblickes weiter genießen zu dürfen, bettete ich sie nicht in ihr grünfilzgefüttertes Köfferchen zurück, sondern ich schuf eigens für sie einen kleinen Ahornrechen an der Zirbelwand meines Turmzimmers. Dort hing sie am grünen, weiß unterlegten Glacélederriemen zusammen mit einem edlen Steinbockpulverhorn und einem Hirschfänger samt Gehäng aus Urgroßvaters Zeiten, hing da und empfing im Lauf von anderthalb Jahrzehnt manchen wohlgefälligen Blick. Und dieser besonderen Plazierung außerhalb des Gewehrschrankes und abseits von den Schwestern war's zu danken, daß sie auf eine ebenso originelle wie einfache Weise vor dem Zugriff der amerikanischen Militärregierung bewahrt blieb.

Das Aschauer Schloß wurde während des Zweiten Weltkrieges verkauft und mußte geräumt werden, während ich als Feldmarschall in Rußland dem Vaterland diente. Als ich, früher als erwartet, dafür aber schwer erkrankt, ins heimatliche Tal zurückkehrte, hatte meine Frau unser neues Heim liebevoll bereitet, und statt der in einer Wand meiner Turmstuben eingebauten kleinen Waffenkammer fand ich den mächtigen, mit grünem Filz ausgeschlagenen Gewehrschrank meines Vaters und in ihm all meine walnußbraunen blaustählernen Treugefährten vor. Dank gut gemeinter testamentarischer Verfügungen seitens großonkeliger Freunde hatte ich genügend, teils geradezu furchterregende alte Schießeisen (unter ihnen ein zur einläufigen Schrotspritze umgearbeitetes Zündnadelgewehr der bayerischen Armee um anno 1870) im Arsenal, die ich den bei uns übrigens gemäßigt und auf ihre Art und Weise taktvoll vorgehenden Amerikanern abliefern konnte. Als sich schließlich der nachkriegerische hohe Wellengang um Waffen- und Jagdverbot soweit geglättet hatte, daß man sich allmählich wieder zu heimlichen Waldgängen mit zerlegtem Gewehr im Rucksack erkühnen durfte, kam mir in einer schneesturmsingenden Januarnacht, in der der Schlaf sich mir nicht gleich einstellte und meine Wunschgedanken um eine Waffe kreisten, die auseinandergenommen kürzer gewesen wäre als mein Rucksack breit, somit auch mißtrauisch forschenden Augen keinen Anhaltspunkt hätte geben können, auf einmal der schöne Drilling in den Sinn. Wo war der eigentlich hingeraten? Seit dem Auszug aus den vielgeliebten Turmstuben (ich war zu der Zeit Soldat in fernen Landen gewesen) hatte ich ihn nie mehr gesehen, nie mehr an ihn gedacht. Ich wurde hellwach. Wo konnte er sein!? Da fiel mir eine längliche, ziemlich tiefe Kiste ein, die bis oben hin mit teils sehr kostbaren alten Waffen angefüllt war. Mein Urgroßvater hatte sie in den Jahren, da er als Flügeladjutant des Bayernprinzen und Griechenkönigs Otto in Athen seinen Dienst tat, gesammelt und schließlich mit in die Heimat gebracht. Einige der schönsten Stücke, so zwei Griechenschwerter in reich ziselierten vergoldeten Scheiden, eine ellenlange mit geschnittenen Korallen besetzte Steinschloßflinte und eine andere mit großen Elfenbeinsternen im Schaft und goldtauschiertem Lauf hatten eine Ecke meiner Bibliothek, die nicht genug Raum gab, um ein Möbelstück dort aufzustellen, mit genau der rechten männlichen Note und in glücklicher Proportion ausgefüllt. Sollte auch der Drilling, der drüben in der kleinen Jägerstube gehangen hatte, mit in diese Kiste gelegt worden sein? Die Amerikaner hatten sich zweimal in unserem Haus einquartiert, somit mehrere Monate lang mit der Waffenkiste, die ohne Deckel, also voll einsehbar war, unter einem Dach zugebracht. Beide Male hatte ich sie, als sie einzogen, auf die schönen alten Schießeisen aufmerksam gemacht und von deren Harmlosigkeit zu überzeugen vermocht. In jener Nacht nun, in der mir einfiel, daß der Drilling wenn, dann auf tiefunterstem Grunde mit dabeisein könnte, stieg ich eilends in den Keller hinab, begann auszuräumen, und binnen kurzer Frist hielt ich das schöne Gewehrchen, das innen wie außen völlig unversehrt und von jeglichem Rosthauch verschont geblieben war, froh bewegt in Händen. Es stand für mich fest, daß die Großmama es vom Jenseits her beschützt und ihre Schleier darüber gebreitet hatte.

Schon wenige Tage später wanderte der Drilling auf Schmugglerpfaden über die Grenze hinüber ins ,,befreite" Österreich. Tu felix Austria! Dort gab es zu der Zeit längst kein Waffenverbot mehr. Aber die Zehnmillimeterschwarzpulverpatrone mit ihrem rundköpfigen Bleiklotz war auch dort nimmer aufzutreiben, und deshalb wurde in den Zehnerlauf ein Vierlingslauf eingearbeitet. Aufgrund der inzwischen gemachten Erfahrungen würde ich heute eine andere Patrone, am liebsten die ,,Hornet" wählen, die sich mir weit besser bewährt hat. Mit schwarzem Salz eigens gestopfte Schrotpatronen hingegen konnte mir der listenreiche, in solchen Fällen aber verlässige Mittelsmann besorgen, und als die Hahnen zu singen anhuben, war das erlesene Herrengewehr als Edelwildschützenstutzen voll einsatzfähig wieder in meine Hände zurückgekehrt. Es begleitete mich von da ab drei Jahre lang in Treue vom

Frühling bis zum Frühherbst auf meinen grünen Wegen. Diese lange Vorgeschichte mußte ich erzählen, um die nun folgende besser verständlich zu machen.

In den ersten Nachkriegsjahren hielten wir uns, wenn auch mehr aus Not, denn aus Tugend, an den Goetheschen Rat:

,,Willst du immer weiter schweifen?
Sieh', das Gute liegt so nah . . ."

und verbrachten meist zehn Sommerferientage auf dem Jagdhaus. Der Drilling befand sich tief und wohlverwahrt in meinem Hüttengepäck. Schon am zweiten Nachmittag trug ich aus seinem Vierlingslauf einem alten Sechserbock mit mäßig hoher, trotz Perlung auch nicht sonderlich starkstangiger, aber langendig vereckter Krone die Blattkugel an. Mit Frau und Sohn und Jäger Mathias hatten wir oben auf dem moosüberzogenen flachen Scheitel eines mitten im Hochholz frei aufragenden großen Felsblockes Platz genommen. Der Bock muß damals von sehr weit her meine Musik vernommen haben, denn er brauchte lange und kam dann offenen Äsers keuchend den steilen Hang heraufgeflüchtet. Das kleine Teilmantelgeschoß durchschlug ihm das Herz, er ging nur noch zehn Fluchten weit, ehe er zusammenbrach. Zu der Zeit bestand noch absolutes Jagdverbot, und es war von höchster Wichtigkeit, sich bei solch ungesetzlichem Tun nicht zuschauen zu lassen. Unsere Freude über das gemeinsame Erlebnis war groß, aber sie währte nicht lange. Als ich nämlich den Blick von der blonden Flanke und den über sie herausragenden schwarzen Stangen des mit dem Haupt bergab liegenden Bockes löste und für alle Fälle einmal um mich schaute, gewahrte ich zu meinem tiefen Erschrecken nur etwa achtzig Meter schräg hinter und oberhalb von uns eine schneckenlangsam durchs Holz hinwandelnde lichtrosa Bluse!

Also doch wer zu so später Stunde unterwegs in diesem abgelegenen Waldhang!! Durchs Glas erkannte ich die Anna, die einst so schöne, trotz ihrer sechzig Jahre immer noch glanzschwarzhaarige und bei alledem ledig gebliebene Tochter des Bauern Venus aus Grainbach! Da wurde mir leichter ums Gemüt. Von der brauchte ich keinen Verrat zu befürchten. Erst vor zwei Jahren hatte ich ihr den Herzenswunsch erfüllt, das kleine, schon etwas baufällige Austragshaus des zum Gut gehörenden Einödanwesens im ,,Zellboden" zu beziehen, in dem sie mit ihrem ganzen sauber gepflegten Hausrat und wenigen Kleingetier allein für sich und ganz nach ihrem Kopf hausen und mit Handarbeit, einer dünnen Rente und zeitweiligen Zuschüssen in Naturalien aus dem elterlichen Hof sich fortbringen konnte. Wir waren darüber Freunde geworden, was sehr selten ist; denn die meisten Menschen, denen ich (vom Geldpumpen ganz zu schweigen!) gefällig gewesen bin, sind in der Folge meine oft haßerfüllten Feinde geworden. Zum Dank hatte die Anna sogar das Häuschen mit einer neuen, einer kostbar eichenen, schmiedeeisenbeschlagenen Eingangstür versehen lassen, die sich freilich dem baulichen Zustand ihres Palazzos nicht recht angleichen wollte.

Heute war die Einsiedlerin anscheinend hier herum irgendwo beim Beerenpflücken gewesen, denn sie trug einen weiß emaillierten Eimer in der Linken, während sie mit der Rechten einen starken Ast als Wanderstab benützte. Vorsichtig, Schritt vor Schritt setzend, ging sie über die durch die Hitze ausgetrocknete rutschige Waldstreu ihrer eine knappe halbe Stunde steilen Bergabweges entfernten Behausung zu. Dabei tat sie, als habe sie uns nicht gesehen und schaute unverwandt vor sich auf den Boden. Mir war aber bei dem Gedanken nicht wohl, sie so unangeredet an uns vorbeizulassen. Deshalb kraxelte ich über unsere Steinkanzel hinunter und ging zu ihr hin.

„Mei, Herr Baron, ham Sie mi g'schreckt jetzt grad!“, sagte sie auf meinen Gruß hin, mir ernst den dunklen Blick zuwendend, mit echtem Vorwurf in der Stimme. Würdig und ordentlich sah sie aus in ihrer hochgeschlossenen, mit rosa Blumenmustern bedruckten Barchentbluse.

„Warum des“, fragte ich scheinheilig, „weil der Bub seine Schreckschußpistole hat krachen lassen?“

Sie schaute mir gerade ins Gesicht, und ohne auf meine Erklärung einzugehen, fragte sie:

„Habts ebbas g'schossen, gell?“

„Kümmer di net um des, Anna! Laß guat sein. Du hast nix g'seh'n und du derfst a nix reden über des!“, gab ich ihr, so eindringlich ich konnte, zur Antwort.

„Mit wem sollt' i scho red'n?“, sagte sie, und auf einmal war ein melancholischer Ausdruck in ihren schwarzen Augen. „Weger den brauchts Euch nix denka. Aber a so derschrecka, naa; i hätt bald mein Eimer fall'n lassen! I g'spür's glei so am Herz, wenn mi ebbas schreckt.“

„Des tut mir leid, aber i hab des net wissen könna, daß grad du um an Weg bist no so spaat.“

„Freili net“, gab sie verständig zu und wandte den Blick wieder bodenwärts.

„Schöne Himbeeren hast“, sagte ich, um von dem Schußthema abzukommen.

„Nehma S' es“, war ihre verblüffende Antwort, „bittschön nehma S' es, i woaß a so net was i anfanga sollt' damit, und i dertrag s' a so hart bis owa an Zellboden."

„Geh spinn doch net!", wehrte ich ab, und in meiner Dankbarkeit, daß sie und kein anderer Mensch es gewesen, die uns ohne Vorsatz bei der Untat beobachtet hatte, bot ich ihr an, sie zu begleiten und ihr den Eimer bis zu ihrem Heim hinunterzutragen.

„Naa, g'wieß net!", verwahrte sie sich. „Ich wollt mir grad an Saft auskocha, aber i hab koan Zucker net." (In jenem Jahr bestand noch diese Knappheit). „Und da müaßt i a da Nachbarin die mehrern Beern überlassen. Nachan gab s' mir vielleicht a wenig an Zucker, weil sie an Bienenzucker hat. Aber mir is liaber koa G'fälligkeit net vo dera."

„A bissl an Zucker, a Pfund, a zwei kannt i dir scho schaffen", redete ich ihr nochmals zu. Es wollte meinem Rechtssinn nicht eingehen, daß sie jetzt durch Stunden den schmalen Rücken gebeugt und einen ganzen Eimer voll Himbeeren gepflückt hatte, auf dem Heimweg durch meinen Schuß so sehr „geschreckt" worden war, daß die Last ihr zu schwer wurde und nun die Beeren, wie zur Belohnung für das ihr ungewollt bereitete Ungemach, mir gehören sollten. Inzwischen war mein damals sechsjähriger Sohn auch vom Fels herabgeturnt und hatte sich mir zugesellt.

Mit einem entzückten „Ui, Papi!" nahm er vom Inhalt des Eimers Kenntnis.

„Gell, der Bubi mag s' a", sagte in ihrem Vorhaben bestärkt die Anna. „Nehma S' es halt, wann i do sag, i ko do nix ofanga damit!"

„Nimm's doch, Papi", sekundierte der Sohn, „und dann geh'n mir zum Reckbock, gell!?"

Ein aufhellendes müdes Lächeln ging über das bleiche Gesicht des alten Mädchens, ein seltener Gast wohl auf diesen immer noch schönen Zügen. Dann stellte sie ihren Eimer auf eine kleine ebene Fläche zwischen die mächtigen Wurzeln einer Fichte. Ich war gerührt von dieser merkwürdigen Geste, von dieser stillen Noblesse, die ich mir damals und auch später nicht ganz zu erklären wußte.

„Dann sag' ich vergelt's Gott, Anna! Aber an Zucker mußt dafür nehmen. I bring dir 'n nauf. Anderst nimm i's net an. Hast di soviel bucken müssen um den großen Eimer voll!"

Sie winkte mit der frei gewordenen Linken ein wenig ab: „Hat's net notwendi", sagte sie schon im Weitergehen in einem abwesenden Ton, als habe sie unser Zusammentreffen schon beinahe wieder vergessen.

Es gab auf der Winterstube eine kleine große Feier an diesem Abend. Das waldgemäße Menü bestand aus der Leber des Rehbockes und aus mit frischen Himbeeren gefüllten Palatschinken. Und zu würdigem Beschluß (ich hatte bei Kriegsende einen Teil meiner alkoholischen Schätze dort oben in sicherem Versteck deponiert) wurde sogar ein Champagnerpfropfen gegen die Holzdecke der großen Wohnstube geschossen. In solch unvornehmer Art entkorke ich noch heute, freilich nur da oben, die Schaumweinflaschen. Und dies geschieht im Gedenken an meinen alten Lehrmeister, den Förster Steiner, der damals hochbetagt noch lebte, jetzt längst hinübergewechselt ist und der sich bei der Nachfeier (meist ging es um einen geschossenen Hirsch) kein besseres Amüsement wußte, ja für den Sekt kein Sekt war, wenn nicht dieser Korkensalutschuß den für ihn seltenen Genuß eingeleitet hatte.

Übernächsten Morgens, bei noch herrschender Taufrische, machten wir uns, die Frau und ich, wohl ausgeschlafen und geruhsam gefrühstückt auf zu einem längeren Blattspaziergang in die tieferen Waldgefilde, in denen die auf die Wiesen der Bergbauernhöfe zur Äsung ziehenden Rehe ihren Tageseinstand haben.

Wir hatten schon die Hälfte unseres ellipsenhaft zum Jagdhaus, von wo wir unseren Ausgang genommen hatten, zurückführenden Weges ohne Erlebnis und Ergebnis hinter uns, da sprang in romantisch felsiger bachdurchgluckerter Hochwaldmulde endlich ein mir noch vom letzten Kriegsjahr her bekannter guter Sechserbock mit beinahe kreuzbockhaft nach oben zusammengeschobenen Enden auf die dem Blatt des Schwalbenwurzenzians entlockten Töne. Der Schuß war keine Kunst auf knapp vierzig Gänge. Nach kurzem starren Verhalten aus etwa zehn Abfluchten heraus brach der Bock am Rand des Bachbettes zusammen und fiel scheinbar verendend ins Wasser. Aber noch während ich dabei war, eine Nachladepatrone aus der äußeren Joppenbrusttasche heranzuholen, wurde er – wie, hatte keiner von uns beobachtet – jäh wieder hoch und verschwand mit rasenden, bodennahen Fluchten aus unserer Mulde hinaus in die Tiefen des Fichtenaltholzes. Mein Verblüfftsein wurde alsbald von hell loderndem Zorn verschlungen. Dreißig Schritt, schnelles aber ganz ruhiges Zielen! Ich hatte sogar gemeint, trotz des winzigen Kalibers den Einschuß auf dem Blatt gesehen zu haben. Da half aller guter Wille zur Rücksichtnahme auf die selber tief enttäuschte Gefährtin nichts, ich mußte jetzt fluchen!

,,Wir müssen zurück auf die Winterstube, den ‚Wastl' holen", sagte ich, als ich, dank der explosiven Litanei, ein wenig ruhiger geworden war. ,,Aber bekommen werden wir den Bock auch mit dem Dackel nicht. Mit diesen verfluchten kleinen Kalibern gibt es eben Hohlschüsse und Lungendurchschüsse, an denen ein stärkeres Stück gar nicht oder erst nach vielen Stunden verendet. Eine Sauerei ist das, wenn man so jagen muß!"

,,Aber z'erscht schaugn mer doch noch nüber übern Rucken", sagte der sonst nie übertrieben optimistische Mathias, der uns begleitete. ,,I schaug des anderst o. Glab net, daß der noch weit kemma ist."

Ich war so verstimmt, daß ich nicht nachsehen wollte und reichte ihm den Drilling.

,,No ja, dann schau'n S' halt. Aber werden S' seh'n, daß ich recht hab. Und vorsichtig, gell! Wenn's wär', *ja* nicht aufmüden!!"

Ich stopfte mir eine Pfeife; damals hatte ich mich noch nicht von ihr und ihren Tröstungen getrennt. Noch ehe sie brannte, kam der Mathias aus der Nachbarmulde zurück und zog den verendeten Bock hinter sich her. – Aber immerhin nahezu hundert Meter weit war der, wie sich herausstellte, gleichfalls Herzwunde, nachdem er schon gelegen hatte, noch gekommen!

Das war der erste Teil, das erste Kuriosum dieser merkwürdigen und ereignisreichen Blattbirsch. Ich überließ, nachdem wir halblaut plaudernd unsere Wacht gehalten hatten und die Pfeife ausgeraucht war, den Bock dem Mathias zur Versorgung und zum Heimtransport, und obwohl die Geliebte vorschlug, es bei dieser stolzen und allein schon durch das Alter des Bockes hocherfreulichen Beute bewenden zu lassen und jetzt gleichfalls den Rückweg anzutreten, beharrte ich noch darauf (es waren nur ein, zwei Plätze, an denen ich noch blatten wollte), den Birschplan in der vorgesehenen Rundung vollständig durchzuführen.

Wir stiegen noch etwas tiefer hinunter, und ich suchte mir am oberen Rand einer sehr großen, sich bis zu den Wiesen zweier Bergbauernhöfe hinabziehenden Dickung einen etwas erhöhten Platz, von dem aus die Schallwellen aus meinem Naturinstrument Eingang in die von dem Wipfelmeer gehüteten tiefsten Tiefen finden mußten.

Zunächst verschnauften wir ein wenig. Draußen lag das weite Vorland, vom da und dort aufglitzernden Band des Innstromes durchzogen, im mittäglich durchsonnten Dunst. Viele Kirchen und Dörfer schimmerten aus dem übergoldeten Grün. Etwa vierhundert Meter steil unter uns sah man zwischen den sie verdeckenden Obstbaumkronen die braunroten Dächer und weißen Wände der Einödanwesen. Es war still um uns, aber nicht lautlos. Überall sirrte und brummte das kleine Leben um Bäume und Kräuter, ein Bussard rief hinter uns über den Bergwäldern, von weit her hörte man das sich hochschraubende Geheul einer Kreissäge und drunten bei den Häusern die hellen Stimmen spielender

Kinder. Ihrer neun allein wuchsen im rechten der zwei Höfe heran. Die Luft war so feinhörig an diesem klarsonnigen Mittag, daß man die einzelnen Worte verstand, die sie sich zuriefen.

Ich fing zu blatten an, und noch bevor ich die erste Strophe beendet hatte, hörte ich ein Reh flüchtig herankommen. Nach kurzer Stille tauchte es in jähem feuerroten Aufbrennen lautlos aus der Jungfichtenwand heraus. Es war ein Bock. Auf das erste Anschauen hin ein Junggabler. Nur etwa zwei Fingerbreiten standen die dünnen Stangen des in der oberen Hälfte weiß gefegten Gehörns über die Lauscherspitzen hinaus. Und trotzdem wies es eine Besonderheit auf. Die vier Enden waren, Vorder- wie Hintersprossen, alle gleich lang. Gut fünf Zentimeter oberhalb der Rosen teilte jede Stange sich zu einer stumpfwinkeligen, also weit offenen Gabel. Im Gebäude war der Bock ausgesprochen klein, aber gedrungener, als es sonst ein- bis zweijährige Böcke zu sein pflegen. Auch das Benehmen war nicht eben scheu knabenhaft. Mit rollenden Lichtern zog er auf uns zu, und als er an einem anscheinend erst kürzlich vom Sturm aus der Krone eines Ahorns gebrochenen Ast vorüberkam, haute er mit seinem weißen Krönchen so wütend ins Gezweig, daß es im welken Blätterwerk laut raschelte und rauschte. Auch sein Kurzwildbret, das ich bei einer Wendung einen Moment erschaute, schien stark angelaufen zu sein. Was sollte ich tun? Gerade in dieser Revierecke, in der Umgebung der feisthirschberühmten „Kräuterwiese“, lebte eine Rehfamilie, die vermutlich durch Abgeschnittensein von der übrigen Rehwelt nach der Achtundvierzigerzeit, durch Inzucht also, ausgesprochen kleinwüchsig war. Das Jagdgewicht der Böcke betrug selten mehr als fünfundzwanzig Pfund. Die sehr hübschen, fast immer weit ausgelegten, gut vereckten und reich geperlten Kronen waren, auch wenn sie auf den Häuptern alter Böcke standen, von miniaturhafter Zierlichkeit, als wären es Zukunftsgehörne. War der da vor uns nun einer aus dem Stamm dieser Kräuterböcke? Ich dachte, und schäme mich keineswegs, es einzugestehen, auch an das Wildbret, das zu der Zeit seinen besonderen Wert hatte. Schon im Anschlag liegend, stach ich ein. Sollte ich? Da kam mir die starkstangige, kräftig und eigenartig vereckte Krone des zuvor Erlegten vors innere Auge. Es würde die Freude an diesem wohlgelungenen Vormittag nicht erhöhen, wenn ich so einen Zweifelhaften und jedenfalls, selbst wenn er älter war als er aussah, weit Geringeren jetzt noch mitnahm. Ich setzte wieder ab, und der Gabelbock, dessen begehrlicher Zorn weder von Tönen mehr noch von irgendwelchem Anblick weiter erregt ward, verzog sich, wenn auch zögernd und fortgesetzt um sich äugend, zurück in die Dickung. Ich wollte den Hahn des Drillings abspannen und berührte dabei zu früh den eingestochenen und, wie dies bei solchen alten Meisterwaffen fast immer der Fall war, überaus fein gestellten Abzug. Der Hahn rutschte mir unter dem vom Zielfernrohr behinderten Daumen durch und löste den Schuß. – Himmel Laudon, das war nun, noch dazu bei solcher Nähe menschlicher Siedlungen, wirklich überflüssig! An Schlimmeres dachte ich nicht, obwohl die Mündungen in diesem Augenblick in die Richtung der Höfe, besser gesagt hoch über sie hinweg zeigten. Aber schon wenige Sekunden später erstarrten mir Herz und Hirn in tödlichem Schrecken: Ein laut gellender Kinderwehschrei tönte vom rechten Gehöft her zu mir herauf. Um Gottes Himmels willen!! Jetzt war ein Unglück geschehen, ein Unglück, das wurde mir bei meinem ungesetzlichen Tun blitzhaft erhellt, mit unabsehbaren Folgen! Die kleine Kugel hatte im hohen Bogenflug eines der vor dem Haus spielenden Kinder getroffen. Und als habe das Verletzte nur einen Augenblick nach Atem gerungen, folgte jetzt noch ein zweiter hilflos verzweifelter Schrei, der in lautes Weinen überging. Ich drehte mich nach meiner Frau um. Sie hatte den Zusammenhang von Schuß und Kinderschrei nicht erfaßt und war eben dabei, sich eine Zigarette anzuzünden, und weil sie auf ihr Feuerzeug niederschaute, sah sie auch mich nicht und die hilflose Verstörtheit in meinem Gesicht. Lieber Gott, hätte ich ihr nur gefolgt vorhin, dann wären wir jetzt auf dem Heimweg und dieser in seinen Folgen nicht auszudenkende Unfall wäre nicht geschehen!! Wie sollte ich ihr das Vorgefallene nur beibringen!? Ich *mußte* es ihr sagen! Wir mußten beraten. Angestrengt lauschte ich hinunter. Gleich würde lauter Tumult bei den Höfen entstehen. Warum schwiegen die anderen Kinder!?

Der Aufruhr war auch bald da, aber anders als ich ihn erwartete. Genau vernehmlich begann eine helle Frauenstimme zu schimpfen:

„Du Lausdeandl du dreckats, was fallt der denn net ein!? Laßt net glei den Buam steh! – Rotzdeandl frechs!“ Ich meinte sogar, es jetzt klatschen zu hören. Und dann wurde der Lärm mehrstimmig, Geheul, Geschrei, weinender Rechtfertigungsversuch und dazwischen weiter die Stimme der zornig gebietenden Mutter, der uns wohlbekannten hübschen blauäugig flachsblonden Einödbäuerin, deren gestraffter Gestalt man die neun Geburten nicht ansah. Aus dem weiter anschwellenden erregten Durcheinander des Kindergeschreis löste und erhob sich schließlich ihr jäh beendendes Schlußwort, mit dem sie wohl ihre ganze Schar ins Haus oder an die Arbeit schickte: „. . . marsch!“ Und dann herrschte Stille. Ich aber sank auf dem Wurzelstock, den ich mir zum Sitz erkoren hatte, in mich zusammen und legte mir beide Hände vors Gesicht.

„Was ist denn los, fehlt dir etwas!?", fragte es nach einer kleinen Weile hinter mir.

„Nein, nein, nichts ist! Gott sei Dank, nichts ist passiert!!", antwortete ich und begegnete einem ratlosen Blick, als ich mich umwandte.

„Laß nur, ich erklär' dir's gleich", fuhr ich fort. „Ich habe gerade etwas Schreckliches durchgemacht." Ich erzählte es ihr. Dann gingen wir ohne Eile durch den hochsommerlich warm duftenden Bergwald dem Jagdhaus zu, und die vielstimmig durchsummte Sonnenstille wob sich schließlich auch über meinem vom Schrecken aufgewühlten und nur langsam sich beruhigenden Gemüt zusammen.

Wer nicht oder nur wenig im Gebirg (ich meine die Alpen und ihre Vorberge) gejagt hat, der wird es vielleicht schwer verstehen, daß man hier auf einen Rehbock jahrelang birschen kann, ohne ihn auch nur ein einziges Mal gesehen zu haben. Was hab' ich in jungen Jahren um dieser alten Bergböcke willen an zumeist vergeblichen Plagen auf mich genommen! Jetzt, um fünf Jahrzehnte älter geworden, würde ich manches gescheiter anpacken. Aber jetzt fehlen – warum weiß niemand einleuchtend zu erklären – die Rehböcke dieser an das Urige grenzenden Stärke, und mir fehlt die durch einige wenige glückliche Jahre mir zu freiem Verbrauch geschenkte Zeit. Einsichtsvoll geworden darf man mit seinen Urlaubsgesuchen an die Lebensgefährtin nicht gar zu unbescheiden werden, muß dagegen ihre eigenen Reise- und Erholungswünsche wo immer es geht erfüllen, wenn die Flugreife der Kinderschar Haus und Garten hat still werden lassen.

Da war einer dieser Geheimnisvollen – ich dürfte so um zwanzig gewesen sein damals –, dessen merkwürdige Fegestellen ich gefunden hatte, als ich, so wie die Hüterbuben und jungen Melker auf unserer in Regie bewirtschafteten Alm, die Serpentinen des an sich schon kniebeißerisch steilen Almweges, einem Grat folgend, abschnitt. Ihm, der felsig und nur mit dünnster Humusschicht bedeckt war, entlang standen etwa armdicke, schon in der Jugend knorrig und krumm sturmverbogene Buchen. Hätte man in ihre Rinde sein Monogramm schneiden wollen, dann wären drei scharf geschliffene Messerklingen darüber stumpf geworden. Aber an diesen Jungbuchen, gerade an ihnen, beliebte dieser merkwürdige Bock die Schärfe von Enden und Perlen seiner nie geschauten Krone zu erproben. Als hätte jemand die zinngrauen Stämmchen mit einer derben Feile bearbeitet, sahen diese Fegestellen aus. Die aufgeplätzte Erde zwischen den Wurzeln war wie mit rötlichen Sägespänen bestäubt und die Rinde gelbrot verschrammt. Und das alle zehn

Meter weit, bis höher oben auf dem blanken Fels der Baumwuchs aufhörte. Wohin weiter führte dieser Wechsel? Doch wahrscheinlich auf benachbarte Schläge, am ehesten in den ,,Fang" hinüber, eine mehr als schrotschußbreite steile Rinne, die vor Jahrzehnten zum Herunterholzen der oberhalb der Alm gefällten schweren Hölzer gedient hatte. In ihr fing sich der von den sie umgebenden Steilhängen herabgeschwemmte Humus, und auf ihm, den ein schwaches Rinnsal anfeuchtete, wucherte es nur so von teils brusthohen saftigen Halmen und aromatischen Kräutern. Man konnte dort auch häufig Rehe beobachten. Ich birschte im Frühdämmer hinauf, saß bis ins letzte Schußlicht an, blattete hier und an dem von den Fegestellen verratenen Wechsel und weiter in der ganzen Umgebung. Mehr als ein paar Kitzgeißen und einen Schmalspießer bekam ich nicht zu sehen.

,,I woaß net", sagte drei Jahre später einmal der einen Meter neunzig hohe Hofalmsenn, der Mooservater, mit dem sein Kinn hufeisenförmig umschließenden eisengrau und rußschwarz melierten Bart zu mir, als ich wieder einmal kurz bei ihm und unserem Almvieh vorbeischaute und auf der Bank vor dem Kaser meine Milch trank, ,,heuer siehch i den Rechbock gar nimmer, wo allweil da war auf 'n Dreet. Narrisch a guater des, nix als schwarz hat ma g'sehng zwischen die Lauscher drin. Alle Tag in der Fruah wenn mir auf san, und i ho aussag'schaut bein Fenster, is er drent'n g'stand'n am Waldrand, er und die Goaß. Aber a Scheucher! Hell werd'n hat er's net lassen; wenn mer'n rot g'sehng hat, war er dahin. Und des Jahr kimmt er nimmer. Werd a doch net einganga sein in den harten Winter!?"

Da hatte ich's! Rehe ziehen ungern auf Almen zur Äsung. Das vom Vieh kurzgeweidete Gras mögen sie nicht, und sie sind auch, wahrscheinlich weil sie nicht in die Suhle gehen, gegen die um das Vieh schwärmenden Bremsen weit empfindlicher als das Rotwild. Aber da ist das ,,Dreet", eine möglichst ebene Fläche nahe der Almhütte, die eingezäunt und für den Weidegang gesperrt ist. Auf ihr wird stärker gedüngt und ein-, auf Niederalmen sogar zweimal des Sommers Heu gewonnen. Man braucht es als Zusatz- und Notfutter in den Übergangstagen zu Anfang und am Ende der Almzeit und auch bei verspätetem oder verfrühtem Schneefall. Manchmal hat das meist mit einer geschichteten Steinmauer eingefriedete Dreet nur gute fünfzig Meter im Geviert. Das auf der Hofalm aber war eine richtige Weide von anderthalb Tagwerk, eine der niederen Lage dieser futterreichen Alm halber richtig sprossende und bis zur ersten Mahd im Juli blumenreich bunte Bergwiese. Daß ein alter Rehbock sich ihren Klee und ihre zarten Gräser zu heimlicher Nachtzeit nicht entgehen ließ, darauf hätte ich bei etwas angestrengterem Nachdenken eigentlich kommen müssen. Unterm Heimwechseln freilich hätte er, wäre er mir von den das grüne Garn flechtenden Nornen zugedacht gewesen, meine Blattöne schon einmal vernehmen können. Und dieser langhaxige Hofalmsenn, der doch immer irgend etwas aus alter oder neuester Zeit zu erzählen und durchzudiskutieren wußte, warum hatte er nicht vor zwei Jahren schon einmal den Mund aufgetan!? Ich hätte um dieses Märchenbockes mit seiner grob feilenden Krone willen gern einmal in der Stube des Almkasers genächtigt. Des Mooser mehr der Mutter nachgeratene sehr hübsche, ein wenig untersetzt, aber kraftvoll gewachsene frischwangige Tochter, die Moidl, mit ihrem sich sogar unter dicken Zöpfen noch dicht und ungebärdig kräuselnden braunen Haar hätte vielleicht gleich mir unruhige Träume gehabt, wäre aber ungefährdet geblieben, denn sie mußte mit dem wachsamen Elternpaar die Schlafkammer teilen.

Dem Rehbock vom Dreet sind wahrscheinlich die ungeheuren Schneemengen jenes nicht endenwollenden Winters damals wirklich zum Bahrtuch geworden, und seine von keinem Jägerauge geschauten Stangen haben die Füchse der Rotlahnwände, zu deren Füßen er irgendwo seinen Tageseinstand haben mußte, in ihre Felshöhlen verschleppt. Die tiefen Schnitte und Schürfungen in der eisenharten Rinde der Gratbuchen wurden allmählich schwarz, vernarbten und verwuchsen sich nach ein paar Jahren, und heute würde einer an den zu hohen Schäften erwachsenen einstigen Fegebäumen ebenso vergeblich nach ihren Spuren suchen, wie ich in späteren Jahrzehnten nach ihres Urhebers Nachfolgern.

Das ist nur eine jener vielen Geschichten unerfüllter Wünsche und unbelohnter Wege um solcher heimlicher Bergböcke willen.

Ich habe inzwischen längst resigniert, aber vor etlichen Jahren ist doch wieder so ein Besonderer in unseren Wäldern aufgetaucht. Und weil man auch ohne Punkteerkrankung und Medaillensucht dieser nie ausgehenden „Abschußböcke" müde werden kann, wandte ich mich ihm mit freilich nur skeptisch-zögerndem Interesse zu. Der Platz, an dem er erstmalig gesichtet worden war: „Mindestens vierundzwanzig Zentimeter hoch, a bissl eng gnua, aber starke, rauche Stangen und *wunder*bar vereckt!", der Platz tat es mir vor allem an, denn genau dort hatte ich, nahezu ein halbes Jahrhundert zuvor an einem strahlenden, taufunkelnden Augustmorgen meinen nach einigen oberfränkischen Vorgängern ersten Aschauer Rehbock, einen in leichtfertiger Vertretung des Platzbockes vor mir Unerfahrenem die fiepende Geiß treibenden zweijährigen Gabler geschossen und mir, trotz der Verwechslung überglücklich, den Bruch von einer der Jungfichten gebrochen und auf den Hut gesteckt.

Dieser in den Zeiten meiner Kindheit rehberühmte Platz heißt ,,auf der Mooswand". Die Wand selber, um eines ihr zu Füßen liegenden nur wenige Tagwerk großen feuchten Grundes so genannt, der den Namen ,,Moos" zwar führt, aber zu Unrecht trägt, weil er wohl aus mehreren quelligen Tümpeln besteht, aber keine Spur von Moor aufweist, die Wand selber also ist mit ihren vielen Grasbändern, Grasbalkons, Grasterrassen und zu besonnter Rast sich anbietenden Felsenerkern wohl ein fast nie unbesetzter Wintereinstand für einschichtige Gams, aber kein Tummelplatz für das Rehwild. Über ihre nördlichen Ausläufer stürzt, wenn nicht gerade Trockenheit herrscht, ein oberhalb von ihr in einem romantischen Waldkessel entspringender Bach als stäubender Wasserfall gut fünfzig Meter in die steinige Tiefe. Und dieser Kessel über und hinter der Wand wird logisch sachlich ,,auf der Mooswand" genannt. Ich hab's schon öfters erzählt: Als kleiner Bub wurde ich zusammen mit meiner Schwester auf unseren Spaziergängen mehrmals zur Mooswand geführt und durfte zuschauen, wie die mächtigen Stämme des oben im Kessel damals gerade gefällten Fichtenaltholzes schon geschält und in schwere Ketten geschlagen mit dumpf melodisch schwingendem Anschlagen am Fels über die Wand abgeseilt wurden. Nun ja, und danach war der ganze Kessel da oben ein großer Schlag und wurde aufgeforstet und durch Jahrzehnte, bis der Jungwald sich wieder ganz geschlossen hatte, in jenem Revierteil der erste unter allen Lieblingsplätzen von Wild und Jäger. Da fegte der starke Rehbock seine Krone und nahm, wenn unten im Tal die Wiesen gemäht wurden, dort oben zur Zeit seiner Feiste festen Einstand. Eingängerische Alttiere betreuten in glücklich zweisamer Abgeschiedenheit hier ihr Kalb und führten es nachts auf die nur eine knappe halbe Gehstunde oberhalb gelegene Elandalm zur Äsung. Feisthirsche schöpften am Bach und schlugen da, wo seine Quellen aus der Erde traten, Suhlen in den schwarzen Grund. Als der Jungwald hoch genug geworden war, daß sie unter seinen Schirmästen Schatten und Kühlung fanden, wählten auch sie ihn zum Einstand, und von den umliegenden bewaldeten Wänden zog allsommerlich mindestens ein starker Sommergamsbock in der Abendkühle zu den Gräsern und Kräutern des Schlages herunter. Im Kronengeäst der Buchenüberhälter sah ich mehr als einmal den dunkelgefiederten Fürsten, den Auerhahn thronen, ab und zu saß ihm auch schlicht bescheiden eine Henne zur Seite, der Fuchs schlängelte sich durch die Jungfichten oder schlief zusammengerollt auf einem der morschenden Stöcke, und einmal, einmal hatte sogar eine findige Wildentenmama ihr achtköpfiges Schof zwischen Zinnkraut, Nessel und Huflattich am Bachufer ausgebrütet. Ich hoffe, der heilige Franz von Assisi hat schützend die Hand über die Kleinen gehalten, auf daß kein jähes Hochwasser die noch nicht Flüggen mit dem Wasserfall über die Wand hinunterschwemmte.

Die Mooswand ist manchem Stück Wild schon zum Verhängnis geworden. Einer der wenigen Gamsböcke, den ich für mich reserviert und mir hatte ausreifen lassen wollen, ist angeblich bei zugegeben Übermassen von Schnee, jedenfalls aber in sehr ungamshafter Art aus der Wand gefallen. Von einem merkwürdigerweise allsogleich an Ort und Stelle eingetroffenen jungen Holzknecht, dem, so sagte er, die Leiden des kreuzlahm sich Fortschleppenden das tierliebende Herz abzudrücken drohten, ist er sodann geknickt und unter dem Motto einer selber zugemessenen Belohnung (damals war dies noch nicht so rechtsüblich wie gegenwärtig) von seinem Erlöser des Bartes beraubt worden. Vielleicht wären auch die hochachtbaren Krucken des Zwölfjährigen mit drein gegangen, wenn nicht die anderen Holzknechte rechtzeitig auf dem Plan erschienen wären.

Ein Zwölferhirsch vom wahrscheinlich achtzehnten Geweih (auch *seinen* Abschuß hatte ich mir vorbehalten) ist aber, und zwar wirklich und unbezweifelt, ebenfalls im Winter und bei vielem Schnee aus der Mooswand gestürzt. Der Grund ist in diesem Fall wahrscheinlich der gewesen, daß er am Erblinden war. Es gab kaum einen Anwohner in den umliegenden Einöden, der diesen Hirsch nicht alljährlich mehrmals gesehen, kaum einen dort eingemieteten Sommergast, der ihn nicht durch seine japanische Optik genau bewundert hatte. Entgegen meinen bis dahin für gültig gehaltenen vielen Beobachtungen an der Entwicklung von Hirschgeweihen, wechselte dieser alte Mooshirsch fast jedes Jahr die Endenanordnung und -zahl, vom geraden Achter bis hinauf zum ungeraden Zwölfer gefiel er sich in allen auf dieser Skala möglichen Variationen. Ich habe ihn auch oft gesehen, aber zumeist nach oder vor der Schußzeit. Da er sein mächtig ausladendes, hohes und vor allem sehr starkstangiges Geweih während seines letzten Lebenshalbjahrzehntes immer sehr spät verschlug, oft als einziger Bastträger inmitten seiner voll verfegten Beihirsche noch Mitte August in den Schlägen stand, verhalf mir manche Begegnung mit ihm in der schon offenen Jagdzeit auch nicht zu Schuß und grünem Reis. Und dann kam eben jener traurige, von mir an Ort und Stelle zum Glück nicht miterlebte flockenwirbelnde Januartag seines Absturzes. Der Aufschlag unten im Gestein war trotz tiefen Schnees so heftig, daß dem Hirsch die Bauchdecke und der Pansen platzten und die wenige Stunden zuvor an der dicht neben der Unfallstelle, am Rand des kleinen ,,Mooses" gelegenen Rotwildfütterung aufgenommenen Rübenstücke und Kastanien rund um den anscheinend sofort Verendeten im Schnee verstreut lagen.

Alle guten Dinge sind drei – alle bösen Dinge sind meistens zwei. Böses zeigt sich sehr oft in der Duplizität. Trotz dieser in vielen Lebensjahrzehnten gewonnenen Weisheit war ich auch hinsichtlich des mir anempfohlenen und von mir zu jägerischem Bemühen erkorenen Vierundzwanzig-Zentimeter-Rehbockes auf ein böses, auf ein Ende mit Schrecken gefaßt. Und es sollte auch, diesmal schon nach zwei Jahren, noch früher als ich es proportional zu den Vorgängern meines Mooswandbockes befürchtet hatte, dazu kommen. Der Waldkessel oberhalb der Wand war zur Zeit seines Auftauchens schon lange wieder ganz zugewachsen. Auf einem nahe gelegenen Loshieb hatte ich aber auf ungläubig erkundender Birsch recht eindrucksvolle Fegestellen an dort angeflogenen Lärchen gefunden. Also doch! Das war aber zu Ende des Monats August. Für dieses Jahr war's nun schon zu spät geworden. Im nächsten jedoch packte ich es auf den noch Ungeschauten, nachdem neue Gefege mir sein noch Vorhandensein bestätigt hatten, rechtzeitig an. Ich setzte mich beim ,,kalten Wasserl", einer am Wegrand entspringenden und von den Holzknechten um der besonderen Frische ihres Wassers willen mit einer kleinen Holzrinne versehenen Quelle mehrmals an, und später blattete ich dort auch je einmal früh und abends, daß es in dem weiten und weithörigen Kessel nur so schallte. Nicht einmal eine Geiß sprang mir. Und dabei kommen die Bergrehe, weil sie meist ziemlich eingängerisch hausen, schon allein aus Neugierde gerne aufs Blatt. Da ward mir gemeldet, daß der Bock jetzt unten im Tal bei einer Geiß stehe. Das wunderte mich nicht sehr. Alles dort oben herum wohnende Wild steigt der besseren Äsung wegen immer wieder einmal über die Felsenwechsel hinunter ins Moos und zieht nächtens auf die verhältnismäßig ruhig gelegenen Wiesen der Einödbauern. Um dann am Morgen nicht den vollen Pansen wieder über die Wand hinauftragen zu müssen, stellt es sich gern in den kleinen Dickungen der gleichfalls ,,Moos" benannten Waldabteilung ein.

An der Mooswand gab es übrigens auch Menschenwechsel, die senkrecht über ihre felsige Flanke, je nach Standort hinauf in den Kessel oder hinab ins Tal führten. Es waren ,,Steigbäume", Leitern also, die aber aus so kräftigen Rundlingen zusammengezimmert waren, daß man sie schon eher als Treppen bezeichnen konnte. Die Holzknechte hatten sie sich zur Zeit der großen Fällungen geschaffen zwecks rascheren Auf- und Abstieges, als die recht weite Umgehung der Wände auf dem vorhandenen Ziehweg ihn ermöglichte. Einmal, ein einziges Mal bin ich auf ihnen, die damals schon am Vermorschen waren, noch zu Tal gekraxelt. An einem Juli-Sonntag war das. Ich hatte mit ein paar Gleichaltrigen aus dem Dorf (elfjährig, meine ich, waren wir damals) in voller heimatlicher Tracht – sogar einen Adlerflaum trug ich auf dem grünen Hut – eine Almwanderung unternommen, und wir waren gerade dabei, uns an der von der schönen, stattlichen Frau Sennerin mit dem italisch schwarzen Haar, die damals, weil ihr Mann in den Krieg gezogen war, allein meines Vaters Rinder auf der Elandalm betreute, kredenzten Milch zu erlaben, als mir auf einmal einfiel, daß meine Mutter heute mit dem Sechsuhrzug auf zwei Tage in die Stadt verreisen mußte. Und ich hatte ihr, eh' ich gleich nach der Frühmesse vorfreudig in langen Bocksprüngen den Schloßberg hinunterstürmte, nicht Lebewohl gesagt! Dieser Gedanke verdarb mir nun die ganze bergsommerliche Freude. Ich hatte auch einen kleinen Busch Almrausch für sie gepflückt. Fast fünf Uhr war's. Wie sollte ich's schaffen, sie vor der Abfahrt noch zu erwischen!? Einer meiner Freunde, wald- und wegkundiger Sammler von Pilzen und Beeren, wußte mir Rat:

„Übern Steigbaumweg owa, und nachan schaugst, daß d' a Radl kriagst!"

Ich kannte diese damals schon wieder halb vergessene Route noch nicht, aber es geschah in fliegender, die Kniekehlen bis zum äußersten beanspruchender Eile nach des Weggenossen Ratschlag. Und der alte Gust, unser Gutszimmermann, der nicht weit vom glücklich erreichten Lagerplatz sein kleines Anwesen hatte, lieh mir dann, soeben im Feiertagsgewand vom nachmittäglichen Schoppen heimgekehrt, mit kopfschüttelndem leisen Lachen, aber sehr bereitwillig, sein vorsintflutliches Fahrrad. Mit ihm kam ich am Aschauer Bahnhof angeholpert, als meine Mutter gerade aus der Kutsche stieg und – ich seh' das noch heute vor mir – ahnungslos, daß ich neben ihr stand, die Fahrkarte aus dem Handtäschchen herausholte. Ich durfte mit ihr durch die Sperre (zehn Pfennige kostete das damals) und bekam, als der Kondukteur schon gepfiffen hatte, noch die schnell erbetene Erlaubnis, ihrem Vorratsraum eines der dort für den Versand fertig bereitliegenden Feldpostpäckchen mit Zigarren zu entnehmen. Mitsamt dem Urväterrad brachte ich es andern Vormittags dem Gust in seine Werkstatt.

Manchmal frage ich mich, wenn ich zurückdenkend solche Bilder, nicht nur die Bilder, auch alles was an Gefühl, an Klang und Duft um sie war, mir beschwöre, ob nicht in meinem Leben hinter dieser kleinen Welt, in der jedes Haus, jeder Weg, jede Brücke und jeder Fels von Erinnerung umgrünt und umblüht ist, die große, die weite Welt und ihr Abenteuer zu weit zurückgeblieben ist, weiter als dies mir und der Umwelt, in die hinein ich geboren ward, anstünde. Es ist nicht so, daß diese letztere mir unbekannt geblieben wäre, aber ich hatte in ihr immer nur ein Gefühl des sie Durchstreifens und nicht des sie Durchdringens und Enträtselns.

„Hinter mir liegt etwas, und hinter dir werden nur Hirsche und Rehböcke liegen . . .", das hat, als ich jung war, mein Vater einmal in nicht ganz gerechtem Zorn zu mir gesagt. Sein Wort haftet mir heute noch, nicht etwa als Urteil, wohl aber verbunden mit der Frage nach Weg und Ziel, im Gemüt. Die ganze Welt vermag kaum einer zu umgreifen, die kleine, seine eigene, aber vielleicht auszufüllen und aus ihr heraus wirkend an die große seinen Beitrag zu leisten.

Damit aber bin ich vom vorgesteckten Pfad ein gutes Stück abgeraten. Wesentlich für das, was ich erzählen möchte, war damals die Tatsache, daß auch jener starke Rehbock trotz längst vermoderten Steigbaumweges seinen Wechsel über die Mooswand herunter in die Waldabteilung Moos genommen hatte. Der Jäger Hamberger, der als einziger diesen Bock mehrmals in Anblick bekommen hatte, von dem auch die Charakteristik der Krone mitsamt geschätztem Höhenmaß stammte, wollte den vor mir oben vergeblich Gesuchten die Geiß treibend unten auf dem neuen Schlag gesichtet haben. Und wieder beschrieb er ihn mir:

„Net extra weit, aber immer no hauch, lange Vordersprossen und d' Stangen san des Jahr no stärker, kimmt mir für."

Er war so gescheit gewesen, mich am gleichen Tag noch zu verständigen. Mich davon zu überzeugen, daß es diesen Bock, den anzuschauen mir nun schon im zweiten Jahr nicht gelungen war, wirklich gab, und zwar so wie er ihn angesprochen hatte, war zu einer Art Ehrenanliegen für ihn geworden.

In diesem Fall muß ich, um die Absonderlichkeit des Erlebnisses anschaulich zu machen, den Lageplan aufrollen. Die Waldabteilung Moos ist so etwas wie ein Auwald, liegt in einer Breite von drei- bis vierhundert Metern als im wesentlichen flache Ebene zwischen Fluß und steil ansteigendem Berg. Eine richtige Au aber kann man sie ihres Hochwaldcharakters halber nicht nennen. Auch vor Zeiten der hier besonders scheußlich, aber ebenso gründlich gelungenen Korrektur des Flusses ist sie, weil durch vorgelagerte kleine Felsköpfe und etwas erhöhte Lage geschützt, nie Überschwemmungsgebiet gewesen. Sie weist die besten Waldböden des mir verbliebenen Besitzes auf. ,,Muschelkalkverwitterung" sagte mit Stolz unser alter Forstrat, wenn die Rede auf sie kam, er sie sozusagen vorstellte, die schon zu seinem Bezirk gehört hatte, als er noch junger Revierförster gewesen war. Dabei wirkt diese Aue durch viele im Lauf der Jahrhunderte aus stolzer Höhe in ihr friedliches Reich hinabgestürzte teils fast hausgroße Felsblöcke alles eher als zahm. Um ihrer von dunklen Wipfeln überrauschten Romantik willen hat mein Vater einen der schönsten Spazierwege des Aschauer Tales durch sie hindurch anlegen lassen. Auch die früher einmal stärkst besuchte Rotwildfütterung der westlichen Talseite ist dort seit Menschengedenken errichtet.

Vor einigen Jahren nun mußten wir in den nördlichen Teil dieser prachtvoll hochgewachsenen, tannenreichen Bestände, die dort ihre Altersgrenze schon überschritten hatten, eingreifen, und dadurch ist dieser neue Schlag entstanden, auf dem sich heute schon wieder ein dicht ineinander sich drängender Jungwald mit himmelstürmenden Gipfeltrieben hirschhoch geschlossen hat.

Wir bezogen an jenem Abend auf einem der kleineren Felsblöcke an der Schmalseite des mehr als zweihundert Meter langen Schlages und ziemlich nah schon am Flußufer unseren Stand. Vor uns lag, ganz in das leuchtende Gelb des hochwuchernden Kreuzkrautes gekleidet, die freie Schlagfläche, links wuchs die schwarze Wand des Altholzrandes hoch in den Himmel, und rechts von uns waren um zwei kleine Anwesen teils flach hingebreitete und teils sanft ansteigende Wiesen. Zwischen ihnen und dem Schlag bildete der zum weiter bergwärts gelegenen Lagerplatz führende Weg und eben jener als Wasserfall von der Wand gestürzte und durch die im Moos entspringenden Quellen verstärkte übermütig sprudelnde Bach die Grenze. In den Häusern wurden Sommerfrischler beherbergt; sie saßen im Freien, und man hörte sie reden. Schon beim Beziehen unseres Abendanstandes waren zwei ältere dürre Damen in hellen Kleidern des Weges gekommen, die feindselige Blicke auf mein Gewehr warfen. Wahrscheinlich bangten sie um die Rehe, die allabendlich auf die Wiesen vor den Häusern zur Äsung zogen, und deren Anblick ihnen das Herz zärtlich erwärmte. Solche Begegnungen – wer von uns Grünen wüßte das nicht! – sind keine guten Omina.

Der Abend war goldrosig und dunstig und so kühl, daß die Insekten vor der Dämmerung ihren Tanz einstellten. Ein zartes Zaunköniglied irgendwo vor uns im dürren Astgewirr des Schlages, ein hochsommerlich gekürzter Rotkehlchensang vom Waldrand her und ab und zu von den Höfen herüber eine zum Abendjagdflug ein wenig weiter ausholende Schwalbe. Und dann, ganz unserem hoffenden Warten entsprechend, von links her aus dem schon dunkelnden Forst heraus und alsogleich hingebungsvoll äsend ein Reh. Es war eine Geiß.

„*Zwoa* hat er bei eham g'habt", raunte, allzu angespannte Hoffnung ein wenig lockernd, neben mir der Irg. Das Reh schwamm kupfern in das gelbe Kreuzblumenmeer hinein, verschwand zeitweilig darin, hob das feine, das aufmerksam kluge Haupt mit den groß gespitzten Lauschern wieder daraus empor. Man gewann nicht den Eindruck, daß diese Geiß die derzeit Erkorene, die sehnsüchtig bedrängte Partnerin des Bockes war. Und dann auf einmal zog ein zweites, ein bedeutend helleres Reh gleichfalls äsend dem Waldrand entlang schräg von uns fort. Wieder eine Geiß, wieder ohne die erwartungsvolle Kopfwendung zum Waldesdunkel hin, ohne das unruhige Zurückäugen über den Ziemer. Das Licht ließ unmerklich nach, ein hauchfeiner bläulicher Schleier schien mit einem Mal über dem gelbgrünen Gewucher auf der Schlagfläche zu liegen. Da war mein Zuwartevermögen erschöpft, und ich legte ein Blatt an die Lippen. Wahrscheinlich hatte der Bock die Geiß beschlagen und saß schlafend in der sich jenseits an das Altholz anschließenden Dickung. Ich durfte nicht mit zu geringer Lautstärke anfangen. Er mußte die ersten Töne schon vernehmen und aus dem Bestand herausspringen, ehe vielleicht eine der Geißen zustand, Wind bekam und zu schrecken anhub. Nur ein halbes Dutzend gemäßigte Geschreitöne waren nötig, um ihn über das zunderdürre Durcheinander von Astholz und Baumrinde am Schlagrand herankrachen zu lassen. Voll flüchtig kam er direkt auf mich zu. Dabei geriet er in eine ihn ganz deckende Mulde nahe vor unserem Felspostament. Ich hatte das Blatt fallen lassen und war in halben Anschlag gegangen. Einen so starken Bock spricht man ohne Schwierigkeit binnen Sekundenfrist durchs Zielfernrohr an. Hier ging es nur um die eine Frage, ob er es war oder nicht. Die Vierundzwanzigzentimeterkronen wachsen bei uns nicht im ganzen, auch nicht im halben und auf engem Raum nicht einmal im viertel Dutzend. So saß ich also, Büchse am Bergstock, zum Empfang bereit. Aber – der Bock tauchte nicht aus der Mulde heraus. Anscheinend verhoffte er; kein leisestes Knistern verriet seine Nähe. Sekunden vergingen, eine viertel, eine halbe Minute. Da hörte ich es halblinks hinter mir leise knacken und durchs Gezweig streifen! Beim Samiel aus der Wolfsschlucht, Schlechteres hatte nicht passieren können! Der Bock zog, obwohl der Felsen nach der Seite seines Anspringens ohne schroffen Abfall, also fast hügelhaft in die Erde überging, um ihn herum, und er tat dies sicher weniger, um sich Wind zu holen, als weil er oben auf dem kleinen Plateau kein Reh vermutete, sondern dahinter. Dahinter aber mußte er Wind von uns bekommen! Sehr merkwürdigerweise bekam er ihn nicht. Der geringe Höhenunterschied genügte anscheinend, den vom Berg herabwehenden starken Luftzug über ihn weggehen zu lassen. Ich sah nicht mehr als den obersten Teil der Krone und die Lauscherspitzen, während er uns eilig, wie ein eifrig suchender Kurzhaar, umging. Und dann stand er auf einmal ganz unerwartet rechts von mir auf dreißig Schritt ungedeckt und breit da und äugte in den Schlag hinein, den er soeben flüchtig durchmessen hatte. Mit freiem Aug' sah ich, daß er's war; nicht nur die Höhe, auch die Stärke der Stangen war nach aller vorhergegangenen Ankündigung unverkennbar; außerdem hatte er lange, spitzwinklig nach oben stehende Vordersprossen. Bei meiner Rumpfdrehung um nahezu einhundertachtzig Grad wäre Behutsamkeit wahrscheinlich wichtiger als Schnelligkeit gewesen. Jedenfalls eräugte der Bock, obwohl halb abgewendet, die Bewegung und schlug, die Gefahr kaum verständlicherweise sofort voll erfassend, um wie ein wegblitzender Fuchs. Das Zielfernrohr erhaschte nur noch seinen über Stock und Stein auf- und niederschnellenden Spiegel. Er mußte zutiefst erschrocken sein, denn die ersten Töne, die er aus der Kehle herausbrachte, während er wider alles Erwarten direkt auf die Wiesen zu flüchtete, waren von fassungsloser Unartikuliertheit. Nach fünfzig Fluchten aber, und binnen weniger Sekunden hinter Bodenwellen meinem Blick entzogen, hatte er sich wieder in der Gewalt. Drei-, viermal nur schallte es noch kurz und empört zu uns herüber, und zwar genau entlang dem dicht verwachsenen Schlagrand in Richtung auf die Mooswand hin sich entfernend. Er hatte am Wiesensaum einen scharfen Haken nach links geschlagen. Nach kaum einer Minute schon war's wieder lautlos still. Was für eine grundgescheite Sicherheit, was für ein Wissen um Umwelt und Gefahr ein alter Rehbock doch in solch kritischen Augenblicken beweist! Die zwei Geißen verzogen sich nach längerem, verständnislosem Verhoffen dem schon verschatteten Waldrand entlang langsam auch bergwärts. Aus einem ganz bestimmten Grund gab ich noch nicht alle Hoffnung auf. Der Bock hatte sich zuletzt vom rechten Schlagsaum her hören lassen, die Geißen aber, und vor allem ihr und sein Einstand, waren links vom Schlag. Zu ihnen würde er wahrscheinlich zurückkehren wollen. Vielleicht querte er zu diesem Zweck in ihm sicher erscheinender Entfernung den Schlag an seinem untersten Ende!? Dort nämlich verlief ein die neue Aufforstung vor dem in Winterszeiten an der Fütterung stehenden Rotwild schützender Zaun.

Das Maschengeflecht war an den meisten Stellen, überall da, wo ein Reh nicht drunter durchschliefen konnte, auch rehdicht.

„Schauen S' jetzt immer wieder den druntersten Schlagrand ab mit 'm Glas, wahrscheinlich wechselt er da zurück!" sagte ich aufgeregt zu meinem Begleiter, während ich mir ein frisches Blatt brach. Ich rechnete damit, daß der immer noch zornig beunruhigte Bock die Blattrufe mit Schrecktönen erwidern und mir so seinen weiteren Wechsel verraten würde. Er schwieg. Nicht einmal ein verächtlich grämlicher Brummer kam aus der Richtung seiner Flucht. Aber schon nach wenigen Sekunden zischte der Irg neben mir in großer Erregung: „Jetzt kommt er auf 'n Schlag aussa, ganz unt' bein Zaun!" Also hatte ich's richtig berechnet. Es dauerte trotz lichtstarker Optik eine ganze Weile, bis ich, vom Jäger eingewiesen, in der schnell sich verdichtenden Dämmerung den hoch aufgerichtet Herüberverhoffenden aus dem verschwimmenden Gelb des Hintergrundes herauslösen konnte. Er rührte sich nicht von der Stelle. Half was helfen mochte, ich blattete weiter!

„Jetzt kimmt er, er kimmt!" rief mit verhaltener und trotzdem freudig bewegter Stimme der Irg. Wirklich, er kam! Sehr zögernd zwar und oft mit mißtrauisch erhobenem, fast weiß wirkendem Haupt sichernd, stand er zu, aber die bei solcher Beleuchtung anfangs zu weite Entfernung verringerte sich zusehends. Ich konnte ihn zur Not noch ansprechen: die hohen, ziemlich eng gestellten, schwarzen Stangen und, wenn er zur Seite äugte, die vorhin beobachteten langen, spitzwinkelig nach oben zeigenden Vordersprossen. Endlich zog er über eine Fehlstelle der Kultur, blieb plötzlich stehen und wendete sich, vermutlich, weil in seiner Nähe die Geißen herumtraten, nach rechts, mir damit das Blatt zeigend. Es bestand die große Gefahr, daß er jetzt zu treiben anfing; außerdem war ich auf diese hundertfünfzig Schritt meiner Kugel sicher, und so ging ich schnellstens in Anschlag. Wenige Herzschläge später fuhr mit rötlichem Blitz der Schuß aus dem Lauf.

„Liegt!", hörte ich den Irg sagen und atmete in glücklicher Erleichterung tief die würzige, abendtauduftende Luft ein.

Er lag, und das kleine Mal der Kugel war genau da, wohin ich sie gezielt hatte. Die Krone schwarz, hoch, eng, mit langen Gabel- und nur fingergliedkurzen Sechserenden, ruhte er in malerischer Pose im dämmergedämpften Gold des Kreuzkrautes und – war (so zumindest durfte man hoffen) dreijährig und unverkennbar des Ersten und Echten wohlveranlagter Sohn! Erklären läßt sich's leicht: Der Alte hatte uns eräugt und die ihm verhaßte Gefahr der Menschennähe voll erfaßt. Er war ohne Zögern seinem sicheren Waldkessel zugeflüchtet und hatte auf schnellen

Schalen die Mooswand zwischen sich und die Feinde gebracht. Dem Jungen hingegen waren zuvor schon die Rehrufe in die eifersüchtig erkundenden Lauscher gedrungen, indes er sich, den väterlichen Bereich respektierend, an den Rändern herumgedrückt hatte. Er hatte den Fluchtweg des Vergrämten mit dem Gehör genau verfolgt und sich sodann, immer noch zögernd, auf den Plan gewagt. Und dann war noch manches, den beklagenswerten Irrtum bestärkend, hinzugekommen: das weiße Gesicht des Jungen und daß er aus der Gegend der letzten Schrecktöne in den Schlag einwechselte, genau da, wo ich den Starken mit letzter Hoffnung erwartet hatte, daß es dämmrig geworden war und schließlich auch – man muß sich so was eingestehen – daß ich, durch die Enttäuschung in Fieberhitze geraten, bei diesem zögernden Zustehen ohne jeden nachgrollenden Schreckton, wie es nicht die Art mißtrauisch gewordener alter Böcke ist, nicht stutzig geworden war. Die beiden Kronen freilich konnte man, und das war des Mißgeschickes stärkste Ursache, ja man konnte sie schon verwechseln, denn in der Dämmerung lassen sich Stangenstärke und genaue Höhe nimmer recht ansprechen. Der Gesamteindruck (knapp zweiundzwanzig Zentimeter maßen in der Sehne auch des Sohnes nach oben dünn auslaufende Stangen!), an den man sich in solcher Lage hält, war etwa der gleiche. Aber, schließlich und endlich, wer bei allen Jagdteufeln konnte in solcher Lage überhaupt an einen zweiten so verwechselbar ähnlichen Bock denken!?

Der echte und eigentliche Mooswandbock ward in dieser Brunft, trotz noch gesteigerten Bemühens, nimmer gesehen, ja, wenn man es so annehmen will, überhaupt nie mehr, denn zu Anfang Januar wurde er mit zwei kräftigen Baststumpen zwischen den Lauschern auf der Talstraße überfahren. Auch das dem gebrochenen Kiefer nach geschätzte Alter von fünf bis sechs Jahren stimmte mit dem von uns für den Mooswandbock angenommenen überein.

Also waren es diesmal aller *bösen Dinge drei* gewesen. Oder doch nicht!? Zu Ende der nächsten Blattzeit nämlich feierte er Auferstehung. Der Jäger Irg sah ihn von seinem Haus aus hin und her über die verkehrsreiche Straße eine Geiß treiben. Noch besser, vor allem langendiger sei er geworden! Ich aber, schnell herbeigeeilt und flötend seiner vermutlichen Fährte folgend, sah nichts mehr von ihm.

Trotz alledem hatte ich, als ich mich während der folgenden Tage dort weiter um ein Wiedersehen bemühte, im Moos abermals ein besonderes Erlebnis. Im raumen Fichtenhochholz ganz in der Nähe des Futterstadels stand mir nach längerem und registerreichem Musizieren ein Bock zu. Er war, von einer breiten Mulde gedeckt, vermutlich langsam herangewechselt und trat mit einem Mal von rechts her, aus welcher Richtung ich ihn am wenigsten erwartet hatte, lautlos und schrotschußnah in mein Blickfeld. Ein gut veranlagter junger Sechserbock war es mit klar vereckter und schön gestellter, mittelhoher Krone. Auch die Art seines Zustehens, dies späte und langsame sich Herandrükken, war die eines jungen Bockes. – War er aber wirklich jung? Mit zurückgelegten Lauschern und jener eigentümlichen, hohe Kampfbereitschaft anzeigenden Gespanntheit von Hals und Rumpf wechselte er auf kaum vierzig Schritt breit an mir vorbei. Im Wildbret war er nicht stark, aber breithalsig und im ganzen gedrungen; Krone und Bock standen im rechten Verhältnis zueinander. Auch das Benehmen, das der Bock jetzt zeigte, war alles eher denn jünglingshaft. Mit rollenden Lichtern fuhr er auf eine kleine unterständige Tanne los und haute plätzend an ihr, die anscheinend schon einem Hirsch als Fegebaum gedient hatte, herum. Dabei konnte ich beobachten, daß sein Kurzwildbret stark angelaufen war.

Eine ins Auge fallende Vergrößerung des Kurzwildbrets zu Anfang, insbesondere aber noch vor Einsetzen der Brunft, sei es beim Hirsch, beim Rehbock oder Gams, läßt meiner Erfahrung nach immer den Schluß zu, daß man es mit einem älteren, zumindest voll zuchtreifen Stück zu tun hat.

Stur und vom ungestillten Trieb erkennbar umnebelt stand der Bock eine kleine Weile herum und zog dann schräg von mir weg, immer wieder an Buchenbüsche, ja sogar an ihm in die Quere kommende Falläste Forkelhiebe austeilend, langsam bergwärts davon.

,,So gar jung ist der nimmer. Wahrscheinlich hätte ich ihn schießen sollen", dachte ich zwiespältig hinter ihm her. Aus seinem Benehmen freilich mußte man schließen, daß noch ein Stärkerer hier um die Wege war, der ihm eine brunftige Geiß weggenommen hatte oder verwehrte. Diesen Stärkeren zu suchen machte ich mich auf, überstieg den Wildzaun nach außen und birschte, mit dem Wind im Gesicht, zweihundert Schritte südwärts, dorthin wo eine schmale Dickung, von der später nochmals die Rede sein wird, sich am Flußufer hinzieht. Aus ihr aber sprang kein Reh, obwohl ich den Ruf ziemlich lange und zeitweilig auch laut ertönen ließ. Nachdem ich mein Blatt schon weggeworfen hatte, schaute ich müde und ziemlich gleichgültig nochmals in die Gegend zurück, aus der ich gekommen war. Beim grünen Heiligen, da stand, nicht weiter als fünfzig Gänge entfernt, ein guter Bock in einem von den tiefen Schatten im Fichtenaltholz freigegebenen Sonnenfleck und äugte, wie mir schien, noch ohne Mißtrauen, direkt zu mir her! Er ließ sich –

ich selber saß im Schatten – genau anschauen und dabei erkannte ich, daß es wiederum der zornmütige Sechser von vorhin war. Nicht die Spur eines weißen Nasenflecks zeigte sein gleichmäßig eisengraues Gesicht. Und als er sich breit wendete und wieder mit zurückgelegten Lauschern in jener merkwürdig versammelten Gangart ins Ziehen kam, stellte ich die Sicherung auf Tod. Ohne Abflucht und sofort verendet sank der Bock auf die Waldstreu. Als ich zu ihm treten wollte und schon glaubte, mich über ihn beugen zu können, war auf einmal der von mir vergessene Wildzaun trennend zwischen ihm und mir. Da das Geflecht beim Überklettern meinem Gewicht schwerlich standgehalten hätte, mußte ich also noch eine Umgehung bis zum unfernen nächsten Gattertor machen, eh' ich den tastenden Griff in den Äser tun konnte. Dann aber wußte ich, daß der Bock alt, daß er sicher achtjährig war. Die an sich nicht üppigen Rosen umwucherten die niederen Rosenstöcke nach unten ins krollige Stirn- und zottige Nackenhaar hinein. Das war die freudige Überraschung bei diesem Erlebnis, und hinzu kam dann noch eine Kuriosität. Ich wollte gerade denken, daß ein besonderer Dusel die Kugel hatte durch die Drahtmaschen des Zaunes hindurchfinden lassen, als ich bemerkte, daß mein Geschoß einen der etwa handgelenkstarken, freilich auch schon ziemlich angemorschten Stempen durchstanzt, sich dabei in zwei Teile zerlegt und erst dann mit doppeltem Einschuß das Blatt durchschlagen hatte. Der größere Geschoßteil war sogar jenseits wieder ausgefahren.

So hatte die Mooswand mir doch noch einen ihrer Alten gegönnt. Der neu gesichtete ,,Kapitale" war's freilich nicht. So stark hätte der Irg denn doch nicht übertrieben. Aber immerhin war's wieder einmal einer aus diesem schon zu meines Vaters Knabenzeiten (er selber hatte hier ganz in der Nähe seinen ersten Rehbock geschossen) rehberühmten Wald- und Wändegebiet. Und vielleicht folgte jetzt doch noch Besseres nach.

Als die Hirsche schon schrien, führte mich eines Abends meine Heimfahrt am Haus des Jägers Hamberger vorbei, und ich erfuhr, daß der Kapitale um fünf Uhr des Nachmittags unten am Flußufer, hundert Meter nur von der Straße, der Umwelt nicht achtend, eine halbe Stunde lang geäst hatte. Der zufällig des Weges kommende Hilfsjäger Karl hatte ihn sich auch bewundernd angeschaut.

Und dann kam der Winter und dann der holde Lenz, und der nun anscheinend weniger heimliche, altersgleichgültig gewordene Moosbock stand mehrmals hochstangig und langendig prahlend genau da in der Wiese, wo er im Herbst letztmalig gesichtet worden war und äste zarte Frühlingsgräser. Mir war – an solches in den Schatten Gestelltsein müßte ich mich im Lauf meines langen Jägerlebens gewöhnt haben und werde es dennoch nie mit Gleichmut hinnehmen – mir war sein Anblick trotz mehrfacher Nachschau nicht vergönnt. Und schon zu Anfang des Monats Mai kam der jetzt Hochjagdbare zum zweitenmal ums Leben. Wieder war's ein Auto gewesen, das ihn diesmal mit gebrochenem Kreuz und zerrissener Leber von der Fahrbahn geschleudert hatte. Jetzt endlich konnte ich ihn mir anschauen: Eine gute, keine kapitale Krone war's, die er trug, alles daran war so wie es sein soll: saubere lange Vereckung, starke Stangen, gute Rosen, reiche Perlung, zweiundzwanzig Zentimeter Höhe, eine in diesem Fall zwar bitter vergällte, aber wenn man sich auf die rein jagdästhetische Warte emporzuschwingen vermochte, dennoch eine Freude, sich das anzuschauen. Diesmal war der Kiefer unversehrt geblieben und gab uns Aufschluß darüber, daß diese edelwüchsige Krone nicht dem alten Mooswandbock angehört haben konnte, denn ihr Träger war nicht älter als höchstens fünfjährig gewesen. So blieb es doch dabei, daß jener Januarbock mit der nur halb ausgeschobenen starkstangigen Bastkrone, der fünfzehn Monate zuvor diesen gleichen, in die vielen Häßlichkeiten unseres Jahrhunderts miteingeflochtenen unwürdigen Tod hatte erleiden müssen, daß der der alte und wahre Mooswandbock gewesen war.

Ende Juli befand ich mich nach beuteloser Frühblattbirsch auf der Heimfahrt, wollte aber das ,,Moos", wenigstens seinen unteren Teil, sozusagen noch ,,mitnehmen", weil mein Weg nah daran vorbeiführte und man, meine Knie waren müd' geworden, nur gut hundert Schritt vom in Deckung geparkten Wagen weg bis zu der den ,,Neuen Schlag" und sein Hinterland akustisch beherrschenden Leiter zu gehen hatte. Wie sehr oft sah ich, während ich von der Hauptstraße in das mooswärts führende Feld- und Waldsträßlein einbog, den Irg auf einer seiner Wiesen herumwerken. Als er uns erkannte (mir dichtauf folgte das vom Jäger Andrä gesteuerte geländegängige Fahrzeug) machte er heftige Zeichen und fuchtelte mit seiner Sense herum, als wäre er der Freund Hein, der es auf die Mahd unserer beiden Seelen abgesehen hätte. Es war aber nur jagdlicher Eifer, der ihn dazu bewog: Vor nicht ganz einer Stunde habe ein guter Bock die Geiß über die Straße, die übrigens hier gute, aber immerhin Jagdgrenze ist, herübergesprengt und sei mit ihr in einem kleinen, zwischen Straße und Fluß gelegenen Gehölz verschwunden. Hum!? Da mußten wir's anders anpacken: Wir fuhren, weil sowohl der Südwind als auch das Fehlen jeglicher Deckung auf unserer Seite es so geboten, über die Brücke auf das andere Ufer hinüber, und ich birschte dem Wasserlauf entgegen, bis ich nah genug an dem Gehölz war, daß bei dem Rauschen der ziemlich starken Morgenbrise meine Minnemusik dort hörbar sein mußte. Dann suchte ich mir ein Ligusterblatt und einen geeigneten Platz, und die Ouvertüre begann. Ich will es kurz machen: Es sprang nichts, und ich war darüber nicht unglücklich. Wenn er sich wirklich bequemt hätte, wäre der Bock nämlich genötigt gewesen, durch den nur wenig Wasser führenden Fluß zu mir herüberzuspringen. Wahrscheinlich hätte er zuvor erst einmal am jenseitigen Uferdamm verhofft. Der Schuß da hinüber, genau in Richtung der viel befahrenen Straße hätte unterbleiben müssen. Und dann, das ließ sich, so wie das Gelände hier beschaffen war, nicht vermeiden, wäre er mir unten im Flußbett kurze Zeit aus den Augen gekommen, um gleich darauf irgendwo sehr nahe und wieder mit etwas mulmigem Hinterland aus der Versenkung zu tauchen. Besser so! Ich sicherte den Repetierer und wollte mich zum Gehen wenden; da fiel mir ein kleinwinziger Waldwinkel ein, den ich seit – ja wie lang war's her? – seit genau neunundzwanzig Jahren, seit dem Dreiundvierziger Kriegssommer, nicht mehr aufgesucht hatte. Damals war auch Blattzeit, und es ging um einen Bock, der mir mehr als fünf Jahre zuvor (zu der Zeit schon nimmer ganz jung) in einer Wintermondnacht durch sein gehässiges Schrecken einen Fuchs vergrämt hatte. Irgendwo hier herum war er, der nun hochbejahrte Träger sehr starker, aber ganz glatter Stangen, mir nach manchem vergeblichem Versuch an anderen Plätzen gesprungen, und ich hatte ihn geschossen. Wo war das genau gewesen? Den Platz, einmalig in seiner Romantik, ein richtiges Heinzelmännchenreich mit großen bemoosten Steinblöcken, Farnen und Pilzen im smaragdenen Dämmer eines halbgewachsenen Fichtenbestandes, den Platz würde ich gleich wiedererkennen, nur wußte ich im ersten Rückerinnern nicht, wohin genau ich mich wenden mußte. Ich ging meinem Gefühl nach, und das wies mich weiter flußaufwärts. Ausnahmsweise hatte ich an diesem Morgen eisenbeschlagene Schuhe an. Im Gras verborgen wand sich eine Wurzel, an der ich wahrscheinlich mit dem Absatz hängenblieb. Jedenfalls schlug ich, ohne daß mir Zeit zu irgendwelchem Versuch, mich aufrecht zu halten, blieb, blitzartig der Länge nach hin. Ein gemeiner Schmerz am linken Mittelfinger war das erste, was ich, wütend und verstört wieder aufstehend, verspürte. Er war, und zwar sein Rücken, zwischen einen Stein und die von meinem Gewicht beschwerte Kimme der Büchse geraten, blutete stark, und die Narbe eines langen Risses ist mir bis heute verblieben.

„Jetzt langt's mir, ich fahr' heim!", war meine erste, schon durch den ganzen Verlauf dieses Morgens vorbereitete tief verstimmte Reaktion auf den bei so gut wie ebenem Boden kaum verständlichen Sturz und Schock, auf dieses Beinstellen irgendeines haßerfüllten Teufels hin. Aber der Schmerz am Finger ließ bald nach, und ich überlegte mir, daß der Teufel sicher irgendeinen Zweck mit seinem groben Schabernack verfolgt hatte. Welchen? Nun wahrscheinlich den, mich abzuhalten von meinem Vorhaben, den Platz der Heinzelmännchen aufzusuchen und dort zu blatten. Weiter also auf dem eingeschlagenen Weg!

Fünf Minuten später hatte ich den verzauberten Ort gefunden. Ein zuweilen wohl auch als Fußpfad benützter, schmal um Felsblöcke sich windender Wechsel durchlief ihn. Eine gut zimmerhohe glatte Felswand schloß sein kleines Reich nach Norden hin von der übrigen Welt ab und vertiefte zusammen mit den auf ihrem Scheitel fußenden Tannen und Buchen den darin herrschenden feuchten Schatten. Die dem felsbedeckten Boden verhältnismäßig dicht entwachsenen Fichten waren im Lauf der neunundzwanzig Jahre, die ich sie zwar oft gesehen, aber nimmer bewußt betrachtet hatte, von mageren Stangen zu festen kurzen Schäften geworden, was jenes mir wohl erinnerliche blaugrüne Dämmerlicht unter ihren Wipfeln, in das nur da und dort vom Gezweig abgeblendete Sonnenflecke fielen, noch verstärkte. Hinter diesem Wäldchen, dessen ganze Fläche mit einem eng schießenden Schrotlauf zu beherrschen gewesen wäre, lag eine ziemlich weit sich nach Süden erstreckende Dickung. Aus der heraus war hier am allerehesten das Springen eines Rehs zu erwarten. Ich setzte mich in das als erhöhtes Postament sich anbietende Wurzelgeflecht einer alten, halb in der Wand stehenden und in ihren Runsen und Spalten eingekrallten Buche, wartete, bis mein Ärger einigermaßen abgeklungen war und fing dann leise und scheu, so wie es diesem Platz gemäß war, zu blatten an. Es mußte, es *mußte* hier etwas kommen. Undenkbar, daß nicht irgendwo in der Nähe Rehlauscher spielten, sich, bereit, die feinen Töne aufzufangen, da- und dorthin wendeten und zwischendurch den Fliegen wehrten. – Aber nichts kam, auch nicht, als ich die Rufe lauter werden ließ. Die Dickung schien rehleer zu sein. Jetzt war ich aber schon da, und wenn ich das Angstgeschrei machte, dann konnte es hinüberhallen bis in die bewaldete Bergflanke zu Füßen der Mooswand und der sie fortsetzenden Schoßbachwände hinein. Und dann auf einmal geschah sie, die mich jedesmal wieder fast wie ein Wunder erschütternde Erfüllung der zwar heißen, aber im letzten Winkel des Jägerherzens doch immer ungläubigen Hoffnung. Von rechts her fetzte in langen, lautlosen Fluchten ein starkes Reh über einen schmalen, an Viehweiden grenzenden Schlag heran. Wie ein springendes Feuer brach es in den Dämmer des kleinen Waldortes ein.

Ein Bock war's, mußte es sein, so kraftvoll entschlossen springt nicht einmal eine um ihre Kitze besorgte Geiß, so satthellrot und tiefrumpfig ist auch nur ein guter Bock; und ein Guter war's, mit bös düsterem Gesicht, das keine Spur von Weiß zeigte. Es konnte aber keiner von denen sein, die mir in diesem Jahr hier angesagt und beschrieben waren, auch der nicht, den der Irg vor einer guten Stunde die Straße hatte überqueren sehen. Ein eng, aber mordshoch aufhabender Altbock! Und war schon ohne Ahnung meiner Nähe, ohne Spur von Argwohn, nur von finsterstem Zorn erfüllt, kreuz und quer den Stämmen ausweichend und Felsen überspringend, auf dreißig Schritt heran, als ich ihn endlich ins Fernrohr brachte, und auf fünfundzwanzig, als der schnell gelöste Schuß ihn aus der gestreckten Flucht heraus in einen Trichter zwischen mooshäuptigen Blöcken und ein paar Fliegenpilzen hineingleiten ließ, so jäh ausgelöscht, so willig auf die Seite gedreht, als wäre nie Leben in ihm gewesen. Lange, nun sagen wir, gut fünf Minuten, und ohne daß ich mich zu beherrschen brauchte, ging ich nicht zu ihm hin. Ich wußte, welcher da lag, was für ein zweimal tot gewähnter, lang begehrter und gesuchter. Er hatte sich wieder einmal, wie damals vor zwei Jahren, von seiner Mooswand herabbequemt.

Ein alter Bock, auch wenn er zurückgesetzt hat – so zumindest empfinde ich es –, kann nie enttäuschen. Dieser war vielleicht kein uralter. Aber er mußte allen mit ihm gehabten Vorerlebnissen nach mindestens achtjährig sein. Er hatte – bei Rehböcken diesen Alters, so man sie nicht wie Gehegeböcke füttern kann oder mag, habe ich nie etwas anderes erlebt – zurückgesetzt. Die Höhe von knapp fünfundzwanzig Zentimetern war ihm auf der etwas längeren linken Stange verblieben, die Vereckung, vor allem die der Vordersprossen, war zurückgegangen. Ohne besondere Rosenpracht und bei nur mäßiger Perlung haben die Stangen doch anscheinend mehr Masse, als man sie ihnen einer sehr gleichmäßigen Verteilung halber bei erster Beschau ansieht. Wo kämen sonst die 375 Gramm Gewicht dieser nicht allzu ansehnlichen Krone her? Ich argwöhnte schon, als ich's bei der Trophäenschau erfuhr, man habe mir durch „Zuwag" eine kleine Freude machen wollen, weil ich vielleicht, so wenig dies auch meinen eigenen Gefühlen entgegenkommt, schon die Wirkung eines Patriarchen ausstrahle. Aber ich wog nach, und es stimmte.

Das alles aber war viel später, war lang nach dem Fest, war Punktekrämerei, halbbehördliche Kontrolle und Belobigung mit vergoldetem Blech für jagdlich schießerisches Wohlverhalten. Es ist nichts dagegen zu sagen. Aber die Viertelstunde im Wald der Heinzelmännchen war etwas ganz anderes, war Jagd gewesen. In ihr verspürte ich einen Anhauch von der Beglückung junger Jägertage, dem freien Streifen hinter den Geheimnissen der grünen Bereiche her, bis ihr Märchen zur Wirklichkeit und einem zu eigen ward, dem vollen Hingegebensein an die Lust des Erbeutens, der Seligkeit ihrer Erfüllung! Was grämen wir Jäger uns eigentlich um die Verständnislosigkeit unserer Feinde, die es nicht und für nichts fertigbringen, sich wenigstens zeitweilig den Dreck politischer Sicht aus den Augen zu wischen!?

Jetzt einmal ganz von innen her betrachtet: Wär's nicht für uns und das, was *wir* tun und lieben, ein schlechtes Zeugnis, wenn die uns verstehen könnten!?

# *Um einen Rehbock*

Vor einigen Jahren habe ich mit einem Rehbock in mehrfacher Hinsicht unalltägliche Erlebnisse gehabt. Es ging damit an, daß der Jäger Karl ihn mir gleich zu Anfang der Schußzeit anempfahl. Sehr gut sei er, man könne fast sagen „kapital". Er beherrsche die große, sanft abfallende Wiese unterhalb der Bergbauernhöfe von Mitterleiten und lasse sich dort vom Karl auf beinahe jeder Birsch anschauen. Es sei noch ein geringerer Sechser dort ständig um die Wege, der aber dem Starken meist talwärts ausweiche. Verwechseln könne man die beiden nicht, denn abgesehen davon, daß der Platzbock viel höher aufhabe, sei er mit Sicherheit daran zu erkennen, daß seine linke Stange, wahrscheinlich eines Rosenstockbruches halber, ein wenig schräg stünde und kürzer sei. Ich solle keine Zeit verlieren, meinte der Karl. Wenn die große Wiese gemäht würde, könne der Bock, St. Hubert wisse wohin, sich verziehen.

Es erging mir wie immer, wenn ein Jäger mir ein starkes Wild ausmacht und es ihm selber ständig begegnet. Ich sah den „fast Kapitalen" trotz einer ganzen Reihe von Früh- und Abendbirschen auf seinem ziemlich mühelos zu erreichenden Äsungsplatz nicht ein einziges Mal. Dafür war mir fast jedesmal der nahe Anblick des geringeren und sicher auch jüngeren Sechsers vergönnt. Einmal hatte ich ihn mehr als eine Viertelstunde lang schrotschußnah vor meinem vom Karl kundig in eine Altfichtengruppe hineinkonstruierten Hochsitz äsend stehen.

Aber, selbst zu dem Zeitpunkt, da mir die Beibringung eines Rehziemers von meinem Generalkommando bei Strafe der Geringachtung nahegelegt worden war, mußte ich ihm das Tabu des Jungseins zuerkennen. Und das hat vor meinem Jägergewissen auch dann Geltung, wenn eine Sechserkrone, so wie in diesem Fall, wenig verspricht. Eng und etwas gamskruckig zurückgebogen war sie, mit langen Vordersprossen und kurzen Sechserenden. Der Unterbau freilich war gut, rauh und im Verhältnis zur Höhe großrosig.

Dann kam die durch zwei Regenwochen sich verzögernde Heuernte, aber schon vierzehn Tage später stand das Grummet wieder mehr als knöchelhoch, und beide Böcke waren zurückgekehrt. Nur einmal sah ich jetzt endlich den Guten (ich gewann ohne genaues Ansprechen nur einen allgemeinen Eindruck) sein Schmalreh auf die Wiese heraus- und wieder in den Waldhang zurücksprengen. Ich hätte den sehr weiten Schuß gewagt, aber ein einziges sekundenkurzes Verhoffen reichte nicht aus für ruhiges Zusammenschauen.

Danach war es wieder so wie all die Male zuvor, für mich blieb dieser Bock auch in den Tagen der Hochbrunft unsichtbar. Dann kam aber der Karl eines Abends noch spät, schon bei Dunkelheit, zu mir gefahren: „Der Bock steht jetzt bei der Kitzgoaß ganz herunt auf der gachen Wiesen glei hinterm Dorf."

In der Nacht entlud sich ein lang schon erwartetes Gewitter. Als ich früh am Morgen zu der steil abfallenden Wiese kam, die den „jagdtechnischen" Vorteil hat, daß an ihrem unteren Rand ein ziemlich viel befahrenes, geteertes Sträßlein entlangführt, umzogen Nebelschleier ihren oberen Rand. Auch der Himmel schien noch grau, und es tagte nur langsam.

Ich mochte an die zwanzig Minuten auf der Straße parkend gewartet haben, als ich endlich in der frisch gewaschenen, sattgrünen und von weißem Schierling dicht überblühten Wiese ein Reh ausmachen und es nach längerem Schauen als Geiß ansprechen konnte. Sie stand ziemlich hoch im Hang und äste sich eifrig schräg bergan. Nach einer kleinen Weile kamen auch ihre zwei Kitze irgendwoher zum Vorschein, und sie ließ sie saugen. Ganz so paßte es in meine stets pessimistische Voraussicht: Der Bock hatte sie beschlagen und sich dann wieder abgesondert, wahrscheinlich bergwärts seinem alten Einstand zu. Ich war zu müde, um mich sehr zu ärgern, zündete eine Zigarette an und lehnte mich schläfrig in die Polsterung des Wagens zurück.

Aber dann, es war inzwischen heller geworden, wenn auch der Regendunst sich noch nicht ganz verzogen hatte, sah ich mit einem Mal ein viertes Reh etwas oberhalb der anderen äsend aus einem von Haselnußstauden umwachsenen Graben herauskommen. Das Haupt hielt es ständig ins Gras versenkt, der Figur nach aber war es mit großer Wahrscheinlichkeit ein Bock. Endlich sah ich bei einem kurz trotzigen Aufwerfen die dunklen Stangen zwischen den Lauschern. Das Ansprechen des sich im Äsen ständig fortbewegenden Wildes machte bei der dunstig trüben Luft einige Mühe.

War das wirklich der Gute? Die Stangen schienen stark zu sein, ihre Höhe dagegen, wie auch die Länge der Enden, mittelmäßig. Aber weiße Endenspitzen heben sich bei solch gedämpfter Beleuchtung oft schlecht von verhältnismäßig hellen Hintergründen ab. Keinesfalls, das wußte ich nach kurzer Begutachtung, konnte es mein Freund, der jüngere der beiden Mitterleitenböcke, sein.

Er war jetzt der Geiß sehr nah gekommen, hob das Haupt aus Gras und Schierling und äugte sie mit gestrafften Lauschern an. Er schien nicht übel Lust zu haben, den durch nächtliche Regengüsse vielleicht abgekühlten Reigen mit ihr wieder aufzunehmen. Es war nicht weit bis zur Schneid hinauf, über die das Paar dann wahrscheinlich alsbald wegtauchen würde. Wenn der Karl sich am Abend nicht verschaut hatte, dann mußte es der „fast Kapitale" sein. Während der inzwischen verstrichenen neun nächtlichen Stunden konnte schwerlich hinter der Schürze dieser Geiß ein Platzwechsel stattgehabt haben.

Da entschloß ich mich, trotz der zweihundert Meter und des Nachgewitterdunstes, zu schießen. Zwei gekreuzte Weidezaunpfosten boten sich zur Auflage an. Der Bock wendete in heftiger Flucht erst abwärts, bog aber dann nach links (von meinem Blickpunkt aus rechts) und nahm wieder seinen Haselstaudengraben an, in dem er nach wenigen Sekunden untergetaucht war.

Ganz glücklich war ich mit diesem Zeichnen nicht, aber es war ohne den Bruchteil einer Schrecksekunde so blitzartig im Schuß erfolgt, daß das Wild die Kugel haben mußte. Zehn Minuten später stand der Karl neben mir: „Ham'S ihn?" „Ich hoff' scho. Aber ob er's halt is!?" „Ja, ja, des is er scho. I hab'n ganz genau ang'sprochen gestert auf d'Nacht."

Ich wies ihn ein. Er stieg hinauf, fand sogleich den Anschuß und auf ihm viel Lungenschweiß, folgte der Fährte und fand auch den Bock unter den Bodenästen der ersten Randstauden.

Und dann lag er vor uns neben dem Sträßlein im grünen Randklee der Wiese und – war ein anderer als der, den ich wünschte, suchte, verfolgte. Eigentlich war die Krone genauso, wie ich sie angesprochen hatte: gerade, kräftige, eher niedrige als hohe, mäßig geperlte, eher eng als weit gestellte Stangen, passable Rosen, gleichmäßig kurze sechs Enden. Im Wildbret freilich war er stark, hatte einen ausnehmend kräftigen und dadurch kurz erscheinenden Träger und ein breittrotziges graues Haupt.

Der Blick, den ich dem Karl etwas von unter her zuwarf, bekundete nicht gerade vorzügliche Hochachtung: „Mit deinem Ganz-genau-ang' sprochen!" Er schüttelte mehr unüberzeugt als beschämt den Kopf. „I kann net anderst sag'n. Gestert auf d'Nacht war's der Guate. I hab' ja die kürzere Stang genau dersehng."

Noch während er sprach, fiel mir etwas auf: Über die mir zugekehrte „Wange" des Bockhauptes verlief um Fingersbreite unter dem Licht vorbei so etwas wie ein weißer Striemen. Wir schauten uns das näher an und stellten fest, daß es eine Kampfverletzung sein mußte; nicht nur das, wir entdeckten eine ganze Anzahl frischer, zum Teil schweißender Schmisse am Haupt, am Lauscher, im Nacken, auf dem Träger und einen sogar am Stich. Der Bock mußte vor ganz kurzer Zeit, vor Stunden erst, mit einem anderen heftig gekämpft haben.

Hatte der Karl also doch recht? Hatte sein Hauptbock in dieser Nacht dem Stärkeren nach langer haßvoller Gegenwehr den Platz hinter der brunftigen Geiß überlassen müssen!? Möglich war's schon. Ich tastete die Kiefer des Geschossenen ab. Er war nimmer jung, siebenjährig etwa, stellte sich nach dem Abkochen heraus, und auf der Waage zog sein Jagdgewicht 41 Pfund. Der Karl war rehabilitiert, und ich streckte mir einen Tannenbruch hinter die Hutschnur, konnte meiner Beute froh sein und war zufrieden.

Aber während ich heimzu rollte, zogen mir noch andere Gedanken durchs Gemüt. Durfte man ein Wild, das so starke, so wachsame Schutzgeister hatte, durfte man das weiter bejagen!? Sollte man nicht aus einer Regung heraus ähnlich der, die einst des Polykrates erlauchten Gast, den König der Ägypter, überkommen hat, „sich wenden ..."? „Hier wendet sich der Schütz' mit ...", ja mit was? Nicht eben „mit Grausen", aber mit etwas, das irgendwie, wenn auch nur von fern, daran anklingt, mit einer Art von Bangen, das ihn ablassen heißt vom begehrten Wild, das ihn warnt vor jenen bewachenden, für die frevle Verfolgung ihres Schützlings sich vielleicht rächenden Geistern?

Diese Geister des Waldes hatten ihren Liebling losgekauft, hatten mit einem anderen starken Bock ein angemessenes Opfer gebracht, um ihn zu retten. „Laß ab jetzt, nicht zu sättigender Jägermensch", meinte ich sie rufen zu hören, „laß endlich wieder Ruhe einkehren in unsere Hallen!"

Es gibt das Wort eines Heiligen, daß mit guten Vorsätzen der Weg zur Hölle gepflastert sei. So ließ ich es auch jetzt zu keinem wirklichen Vorsatz kommen, sondern nahm, wie oft im Leben, Zuflucht zu einem Kompromiß: Am 17. August, dem Vortag von meines Vaters Geburtstag, den ich schon zu des Vaters Lebzeiten als Schlußtag der Blattzeit in meiner ganz privaten, die jagdlichen Daten bestimmenden Tabelle festgesetzt habe, an diesem 17. August also wollte ich noch eine einzige und endgültig letzte Birsch auf den Begehrten machen.

Danach beherrschte der Feisthirsch, beherrschten die gleichfalls vollfeisten kitzlosen Gamsgeißen, wer wußte, vielleicht sogar einmal ein Bock und, als letztes nicht, Sommerenten, Tauben und in manchen Jahren auch Rebhühner mein jägerisches Begehren und Pläneschmieden.

Dieser 17. August kam und grüßte wonnesam mit funkelnden Frühstrahlen die vom Vortag her noch regennassen Wälder und Wiesen. Und so ziemlich alles, was an Rehwild in den vom dritten Gras schon wieder spannhoch bestandenen Wiesenhängen, -halden und -matten um die Höfe von Mitterleiten zur Äsung zog, war, vertraut sich sonnend, auf den Läufen. In dem großen Feld, dem eigentlichen Äsungsplatz des guten Bockes, standen bei werdendem Schußlicht, die Häupter im Gras versenkt, zwei Rehe, ein schwächeres, hell, fast gelb erscheinendes und ein starkes düsterrotes.

Das Ansprechen aber dämpfte sehr bald schon den freudig beschleunigten Herzschlag wieder, denn es war ein Geißenpaar, höchstwahrscheinlich Mutter und Tochter, ein feingliedriges Schmalreh das helle, und eine, man durfte fast sagen Überwucht von einem Altreh das dunkle. Und dann zogen auch noch zwei Schmalböcke brüderlich miteinander einen Hang hinauf, allüberall ästen Kitzgeißen; einer von ihnen, die ziemlich weit oben sich waldwärts äste, wo das steile Weideland sich im Gewucher der Farnkräuter verliert, folgte, wie ein respektvoller Page, ein zweijähriger Sechserbock.

Aber der „fast Kapitale", den ich jetzt endlich einmal mir gern angesehen und den ich wohl auch geschossen hätte, war nicht und nirgends unter ihnen. Ich blattete erst vom Hochstand aus mit vielen leisen Fieptönen und nach kurzer Pause mit einigen bis zur Überlautstärke sich steigernden Angstrufen. Die äsenden Geißen hoben kaum mehr die Köpfe. Dann probierte ich es auch noch am Rand eines Feldgehölzes, das ich für den Einstand des Guten hielt. Aber nur die Wespen summten um die silberschäftigen Tannen, und die Grillen zirpten im Wiesenhang. Keine rumpelnde Flucht, kein knackender Zweig – die Zeit des Rehreigens war vorüber.

Als ich dann nach längerem, behaglich besonntem Hocken meinen Wagen zur Heimfahrt wieder bestieg und ihn wendete, machte mein Herz abermals einen Sprung: Vom Abstellplatz aus war ein nicht mehr als fünfzig Meter breiter, im Morgensonnenlicht grellgrün erscheinender Streifen vom unteren Rand der großen Mitterleitenwiese zu sehen. Man hatte hier durch das zwischen mir und dieser Wiese jetzt befindliche hochstämmige Feldgehölz einen schmalen Loshieb geführt, und das dadurch sichtbar gewordene kleine Stück Wiese bildete zugleich die Schneid. Darüber wölbte sich in wolkenloser tiefer Spätsommerbläue der Himmel. Und sich klar von ihm abhebend, stand auf der grünen

Schneid (ein kaum glaublicher Zufall!) gerade in dem Augenblick der Bock.

Man sah mit freiem Aug die hoch erscheinenden Stangen. Knapp zweihundert Meter waren es bis dort hinauf. Aber auch diesmal ließ der erste Blick durchs Glas die hochgeschwellte Freude wieder in sich zusammensinken. Der da oben stand und, wie um Abschied zu nehmen, hocherhobenen Hauptes zu mir herunteräugte, war der zweite, der oft beschaute jüngere und schwächere Mitterleitenbock. – Ich zog meinen Schlußstrich und fuhr nach Hause.

Dieser Teil unseres Tales, der sich verbreiternde Auslauf gegen Süden, hat mir schon manchen jägerischen Kummer bereitet. Da war der Vierzehnender zum Beispiel; anfangs der gute, später der alte, schließlich der uralte Mitterleitenvierzehnender. Ich habe ihn, nachdem ich schon zwei Jahre lang auf ihn gegangen war, einmal mit wohl ausgeschobenem Geweih, aber noch im Bast, gegen Ende Juli von genau der Stelle aus gut ansprechen können (er war nicht weiter als hundertfünfzig Meter von mir entfernt), von der aus ich den soeben beschriebenen Abschiedsblick auf den jüngeren Mitterleitenbock tat.

Im gleichen Jahr hätte ich den Hirsch zur Brunftzeit in aller Ruhe und Bequemlichkeit schießen können. Wir – Sohn, Jäger Andreas und ich, waren vom Tal aus in nächtlicher Vorfrühe mit dem Kettenkrad bis an die ,,Tore“ der Elandalm gefahren, bis zu jenen jetzt schon weit über mannshohen Fichtendickungen rechts und links des Alm- und Ziehweges, deren Vorfahren ich als stolze, hochwipfelig rauschende Althölzer gekannt hatte. Als dann dort Schläge entstanden, konnte man auf den sie querenden Wechseln das von der Elandalm gegen im Norden anstoßende Junghölzer und Alpenwaldstreifen hin einwechselnde Rotwild erwarten, was für mich in frühen Jägerjahren und auch für Gäste mehr als einmal zum Waidmannsheil führte.

Und jetzt stockt und gedeiht dort wieder der dicht geschlossene Jungwald, treibt seine Wurzeln tief hinab in das die Spalten und Runsen zwischen dem Gefels ausfüllende schwarze Erdreich.

Diese Frühbirsch oder -fahrt vom Tal her zu den von der Hütte aus schwer angreifbaren nördlichen Ausläufern der Alm ist aber nach wie vor reizvoll und erfolgversprechend, hat überdies den nicht hoch genug einschätzbaren Vorteil, daß man dabei *vor* dem Hirsch ist, ihn also auf sich zukommen weiß.

Nun, damals kam nichts. Die nicht schlecht meldenden Hirsche waren anscheinend dabei, ein paar hundert Meter vor uns schon steil die Lehne waldwärts emporzuziehen. Wir birschten, dem Weg folgend, auf sie zu in die von zerrissenen Nebelschwaden überwallte Alm hinein. Ich war diesmal der, der schießen sollte, und so blieben meine zwei Begleiter gut hundert Meter hinter mir.

Und da geschah es: Ich stand ohne jede Deckung frei dort auf dem Weg und der Alm, als plötzlich knapp hundert Meter unter mir ein gereizter Hirschschrei hinter einer nah am Waldrand stehenden Fichte mit weit ausladendem Geäst erscholl. Dann krachte es unter ihrem breitmächtigen, bodennahen Schirm, als trampelten dort Kühe im Fallholz herum, und nach ein paar kurzen Sprenglauten folgen aus dem heftig nachschwankenden zottigen Fichtenmantel ein starkes Alttier und dicht dahinter ein in der Figur ziemlich geringer, im Geweih aber guter Hirsch auf die Alm heraus.

Ich hatte das Glas schon an den Augen, als er erschien, und konnte ihn mir genau anschauen. Ein Vierzehnender war es, und – es war merkwürdig – schon nach kurzem Ansprechen fiel mir die Ähnlichkeit des Geweihs mit dem des zwei Monate zuvor beobachteten Mitterleitenhirsches auf: rechts die klare Doppelgabelkrone, links eine langendige Dreierkrone, hohe gute Stangen, mittelmäßige Eis- und sehr gute Augsprossen. Dem Geweih nach hätte er es wirklich sein können!

Es ist auch durchaus nichts Außergewöhnliches, ja es ist die Regel, daß Hirsche, die während der Feistzeit in der hintersten südlichen Ecke des Reviers, nahe der Landesgrenze, stehen, sobald die Brunft naht, die etwa zehn Kilometer Luftlinienentfernung durch felsige Kare, weit sich dehnende Dickungen, über große Almflächen und steilwandige Gräben hinüber zwischen die Läufe nehmen und auf einem der beiden Hauptbrunftplätze der südlichen Herzkammer unseres Reviers, der Baumgarten- oder Elandalm, zum Kahlwild treten.

Auch davon könnte ich jetzt Geschichten erzählen, von sorgsam und liebend geschonten Platzhirschen, die bei spätherbstlichen Riegeln oder in früheren Zeiten auch bei Mondschein nah der Landesgrenze dem dort weniger zurückhaltend gehandhabten Blei zum Opfer fielen.

Der Figur nach aber konnte dieser da kein alter Hirsch sein! Das Haupt war klein, der Hals schlecht bemähnt, und der Rumpf war merkwürdig kurz, fast als sei hinten ein Stück davon verlorengegangen. Aber – war mir dies letztere nicht auch am Basthirsch so vorgekommen!? Der vor mir sein Stuck über den blanken Almhang treibende Vierzehnender war seinem Ziel, wenn man den begehrten Beschlag so nennen mag, schon recht nahe, er legte dem nur langsam vor ihm hertrollenden Stuck mehrmals in der Absicht, es zum Stehen zu bringen, das Kinn auf die Kruppe.

Alte Hirsche haben oft nur ein Stück Kahlwild, dessen Brunftigsein sie abgewartet haben, bei sich. Bei den eben erst in die Reife getretenen Junghirschen ergibt sich wohl sehr oft ein ganz ähnliches Bild; aber bei denen handelt es sich fast immer um ein Alt-, seltener ein Schmaltier, das dem Beherrscher des Rudels, dem Platzhirsch, durchgebrannt ist.

Ich war kurze Zeit mit Schauen so beschäftigt, daß mir der Gedanke, den Hirsch doch aufs Geratewohl zu schießen, erst kam, als das Paar sich schon wieder waldwärts gewendet hatte. Wenn dieser Verliebte aber doch, wofür der ganze Anblick sprach, ein Junger war!? Bei diesem Geweih, bei dieser Prachtveranlagung!? Ich ließ den Riemen des Repetierers auf der Schulter, bis die Zweige der talwärtigen Dickung über dem schaukelnden Geweih und hinter der ockergelben Scheibe zusammenschlugen.

Als ich dem Karl die Geschichte später erzählte, sagte er mir, der Vierzehnender sei ein in der Figur auffallend geringer Hirsch, was sich vor allem dann zeigte, wenn er mit anderen Hirschen im Rudel beisammenstehe. So ganz wollte ich das nicht glauben, aber es gab ja noch andere Herbsttage, und es würde, wenn die Elandalm wirklich der Brunftplatz des Mitterleitenhirsches war, dabei zu weiteren Begegnungen mit ihm kommen.

Die anderen Herbsttage kamen in mehreren aufeinanderfolgenden Jahren, nie wieder aber eine Elandbegegnung mit diesem Vierzehnender, mag er nun jung oder uralt gewesen sein. Voriges Jahr soll der Alte in tiefer Einsamkeit und Scheu mit klein zusammengeschrumpftem Vierzehnendergeweih noch gelebt haben. Ich hab' ihn seit damals nie wieder gesehen.

Und dann gab's da hinten in höheren Regionen einen Gamsbock, den viele in Anblick bekamen, außer dem Karl noch andere Jäger, auch Gäste, die keinen sogenannten A-Bock schießen sollten oder wollten, nur ich hab' ihn, seinen etwas mühsam zugänglichen Bereich freilich nur selten aufsuchend, nie gesehen.

Ferner war da, das liegt aber jetzt schon gut anderthalb Jahrzehnt zurück, noch ein Mitterleitenrehbock, ein angeblich vollkapitaler. Alle sahen sie ihn und sangen seiner hohen Hauptzier ein Loblied: der Jäger Karl, der Jäger Wolfgang, die staatlichen Nachbarjäger und sogar die Bauern.

Einmal störte er sogar in unverantwortlicher, ihm sicher vom Teufel eingegebener Weise dem Karl und dem staatlichen Oberforstverwalter gleichzeitig die Sonntagsandacht. Die hatten beide im überfüllten Kirchlein keinen Platz mehr gefunden, hatten vielleicht auch die duftig wehenden Sommerlüfte im Freien denen im Inneren des Gotteshauses vorgezogen und standen mit anderen Frommen vor der Kirchenpforte im Gottesacker. Und da trieb doch dieser Satan von einem Kapitalbock seine Geiß zwischen Evangelium und Sanctus ohne Unterlaß in Achtern und Sechsern und Kreisen auf der großen Wiese hinter der Friedhofsmauer herum, so daß den beiden Waidmännern ihre Gebete in den ständig sich nach ihm verrenkenden Hälsen steckenblieben.

Ich habe viele Birschen auf ihn gemacht und schoß statt seiner aufs Blatten nacheinander zwei gute alte Sechserböcke. Ich kann mir kaum denken, daß ich einen seiner möglichen Einstände ausgelassen hätte, aber ich begegnete ihm nirgends und sah ihn nicht ein einziges Mal.

Zu der Zeit nun, da ich rund fünfzehn Jahre später hinter dem guten Bock in Mitterleiten her war, gab es, wenn auch einige Kilometer nordwärts, also etwas tiefer im Bayerischen, so doch noch in jenem Bereich, dessen grüne Geister mir anscheinend abhold sind und mir die besten ihrer Kinder stets verweigern, wieder einen Hirsch, mit dem ich mich schon durch mehrere Brunften befaßt, den ich sogar zweimal von Angesicht zu Angesicht erschaut hatte. Es war ein Zehner von kaum glaublich mächtigem Wuchs, dessen kronenloses, etwas gedrungenes Geweih aber die Durchschnittsmaße eines alten Berghirsches nicht überbot.

Er war einer der wenigen Hirsche aus diesen landesgrenznahen Waldtälern, der auch zur Brunftzeit seiner Sommerheimat verbunden blieb und einen Teil des nicht eben zahlreichen, dort standtreuen Kahlwildes in einem größeren Rudel unter seiner Herrschaft hielt. Und dieses Kahlwild zog zu nächtlicher Äsung bis herunter auf die Talwiesen, so daß der Zehner, dessen zwar nur selten auftönender Kampfruf einem die Gänsehaut über den Rücken jagte, unten meist einen knappen Büchsenschuß neben der Landstraße brunftete, lang vor Tag aber, wenn auch sehr langsam, wieder bergwärts zog.

Ihm dabei den Wechsel abzuschneiden, war durch ein paar Jahre mein nie von Erfolg gekröntes Bestreben. Einmal hatte ich das Rudel auf zweihundert Schritt vor mir; es äste sich langsam über einen weit in den Bergwald hinaufreichenden Weidelandstreifen hinüber. Dicht dahinter und noch unterhalb davon brummte – nein, es war eher ein halblautes Knurren – durch ein paar Schirmfichten und einen tiefen Graben gedeckt der Hirsch. Er hatte sehr wahrscheinlich ein brunftiges Stück bei sich, und es erschien mir sicher, daß die beiden dem übrigen Kahlwild folgen würden, zumal sich dieses auf dem Wechsel zum Tageseinstand befand. Aber nach etwa einer halben Stunde verschwieg der Hirsch, ich meinte, ihn dann von mir weg noch einmal etwas heftiger knören zu hören, dann herrschte Stille.

Das Rudel zog langsam bergan und tauchte Stück um Stück in einen verwachsenen Graben hinein. Als die Sonne und mit ihr der Aufwärtswind kam, blieb mir nichts übrig, als abzuziehen.

Ich muß nun freilich einräumen, daß dieser ziemlich regelmäßig seinen Wechsel haltende Althirsch wahrscheinlich doch zu haben gewesen wäre, hätte ich mich mehrere Tage nacheinander ausschließlich dem Waidwerk auf ihn widmen können. Daß dies aber schwer möglich war, hatte seine Gründe.

In den Tagen, wenn die Mitte des September gerade überschritten ist und man den ersten Hirschschrei in heimlicher Vorfreude erwartet, sitze ich meist zu kombiniertem Waidwerk auf Gams und Hirsch und, wenn's mag, sogar noch auf den Rehbock ein paar Tage auf einer unserer Hoch- und Grenzalmen. Anschließend beziehen wir, die Frau, der Sohn und ich, das Jagdhaus mit gelegentlichem kurzen Platzwechsel zur lieben Elandalm hinüber, manchmal sogar für eine oder zwei Nächte auf eine andere Hütte. Das ist die Zeit letzten Ausspannens im schon verlöschenden Sommer, wohl auch Zeit des Jagens, aber beinahe noch mehr der Geruhsamkeit.

Nur am Wochenende, meist nach der Frühbirsch am Samstag, verlassen wir in gestreckter Flucht den Berg, einem Strom buntbehemdeter, -bestrumpfter, -bebluster, -bekopf- und behalstuchter Wochenendbergwanderer ,,vom Jüngling bis zum Greis am Stabe" entgegen und ihm freiwillig das erholsame Gebirg überlassend. Erst am Montag um die Mittagszeit lohnt es sich, zurückzukehren und das Feuer des Behagens in den erkalteten Kachelöfen wieder zu entzünden.

Und während des zweitägigen Talaufenthaltes sind dann nach Bad und Umzug und gut heimisch-häuslicher Mahlzeit eben jene Birschen in Talnähe auf Hirsche, die, wochentags zumindest, von legaler Jägerei unbehelligt bleiben, fällig und möglich. Berichten muß ich noch, daß die Brunft in diesen Lagen viel kürzer währt als oben auf den Kahlwild und Hirsche alljährlich kraft schwer erklärlichen Zaubers anziehenden und in ihrem Bannkreis versammelnden Hauptbrunftplätzen.

Man darf bei dem dünnen Bestand da drinnen äußerstenfalls mit zehn bis zwölf Tagen brunftigen Lebens auf den Talwiesen und um sie herum rechnen, und es muß schon gutgehen, wenn der Platzhirsch sich an zwei aufeinanderfolgenden Wochenenden bei seinem Rudel hören läßt und einem Gelegenheit gibt, auf halbwegs erfolgversprechender Birsch seine Künste und sein Glück auf ihn zu erproben.

Nun, und damals vor zwei Jahren war mir vom Jäger Karl die Wiederkehr des Zehners auf seinen altgewohnten talnahen Platz gemeldet worden, und in der noch tiefnächtlichen Frühe des ersten Oktobersonntages hielt mein Wagen auf der breiten Landstraße knappe zweihundert Meter vom Brunftplatz entfernt. Bei heruntergelassenen Fenstern saß ich, die erste Zigarette des Tages in langen, langsamen Zügen rauchend und angestrengt lauschend, vor dem Steuerrad. Es war eine feuchte, sehr dunkle Nacht, die sich erst langsam ein wenig lichtete. Hochnebel hing in die schwarzbewaldeten Bergflanken, nur etwa vierhundert Meter von ihnen freilassend, herein. Ich hatte ein Jahr und doch die eine oder andere müßig nachdenkliche Stunde Zeit gehabt, mir einen neuen Jagd- und Angehpfad auf dieses Rudel und seinen Hirsch zurechtzuplanen.

Dieses Rotwild mußte, um in seinen übrigens sehr weit sich hindehnenden und mehr als eine Suhle bergenden Tageseinstand zu gelangen, einen scharf felsig zerklüfteten, schmalen, eher gams- als hirschmäßigen Graben queren. Ich hatte bisher meine Hoffnungen immer auf die von den ebenen Talwiesen weg sich steil bergan ziehenden Weideflächen gesetzt, die man fast als kleine Niederalm bezeichnen kann. Das Brunftrudel überquerte sie vor allem beim Zutalwechseln regelmäßig, aber immer erst nach Einbruch der Nacht.

Auf der Frühbirsch hätte es eher gelingen können, bei schon ausreichendem Schußlicht mit ihm und dem Hirsch zusammenzukommen. Aber dies war mir noch niemals gelungen. Entweder der Wind verdarb den Plan, oder ich rumpelte in der Dunkelheit mit einem einzelnen Kälbertier zusammen, oder der Hirsch überhöhte die freie Fläche, oder er hatte ohne erklärlichen Grund von einer Viertelstunde zur anderen verschwiegen, war nicht mehr dabei, als das Rudel durchzog, oder, oder . . .

Beim Nachbirschen, das fast immer vergeblich ist und es auch damals war, entdeckte ich dann im vergangenen Jahr eben jenen felsigen Graben, den ein stark betretener Wildpfad, wahrscheinlich der Hauptwechsel, querte.

An ihm wollte ich mich diesmal vorlegen. Bevor ich aber den nicht unbeschwerlichen Aufstieg dorthin unternahm, mußte oder wollte ich zumindest wissen, ob der Hirsch diese Nacht überhaupt auf einem alten Brunftplatz oder in dessen naher Umgebung zugebracht hatte. Hier von der Straße aus konnte man ihn gut verhören.

Noch ehe die tief nebelgedämpfte Dämmerung sich erkennbar zu lichten begann, hörte ich endlich einen kurzen Schrei, der aber, wie ich zu meiner Enttäuschung bemerkte, nicht mehr wiesennah, sondern von ziemlich hoch oben, mitten aus dem steilen Weidehang her und kaum mehr als hundert Meter unterhalb der Nebelgrenze, verdrossen auftönte. Da mußte ich jetzt in scharfem Tempo bergwärts eilen, um nicht zu spät an den Graben zu gelangen, auf den der Hirsch wahrscheinlich zuzog.

Keuchend hastete ich den halb verfallenen alten Steig hinauf, der in diese Gegend führt. Ich brauchte weniger Zeit, als ich's befürchtet hatte, um bis an das steinige Bachbett zu kommen, das als Ausläufer des Felsgrabens, sozusagen als dessen gezähmte Form, sich zwischen einer kleinen Waldwiese und einem schütteren Lärchenbestand herabzieht. Hier mußte ich kurz verschnaufen und stand noch keine Minute, als steil oberhalb von mir wieder die Stimme des Hirsches aufgrollte.

Er mußte am Rand des Grabens stehen, hatte ihn vielleicht sogar schon betreten. Es mochten in der Luftlinie gut zweihundert Meter bis zu ihm hinauf sein. Dazwischen aber lag ein ziemlich dichter Bestand. Es wäre ein aussichtsloses Beginnen gewesen, ihn sich noch erlaufen zu wollen. Und dann war es, als habe die Nähe des Tageseinstandes dem Hirsch die Drossel gelöst. Schrei auf Schrei hallte herunter und hinüber in den dicht verwachsenen Alpenwald.

War das wirklich mein Zehner? So hatte ich ihn noch nie gehört, so markig und dröhnend, so losgelassen, ohne die grimmige Zurückhaltung des Alters. War es am Ende sein starker Beihirsch von vor zwei Jahren, den ich damals hätte schießen können, als er mit einem Stuck, das er dem Alten anscheinend in aller Stille entführt hatte, eilig die Niederalm überquerte? Ein damals im Geweih schon sehr guter Vierzehnender, der auch seiner Figur nach nimmer so ganz jung sein konnte. Den etwa zehnten Kopf mochte der jetzt haben.

Ich hörte ihm eine Weile zu, während er sich langsam und unausgesetzt röhrend berg- und nordwärts in den Einstand hinein entfernte. Diese schon fast obligatorisch gewordene Talfrühbirsch war wieder einmal vergeblich gewesen. War ich schuld? Hätte ich bei noch voller Dunkelheit schon zum Graben hinaufsteigen sollen, auf gut Glück und die Gefahr hin, daß Hirsch und Rudel einen der tieferen Wechsel annahmen (wie das schon mehrmals vorgekommen war) und für mich unsichtbar meine frische Spur kreuzten?

Aber wahrscheinlich war das Rudel unten auf den Wiesen während der Nacht auf dem zu den Höfen führenden Feldweg angegangen oder, was hier leicht denkbar war, absichtlich gestört worden. Ich hatte es noch nie erlebt, daß es so frühzeitig und so hoch oben schon und dabei so eilig eingezogen war. Nun, der unter dem Baldachin des Hochnebels kaum spürbare, aber ständig wechselnde Wind hätte es ohnedies schwerlich zu einem Erfolg kommen lassen.

Schließlich rauchte ich, die Enttäuschung abzumildern, eine Zigarette, trank einen Schluck sehr kalten Wassers aus dem in Miniaturkaskaden talwärts eilenden Bach und stieg dann langsam zu meinem Wagen hinunter.

Jetzt war es voller Tag, ein grauer, aber ein hell silbergrauer, hochnebeliger Morgen. Langweilig eigentlich, jetzt auf der feuchten Straße einfach wieder heimzurollen. Erfreulich war dabei nur das Bett, das mich am Ende dieser Fahrt mit noch kaum erkalteten Kissen erwartete.

Der Motor lief schon, als mir mit einem Mal der gute Rehbock von Mitterleiten einfiel. Zu verwundern war es eigentlich nicht, daß Bild und Wunsch sich mir in dem Augenblick und hier auf der Straße geradezu aufzwangen, denn in den Sommerwochen hatte ich die Fahrt da hinauf zu den Berghöfen und Wiesenhängen so häufig unternommen, daß sie mir zu so etwas wie einem motorisierten Morgenspaziergang geworden war. Was machte der kleine Abstecher über etwa fünf Kilometer jetzt noch aus, auch wenn er – man bekam derzeit, in den Wochen des Haarwechsels, nur selten Rehe in Anblick – kein Ergebnis zeigen würde.

Hatte ich übrigens in meinem langen Jägerleben schon je einen Oktoberrehbock geschossen? In den letzten Septemberwochen sind es wohl mehrere gewesen, in zufälliger Kombination etwa mit einer Entenbirsch oder einem der frühen Verhör- und Orientierungsgänge auf Hirsche. Zu der Zeit ist Rehwildbret für die bevorstehenden Jagdhaustage begehrenswert und willkommen.

Als ich zu Beginn unseres Herbstaufenthaltes da oben einmal gegen Abend mit einem allerdings nicht eben ausgereiften Sechserbock zur Winterstube kam, war gerade die Sennerin von der Nachbaralm, das frischwangige hübsche Nannei, zu einem kurzen Besuch beim alten Sennen, dem Tellhausl, eingekehrt. Sie stimmte vor dem auf der Hausbank liegenden Rucksack allsogleich ein Klagelied um das ,,liabe Viehcherl" an.

Der selber sehr tierliebende Hausl beschwichtigte sie aber mit dem klassischen Satz: ,,Tatst glei nimmer jammern drum, Nannei, wenn dei Mag'n der Friedhof wurd dafür!" So kam es, daß wir die nette Nachbarin anderntags wenigstens zu den Rehleberknödeln einluden. Sie mußte dafür den zweiten und Schlußgang, den Schmarrn, bereiten.

Das war auch im September kurz vor dem Almabtrieb gewesen, aber wie sehr ich auch in den Fächern der Erinnerung kramte, eines von mir im Oktober geschossenen Rehbockes entsann ich mich nicht.

Zu den Höfen von Mitterleiten führt seit wenigen Jahren eine angenehm breite geteerte Fahrstraße hinauf. Zur Ehre der Mitterleitner sei aber gesagt, daß sie sich lange Zeit gegen diese neue Zufahrt, mit der man ihnen hilfreich sein wollte, aus einem prachtvollen Stolz heraus gewehrt haben: ,, Mir san amal Bergbauern. Für was war ma's denn, wann mir auf den alten Straßl nimmer auffa kamen zu unserne Höf!? Mir brauch ma koa neu's!"

Aber schließlich überwand der verständige Landrat doch diese Gegnerschaft, die einem das Herz zwar erfreuen mußte, vernünftigem Wägen auf die Dauer aber doch nicht standhalten konnte, und die Straße ward von Norden her, dem alten schmalsteinigen Fahrweg entgegen, in die Steilhänge gesprengt und gestanzt. Ich selber beklage solche Erschließungen immer, aber in diesem Fall tat ich es nicht.

Das alte, nicht nur schmale und steinige, sondern auch höllisch steile Sträßlein nämlich spukte manchmal in meinen Angstträumen. Es führte über eine allerdings nicht sehr lange Strecke an der oberen Kante eines Wiesenhanges entlang, der gut hundert Meter so steil in einen bachdurchrauschten Graben abfällt, daß ich auch in meinen hemmungslosesten Jugendjahren mit den Skiern keine Schußfahrt über ihn hinunter gewagt hätte. Die Weggleise waren von starken Regengüssen stets einigermaßen ausgewaschen.

Gab man auf dem Steilstück bergwärts fahrend zu heftig Gas, dann radierten die Reifen, gab man zu wenig, dann starb der Motor ab, und zwar stets genau auf dieser Kantenstrecke. Ich war mehrmals bei tiefer Nacht und strömendem Regen genötigt, dort ein kleines Stück zurückzusetzen, um mir wieder Schwung zu holen. Meine mir dann in den Träumen manchmal wiederkehrende Angst war die, daß ich mit einem der Hinterräder aus dem Weggleis herausrutschen und der Wagen sich auf dem nassen Gras querstellen könnte.

Nun, es war immer alles gutgegangen, und ein wenig ,,Motorsport" zuvor würzt das jägerische Unternehmen, aber ich war nicht eben traurig, als die neue Straße wohlgesichert und mit nur mäßiger Steigung gebaut und befahrbar war. Sie bot auch dem Jäger zumindest hinsichtlich des Anblicks Vorteile, denn von ihr aus hatte man gute und direkte Einsicht in ein tiefes, steilwandiges Wiesental und in die es begrenzenden Gehölze, in denen ich übrigens den Einstand meines Bockes immer vermutet hatte. Bis zum Straßenneubau konnte man in dieses Tal nicht hineinfahren. Wohl führte ein befahrbarer Feldweg die Talsohle entlang, weil aber die Wiesen in Koppeln umgewandelt worden waren, hatte man ihn, der schließlich nur für die Grundeigentümer Bedeutung hatte, zugezäunt.

Dieser neuen Bergstraße also rollte ich ohne Eile entgegen. Nirgends auf den Wiesen stand Rehwild, von nirgends her drang ein noch so entfernter Hirschschrei ins Tal herunter. Die Uhrglocke auf dem Turm der Sachranger Kirche tat sieben ihrer rostig schepperigen Schläge, als ich im Dorf von der Hauptstraße abbog.

Der Nebel hatte sich anscheinend verdichtet, es war wieder ein wenig dunkler geworden. Unwirklich, wie im Traum geschaut, erschien in diesem trotzdem ganz klare Sicht gewährenden Licht die Landschaft. Als ich oberhalb des tiefen Wiesentales angelangt war, hielt ich an. Hier hatte der Karl den Guten nach der Brunft noch ein paarmal gesehen. Die beiden Fichtengehölze am jenseitigen Hang ließen ein breites, nach oben in einem sattelartigen Plateau auslaufendes Stück Grünland frei. Jenseits dieses Sattels fiel steil die Wiese ab, auf der ich vor knapp zwei Monaten den starken Rauferbock mit den Kampfschmissen um Haupt und Hals geschossen hatte.

Und – jetzt schlug mir mit einem Mal das Herz schneller: In aller Mitte des Sattels äste wie der Geist dieses merkwürdigen Morgens eifrig und um mein Fahrzeug völlig unbekümmert ein starkes, schon ganz grau verfärbtes Reh. Dieses Erlebnis war eines von denen, die um ihrer Stimmung willen stark in der Erinnerung haften. Alles hatte etwas Visionäres – die beklemmend enge, tiefe Wiesenschlucht, die stumpfen, trauerhaften Töne von Gras und Bäumen, dabei Klarheit, als schaute man durch graues Glas, die absolute Stille und als echter Mittelpunkt von all dem das gespensterhafte, tiefgraue, beinahe schwarz wirkende, unbekümmert äsende Reh auf diesem sonderbaren kahlen Sattel.

Das Glas zeigte mir einen Bock, und das schnell ausgezogene Perspektiv nach längerem Rätseln, denn er war abgewendet und sein Haupt in ständiger äsender Bewegung, daß es mein Bock, der „fast Kapitale“ mit dem an der unregelmäßigen Auslage erkennbaren linksseitigen Rosenstockbruch war.

Es war mir sofort bewußt, daß dieser Anblick ein großes Glücksgeschenk in letzter Stunde bedeuten konnte, aber bei alledem wußte ich zunächst nicht, wie es mit einer Möglichkeit stand, das Erschaute greifbar zu machen, die Gabe, wenn sie mir wirklich zugedacht war, entgegenzunehmen. Die Entfernung war weit und überdies so von oben her und über die Tiefe des Tales hinweg auch noch schwer zu schätzen. Reichten zweihundert Meter?

Weiter abwärts, einen guten Schrotschuß unterhalb der Straße, hatte ich einmal gesessen und über das Tälchen hinüber in eine Waldblöße hinein einen Rehbock geschossen. Das war, dessen entsann ich mich, weit, aber keineswegs an der Grenze verantwortbarer Büchsenschußentfernung gewesen. Hier jedoch lagen die Gegebenheiten anders. Schon die von der Talsohle aus ansteigende Weidefläche, die oben von dem Sattel abgeschlossen wurde, floh von mir weg, vergrößerte also die Entfernung, und der Bock äste mitten im Sattel. Mit nur wenigen Schritten konnte er auf die andere Seite und in volle Deckung gelangen. Als, während ich es noch dachte, der Bock im Äsen ein wenig aufwärts und schräg von mir wegzog, gab dies den Ausschlag.

Ich stieg vorsichtig auf der abgewendeten Seite aus dem Wagen, griff mir nichts weiter als Büchse und Mantel und kroch hinter meinem Fahrzeug vorbei an den Straßenrand. So sehr günstig war meine Bauchlagestellung hier nicht, aber der gebauschte Mantel schaffte der Hand und mit ihr der Büchse eine ruhige Stütze. Das war notwendig, denn es war ein schlechtes Zusammenschauen. Der Bock stand nimmer ganz breit, hatte sich ein wenig von mir weggewendet, zudem stand er bergauf äsend vorne höher als hinten, und der Zielstachel, vor dem das Wild schon ziemlich klein erschien, wollte und wollte nicht unverrückbar still stehen. Etwas höher und doch nicht zu hoch und auch keinesfalls zu weit vorne mußte ich abziehen.

Trotz der ungezählten Schüsse, die ich im Leben auf Wild abgegeben habe, schaue ich schlecht durchs Feuer und sehe deshalb sehr oft kein Zeichen, wobei ich aber das Abkommen auf Fingerbreiten genau ansagen kann. So sah ich auch diesmal nicht, was der Bock im Schuß für ein Zeichen und ob er eines gab, sah ich ihn absetzend nur ein paar schnelle Schritte, die aber keine Fluchten waren, aufwärts machen. Dann blieb er stehen und äugte kurze Zeit vor sich hin, um schließlich das Haupt, so schien es, wieder zur Äsung bodenwärts zu senken.

Ich hatte ihn, obwohl dies nur möglich war, wenn die Kugel sich der Entfernung wegen gesenkt hatte, was mir wiederum nicht recht in den Sinn wollte, gefehlt. Schnell schob ich eine neue Patrone in den Lauf der Büchsflinte, die ich an diesem Tag der durchwandernden Tauben wegen, denen ich auf der Heimfahrt zu begegnen gehofft hatte, führte. Ich würde etwas höher abkommen müssen bei diesem zweiten Schuß.

Äste der Bock auch wirklich? Im Zielfernrohr (meine übrige Optik, beim grünen Satan, lag im Wagen) sah es so aus, als hielte er das Haupt regungslos und mit geschlossenem Äser gesenkt. Nur schnell, schnell jetzt eine zweite Kugel! Aber während ich sie verbissen zielte, fing der Bock, immer noch tiefen Hauptes, zu ziehen an, wandte mir den Spiegel zu und verschwand langsam binnen einer halben Minute jenseits des breiten Grasrückens.

Ich blieb noch eine Weile liegen und überdachte das Erlebte voll widerstreitender, hoffender und befürchtender Mutmaßungen. Hatte der Bock die Kugel, und wenn – wo hatte sie gefaßt? Die Läufe, denen immer, im Nachhall des Schusses noch, mein erster Sorgenblick gilt, waren gesund, ein Kammerschuß konnte es kaum sein, an ihm hätte der Bock verendet sein müssen, noch eh' er verschwunden war. Blieb also nur, das war nach solchem Zeichnen und Verhalten die trübe Einsicht, ein Waidwund-, bestenfalls ein Leberschuß.

Aber auch daß er gefehlt war, mußte ich nach wie vor in die Möglichkeiten einbeziehen. Ich konnte keineswegs mit Sicherheit sagen, daß der Bock, während er gesenkten Hauptes dastand, wirklich nicht geäst hatte. Und warum war er nicht waldwärts geflüchtet und statt dessen über die freie, kahl gegraste Wiesenfläche, man konnte fast sagen gemächlich, davongezogen? Das konnte man als ein Zeichen dafür deuten, daß er getroffen, daß er krank war, denn zum Wald mußte er, ob nach rechts oder links, aufwärts wechseln, was kranke Stücke vermeiden. Es war aber genausogut möglich, daß er nur weiteräsen und besserer Äsung nachgehen wollte.

Wie dem auch sein mochte, ich mußte auf den Anschuß, der leicht zu merken und wiederzufinden war. Ich wendete den Wagen und fuhr hinunter, dorthin, wo der die Talsohle entlangführende Feldweg von der Fahrstraße abzweigt. Da wollte ich den Wagen stehenlassen und zum Sattel hinaufbirschen.

Aber motorisiert sein macht träg, und nach einem Dutzend Frühbirschen ist man müde. Der Weg war nicht mehr zugezäunt; man hatte dem Koppelzaun ein Gatter eingebaut, und dieses stand weit offen. Und als ich an den Fuß des Grashanges unterhalb des Sattels gelangte, bemerkte ich, daß eine Abzweigung des Feldwegs, ziemlich steil zwar, aber anscheinend fahrbar, da hinaufführte. Ich stieg auch jetzt nicht aus, bereute aber alsbald den Entschluß, zu dieser alles eher als bequemen „Geländefahrt", denn das grobe Gestein der Weggleise zur Rechten und Linken des in der Mitte verlaufenden Grasrains trommelte nur so gegen die Innenseiten der Kotflügel, was einen das ganze Tal alarmierenden scheußlichen Spektakel verursachte.

Wenn der Bock, was meine heimliche Hoffnung gewesen, jenseits der Plattform weitergeäst hatte, dann war er jetzt sicher dahin. Aber sehr bald hatte ich wieder den harten, kurz begrasten Almboden unter den Reifen, sah zu meiner Linken den Platz, auf dem der Bock im Schuß gestanden haben mußte, fuhr in den Sattel hinein, um den Wagen auf ebener Fläche sowohl wenden wie auch stehenlassen zu können und hatte – zu meinem maßlosen Erstaunen – plötzlich den niedergetanen Bock auf völlig freier Fläche dreißig Schritte vor mir!

Er war vom Anschuß weg nicht weiter als höchstens fünfzig Meter gezogen, saß breit in einer flachen, wannenartigen Vertiefung und äugte dem vor ihm jäh aufgetauchten Monstrum mehr erstaunt, wollte mir scheinen, als erschrocken in die Scheinwerferaugen. War er – an die bäuerlichen Traktoren gewöhnt – wirklich so vertraut oder soeben erst aus schwerkrankem Hindämmern aufgewacht? Und wieder fiel mir die unheimliche Schwärze seiner Decke auf, eine Erscheinung, die ich bei Rehen im Anfang des Winterhaarwechsels manchmal beobachtet habe. Hell war nur das hoch erhobene Haupt, und hell, fast gelblich wirkten die Stangen, die jetzt, nah schon vor dem Abwerfen, ihr Pigment verloren hatten.

Merkwürdigerweise wurde der Bock trotz dieser Nähe der Begegnung nicht sofort hoch. Ein unbehagliches Gefühl überkam mich, es war so, als wollten die erstaunten, großdunklen Lichter des Wildes sagen: „Mir droht doch um diese Zeit keine Gefahr mehr!?" Als vertraute er auf so etwas wie einen Pakt zwischen Jäger und Wild, wonach er im Herbst nicht mehr verfolgt würde, als hätten seine Schutzgeister ihm dies auch versichert, als sie nach des Sommers Ende von ihm Abschied nahmen und ihn allein ließen.

Was hilft es, sich rational denkend zu sagen, daß es all das nicht gibt, daß der Mensch dem freilebenden Tier immer und überall der große, Mißtrauen und Furcht erregende Erz- und Erbfeind ist. Die Stimme des Gefühls weckt stärkeren Widerhall in unserer Seele als alle vernunftvolle Wägung. Wär's nicht besser, gerechter, ritterlicher gewesen, diese Birschfahrt auf das mir versagte Sommerwild jetzt, mitten in der Hochbrunft der Hirsche, zu unterlassen? Was bedeutet schon die Druckerschwärze auf der grünen Karte gegenüber den Anweisungen des inneren Anstandes?

Viel Zeit hatte ich nicht, mich dem das Gemüt beschwerenden Empfinden hinzugeben. Ich mußte den Wagen drehen, um seitlich aus dem Fenster die Kugel, die wahrscheinlich doch eine Fangkugel sein würde, zu versenden. Die Wendung hielt der Bock noch aus, schnellte aber dann, als ich das Fenster herunterdrehte, mit allen vier Läufen zugleich aus dem Bett hoch und ging in langen Fluchten ab, dem rechten Waldrand zu. Ehe er in dem Dschungel von Disteln, Nesseln, Schmielen und Brombeergerank, aus dem die nicht sehr dicht gepflanzten brusthohen Jungfichten herausragten, untertauchte, blieb er aber wirklich und wahrhaftig noch einmal stehen und verhoffte zurück. Aber trotz blitzschnellen Anschlags kam ich nimmer zum Zielen, mit hoher Flucht setzte er, den weißen Spiegel zeigend, über den hier verlaufenden Weidezaun und war verschwunden.

Was hilft der Selbstvorwurf, die Lust, sich selber eine aufs Dach zu geben, ob der Faulhaut, ob des nicht rechtzeitigen Aussteigens? Ich war jetzt so klug als wie zuvor, aber doch mit weniger Hoffnung und ging an den Anschuß. Dort fand ich nichts, obwohl ich mir einen mit feinem, lila blühendem Kraut überzogenen alten Ameisenhügel und ein paar weiße Steine, die unterhalb des äsenden Bockes gewesen waren, mit Hilfe des Perspektives von oben her genau eingeprägt hatte. Auch fand ich, und das vor allem wollte mir nicht in den Sinn, den Kugeleinschlag nicht, nicht auf Steinen, nicht in der feuchten Erde, nicht auf irgendwelchem zu Tage tretenden Geröll.

Keine Kugel, kein Schnitthaar, kein Schweiß! Dann untersuchte ich, ohne der mutmaßlichen Fährte erst lange zu folgen, den Platz, auf dem der Bock niedergetan gewesen war. Auch dort war nichts zu entdecken. Auf dem wie mit dem Rasenmäher kurz geschorenen Gras hätte man jeden, auch den geringfügigst hingewischten Schweiß sofort sehen müssen. Auch das Taschentuch, das freilich, meiner Liebhaberei entsprechend, bunt war, nahm keinen dunklen Flecken auf.

Nun – Hoffnung hatte ich trotz des fehlenden Kugeleinschlages keine mehr, aber nachsuchen würde man im Lauf des Vormittags mit einem unserer auf Schweiß sicher arbeitenden Hunde doch müssen. Ich würde den Sohn mit seinem Wachtel holen oder den Jäger Andreas mit seiner Tiroler Bracke. Ich verbrach Anschuß und Bett reichlich mit Fichtenzweigen und ging auch noch zu der Stelle hin, an der der Bock den Weidezaun überfallen hatte. Genau dort nämlich stand, schon herbstlich rot, eine Berberitzenstaude.

Als ich neben ihr im schwarzen Erdreich (das Vieh hatte hier, dem malerischen, kreuzweise gesteckten Holzzaun folgend, eine Gasse getreten) nach der frischen Fluchtfährte suchte, durchfuhr mich ein jäher Überraschungsblitz: Ich sah, groß hingetropft auf eines der Brombeerblätter, frisch glitzernden dunklen Schweiß! Also stimmte da doch etwas nicht. Sicher bestand ein Zusammenhang zwischen der nicht auffindbaren Kugel und dem fast gänzlich fehlenden Schweiß. Wahrscheinlich hatte es, trotz des rasanten Geschosses, einen Steckschuß gegeben.

Damit wär' manches erklärlich, vor allem dieses sonderbare, scheinbar gesunde Benehmen und dabei doch regelwidrige Verhalten des Wildes. An einen Streifschuß glaubte ich nicht; Streifschuß ohne Schnitthaar, ohne Kugeleinschlag, ohne anfänglichen Schweiß, das konnte es fast nicht geben. War's doch ein Waidwundschuß? Mir war jetzt ein wenig leichter, wenn auch noch immer nicht voll zuversichtlich ums Herz, und ich schaute, daß ich heimkam.

Als ich zu Hause eintraf, war mein Sohn mit seinem ,,Zottel" noch unterwegs; so mußte ich den Oberjäger Andreas, der den Platz der Handlung ziemlich gut kannte, nach genauer Aufklärung über Vorgeschichte und örtliche Gegebenheiten in Marsch setzen. Ich selber hatte zwar an diesem Morgen nicht viel Anstrengendes geleistet, die Mühsal der vorausgegangenen anderthalb Wochen aber, vor allem der Ausfall an Schlaf, lasteten mir, der ich kein Jüngling mehr bin, dennoch schwer auf Rücken und Lidern, ich selber also tat, was man in solchem Fall nicht sollte, ich empfahl Jäger und Hund dem besonderen Segen des heiligen Hubertus und legte mich schlafen.

Sehr lange währte die tiefe Verwunschenheit dieser Nachrast nicht. Zwei Stunden später schon war der Andreas wieder zurück und brachte mir zu meiner Überraschung und jetzt endlich von Zweifeln erlösten Freude Bruch und Bock.

Auch das Finale sollte anscheinend den Charakter des gesamten Dramas wahren, denn diese Nachsuche verlief genauso verdreht und vertrackt wie alles vorhergegangene. Als der Andreas an die Berberitzenstaude herantrat, neben der ich die zwei großen Schweißtropfen mit besonderer Sorgfalt verbrochen hatte, wurde der Hund plötzlich sehr heftig und fuhr, seinem Herrn den noch aufgedockten Schweißriemen jäh aus der Hand reißend, über den Weidezaun in die Dickung hinein.

Der kranke Bock war anscheinend nicht tiefer als gute zwanzig Meter in den dichten Walddschungel hineingeflüchtet, um gleich wieder ein Wundbett zu beziehen. Und jetzt kam er in rasender, bodennaher Flucht, vom hetzenden Hund verfolgt, auf fünf Schritt am Jäger vorbei, der noch gar nicht geladen hatte, schlug einen Haken und verschwand in Deckung des Waldrandes steil abwärts. Dichtauf folgte lauthals der Hund mit nachschleifendem Riemen.

Mit der gebotenen Eile birschte er darauf zu. Zwischen Viehweide und Dickungsrand stand der brave ,,Astor" und verbellte etwas, was vor ihm in den rostbraun und feuergelb verblichenen, hochwuchernden Farnkräutern zu liegen schien. Als der Jäger herantrat, sah er es: Der Hund verbellte den verendeten Bock. Es war nicht festzustellen, ob der Hund ihn niedergezogen hatte oder ob er aus voller Flucht heraus vor ihm verendet zusammengebrochen war. So wie er langgestreckt hingestürzt war, hätte dies letztere wohl der Fall sein können, auch ließen sich weder an der Drossel des Bockes Würgespuren erkennen, noch fanden wir am Fang und unter den Lefzen des Hundes Rehhaare. Der Bock jedenfalls lag da und rührte keinen Lauf mehr.

Und auch das kaum erkennbare Mal der Kugel gab Rätsel auf. Es befand sich ziemlich genau da, wohin ich gezielt hatte, nicht ganz genau, denn die Entfernung war anscheinend doch weiter gewesen als geschätzt, die Kugel war um knapp drei Fingerbreiten abgesunken und saß vielleicht auch etwas zu weit hinten, wiewohl noch im Bereich der Rippen. Es war, um es klar zu sagen, ein kurzer Hinterblattschuß.

Dennoch hätte der Bock schon nach wenigen Fluchten an dieser Kugel verenden müssen, wenn sie gerade durchschlagend ins Leben gedrungen wäre. Das aber war nicht der Fall gewesen, sie war, sei's, daß der Bock nicht ganz breit gestanden war, sei's, daß eine Rippe sie verschlug, schräg abwärts (auch die Schußrichtung von oben her mag dazu beigetragen haben) abgelenkt worden und hinter dem Brustbein steckengeblieben. Auf ihrem Weg hatte sie anscheinend die Lunge und – ganz ausgeschlossen war es nach dem Befund am Aufbruch nicht – auch die Herzspitze leicht gestreift. In der Kammer jedenfalls hatte sich Schweiß angesammelt.

Und da lag er jetzt in der milden Vergoldung der den Hochnebel soeben schwach durchbrechenden Sonne auf dem mit gelben Ulmenblättern sterntalerhaft übersäten Rasen vor dem verblühenden Rosenbeet, den Bruch aus seinem Heimatwald im Äser. Die Krone des etwa Sechsjährigen war weder fast noch ganz kapital, nur zur Not konnte man sie gut nennen. Die Stangen waren mittelstark und bei nicht sonderlich großen Rosen nur mäßig geperlt, die Enden waren klar vereckt, aber nicht lang. Gut war nur die Höhe dieser Krone, mit der sie geblendet hatte. Ihre Besonderheit war die durch den einseitigen, lang schon verwachsenen Rosenstockbruch verstärkte schwüngige Auslage. Die verschönte und veredelte nicht nur die Trophäe, sondern, solange diese noch mit ihm verbunden war, den Anblick des Bockes.

Derselbe Zwiespalt, der mich oben schon kurz beschäftigt hatte, als ich mit einem Mal vor dem auf freier Wiese niedergetanen Bock stand, rührte mich auch jetzt vor dem besonnt Schlummernden, dem Ausgelöschten an. Hätte er eine wahrhaft königliche Krone getragen, hätte die Freude wahrscheinlich überwogen. Aber wie oft, wie oft im Leben zeigen uns begierig verfolgte und mit Mühen schließlich erreichte Ziele, daß sie die kühne Fahrt um sie nicht lohnen. Um der Ziele, der greifbar wägbaren Frucht der Mühe willen aber sollte man sich nicht grämen. Trauern dürfte man nur, wenn die Fahrt selber nicht lohnte, die große, stets aufs neue aufgenommene, hienieden nie endende kämpferische Fahrt! Man kann sie auch Leben nennen.

# *Besondere Spielhahnen*

## Hahnen und Hunde

In schon sehr vorgerückten Jägerjahren wußte ich noch nicht, daß man einen Spielhahn, ein Stück Federwild überhaupt, wenn man es mit der Kugel von der Breitseite beschießt, flügeln kann. Die Kugel – so dachte ich – müsse immer durch die Schwinge hindurch ins Leben gehen. Drei Fälle haben mich gegen Überzeugung und Glaubenwollen eines Schlechteren belehrt.

Der Morgen, an dem ich's zum ersten Mal erfuhr, war überhaupt ein ganz verquerer und verdrehter. Der Jäger Wolfgang hatte, zwei Tage zuvor als Späher ausgesandt, im Gebiet der Laubensteinalm eine ganze Anzahl von Hahnen, darunter mehrere gute, beobachtet und in gewissem Sinn auch ausgemacht. Ich schränke dies Letztere insofern ein, als er – gemäß meiner Weisung – keine Schirme gebaut hatte, weil solche im Gebirg nur selten notwendig sind. Der beste, so glaubte er sicher zu sein, hatte mitten in der besagten Alm auf dem sogenannten Kogel, einem mächtigen, breit gerundeten Rücken, der noch ganz frei, ohne Baum und ohne auf ihm ruhenden Gefels zur großen kahlen Weidefläche gehört, seinen Balzplatz. Den hatte sich der Wolfgang sogar mit dem Spektiv genau anschauen können, denn er balzte noch bei scheinender Sonne.

Ich war damals schon froh um unser Kettenkrad, das mich im verschleierten milden Mondenschein bis fast vor die Diensthütte auf der Laubensteinalm brachte. Nachdem ich vor der Hütte eine Zigarette rauchend die Zauberstimmung der düftereichen bemondeten Maiennacht noch eine kleine Weile auf mich hatte wirken lassen, saßen wir gemeinsam am Ahorntisch bei der mitgebrachten Brotzeit und tranken dazu von dem Bier aus dem kleinen aber ziemlich tiefen Erdkeller, das seit den Tagen der Gamsbrunft, wie langjährige Erfahrung uns schon belehrt hatte, darin unverändert frisch blieb bis über die Hahnfalztage hinaus.

Ich wußte, daß die einzige Deckung, von der aus ich den Hahn, wenn er wieder da balzte, wo der Jäger ihn zwei Tage zuvor beobachtet hatte, mit der Kugel erlangen könnte, die östlichste, von uns aus gesehen am weitesten rechts stehende Almhütte war. Der Anmarsch dorthin über dreihundert Meter Almboden würde somit kein allzu frühes Aufstehen erfordern.

Alles schien gut und schön zu werden, aber auf einmal hoben wir beide unangenehm berührt die Köpfe. Da waren doch draußen auf der Alm Menschenstimmen vernehmbar! Dreiviertelzehn Uhr war es schon. Über diese Alm läuft kein Durchgangsweg. Das konnten nur sogenannte Bergwanderer sein, die auf einer der Almhütten (alle zwei waren über den Winter an Touristen verpachtet) ihr Nachtquartier beziehen wollten!? Unsere Läden waren, welch guten Brauch ich aus verschiedenen Gründen sehr empfehle, geschlossen. Ich schaute vorsichtig zur Tür hinaus und entdeckte im Licht des Mondes sehr bald das weiß behemdete und bebluste Paar. Halblaut plaudernd wanderten sie den Almhütten zu. Sie würden doch, in drei Teufels Namen, nicht den rechts gelegenen Kaser, bei dem ich am Morgen meinen Stand beziehen wollte, annehmen! Aber wirklich und wahrhaftig steuerten sie gerade diesen an und waren alsbald darin untergetaucht. Aus seinem uns zugekehrten Fenster fiel gleich danach ein schwacher Lichtschimmer.

„Jetzt können wir morgen früh ausschlafen und dann bald heimfahren!", sagte ich wütend zum Jäger, nachdem ich ihm meine Beobachtung mitgeteilt hatte. Aber der Wolfgang schien in Bezug auf paarweises Übernachten gründlichere Erfahrungen gesammelt zu haben als ich.

„Warum net gar!", meinte er. „So a Paarl, noch dazu wenn's spat auffa kommen is, schlaft weit in Tag nei."

In der noch voll übersternten Frühe saß ich also trotz verdorbener Vorfreude doch oben beim Kaser, bequem und fest eingeschmiegt zwischen Mauer und aufgeschichtetem Brennholz, die Hüttenbank als Ellenbogenstütze zur Rechten neben mir, und hoffte inständig darauf, daß der Hahn bald einfallen und zu balzen anfangen möchte.

An nur wenigen Balzplätzen in unseren Bergen sieht man den Tag so in voller Herrlichkeit heraufziehen wie vom Kogel der Laubensteinalm aus. Die Sterne nahmen mit immer fernerem Glanz Abschied, der Osthimmel erbleichte langsam, bräunte sich, ward rosig, und der große Spiegel des Chiemsees, der in dieser Richtung den Horizont bildete und bis dahin wie aus angeschwärztem Silber dagelegen hatte, erglühte schließlich in düsterem Rot. Aus verschiedenen Richtungen vernahm ich das erste Krugeln von Spielhähnen, sogar ein Rotschwanz fing hinter mir auf dem Stalldach zu zwitschern an. Vor mir auf dem breiten Almrücken aber blieb es leer und still. Es wurde heller und heller. Das

Tageslicht wurde schließlich schon so eindringlich, daß es die Schläfer in der Hütte hätte wecken können. Wann würde ein Laden aufgestoßen werden, wann sich neben mir die Kasertüre quietschend auftun und ein Verschlafener heraustreten, um sich das Wasser abzuschlagen? Meine innere Anspannung machte es mir unmöglich, die Schönheiten des Morgens auf mich wirken zu lassen, und so faßte ich den Entschluß, dieses Unternehmen abzubrechen und zur Hütte zu gehen. Vielleicht ließ sich weiter südlich birschend noch etwas erleben oder gar erjagen. Aber als ich mich gerade anschickte, aus meiner recht bequemen Sasse hoch zu werden, fing mein rechtes Auge einen schwarzen Schatten auf, der schräg von rückwärts pfeilschnell den Kogel entlang glitt, und in der nächsten Sekunde fiel gerade vor mir, aber viel weiter entfernt, als der Jäger es angesagt hatte, mit heiserem Zischen und dunkelmetallnem Schwingenschlag der Hahn ein. Bis auf den hochgereckten Stingel und einen kleinen Teil der Brust war er mir, weil er in einer flachen Mulde gelandet war, verdeckt. Blasend machte er zwei nicht hohe Flattersprünge und stand dann mißtrauisch sichernd bewegungslos da. Es wäre mir sehr lieb gewesen, wenn er jetzt bald krugelnd aus seiner Deckung herausgelaufen wäre, denn die Entfernung war weit, zu weit fast für das kleine Ziel, das er, überdies spitz stehend, bot. Aber da war jenes ungut unbehagliche Gefühl im Rücken. Ich durfte nimmer lange warten, mußte zumindest gleich in Anschlag gehen, um für jeden Fall bereit zu sein.

Meine Stellung war unerwartet günstig. Der rechte Ellenbogen fand Halt auf der Bank, der linke auf meinem linken Knie. Regungslos stand der Zielstachel in dem kaum handflächengroßen Fleck Leben, den der noch immer sichernde Vogel mir bot. Beinahe unbewußt zog ich ab. Wie mochte der nicht überlaute, aber scharfe, harte Knall die Schläfer hinter der Mauer aus ihren Träumen gerissen haben! Draußen aber wirbelten ein paar scharze Federn in den Himmel, und ich glaubte den Hahn im Schuß jäh wegsinken gesehen zu haben. Kaum zu einmaligem tiefen Durchatmen ließ ich mir Zeit, dann stemmte ich mich hoch, überstieg die Umfriedung des Hüttenvorplatzes und stürmte freudig und zugleich voller Angst vor einem sich etwa hinter mir öffnenden Fenster mit langen Schritten (173 waren es, das weiß ich noch heute) zum Anschuß.

Der Hahn war etwa zehn Meter bergab gekollert. In einer romantisch reizvollen Pose lag er zwischen den Enzianen auf dem Rücken, das rosengekrönte Köpfchen anmutig zur Seite gedreht. Ins Menschliche übertragen konnte man sagen: als ob er schliefe. Aber ein Spielhahn schläft nie auf dem Rücken liegend. Als ich zu ihm trat und mich – hier war ich gegen die Hütten hin in voller Deckung – neben ihn setzen wollte, erschrak ich aber sehr: Dieser Hahn, nach des Wolfgangs Schätzung der beste unter guten, war – ich konnte ihn umdrehen und anschauen so viel ich wollte – nicht mehr als zweijährig! Allerlei Vermutungen gingen mir durch den Kopf. Ich brauchte mir, so wie alles bedingt gewesen und abgelaufen war, keinen Vorwurf zu machen. Aber *warum* war der Platzhahn nicht gekommen heute!? Im Gegensatz zu einem alten Auerhahn hält ein alter Spielhahn die ziemlich engen Grenzen seines Balzplatzes bei der ersten Frühdämmerungsbalz zuverlässig ein. Nur gegen Ende der Paarungszeit, wenn die Hennen schon brüten, ist es, als nähme er die Bedeutung seines Liedes selber nimmer ernst und sänge es nur rückerinnernd zum Vergnügen strophenweise noch herunter, und da wechselt er an einem Morgen oft mehrmals sein Podium. Diesmal aber (am zwanzigsten Mai hatte sich dies begeben) war noch Hochbalz. War der Gute an einem der beiden Morgen, die zwischen heute und dem Tag lagen, da ihn der Jäger bestätigt hatte, gewildert worden? Sehr exponiert war ja der Tanzboden, den er sich in diesem Jahr ausgesucht hatte!

Die Sorge beschäftigte mich nicht lange, denn während ich abwechselnd auf den Hahn und in das zu kaum noch hinnehmbarer Blendung sich steigernde rotgoldene Licht im Osten schauend neben der Beute saß, hört ich hinter mir, und zwar ganz nahe, den nur dem Birkwild in solcher Art eigenen dunkel stählernen, sekundenkurzen Schwingenschlag eines einfallenden Hahnes. Vorsichtig den Kopf in die Richtung drehend sah ich ihn auch allsogleich. Er stand, kaum vierzig Schritte von mir entfernt, rötlich angestrahlt auf dem Rücken des Kogels. Das war er, das war der rechte!! Die breiten Sicheln bogen sich weit und klar in den hellen Himmel hinaus. Aber auch er hatte mich sofort eräugt. Nur einen einzigen erschrockenen Schlag konnte mein Herz tun, dann warf er sich raketenhaft empor und schwirrte davon. Durchs Glas ihm nachschauend sah ich ihn schließlich in der Luftlinie einen Kilometer entfernt auf dem Farnpointstein sich einschwingen und dort fast übergangslos in Balzstellung gehen. Wenn ich das Letzte aus mir herausholte, konnte ich in einer halben Stunde, das zwischen uns liegende Wald- und Almtal überquerend, kugelschußnah unter ihm anlangen. Und dann? Mit großer Wahrscheinlichkeit würde er nur kurz auf dem ihm ungewohnten großmächtigen dreihaushohen Felsblock aushalten. Dann wäre er wohl nimmer da. Ich beobachtete ihn, den bald aufleuchtenden, bald verschwindenden weißen Stern seines Unterstoßes, eine Weile, dann steckte ich meinem „Jugendlichen" einen Almrauschzweig in den schweißigen Schnabel und schmückte mit einem zweiten meinen Hut. Die Sicht aus dem Almkaser in guter Deckung vermeidend ging ich zur Jagdhütte zurück.

Mit dem Ergebnis wollte ich diesen wonnigen Morgen nicht gern beschließen, und ich schlug dem Wolfgang vor, jetzt noch zumindest ein Stück weit in das sich an unsere Alm südlich anschließende enge Hochtal hineinzufahren. Da wo es dann nach etwa tausend Metern weiter wurde, wollten wir verhören und spekulieren; Hahnen balzten dort bestimmt. Vielleicht war es möglich, birschend noch an einen heranzukommen. Recht große Lust schien der sonst immer willige Jäger zu diesem Ausflug nicht zu haben, aber wir schwangen uns – Zeit war nimmer zu verlieren – aufs Kettenkrad und rollten los.

Wie erwartet war da hinten, und zwar auf beiden Talhängen, die Sonnenbalz noch in vollem Gang. Mindestens fünf rastlos dahinschluchzende Stimmen glaubten wir zu unterscheiden. Ich beschloß, links hinauf zur Abergalm zu steigen; dort schienen zwei bis drei Hahnen, und zwar dem Hören nach ziemlich tief, auf einem uns wohlbekannten Schneefleck noch in lebhafter Balz zu stehen, und das Anbirschen dorthin schien, wenn man deckende Geländefalten auszunützen wußte, nicht allzu schwierig. Den Wolfgang und seinen in der Leistung guten, im Charakter bösartigen Wachtelhund ,,Birko" ließ ich beim Krad zurück.

Erst mußte ich ein felsgründiges Fichtenaltholz queren, um an den unteren Almrand zu gelangen. Als ich, ein wenig außer Atem, dort ankam, übersah ich den ganzen schon stark zusammengeschmolzenen Schneehang bis hinauf zur Schneid und stellte nach kurzem Ausschauhalten fest, daß ziemlich weit oben zwei mittlere Hahnen pausenlos krugelnd in einem Abstand von kaum mehr als zehn Metern einander gegenüber standen.

Aber dann, als ein kurzes, schon halb girrendes Aufkrugeln mich veranlaßte, das untere Drittel der Schneefläche abzusuchen, hatte ich auf einmal (mit freiem Aug hätte ich ihn genau so entdecken müssen) zu meinem freudigen Erschrecken einen sehr starken Hahn in den Linsen. Er war anscheinend seines Liedes, vielleicht auch, wer weiß, seiner Taten müde geworden und stolzierte, die überlange Schar gefaltet hinter sich herziehend, auf den die Alm gegen Süden begrenzenden kleinwüchsigen Alpenwald zu. Gut fünfzig Meter hinter ihm folgte, scheu und anscheinend immer gewärtig, davongejagt zu werden, wie ein bewundernder Page ein wohl nur jähriger Junghahn. Der Platzhahn, denn der war es unzweifelhaft, verhielt ab und zu den gravitätischen Schritt, tat rauh blasend einen kurzen Luftsprung und ließ ihm, zielstrebig weitermarschierend, ein paar krugelnde Töne folgen.

Hier blieb wenig Zeit für Überlegungen. Die Entfernung von etwa zweihundert Schritt war groß, aber der gezogene Lauf meiner Büchsflinte war, nicht der Hahnen, sondern der winterlichen Mondscheinfüchse wegen, punktgenau auf zweihundert Meter eingeschossen. Es galt also, wenn ich meine Vollmantelkugel an diesen Hahn wagen wollte, nur sie aus ruhigster Hand zu versenden.

Ich sprang halb gebückt, halb kroch ich eine knappe Schrotschußlänge in die Alm hinein, nicht etwa um die Entfernung zu verringern, sondern weil sich mir dort ein kleiner Buckel in der Weidefläche als bessere Auflage anbot. Es war hohe Zeit, mein Wild in die Linsen des Zielfernrohrs zu bekommen, denn der Hahn legte, so schien es mir auf einmal, im Tempo zu und vor allem verhielt er nirgends mehr. Erst wenige Meter vor dem Rand der Deckung, der er zustrebte, hielt er nochmals an. Ohne den Stoß zu entfalten, blies, girrte und krugelte er wie zu endgültigem Beschluß vor sich hin, und genau auf den Rand der weißen Flügelbinde hingezielt brach mir da der Schuß. Und der Schuß traf. Federn flogen, der Hahn kippte nach vorne um und rollte den steilen Schneehang herunter. Aber er war nicht verendet. Schon nach wenigen Metern fing er an, heftig mit den Schwingen zu schlagen, kam auf die Füße, sprang ganz merkwürdig flatternd empor, kippte abermals zur Seite, fing sich wieder, sprang einen halben Meter in die Höhe und nochmals und wieder und verschwand dann rutschend, flatternd, wie in tödlichem Schrecken laufend ein gutes Stück unterhalb des Anschusses in den Fichten.

Obwohl ich sofort nachgeladen hatte, konnte ich bei aller Entschlossenheit keinen Schuß mehr anbringen. Rat- und tatenlos schaute ich zu. Hatte mein Geschoß nur die bei älteren Hahnen stark vorgewölbte Muskulatur der Brust durchschlagen? Aber weshalb war er dann, nachdem er sich halbwegs gefangen hatte, fortgelaufen und nicht abgestrichen!? Er war ja flügelschlagend hochgesprungen. Ein mit der Kugel waidwund geschossener Hahn aber, das zu beobachten hatte ich mehrmals Gelegenheit gehabt, benimmt sich ganz anders.

Nun, wir hatten ja den bösen, aber erfahrenen „Birko“ dabei, der mußte das Rätsel lösen können. Ich stieg langsam hinauf zum Anschuß, ihn zu untersuchen. Und ich fand viele Federn, auch weiße von der Schwingeninnenseite, ich fand Schweiß, und der Abwärtsweg, den das kranke Wild genommen hatte, war reichlich mit ausgefallenen, zum Teil schweißbesprühten Federn markiert.

Jeden Augenblick würde der Wolfgang kommen (er hatte den Schuß ja hören müssen), dann wollten wir weiter sehen. Ich wartete fünf

Minuten, zehn Minuten, eine Viertelstunde. Wo blieb er? Ich hupte laut in Richtung seines Standplatzes hinunter. Es blieb still. Wieder wartete ich eine Weile. Unten in den Fichten jubelte der Vogelchor. Jetzt wurde ich allmählich doch besorgt und hupte, so laut ich konnte, nochmals. Da endlich trat, mit dem Hund am Riemen, der Jäger aus dem Wald heraus. Aber – um des Himmels willen – was hatte er denn!? Tief gebückt, mit beiden Händen am Bergstock, zog er sich mehr als er ging die Halde herauf. Nach fünfzig Metern brach er dann auf einmal zusammen. Tief erschrocken schaute ich, daß ich zu ihm hinunter kam.

Zwei Jahre zuvor hatte meinen treuen und neidlosen Begleiter durch viele Jahre und auf ungezählten Jägerwegen, den Revierjäger Matthias Oberlechner – wir fuhren von einer erfolglosen Nachsuche heimzu –, im Auto dicht an meiner Seite der Herzschlag getroffen. Ich habe im Lauf meines Lebens viele Duplizitäten erlebt, und das verdoppelte jetzt meinen Schrecken. Als ich aber zum schmerzhaft zusammengekrümmten Jäger trat, sah ich zu meiner wenigstens teilweisen Beruhigung, daß er sich erbrach. Vermutlich war eine der im Herbst gleichfalls auf der Hütte zurückgelassenen Konservendosen nimmer in Ordnung gewesen, und der „Genuß" hatte eine ihn jäh überfallende furchtbare Übelkeit verursacht. Als er schließlich hervorbrachte, daß er sich jetzt besser fühle, sagte ich, er solle ganz ruhig liegen bleiben und nahm ihm den „Birko" ab, um den Hahn nachzusuchen.

Ich habe es mehrmals erlebt, daß Hunde so etwas wie Feindseligkeit gegen bestimmte Menschen empfinden. Beim „Birko" war dies vielen Menschen gegenüber der Fall. Aber daß gute, oder doch gut veranlagte Hunde unter bestimmten Führern oder auch nur in deren Beisein, zweifellos aus Antipathie, nicht arbeiten wollen, das ist mir nur bei zweien begegnet. Und einer davon war dieser „Birko". Er apportierte im Sommer jede geflügelte Ente, absolvierte auch in schwierigen Fällen zahlreiche Nachsuchen auf Schalenwild mit gutem Erfolg, aber in meinem Beisein stellte er sich stets, als wisse er nicht, um was es sich handle und was zu tun sei. Am Riemen zog er jetzt sichtlich uninteressiert der von mir schon verfolgten Federspur nach. Als diese sich am Waldrand verlor, hob er aber den Fang und war zu weiterer Suche nicht zu bewegen. Schließlich schnallte ich ihn, was ich bei einem anderen apportierfreudigen Hund von vornherein getan hätte. Aber aufgrund einiger mit ihm schon gemachten Erfahrungen traute ich dem unwirschen „Birko" nicht viel Gutes zu. Ich hatte gehofft, den kranken oder verendeten Hahn spätestens hier aufzufinden. Der „Birko" stürmte davon. Schon nach fünf Minuten hörte ich seinen Hetzlaut. Er war, wie sich bald herausstellte, hinter Rotwild her. Als er endlich, nicht einmal sonderlich abgehetzt, wiederkehrte, hatte sein Herr sich soweit erholt, daß er zu mir heraufgestiegen war. Nun ließ er seinen Hund nochmals suchen, aber auch er gab nach mehrfachem Versuchen und negativem Ergebnis seine Bemühungen auf.

Wir bestiegen unser Kettenkrad und rumpelten wieder der Laubensteinhütte zu, an deren fichtenverschalter Wand nicht eben als Trost, aber doch als Bestätigung des richtig Hinhalten-Könnens mein „Zweijähriger" hing. Innerlich rumorte der Zorn, aber ich wollte ihn mir nicht anmerken lassen, denn der völlig unschuldige Wolfgang hätte ihn vielleicht auf sich bezogen. Es stand für mich mit trauriger Gewißheit fest, daß dieser Hahn, schon weil er nicht mehr streichen konnte, der aber überhaupt irgendwie schwer getroffen sein mußte, eingehen würde. Aber wo ihn die 7 × 57 Vollmantelkugel gefaßt haben konnte, war mir auf dieses merkwürdige Zeichnen und schließliche Fortlaufen hin rätselhaft.

Auf einem Kettenkrad sitzt derjenige, der nicht lenkt, wie auf einer Protze bei der Feldartillerie in den seligen Zeiten der Pferdebespannung, mit dem Rücken zur Fahrtrichtung. Als der Jäger auf einmal beinahe anhaltend ziemlich scharf im Tempo zurückging, mußte ich mich, um mir über den Grund klar zu werden, umdrehen.

„Da kommt jetzt der Irg", sagte gleichzeitig der Wolfgang, in Richtung des Almweges, auf dem wir fuhren, deutend. Ja, das war der „Irg", mit vollem Namen Georg Rieder, Wald- und Wildhüter in unserer Eigenjagd. Er kam uns, gefolgt von seinem Hund, einer ziemlich groß geratenen Rauhhaardackelhündin (vielleicht war ein Schnauzer in ihrer Ahnenreihe) auf dem steinigen Sträßlein entgegen. Aber – ich glaubte jetzt ernstlich, einen bösen Dauertraum zu haben!! – wie schleppte er sich denn daher!!? Genau wie vorhin der Wolfgang ging er, tief gebückt und gesenkten Kopfes, beide Hände am Bergstock, schneckenlangsam auf uns zu. Ich erschrak zutiefst. War er irgendwo abgestürzt? Wieso überhaupt kam er zu dieser frühen Stunde hier herauf!? Wir hielten an.

„Ja Irg, um Gottes willen, was is denn mit Ihnen passiert!?"

Der immer Heitere hob den Kopf und lachte, wenn auch ein wenig schmerzvoll:

„Is net weiter schlimm, aber wann i an Berg gach anpacken muaß", (er war die steile Route über die Elandalm heraufgestiegen) „rutscht mir manchmal mei Bandscheibn raus. Jetzt wo's eben dahin geht, werd's glei wieder drin sein!"

„Was heißt denn das, ‚glei wieder drin sein'!? Sie dürfen keinesfalls weitergehen. Steigen Sie bei uns auf. Wir nehmen Sie mit. Sie müssen sofort ins Tal hinunter."

Er schüttelte den Kopf:

„Weitergeh'n is des beste, sagt a der Dokter. Naa, naa, i *muaß* a weiter. Auf der Oberwiesenalm san die Bauern herobem zum Zäun'n. Die warten scho auf mi."

„Sie können doch jetzt nicht zum Zaunholzanweisen bis nach Oberwiesen geh'n, Mensch! Wenn Ihnen unterwegs noch etwas zustößt, sind Sie hilflos!"

„Ah woher denn, da passiert nix. Des mit der Bandscheib'n hab' i scho öfters g'habt. Immer wenn's recht steil hergeht, g'schiecht mir des. Aber wenn's wieder eben werd oder abwärts geht, is's glei wieder guat."

Alles Zureden half nichts, und ich hatte auch schon während unseres Gesprächs den Eindruck, daß er sich besser fühlte. Wir einigten uns schließlich dahin, daß ich, wenn er um fünf Uhr nicht wieder daheim wäre, das Krad und ein paar Männer entsenden würde, ihn zu suchen. Lachend hatschte er davon, gefolgt von der struppigen kleinen Hündin, die, sich kurz umwendend, noch einen Abschiedsblick zu mir heraufsandte. Zwischen ihr und mir nämlich bestand Liebe auf den ersten Blick. Es konnte keinen in zärtlicher Zurückhaltung lieberen Hund geben als sie. Wenn ich den Irg aufsuchte, kam sie immer dicht hinter ihm mit heraus, stand, ohne an mir heraufzuspringen, vor mir und wartete, bis ich mich zu ihr niederkniete, ihr langhaariges salz- und pfefferfarbenes Fell zu streicheln. Einmal kam ich bei stockfinsterer Nacht angefahren, und weil der Jäger mir gleich aus dem Haus entgegenkam, blieb ich neben meinem Wagen steh'n. Die Hündin konnte ich nicht sehen, aber nach etwa drei Minuten meines Gesprächs mit ihrem Herrn tupfte sie mir, um mich zu begrüßen und auf sich aufmerksam zu machen, mit ihrem feuchten Schnäuzchen behutsam in die sommerlich nackte Kniekehle. Kurz: wir liebten einander.

Während ich nun dem Irg und seiner mit ihm genau gleiches Tempo haltenden Hündin nachschaute, kam mir ein Gedanke. Ich wußte, daß sie in zwei Fällen, obwohl absolut ungeschult und nur versuchsweise angesetzt, auf durch die ganze Nacht erkalteter Fährte vorzüglich gearbeitet und sicher gefunden hatte. Ich eilte dem immer noch langsam vom Fleck Kommenden nach.

„Irg", fragte ich, „kommt ihr beim Zäunen heut' auch auf die Abergalm?"

„Ja freili, da hör'n mir auf", war die Antwort.

Ich erzählte ihm von unserem Erlebnis dort. Der kranke Hahn war dicht unterhalb einer leicht zu beschreibenden scharfen Ecke des Almzaunes im Wald verschwunden. Da er fort und fort reichlich Federn verloren hatte, war die Stelle nicht schwer zu finden.

„Wenn Sie hinkommen, lassen S' die Bärbi da a bisserl suchen. Vielleicht macht sie 's besser als der Birko."

„Des könn' mer leicht machen", sagte er, bereitwillig nickend, und damit trennten wir uns.

Als wir dann bei der Jagdhütte auf der Laubensteinalm anlangten, um uns noch einen Tee zu brauen und dann unser Bündel für die Heimfahrt zu schnüren, hatten wir noch ein, wenn auch nur mittelbar mit den Spielhahnen und der Jagd auf sie zusammenhängendes Erlebnis, das sich aber ganz und gar in die mehr komischen als betrüblichen Ausgefallenheiten dieses Balzmorgens einfügte.

Von Osten her schien uns das inzwischen emporgestiegene Tagesgestirn ins Gesicht, und in dieses heftige, blitzblank goldene Blenden hinein strömten aus der eben sich auftuenden Tür des Almkasers, von dem aus ich vor drei Stunden den Hahn geschossen hatte, zwei, vier, fünf, sieben, neun (!) Kinder, gefolgt von sechs oder sieben Erwachsenen jeden Lebensalters. Es sah fast so aus, als habe man wie etwa in der Oper „Fidelio" das Tor eines Gefängnisses aufgestoßen, und die Entlassenen stürzten sich jubelnd in die Freiheit.

Mit dieser geballten Menschenladung, dieser Menschentraube im Rücken, sozusagen an sie angelehnt, hatte ich also heute die von den Alpenjägern oft besungene einsame Frühweihestunde der Schneidhahnbalz erlebt!

Ich schaute den Wolfgang an, und wir schüttelten beide den Kopf. Und dann, was bleibt einem übrig bei solcher keineswegs erstmaligen, aber diesmal besonders grotesk erneuerten Einsicht, daß Einsamkeit – dem Jäger im Gebirg einst der beste Teil seines Glückes – unwiederbringlich verloren ist, dann, ja dann – lachten wir und fuhren ein halbes Stündchen später zu Tal.

Am Nachmittag wollte ich nach Erledigung dringendster Obliegenheiten ein paar Stunden der versäumten Nachtruhe nachholen. Es wurde, so bleischwer auch der Schlaf schon wenige Minuten, nachdem ich mich auf der Liegestatt ausgestreckt hatte, über mich hergefallen war, nur eine Stunde. Denn auf einmal pochte, klopfte, haute jemand an meine Türe und in meine Träume hinein. Wie ein schwerhöriger achtzigjähriger Klosterpförtner sein „Qui e'?" knurrte ich mein „Was ist los?"

„Der Herr Rieder ist da", sagte, ganz verschüchtert durch meinen rauhgrantigen Ton, draußen unsere Hausgehilfin.

„Ja und!?"

„Er hat einen Auerhahn dabei", kam die weitere Meldung.

Wenn der einen Auerhahn hat, dann bist du statt einer Riesengans nur eine Halbente, dachte ich. Aber die Nachricht ließ mich doch aus meiner Horizontalen emporschnellen und in die Schuhe fahren.

Auf der Bank unten vor dem Kücheneingang saß tatsächlich der Irg, ihm zu Füßen meine zärtliche Freundin Bärbi, und neben ihm auf dem grünen Sitzbrett – ich rieb mir die Augen – lag wahrhaftig ein Spielhahn, ein anscheinend starker, ebenholzschwarzer Hahn mit blassen Rosen, aber – ohne Schar!

Gut fünfzig Meter vom Almzaun entfernt im Waldinneren hatte er sich im Unterwuchs gedrückt, und dort ward er von der Hündin aufgetan. Der Birko mußte, das stand fest, am Morgen auf wenige Meter an ihm vorbeigekommen sein. Der Hahn lebte noch, und die flinke Bärbi, die den großen Vogel nicht richtig fassen konnte, versuchte ihn an den Stoßfedern festzuhalten. Ihr hinzueilender Herr griff zwar den Hahn, die Schar freilich konnte er nimmer retten. Die acht krummen Federn (herrliche breite Sicheln waren es!) hatte er dann aber vollzählig eingesammelt, eine sogar seiner Hündin aus dem struppigen Schnurrbart gelöst, und überreichte sie mir jetzt um den Fichtenbruch herum garniert wie einen sehr originellen Blumenstrauß.

Der Hahn war (allerdings mit schwerer Zertrümmerung) nur geflügelt. Der verhältnismäßig starke Flügelknochen hatte die rasante Vollmantelkugel (man muß dabei bedenken, daß ich sie, wenn auch nicht steil, so doch schräg *aufwärts* schießend angetragen hatte) nach oben abgelenkt. Es ließ sich dies an einem kurzen Stück ihrer Bahn durch das Rückengefieder verfolgen. Ohne dieses Erlebnis hätte ich solche Wirkung eines Kugelschusses auf den breit stehenden Hahn nicht für denkbar gehalten. Man lernt auch beim Waidwerk nie aus, denn es ist „. . . alle Tage neu". Und in der Folge habe ich genau dasselbe nachweislich noch zweimal erleben müssen.

Brave kleine Bärbi! Ohne sie wäre der Wundervogel verloren gewesen. Ob ihr kluges Köpfchen es sich am Ende gar zurecht gelegt hatte, daß sie dieses kostbare Wild *mir* gerettet und *mir* die große Freude bereitet hatte!? Bei allem vernünftigen Erwägen vermochte ich dieses Gefühl nicht ganz von mir zu weisen. An liebevollen Dankesbezeigungen habe ich jedenfalls nichts versäumt. Und glücklich stillhaltend nahm sie es hin in jener fraulichen Bescheidenheit, die man, wiewohl durch die

Emanzipation seltener geworden, auch im menschlichen Lebenskreis manchmal beobachten kann.

Was wissen wir schon von den geheimsten Antennen tief drinnen in einer Tierseele? Trotz zahlloser Gelehrter und Dichter und eines unübersehbaren Rudels auf die Menschheit der Gegenwart losgelassener Psychologen kennen wir nicht einmal die eigene Seele bis hinab auf den Grund dessen, was wir das Menschenherz nennen.

## Die Lyra in der Hand des Engels

Es war im zweiten oder dritten Jahr, nachdem mein Vater den Ostteil seines großen Waldbesitzes, eine ganze Talseite also, an den Staat verkauft, sich aber meinetwegen die Jagdausübung darauf noch für ein paar Jahre vorbehalten hatte. Da bei dem Verkauf unsere Jäger vom Staatsforst nicht übernommen wurden und von uns nur diejenigen behalten worden waren, die auf eine Dienstzeit von mindestens einem Jahrzehnt zurückschauen konnten, war es vor allem im südlichen Teil des nun Staatseigentum gewordenen Reviers anfangs eine Zeitlang um die Jagdaufsicht nicht bestens bestellt. Und gerade dort, und zwar am südlichen Rand, wollte ich in dem Jahr meine Hahnen schießen, da ich nicht wußte, wie lange mir jene Balzplätze von Auer- und Birkwild zur Bejagung verbleiben würden.

Ich fuhr zum Forstverwalter, der bis zum Verkauf in unseren Diensten gestanden hatte und jetzt staatlicher Beamter geworden war. Für die aus dem Übergang sich ergebende Mehrarbeit hatte man ihm zwei Hilfskräfte zugewiesen. Aber er sagte mir, sicher der Wahrheit entsprechend, daß sie als Jäger unbrauchbar seien. Nun, dann würde ich, der ich das Revier durch mehr als ein Jahrzehnt bejagt hatte, mich eben allein zurechtfinden.

Der Verwalter erbot sich, mich zu begleiten:

„Oan Hoh woaß i nämli!", sagte er. „Den hab' i scho zwoamal von der Mühlhornschneid bis ins Büro aba g'hört und dann mit'm Spektiv auch derseh'n."

Der felsige Grat der Mühlhornschneid begrenzt das Sachranger Tal, es hoch überragend, in etwa südöstlicher Richtung. Der Forstverwalter ging mit mir in den Garten hinaus und zeigte mir eine sich am Grat klar gegen den Himmel abhebende, mächtige, aber kurzschäftige Fichte. Sie war vollkommen kahl, anscheinend auch rindelos, ein Baumskelett also, das da oben trotzte, aber, wie dies bei solchen in kaum vorstellbar hartem Lebenskampf auf fast ständig sturmwindübertoster Felsenschneid emporgewachsenen Bäumen der Fall ist, mit fast dornenbuschhafter Dichte von Geäst und Gezweig. Einen richtigen Wipfel hatte diese Fichte nicht. Sie war, so wenigstens sah es auf die große Entfernung aus, wie von einem kleinen verwucherten Nest gekrönt. Und darauf hatte der Hahn jetzt schon zweimal und sicher schon öfters in voller Sonnenbalz gestanden. Die Entfernung vom Forsthaus betrug in der Luftlinie mindestens einen Kilometer.

Das Kollern des Spielhahns, dieses zärtliche Lied aus zitternder schwarzer Kehle unter rosengekröntem Köpfchen, ist über weite Täler hinüber und aus Fernen noch vernehmbar, aus denen selbst der lauteste Schrei eines Menschen ungehört verhallen würde. Zweierlei Schlüsse kann man aus dieser ans Wunderbare grenzenden Naturerscheinung ziehen, einen biologischen und einen, wenn man es so nennen will, philosophischen. Vielleicht hat Gott der Vater und Schöpfer alles Lebendigen das Birkwild besonders geliebt, nachdem es aus seiner Hand hervorgegangen war, und es deshalb mit so besonderer, der Erhaltung seiner Art dienender Gabe ausgestattet, die zugleich den Frühlingszauber der Schöpfung erhöht. Und uns Menschen ist daraus die Weisheit vergönnt, daß es eindringlichere und zugleich schönere Kräfte gibt als Lautheit.

Der Richtung des herabschwingenden Balzliedes folgend hatte der Verwalter durch das stark vergrößernde Ausziehfernrohr schließlich gegen den hellen Frühhimmel oben auf dem Fichtendürrling den Hahn entdeckt.

Der Balzplatz des Sonnensängers, das erschien uns beiden ziemlich sicher, mußte gleich jenseits der Schneid sein. Vom Grat weg zog sich dort ein breites Schneefeld in den tiefer gelegenen Felswald hinunter. Fast in jedem Jahr vermochte erst die Junisonne es ganz wegzutauen.

Wir zogen also schon am nächsten Spätnachmittag zusammen los. Schön wie immer war, als wir das kleine Blockhaus auf der „Schreck" erreichten, die Schau nach Südwesten in den Abendglanz hinein und ins Inntal bis Kufstein hinüber.

Unter der Petroleumlampe in der mehr als hundert Jahre alten Diensthütte, die auf einem kleinen, suhlenreichen Plateau, dem obersten Ausläufer der von da steil abfallenden Schreckalm steht, plauderten wir noch eine Weile von vergangenen Zeiten. So recht froh aber konnte ich der mir sonst lieben Stunde des Behagens am knisternden Herd nicht werden. Das Wissen um den Verlust dieses Teiles unseres Besitzes lag mir beschwerend auf dem Gemüt. Die mit Rauch aus dem Herd und aus ungezählten in blauen Dunst aufgegangenen Tabaken angedunkelten fichtenen Wände flüsterten, sprachen, riefen Erinnern herbei an gehabtes Glück. Ich mußte es oft erfahren, daß Trennungen sich aus der Ferne leichter tragen lassen als aus unmittelbarer Nähe.

Aber es war dann ein herrlicher Morgen, der den stahlblauen Nachthimmel mählich erblassen ließ, während wir das nicht weite Steilstück zu dem Schneefeld hinaufstiegen.

Als wir es, in diesem Jahr war es schon stark zusammengeschmolzen, erreicht hatten, erhob sich die Frage, wo wir unsere Stellung beziehen wollten, ob an seinem unteren, seinem oberen, seinem rechten oder linken Rand. An diesen Rändern aber war nirgends Busch oder Baum, der auch nur notdürftig ausreichende Deckung hätte bieten können. Felsgetrümmer, darunter auch größere Blöcke, war hier wohl hinlänglich verstreut. Aber ich hatte es schon erlebt, daß der Hahn, wenn er spät, will heißen bei fortgeschrittenem Licht, und noch dazu niedrig anstreicht, den nach oben ungedeckt kauernden Jäger, wenn der sich nicht selber felserstarrt benimmt, eräugt und zu allermindest für diesen Morgen dann vergrämt bleibt.

Der nach kurzer Spätmaiennacht heraufdrängende Morgen ließ uns nimmer viel Zeit zum Überlegen, und da kam mir der Einfall, mich oben am Stamm jener abgestorbenen Fichte, von ihren weit herabreichenden, zwar nadellosen, aber dicht ineinander verflochtenen Ästen gedeckt, anzusetzen. Da der Hahn sehr wahrscheinlich auch heute wieder in ihrem Wipfel zur Sonnenbalz aufbaumen würde, konnte ich mit ziemlicher Sicherheit erwarten, daß sein erstes Einfallen im unteren oder mittleren Teil des Schneefeldes erfolgen und er von da dann aufwärts laufen würde.

Der Forstverwalter blieb am Waldrand zurück, und ich stieg so schnell ich konnte zur Schneid hinauf, schliefte unter das sperrige Geäst und lehnte mich in eine sich geradezu anbietende, muldenhafte Vertiefung des breiten, steinharten Stammes.

Für mich bedeutet dieses am erreichten Ziel sich Niederlassen, wenn kein Wegstück mehr zurückzulegen und alles zur Vorbereitung Notwendige abgeschlossen ist, einen der erfreulichsten Abschnitte des Unternehmens auf den Kleinen Hahn. Oft fallen mir dann unterm hoffnungsvollen Erharren schon sehr bald in schwerelosem Halbschlummer die Augen zu. So war es auch damals. Und sanft auch, wie ich hinübergeglitten war, wurde ich – wie lange danach konnte ich nicht ermessen – geweckt. In weißlichem Perlmutterschimmer spannte sich hoch über mir der Himmel. Von Osten her berührte ihn unter dem verlöschenden Morgenstern rosiger Hauch. Irgendwo, so war mir, hatte doch eben ein Hahn geblasen!? Sehr nahe mußte das gewesen sein. Aber wo? Die noch fahle Schneefläche vor mir breitete sich leer. War dies auf mich immer wie eine Anfrage wirkende erste, noch ein wenig verschlafene Fauchen aus dem in meinem Rücken steil abfallenden Latschenfeld des Gegenhanges gekommen? – Jetzt war es ganz still, ein, zwei, drei Minuten, wie angestrengt ich auch lauschte. Dann plötzlich aber ertönte wieder aus nächster Nähe wie ein Aufschluchzen abgerissenes weiches Krugeln. So läßt der Hahn es hören, ehe er sich einspielt in seinen sehnsüchtig einlullenden und zugleich jubelnden Gesang. Wo nur, wo!? So nahe, so ganz zärtlich nahe klang es. Und jetzt begann der Unsichtbare voll zu balzen.

War er am Ende . . . ? Aber das gab es doch nicht, ich hätte ihn einfallen hören müssen!? Ich bog den Kopf zurück, und da fuhr mir ein heißes Erschrecken durch alle Glieder, zugleich aber ward mir ein Anblick von unvergeßlicher, wunderhafter Schönheit. Nicht viel höher als anderthalb Meter direkt über mir stand der Hahn in der Fichte, durch eine größere Lücke im Geäst ganz und gar frei und unübergittert sichtbar. Wann bekommt man je einen balzenden Spielhahn auf knappe Bergstocklänge genau senkrecht über sich, oder vielleicht besser gesagt von unten zu sehen! Eine Vision war es, etwas Unglaubhaftes, schwebte da vor dem weiß aufgehellten Frühhimmel, durchzittert von einem Zauberlied. Ich glaubte nie längere Sicheln an einem Spielhahn gesehen zu haben. Aber dafür, für jede jägerische Erwägung überhaupt, war bei diesem Bild kein Raum. Das merkwürdige aber war, daß von eben diesen beiden Sicheln, die der Hahn weit gefächert, aber nicht aufgestellt hatte, daß von ihnen, die aus solcher Nähe riesengroß erschienen und sich kaum, nur mit dem vibrierenden Hahnengesang, ganz sacht hoben und senkten, die Verzauberung ausging. Vielleicht lag das an der Stellung des halb von mir weggewendeten Hahnes. Ich kann nur sagen, daß es mir war, als schwebe die Lyra in der unsichtbaren Hand eines Engels frei über mir im Himmel.

Wie lange dies Glück währte, weiß ich nicht. Ganz plötzlich, ohne kürzestes Verschweigen, ohne Unterbrechung des Sanges durch Blasen, strich der Hahn ab. Hatte er mich im zunehmenden Licht eräugt!? Nein, er wendete, schlug mit reglosen Schwingen einen Bogen und ließ sich fünfzig Meter unterhalb von mir auf das Schneefeld fallen. Und jetzt war es mit einem Mal ein ganz anderes Wesen, das da blies, Flattersprünge machte und, die langen Sicheln am Boden nachschleifend, mit tief erregtem Krugeln über die weiße Fläche lief.

Ich hab' den Hahn dann geschossen. Auch ich war wieder zum kleinen Jägermenschen geworden. Später hab' ich, über dieses besondere Erleben nachsinnierend, mir manchmal gedacht, ich hätte mich schämen sollen, es durch einen Schuß zu beenden. Und heute würde ich vielleicht, aber nur vielleicht, mir diesen Schuß versagen. Im Lauf meines Lebens habe ich aber erfahren, daß es aus jedem, auch dem schönsten Traum, ein Erwachen, eine Rückkehr zur Wirklichkeit gibt. Und man braucht sich nicht zu schämen, dann wieder mit festen Füßen auf ihrem Boden zu stehen.

## Der Große und der Kleine Hahn

Im Herzen der schönen Steiermark habe ich auf den Großen Hahn reiche Freuden der Balzjagd erleben dürfen. Aber in dem Revier, das ich dort hauptsächlich bejagte, waren die Chancen auf den Spielhahn gering, der zur Zeit der Auerhahnhochbalz im ersten Maidrittel weit oben in noch sehr schneereichen Lagen, um Servazius herum etwa, gerade erst mit Lied und Tanz begann. In einem der ersten Jahre, die ich dort in dem zwar komfortabler Einrichtung entbehrenden, aber grundbehaglichen Forsthaus zugekehrt war, beschloß ich, nachdem mein Auerhahnabschuß fast erfüllt war und sommerlich warmes Wetter über südliche Schneegipfel herübergeweht kam, allen Gewalten zum Trotz doch den weiten, wie der mich begleitende Förster sagte, zweieinhalb Stunden in Anspruch nehmenden Aufstieg bis in das Gebiet der ,,Kleinen" unter die genagelten Sohlen meiner Bergschuhe zu nehmen.

Der Förster Mandl sah zwar nicht aus wie ein Förster. Er war genau das, was man ein Zwetschgenmanndl nennt, klein und dürr – sogar die Wangen schienen nach innen eingefallen zu sein – dazu noch über das Maß alter wettergezauster Waldmenschen hinaus schwerhörig. Aber trotz alledem war er ein ausgezeichneter, bedachtsamer Jäger und ein lieber, seelenguter Mann.

Wir waren etwa ziemlich anderthalb Stunden unterwegs und stiegen gerade, einem ziemlich steilen Almrücken folgend, aufwärts, als der vorangehende Förster mich zu sich winkte.

,,Herr Barchon, do umanand hat frühers aa öfters a Auerhoh pfoizt.

Wann mir jetzt weiter auffa kummant, miassen S' bittschän a weni losen. Links im Hang drin war allweil der Pfoizplatz."

Es war noch völlig Nacht und bis herab zu den Graten wie auch zu den Horizonten funkelten die Sterne in unvermindertem Glanz. Der Zeiger im Leuchtzifferblatt war noch ein ganzes Stück davon entfernt, die dritte Stunde des jungen Tages anzuzeigen. Aber schon nach etwa zweihundert Metern weiteren Aufstieges vernahm ich stehenbleibend wirklich und wahrhaftig ganz fein und fern (so liebe ich es besonders) den „Perlenfall in Silberschalen", wie Arthur Schubart, der große Hahnenjäger und Jägerdichter, das Hahnenlied besungen hat. Ich rannte dem sehr flink steigenden Förster nach und sagte es ihm.

„Jo, dann geh'n S' ihn nur glei o. Is sicher a guater alter Hoh, weil da heroben scho jahrelang koaner mehr g'schossen is worn", flüsterte er, und ich ließ es mir nicht zweimal sagen.

Die Erlegungsgeschichte dieses Hahnes habe ich, glaub' ich, schon irgendwo und -wann einmal erzählt. Beim Anspringen nach lautlos vorsichtigem Heranbirschen auf dem glatten taufeuchten Almgrund stellte sich mir auf einmal ein ganz unerwartetes Hindernis entgegen, ein Weidezaun. „Rankenzaun" nennen ihn die Tiroler, ob auch die Steiermärker, weiß ich nicht. Es ist ein reiner Holzzaun, in den nicht ein einziger Nagel geschlagen ist. Kreuz und quer ineinander gesteckte „Hanichel", Holzstäbe, die zumeist aus Rundlingen herausgespalten sind, werden mit in harter, recht unbeliebter Handarbeit zusammengedrehten Ringen aus dünnen Fichtenzweigen zusammengehalten.

Zu Ende des Ersten Weltkrieges, im Spätherbst des Achtzehnerjahres, waren den vom Brennerpaß her zurückflutenden österreichischen und deutschen Regimentern solche Zäune ihres ausgetrockneten Holzes wegen, das in ungezählten Biwakfeuern emporflammte, hocherwünschte Funde. Mir war der mich von meinem auf etwa sechzig Meter vor mir flott balzenden Auerhahn trennende Rankenzaun diesmal alles eher als erwünscht. Er war brusthoch und ohne Geräusch kaum übersteigbar. Die morschen Hanichel mußten laut krachen, wenn ich den Fuß auf sie setzte. Ich hatte aber Glück. Am Zaun gebückt weiterbirschend kam ich zu einem großen Stein, der dicht daneben lag und mir half, mich rittlings auf den allerdings wenig reizvollen Sattel zu schwingen, von dem aus ich mich jenseits ohne alarmierendes Geräusch wieder auf den Almboden hinuntergleiten lassen konnte. Der Hahn stand allem Anschein nach in einer mitten auf freier Weidefläche ihr zottiges Geäst breitenden Schirmfichte. Auch damit schien mir ein lang im Hahnenjägerherzen gehegter Wunsch erfüllt, nämlich der, einen Auerhahn in solch mächtiger, allein stehender Alm- und Urfichte zu erleben, ihn zu beobachten, anzuspringen und vielleicht zu schießen.

Die Almlichtung wurde auf der mir entgegengesetzten Seite des Baumes von geschlossenem Wald begrenzt. Gerade, als ich jenseits des Hindernisses wieder halbwegs festen Fuß gefaßt hatte, krachte drüben im Wald laut vernehmlich ein Ast. – Ich erschrak. Wer oder was hatte dieses laute Brechen verursacht!? Rehwild zertritt, ob flüchtig oder im Ziehen, keinesfalls Geäst von einer Stärke, das mit so durchschlagend lautem Geräusch zerkracht. Und Rotwild, das wußte ich, durchwechselte diese Wälder nur selten. Aber auch Rotwild – es hätte ja sein können, daß mich der Zufall gerade hier ein Stück angehen ließ – tritt kaum je so grob ins Fallholz. Zudem hätte vor- oder nachher doch noch weiteres Fluchtgeräusch vernehmbar sein müssen. Wer als Jäger bei Dämmer und Düsternis die Wälder oft und oft durchwandert, lernt die von ziehendem oder flüchtendem Wild herrührenden Laute genau zu unterscheiden. Ein Mensch?! Der Hahn hatte gerade geschliffen, während dieser merkwürdige, hell splitternde Krach die Stille zerriß. Aber irgend etwas war ihm doch durch den verriegelten Gehörgang ins Bewußtsein gedrungen. Er setzte aus. Ich fühlte meinen Pulsschlag bis herauf in die Kehle. Es währte aber nicht lang, bis die ersten zögernden Glepfer aus der Fichte heraus wieder hörbar wurden. Weil der Hahn vielleicht doch mißtrauisch geworden war, ließ ich einen Hauptschlag ungenutzt verstreichen, und dabei meinte ich abermals, wenn auch nur leise, unten im Wald Knistern und Tappen zu vernehmen. Jetzt wurde mir heiß. Ich verlor keine Zeit mehr. Nach drei Strophen war ich am Balzbaum und hatte das Glück, den Hahn, der ziemlich tief und nah am Stamm stand, gleich zu entdecken. Zu einer Verschiebung meines Standpunktes, um ihn für den Schuß freizubekommen, brauchte ich nur noch einen Hauptschlag. Ich wartete dann das nächste Schleifen nimmer ab und schoß ihn.

Wenige Sekunden nach seinem harten Aufschlag auf dem zentimeterkurz begrasten Almboden hörte ich, jetzt unverkennbar, das in langen Sprüngen Zu-Tal-Poltern eines Menschen. Ich lief nachladend zum Waldrand, mußte dort aber feststellen, daß der Blick hinunter in den Bestand des Steilhangs durch eine Quermulde verwehrt war. Irgendwo in der Tiefe kollerten dumpf noch Steine, und noch einmal splitterte dürres Geäst, dann aber wurde es lautlos still, bis durch Schuß und Lärm verspätet und verschüchtert von Wipfel zu Wipfel der Vogelgesang anhub.

Der Mandl kam und setzte sich neben mich zum in tiefernster

Schönheit daliegenden Hahn, nachdem er ihn mit einem Bruch in den Schnabel geschmückt hatte. So warteten wir den vollen Tag ab, denn als mein Schuß fiel, standen noch Sterne am Himmel. Ich erzählte ihm mein besonderes Erlebnis (dieser war der erste von den zwei Auerhahnen meines Hahnjägerlebens, die gleichzeitig mit mir ein Wildschütz ansprang, und beide Male hatte ich das Glück, früher dran zu sein). Der Förster meinte sicher zu wissen, wer der ungebetene Hahngast gewesen war. Ich glaube aber, daß er sich irrte. Im nächsten Jahr nämlich begegnete uns bei den mehrere hundert Meter unterhalb jener Almblöße gelegenen Einödhöfen ein nicht gerade seriös, aber nicht unsympathisch aussehender junger Knecht, dem die Hände gefesselt waren, und den ein hochmartialisch beschnurrbarteter streng dreinschauender „Wachmann", ein Gendarm, eskortierte. Er hatte sich, so tuschelte die Nachbarbäuerin es uns zu, an der minderjährigen Tochter des unteren Einödbauern vergangen. Im müden, ziemlich gleichgültigen Vorbeistapfen lächelte er mir so eigenartig zu, fast als ob ich ein „Spezi", ein wohlbekannter Kamerad und Kumpan von ihm wäre. Ich lächelte mit freundlichem Kopfnicken zurück, und ich konnte mir nicht helfen, mit einem Mal überkam mich die Gewißheit, daß er, der wohl von meinen Hahnjägertaten in der Umgebung dieser Einödhöfe Kunde erhalten hatte, jener nächtliche Waidgenosse gewesen war. Für ihn wäre es nur eine gute halbe Stunde Steilanstieg gewesen bis zum Balzplatz. *Wenn* er es war, dann hatte er das Erlebnis anscheinend heiter genommen.

Später wurde mir von einem ähnlichen, aber weit ernster verlaufenen Zusammentreffen erzählt, das vor meiner Zeit auch in der Steiermark stattgefunden hatte. Ein in seiner Wissenschaft zu hoher Bedeutung gelangter Arzt – ich lernte ihn, einen kleinen, bescheiden und etwas verschlossen wirkenden Mann, kennen, als er später in München eine Professur übernommen hatte – ging als noch junger Dozent auf einen Großen Hahn. Bei noch tiefer Dämmerung waren sie, der führende Jäger voraus, schon beim Anspringen. Urplötzlich trat ein Wildschütz mit angeschlagenem Gewehr hinter einem Baum heraus und stellte sich dem Jäger in den Weg.

„Des is mei Hoh!", schrie er ihn an. „Schmeiß dei Büchs' weg, Jager, und schau daß d' weiterkommst, sonst schnallt's!" Und als der erschrokkene Jäger einen Augenblick zögerte: „Werd's!? Glei schnallt's!"

In diesem Augenblick „schnallte" es wirklich aus dem noch nächtlichen Dunkel des Hintergrundes heraus, und der Wilderer brach zusammen. Der von ihm nicht bemerkt nachfolgende Jagdgast hatte mit sicherem und schnellem Entschluß der bedrohlichen Szene ein Ende gemacht. Der Wildschütz war tot, als die beiden Hahnjäger an ihn herantraten.

Auch auf solche Art kann so ein Zusammenstoß enden. Und wer weiß, ob Neid und Haß nicht zu einem Schuß aus dem Hinterhalt auf den zuvorgekommenen glücklichen Erleger führen könnten. Der Förster Mandl und ich nahmen aber, während wir unseren Friedenstabak rauchend auf den anscheinend wirklich alten und jedenfalls sehr starken Hahn niederschauten, die Affäre schließlich heiter und setzten, als erste morgendliche Vergoldung die Bergkämme berührte, unseren Aufstieg zu den ,,Kleinen" fort.

Weit oberhalb der Schneegrenze standen dann wirklich zwei Spielhahnen in voller Sonnenbalz auf einem von unten nicht einsehbaren Plateau (so erklärte mir's der Förster) mitten in großen Latschenfeldern. Ich quälte mich, zeitweilig im mürben Schnee zwischen den Zundern bis zu den Hüften einbrechend, ein Stück weit zu ihnen hinauf. Von einem kleinen aus den Latschen ragenden Felskopf aus hoffte ich einen von ihnen durch Hahn- und Hennenruf heranreizen zu können. Sie waren aber anscheinend so ausschließlich miteinander oder einer zwischen ihnen stehenden Henne beschäftigt, daß sie von meinem Bemühen wenig Notiz nahmen und mir kaum Antwort gaben. Einer, den ich als recht gut ansprach, schwang sich nach einer Weile auf einen aus dem Gewucher ein wenig herausstehenden Latschenast und krugelte feurig dem höher gestiegenen Tagesgestirn entgegen. Aber die Entfernung von wahrscheinlich mehr als zweihundert Metern war mir zu groß. Einen Kunstschuß wollte ich nicht wagen, gerade an diesem Morgen nicht nach dem glückhaften Auerhahnerlebnis. Die Doppelstrecke, Großer und Kleiner Hahn an einem Morgen, ist mir übrigens zeitlebens versagt geblieben.

Schließlich hatte ich – die Müdigkeit nach einer Hahnfalzwoche mag auch dazu beigetragen haben – die Schinderei in den Latschen satt, und wir traten in strahlender Maimorgensonne den Abstieg an. Der Förster Mandl trug den jetzt in all seinen Farben schillernden und blendenden Auerhahn vor mir her. Ich überlegte mir, in einem anderen Jahr vielleicht ein wenig später herzukommen, um es dann nach ,,Servazi" über zusammengetautem Schnee auf die Kleinen zu probieren. Aber die Auerhähne standen doch höher in meiner Wertung. Sie sollten nach wie vor der eigentliche Preis meiner Reise in diese Wunderwälder bleiben.

Und übers Jahr kehrte ich wieder. Aber auch diesmal hatte ich meine Hahnenreise nicht tiefer in den Wonnemond hineinverlegen können. Obwohl in den Alpen das Frühjahrswetter weit über den April hinaus unberechenbar ist, meinte ich mir wegen des Graupelsturms Vorwürfe machen zu müssen, der mich während des mühseligen Aufstiegs über steile Bergwiesen hinauf zum Forsthaus begleitete. Bei späterer Anreise, glaubte ich, hätte freundlicheres Wetter mich empfangen. Aber die Hahnen, damals wußte ich es noch nicht so gut wie heute, haben sie sich erst einmal eingesungen, kümmern sich wenig um das Wetter. Im Regen, im dichten Schneetreiben, ja selbst – nur hat man da seine Not, sie zu hören – im zausenden Föhnsturm sprechen sie unbeirrt ihre Strophen herunter. Eines meiner schönsten Auerhahnfalzerlebnisse war ein Hahn, der aus frisch und vollsaftig ergrünter Buche in den während der Nacht fußtief gefallenen Schnee stürzte und ihn im rosigen Frühlicht aufstäuben ließ. Außerdem ist zu solcher Jahreszeit das schlechte wie das gute Wetter meist nicht von Bestand, und der Hahnjäger muß sich die Haltung des Till Eulenspiegel zu eigen machen, der, wenn sein Weg bergauf führte, lachte, weil er sich schon auf den Abstieg freute, und, wenn er abwärts marschierte, weinte, weil ihm baldiger neuer Aufstieg unvermeidbar schien.

Auf einen verregneten Morgen folgt sehr oft ein klarer Tag, den man dann aber ohne Zögern nützen muß. So war es auch damals. Ich verschlief den ersten Morgen. Meine Schlafkammer lag unmittelbar unter dem Dachgebälk, und als der Mandl mich weckte und mit dem unruhig schwankenden Licht der Kerze vor dem tief gefurchten Runzelgesicht in der Türe stand, heulte der Wind ums Haus und prasselte Regen auf die Schindeln.

„Ich glaub', es wird uns nicht viel bedeuten bei dem Wetter", sagte ich aus meinen drei Wolldecken heraus.

„Gornix aa, wann's net aufhört ums Tagwerden", gab er zurück, und diese Antwort gab den Ausschlag, denn der Weg zum Balzplatz, zu dem wir an diesem ersten Morgen hinaufsteigen wollten, beanspruchte nicht mehr als zwanzig Minuten. Bis dahin würde sich nicht viel geändert haben. Ich schlief weiter, schlief und schlief. Es waren viele Schlafstunden, die ich im Lauf der vorhergegangenen zwei Wochen den Hahnen der verschiedenen mir offenstehenden Wälder und Moore schon geopfert und nachzuholen hatte.

Als ich wach wurde, schien die Sonne auf das leicht überschneite kurze Gras der Wiesenmatten.

Der Förster machte mir dann für den kommenden Morgen seine Vorschläge. Er wußte, daß ich lieber alte Hähne schoß, als die drei-, vierjährigen, die im lockeren Verband oberhalb des Forsthauses über den sich weithin dehnenden Lärchenhang verteilt balzten. Auch kannte er meine in den letzten zwei Jahren gereifte Liebe zu einem anderen, weiter nördlich gelegenen Balzplatz in einem durch eingesprengte Felsen manchmal ein wenig zerklüfteten großen Lärchenbestand. Der Weg vom Forsthaus bis dahin war weit. Gut zwei Stunden brauchte man, um ihn in mir lieb gewordenem Nachtmarsch auf quer zu den Hängen meist eben verlaufendem Sträßlein zurückzulegen. Aber, und nun kam des Försters besondere Eröffnung, man konnte es sich auch dadurch leichter machen, daß man in einem der beiden auf etwa halbem Weg gelegenen Bauernhöfe, bei denen ich im Vorjahr die dramatische Begegnung mit jenem lasterhaften Knecht und seinem martialisch strengen „Abführer" gehabt hatte, übernachtete.

Das obere dieser beiden Anwesen gehörte einem Bauern, der außer einer stets frohgelaunten rotwangig gesunden Frau fünf schon erwachsene Kinder hatte. Vier Mädchen waren es und ein Stammhalter. Die Töchter waren alle hübsch, die älteste ein kraftvolles Mädel mit schön geschnittenem Gesicht, das mit einem breiten Kranz dunkelblonder Zöpfe gekrönt war. An die beiden mittleren hab' ich keine rechte Erinnerung mehr, wohl aber an die Jüngste, die feingliedrige, dazu dunkelhaarige Rosi, die, ja ich weiß es kaum anders zu sagen, von beglückender Hübschheit war.

An ihrem Schönsein war etwas, das einen traf wie ein elektrischer Schlag in dieser sie umgebenden, wenn auch bäuerlich kultivierten, so doch harten Welt. Es reicht nicht aus zu sagen, daß man sich plötzlich ins Märchen versetzt fühlte und meinen konnte, dem aus einem stolzen Schloß in die Wildnis der Bergwälder verjagten Königskind, dem Schneewittchen, gegenüberzustehen. Denn irgend etwas von Verbundensein mit ihrer Welt war doch an ihr, so wie eben manchmal eine im rauhen Gestein zwischen stachelig wuchernden Kräutern dem gleichen Boden entwachsene besondere Blume morgendlich schön einen stillstehen macht. Ich mußte mir alle Mühe geben, nicht immerfort den Blick über dieses fast noch ein wenig kindliche Gesicht gleiten zu lassen.

Aber der schönen Töchter wegen hatte der honorige Förster mir sicher nicht geraten, mein Nachtquartier in deren Elternhaus zu nehmen. Da war nämlich noch der Sohn, ein hoch und gut gewachsener Bursch, der von der Mutter die glänzend roten Wangen geerbt hatte und zu Zeiten der Monarchie in einem der steyerischen Regimenter zum Flügelmann wie geschaffen gewesen wäre. Diesem Jungbauern nun kreiste – nicht zu verwundern, da er mitten in diesen Wäldern aufgewachsen war – Jägerblut in den Adern, und entsprechend der Redlichkeit der ganzen Familie hatte er dem Förster Mandl seine Dienste als Hilfsjäger, vor allem aber als Hahnverloser, angeboten. Nun balzte schon im dritten Jahr sehr weit oben, aber in gerader Linie über dem elterlichen Hof, in einem abermals aus Tanne und Lärche gemischten Hochwald ein Auerhahn, und der Flori – so hieß der Sohn – hatte ihn auch heuer wieder bestätigt.

Der wäre wohl einer nach meinem Herzen, meinte der Mandl, der ihn mir zugedacht hatte. Ich solle doch, bevor ich den Hauptplatz, der noch eine knappe Stunde nordwärts von den Höfen lag, anging, es unbedingt erst auf den alleinstehenden Althahn versuchen. So richte sich dann auch alles am besten zusammen: es käme vielleicht morgen schon noch ein Hahngast, ein älterer Herr, den er „so gach" da hinauf nicht führen könne. Auch wisse er selber den Platz nicht genau. Der Flori aber wisse ihn und könne mich hinführen. Den Heimweg zum Forsthaus, den ich im Vorjahr schon mehrmals allein gegangen war, würde ich am hellen Tag leicht finden. Er selber könne dann für den anderen Herrn bereitstehen.

Ich nahm den Ratschlag des gewissenhaften, grundehrlichen Männchens gerne an und bummelte gegen Abend über die schon lange wieder schneefrei gewordenen Wiesen, deren nässefunkelnden blaßgelben Primelschmuck abendliche Sonnenstrahlen verklärten, zum befreundeten Hof hinüber, der inmitten einiger verkrümmter, soeben erst rosig erblühender Apfelbäume dicht neben dem Anmarschsträßlein lag.

Dort wurde es dann ein Abend behaglichen bergbäuerlichen Beisammensitzens in der kleinen Küche. Der schon ziemlich betagte Vater drückte sich in die Ecke zwischen Wandbank und Herd. Die älteste Tochter hatte die runden, von der Frühlingssonne schon wieder gebräunten Arme auf die Tischplatte und das Kinn auf ihre ineinander verflochtenen Hände gestützt und schaute sich, wie sie meinte unauffällig, den Fremden von der Seite an. Sie saß neben der Mutter, die das Wort führte und mir mit frischen Fragen und kleinen fröhlichen Geschichten immer wieder den Ball der „Konversation" zuwarf. Die drei jüngeren Mädchen hatten sich, dicht gedrängt wie junge Schwalben, in den Herrgottswinkel gesetzt, und der Sohn, den ich von den letzten Jahren her schon als „Verloser" kannte, hatte sich neben mir, dem ein Stuhl bereitgestellt worden war, auf der erkaltenden Herdplatte niedergelassen.

Unser Geplauder kam bald in Gang. So wie auf beiden Seiten die Lebensgegebenheiten lagen, war's nicht gar verwunderlich: steyerischer Bergbauer dort, oberbayerischer Gutsherr auf Grünland auch hier; Bergjägerfreude und brennende Hahnjägerleidenschaft dort und hier. Da war man schnell beisammen. Ich fragte auch nach dem bösen Knecht vom Nachbarhof. Er saß hinter Schloß und Riegel. Ob er auch gewildert habe, fragte ich und erzählte mein Erlebnis vom Vorjahr.

,,Der hat all's trieben, der Loder der schlechte!", gab die temperamentvolle Bäuerin ihr Urteil ab.

Aber die Frühjahrsbestellung bringt dem Bergbauern harte Arbeit mit Holzmachen, mit Säubern und Düngen und Zäunen seines Wiesenlandes. Die Familie war müd vom Tagewerk, und als draußen die Dämmerung sich verdichtete, zündete die Bäuerin eine Kerze an und führte mich nebenan in die Stube. Dort hatte sie mir auf dem Kanapee mit einer darüber gebreiteten Wolldecke das Lager für die kurze Nacht bereitet.

,,I weck' Ehana scho zeiten auf", beruhigte mich der Flori, ,,um a zwoa müaß ma geh'n."

Auch mir waren die Lider schwer, aber es war mir vor dem Einschlafen noch ein maienhaftes Glück vorbehalten.

Die Stube war das Eckzimmer des Hauses. Ihre beiden Fenster schauten aus der Front auf das Sträßlein und den sich daran schließenden steil abfallenden Wiesenhang hinaus und genau gegen den Westhimmel, der im allerletzten Verlöschen war. Die Lehne der Bank neben der Haustüre reichte bis unmittelbar unter die Fensterbretter. Ich hatte – die Luft in der Stube kam mir ein wenig dumpf vor – einen Flügel geöffnet.

Schon wollte mir der erste Traum aus müdem Hindämmern heraufsteigen, als ich nochmals ganz wach wurde. Ich hörte von draußen leise Laute wie heimliches Reden und Kichern. Den Kopf hebend, sah ich vor dem Fenster Schatten sich gegen die letzte Helle des Himmels abheben und bewegen. Ich stand auf und schlich strumpfsockig, wie ich war, lautlos zum Fenster. Hinausschauend löste ich die Gestalten der drei jungen Mädchen aus dem vornächtlichen Dunkel. Zwei saßen auf der Bank. Ihre Köpfe reichten kaum mehr als eine Handbreite bis unter mein Kinn. Die dritte stand dicht vor ihnen. Meine ganze Sehkraft zusammennehmend, meinte ich, in ihr die Rosi zu erkennen.

,,Schlaft ihr no net, ihr drei?", fragte ich halblaut.

Mit unterdrücktem Kreischen fuhren die zwei von der Bank hoch und flüchteten ein Stück ins Dunkel, wo ich sie weiterkichern hörte. Die dritte blieb stehen.

,,Du bist die Rosi, gell?", fragte ich sie.

,,Ja", kam es leise, aber unbefangen aus dem Dunkel zurück.

,,Komm her", sagte ich, den Kopf an den Gitterstab des Fensters lehnend, ,,gib mir einen Kuß, damit ich Glück hab' morgen auf den Hahn!"

Sie rührte sich nicht.

,,Komm halt'!", bat ich.

Wieder war es eine Weile still. Dann sagte sie so leise, daß ich's kaum verstand:

,,Die andern . . ."

,,Gib' mir wenigstens deine Hand, das bringt mir auch Glück!"

Sie trat wirklich einen Schritt näher, und mit einem Mal war schmal und hell ihre Hand dicht vor meinen Augen. Ich nahm sie in die meine und zog sie heran. Ganz sanft und flüchtig konnte ich durch die nächtlichen Schleier hindurch ihre warme Wange und die kühlen Kinderlippen streifen, dann war es, als hätte sie sich im Dunkel aufgelöst. Sie war nimmer da.

Aber ich wollte von den Hahnen erzählen. Als der Flori gegen meine Tür pochte, lag ich schon fast eine halbe Stunde wach; denn draußen ging mit Donnerschlägen, denen auch der tiefste Hahnjägerschlaf nicht standhalten konnte, und mit Blitzen, die immer wieder die ganze Stube erhellten und die Tischplatte zum Spiegeln brachten, ein urgewaltiges Maigewitter nieder.

Als wir aus dem Haus traten, rumorten immer noch die Donner in der Himmelskuppel, aber nicht mehr direkt über uns, und im weiten Rund illuminierten aus schwerem Gewölk heraus fort und fort elektroblaue Blitze Wiesen und Wälder. Dazu fiel schwerer, kalter Regen. Der Flori hatte schon im Hausgang eine kleine Stallaterne angezündet und führte mich erst hinter dem Haus steil über Wiesen aufwärts und dann in den triefenden Wald hinein. Bei seiner sicheren, ganz gleichmäßigen Art zu steigen und vom Laternenlicht geblendet, konnte ich nicht feststellen, ob er einem schmalen Jägerpfad folgte oder nur zwischen dem am Boden liegenden Gefels und Fallholz immer die richtigen Durchgänge fand. Bei solcher Schwärze der Nacht war ein Sich-Orientieren im unbekannten Bergwald unmöglich. Ich mußte mich ganz auf das Folgen konzentrieren; rechter Fuß, linker Fuß, den Blick auf den von blitzenden Regenperlen erfüllten Lichtkreis der kleinen Laterne geheftet. Das war alles, was mir zu tun blieb. Gegen den Himmel hoben sich die Kronen und Wipfel der Bäume nicht ab, sie verloren sich in der tiefen Düsternis. Nur Stämme von Armstärke bis zu mächtigem Umfang, gerade und krumme, und bemooste Felsblöcke tauchten fortgesetzt zur Rechten und Linken aus der Nacht, tauchten auf und verschwanden allsogleich wieder in unserem Rücken. Manchmal warf ein Blitz violettes Licht in den Wald, der dann sekundenkurz in kristallner Nässe erglänzte und erfunkelte und ebenso jäh wieder erlosch. Manchmal hüllte Nebel uns und was uns umgab eine Strecke weit ein, manchmal wehte er auch nur kurz über unseren Weg, umschleierte dicht das Licht der Laterne und gab es dann in voller Klarheit wieder frei. Ich verlor allmählich das Zeitgefühl und war erstaunt, als mein Führer auf einmal seinen wie von einem Uhrwerk bestimmten Schritt verhielt. Er hob die Laterne vor sein Gesicht und blies sie aus. Ich senkte erst geblendet die Lider. Als ich sie wieder aufschlug, merkte ich, daß es, wenn auch nur ahnbar, zu tagen begonnen hatte. Der Bestand war hier anscheinend lichter, und rechts oberhalb von uns schimmerte perlmutterweiß ein Schneefleck zwischen hohen Lärchen.

„Vo da weg ko ma'n hör'n", flüsterte der Flori, der die angenehme Hemmung hatte, nur wenige Worte zu machen. Trotz angestrengten Horchens in die schwache Dämmerung hinein hörten wir aber nichts. Es fragte sich, ob der Hahn bei diesem Wetter überhaupt schon mit seinem Sprechgesang begonnen hatte. Der klopfende und klatschende Tropfenfall ringsumher erschwerte auch das Hören. Nach einer Weile rückten wir um etwa hundert Meter näher an den Balzplatz heran, der anscheinend auf dem breiten Bergrücken, den wir heraufgestiegen waren, in einer lichteren, nur von wenigen alten Lärchen und Buchen bestandenen Stelle sich befand. Wieder standen wir und verhörten, und da auf einmal hob der Flori die Hand.

„Hör'n scho!", sagte er, und man merkte sogar dem Flüsterton die Erleichterung darüber an, daß der von ihm ausgemachte Hahn auch wirklich zur Stelle war. Ich trat neben ihn, und jetzt endlich pochte der erste ziemlich helle Hauptschlag auch mir ins Ohr. Ich vereinbarte mit dem Flori, daß ich allein anspringen wollte. Er schien nichts dagegen zu haben, daß ich allein die Verantwortung übernahm.

„Jo, is scho guat. Nur ganz grod auffa!"

Dieses „ganz grod auffa" war beschwerlicher, als ich angenommen hatte. Die Lichtung war anscheinend vor Jahren durch Windbruch entstanden. Und so lagen außer den gestürzten Bäumen, das Gestein verdeckend, fort und fort durchgemorschte Äste bei- und übereinander. Ich mußte die Füße mit großer Vorsicht setzen und kam nur sehr langsam vorwärts. Ich war schon näher am Hahn, als ich es seinem durch den Tropfenfall hindurch schlecht hörbaren Sang anfangs zu entnehmen geglaubt hatte. Aber dann, es war mittlerweile wieder um eine Linie heller geworden, traf mich, wie immer in diesem ersten Augenblick des Erspähens, ein Schlag aufs Herz, dann auf einmal erblickte ich ihn. Ich war schon fast auf einen Schrotschuß am Balzbaum, aber der war eine jener mächtigen verknorrten Lärchen, die sehr starke Äste haben, und der Hahn stand denkbar ungünstig von zwei oder drei solchen sich kreuzenden, flechtenbehangenen Ästen fast ganz verdeckt. Nur das mächtige, tief schwarz erscheinende Rad war frei. Ich mußte ausbiegen, um ihn nicht nur frei, sondern auch schußnah zu bekommen. Und indes ich's dachte, kam mir, so glaubte ich, etwas Unerwartetes zu Hilfe, nämlich das Einfallen einer Henne irgendwo in meinem Rücken.

In diesem Fall, oft hatte ich ihn schon erlebt, gerät der Hahn, und zwar unmittelbar danach, in höchsten, manchmal hemmungslosen Balzeifer, so daß die einzelnen Strophen einander überstürzen. Hier – ich verstand es nicht – verschwieg er schlagartig. Ich stand, wie dies häufig der Fall ist, gerade ein wenig verkrümmt und unbequem und wartete fünf, zehn, zwanzig Sekunden, und dann – ich fuhr unter einer maßlosen Überraschung fast erschrocken zusammen – dann blies in meinem Rücken frisch und laut – ein Spielhahn. Blies und blies nochmals und tat mit stählernen Schwingen einen Flattersprung. Gleichzeitig überstellte sich der Auerhahn polternd auf einen höheren Ast und fing wieder zu balzen an, aber es waren irgendwie veränderte, sehr kurze, heftig aufeinander folgende Strophen. Manchmal klang es so hart und schnell, als führe man mit einem Stock einen Staketenzaun entlang. Ich drehte mich jetzt nach dem Spielhahn um. Mit am Boden schleifenden Schwingen und steil aufgestelltem Spiel lief er krugelnd auf dem Schneefleck aufwärts. Ich hätte ihn bequem schießen können. Die vom Regen verklebten Stoßfedern ließen keine rechte Beurteilung seiner Stärke zu, aber ich hatte zwei Kleine Hahnen frei, auf die zu jagen die diesmal besonders beengte Zeit meines Hahnaufenthaltes mir keinen Raum mehr ließ. Heute noch, ein halbes Jahrhundert später, ärgere ich mich darüber, daß ich nicht geschossen habe. Ich tat das, was ich (es ist sicher nicht bei allen Menschen so) nicht tun darf, weil bei mir fast immer Verkehrtes dabei herauskommt: Ich *überlegte*. Und – es ist schwer zu verstehen, wie ich das meine – in solchen Momenten besonderer Chancen und gesteigerter Passion soll man das Überlegen sein lassen. Es hemmt und führt auf indirekte Wege. „Du bist auf einen Auerhahn heraufgestiegen und springst ihn an. Er ist das Ziel deines Nachtweges. Bleib fährtentreu, wie ein richtig abgeführter Hund! Laß dich nicht ablenken! Wenn der Spielhahn den Schuß auf den Großen aushält, dann kannst du ihn, die Gelegenheit zu einer seltenen Dublette nützend, noch mitnehmen." Das sagte mir meine Überlegung.

Beim Anspringen eines Auerhahns einen Spielhahn zu schießen, wäre aber das seltenere und somit wertvollere Erlebnis gewesen, und sogar die Chance zu einer Dublette wäre dabei vielleicht (denn der Spielhahn macht keinen Hauptschlag) die bessere gewesen.

Als ich mich aber jetzt, schnell, um ja keine Strophe zu versäumen, dem Auerhahn wieder zuwandte, überstellte der sich zum zweitenmal. Es war, als ob der Teufel in ihn gefahren wäre: Drei, vier hastige, sich überstürzende Strophen, die so kurz waren, daß ich kaum wußte, wie ich sie zum Anspringen nützen sollte, dann ging er rauschend zu Boden. In dem Wirrwarr aus Felsblöcken und gestürzten Bäumen war er mir sogleich verschwunden.

Was soll ich noch viel erzählen!? Ich sprang hinter ihm her, solange ich ihn bei den Hauptschlägen hochflattern oder beim Weiterlaufen ein Stück seiner Schaufel zwischen Stock und Stein noch auftauchen sah. Aus irgend einem Grund hatte er es eilig und lief unausgesetzt balzend in einer bestimmten Richtung davon. Schließlich hörte ich ihn aufstehen und sah ihn dicht über dem Boden in das Dunkel des wilden und vernebelten Bergwaldes hineinstreichen. – Und dann war's mit einem Mal still. Kein Ton mehr vom Großen und vom Kleinen. Nur der Regen rann an den Baumrinden herab und troff und klopfte und klatschte um mich her auf Boden, Geäst und Gestein.

Wir stiegen noch ein paar hundert Meter höher hinauf, weil wir – ich freilich nur wenig – Hoffnung hatten, den Entschwundenen nochmals anzutreffen. Es blieb verlorene Mühe. Dann war es voller Tag geworden. Müde, enttäuscht und durchnäßt trat ich schließlich den Heimweg an, nicht ohne zuvor dem Flori, dem, wie ich zu merken glaubte, unser Mißerfolg näher ging als mir, die feste, hartschwielige Hand gedrückt zu haben.

„Wir müssen's halt morgen noch einmal versuchen", sagte ich.

Da wurde er gleich wieder tatenfroh:

„I geh' auf d' Nacht auffa. Einfall verlosen!"

An das merkwürdige Geschehen dieses Morgens habe ich in der Folge und auch noch Jahre später oft zurückgedacht und versucht, es mir zu erklären. Schließlich bin ich zu dem Ergebnis gekommen, daß das Erscheinen des Spielhahns den Großen in zornige Eifersucht getrieben haben muß.

Rackelhähne, oft ganze Kreuzungsgelege, tauchen immer wieder auf in Revieren, in denen Auer- und Birkwild verhältnismäßig zahlreich nebeneinander vorkommt. Ich habe es auch schon mehrmals erlebt, daß, wenn Auerhennen irgendwo anhaltend lockten, ein Spielhahn zustrich und in ihrer Nähe zu balzen begann. Daß unter solchen Gegebenheiten, zumal wenn das Zahlenverhältnis der Hähne zu den Hennen in beiden Familien nicht günstig ist, zwischen den Vettern zornige Rivalität entstehen kann, halte ich für wahrscheinlich.

Der Flori hat mir zwar damals versichert, daß er in dieser Gegend und tiefen Lage zuvor noch nie einen Spielhahn gehört habe. Aber der Besuch dieses Kleinen an jenem Morgen auf dem Auerhahnbalzplatz ist trotzdem, so glaube ich, nicht der erste gewesen, und die freche, ja anmaßende Störung hatte den jähen Zorn des Großen schlagartig entfesselt. Er hatte Eile bekommen, zu seiner Henne zu finden, die des schlechten Wetters halber vermutlich ihr Gelege nicht verließ.

Am Abend stürmte und schneite es wieder. Trotzdem stieg mein seinem Wort getreuer Verloser zum Balzplatz hinauf. Der Hahn fiel aber nicht ein. Da beschloß ich dann doch, nachdem die Zeit meines Bleibenkönnens diesmal kürzer bemessen war als sonst und ich schon einen Morgen, den ersten, ungenutzt hatte lassen müssen, das jägerische Bemühen der zwei mir verbleibenden Tage auf den reich bestandenen Balzplatz im großen Lärchenforst umzustellen.

Dort war's dann wieder so wie im Vorjahr: Gleich nachdem die erste Schnepfe noch vor dem allerfrühesten Grauwerden vorbeigestrichen war, schnackelte und zischte und klopfte und tickte es von allen Seiten wie in einem Uhrenladen, und wenn es heller wurde, mischte sich noch das pausenlose Locken von mindestens – ich glaube mich bestimmt nicht zu verschätzen – einem Viertelhundert Hennen drein. Es bedurfte, wenn man von dem weiten Anmarsch absah, keiner großen Mühen und, obwohl es schwierig sein kann, zwischen mehreren balzend nah beisammen stehenden Auerhahnen einen anzuspringen, keiner besonderen Künste, zu den mir freigegebenen Hähnen zu kommen.

Dann aber war der Abschied da. Ich wußte nicht, daß ich dieses Hahnenwunderland nimmer besuchen, seine Wälder nie wieder betreten sollte, als ich unten im Dorf Büchsflinte, Gepäck und Beute in meinem Wagen verstaute. Aber trotzdem war es ohne jedes Vorwissen wie ein ahnungsvolles Wehgefühl, das mich dabei anrührte.

Allenzlich in den folgenden Jahren kam mit dem März zwar wieder die Sehnsucht, der feste Plan, der Schriftwechsel, sogar der rote Anstrich im Kalender, und dann die notgedrungene Absage. Alles, vom Examenstermin, schwerer Krankheit des Vaters bis sogar zu politischen Hindernissen baute sich immer wieder vor meiner Frühlingsreise auf, bis andere Erlebnisse, andere Reviere sich auftaten und dazwischen schoben und der Sehnsuchtsfaden schließlich gerissen war.

Das Abschiedsweh galt auch der Rosi und ihrem holden Angesicht.

Seit jenen tief verschleierten Minuten im Dunkel der heraufgestiegenen Mainacht war ich nimmer mit ihr zusammengetroffen. Als ich am folgenden Abend zum Hof kam und die lustigen Schwestern nach ihr fragte, klärten sie mich auf, daß die Rosi gerade einen Handarbeitskurs drunten im Kirchdorf machte und deshalb nur über Sonntag heroben gewesen war. Sie wohne, weil es ein zweistündiger Weg war bis hinunter zum Schulhaus, den sie ja abends auch wieder hätte heraufsteigen müssen, für ein paar Tage im Dorf bei ihrer Patin.

Sollte ich jetzt in das Schulhaus hinübergehen und versuchen, von ihr Abschied zu nehmen!? Nach kurzem Überlegen entschied mein Gefühl, und ich tat es nicht. Ich ließ noch eine Weile dankbare Blicke hingehen über die steilen Wiesen im Primelsegen und hinauf zu den silbergrauen Schindeldächern der Berghöfe und den zartgrün überhauchten Lärchenwäldern. Der Himmel war von kühlem Blau. Weiße Wolken überwanderten ihn. Sie kamen über das breite Tal dahergezogen wie Herolde des ihnen dichtauf folgenden Frühlings.

Dann stieg ich in mein Fahrzeug und rollte aus dieser beglückenden Welt hinaus.

## Mai im Moos

Da und dort auf den von mir beschriebenen Blättern hab' ich schon von jenem wildreichen Moorrevier unfern den Toren meiner Münchner Heimatstadt erzählt, dessen Mitpächter zusammen mit zwei wesentlich älteren Freunden ich durch mehr als zehn Jahre gewesen bin. Es war, wie ich erst später einsah und in noch höherem Maß aus heutiger Sicht betrachtet erkenne, ein echtes und rechtes Niederwildparadies. Neben einem zahlenmäßig und – vor allem, was die Geweihbildung betraf – überdurchschnittlich guten Feldrehbestand gab es – wie damals noch fast überall in der Umgebung Münchens – viele Hasen; auch Rebhühner waren (das hing vielleicht mit der Ungestörtheit der Möser durch Mensch und Raubzeug zusammen) in oft auffallend großen Ketten noch da. In den umschilften Torftümpeln und Dränagegräben überraschte man oft vereinzelte Wildenten, beziehungsweise ward von ihnen erschreckt und überrascht, wenn sie lärmend, wasserstrudelnd und mit dumpfem Flügelklatschen aus ihnen aufstanden. Für bayerische Verhältnisse geradezu einmalig aber war der Besatz mit Fasanen. Sie waren, so muß man annehmen, aus der unfernen kurfürstlich-königlichen Fasanerie bei Schleißheim im Lauf von sicher hundert Jahren nach und nach zugewandert und hatten hier eine ihnen besser zusagende Heimat gefunden. Man mußte auch gleich an Fasanen denken, wenn man das Revier durchwanderte. Da waren viele von den Bauern auf trotz der Dränage karg gebliebenen Wiesenstreifen angelegte Remisen, deren Weiterentwicklung dann dem lieben Gott überlassen blieb, da waren umschilfte und von Weidenstauden umwachsene Gräben und ausgeschlachtete Torfstiche, Streuwiesen und im Sommer dann ungezählte zwischen den langen Wiesenstreifen angelegte Äcker mit Kartoffeln und Rüben bis hinauf zu Hafer und Mais bebaut.

Merkwürdig bei all dem war, daß die noch bis zum Beginn des Ersten Weltkrieges in dortiger Jagd berühmten Birkhahnbalzplätze zu dem Zeitpunkt, da wir sie übernahmen, völlig verödet waren. Nach den Gründen haben wir uns, hat sich vor allem der alte Oberjäger Drexler, der die guten Zeiten noch erlebt hatte, immer wieder gefragt: Schlingenstellerei und Beunruhigung durch die aus München bei knapper Kriegsernährung auf Fahrrädern herbeiströmenden Pilzsucher, mangelnde Bekämpfung der Mauswiesel und verwilderten Katzen, zu hohes Anwachsen des Fasanenbesatzes, zu viele weitere Dränagen? Beim Aussprechen all dieser Vermutungen schüttelte der Drexlervater absagend den Kopf: „War net schlimm, mir ham scho aufpaßt." „I hab im Krieg gnua derschossen; die Bälg' san guat zahlt worden seinerzeit." „Ham mir bevor a scho g'habt." Wie dem auch gewesen sein mag, es gab keine reguläre Spielhahnbalz mehr in unseren Mösern. Vermutlich hatte den Hennen irgend etwas nicht mehr gepaßt, und sie waren davongestrichen. Wahrscheinlich waren sie in das damals noch an Birkwild reiche und mit einer grandiosen Birkhahnbalz gesegnete Dachauer Moos hinübergewechselt, woselbst Bayerns Prinzregent Luitpold, der bis zuletzt rüstig jagend 91 Jahre alt geworden ist, manchen Frühlingsmorgen mehr schauend als schießend im Spielhahnschirm verbracht hat.

Ich habe bei uns nie auch nur eine einzige Birkhenne gesehen, weder bei den die Vorfreude auf die Erlegung starker Rehböcke erweckenden Revierfahrten über viele Feldwege im Frühling, noch bei den Streifen über Äcker und Streuwiesen im Herbst, noch bei der gelegentlichen Nachschau während der Wintermonate. Ganz anders aber war es um die Hähne bestellt. Sie, zumindest einzelne von ihnen, zog anscheinend ein sich von Geschlecht zu Geschlecht vererbendes Heimatgefühl immer wieder, und zwar zur Zeit der Balz, in das für Birkwild wie geschaffen erscheinende, von Menschen wenig gestörte weite und stille Moosgebiet. Ich habe – das war vielleicht Zufall – nie einen von ihnen (im ganzen waren es gar nicht so wenige) zustreichen sehen. Aber um vier Uhr des Nachmittags, manchmal schon etwas früher, waren sie mit einem Mal da, ästen auf Saatfeldern, auf noch niedrig begrasten Streuwiesen, oder thronten zuweilen auch stolz in die Ferne sichernd auf den Seitenarmen der Hochspannungsmasten. Wenn sich aber die Sonne gen Westen zu senken begann, dann wechselten sie den Platz und fingen sehr bald zu balzen an. Eine richtige Abendsonnenbalz war es, die dann je nach Glut und Schönheit des Abends etwa eine Stunde, manchmal auch länger dauerte. Dazu suchten sie sich wiederum ganz besondere Plätze aus, meist noch kurz begraste Streuwiesen oder Torfgründe, sehr oft auch das Dach einer der vielen Torfhütten oder kleinen Feldstadel, die windschief und malerisch dort herumstanden. Merkwürdig war, daß jeder dieser Hähne seinen Balzplatz auf kleinster Fläche immer genau einhielt. Man konnte, wenn man, was wir zwar nie in räuberischer Art, aber doch zuweilen vorhatten, einen schießen wollte, mit sicherem Erfolg einen Schirm auf Schrotschußweite dorthin stellen.

Im Lauf der Jahre habe ich mehrere, auch ein paar sehr gute Hahnen auf diesen Gefilden geschossen, meist aber nicht bei der Abendbalz. Es war für mich von großem Reiz, am Nachmittag einen irgendwo äsenden, dazwischen immer wieder sichernden oder regungslos dösenden Schwarzen in dem fast deckungslosen Gelände auf Kugelschußentfernung anzukriechen. Irgendein Graben, eine Bodenerhöhung, eine Weidenstaude bot sich fast immer als Deckung an. Man mußte nur schon aus weiter Entfernung mit dem Kriechen beginnen, was ich immer so exerzierte, daß ich mich aus dem fern vom noch nicht mißtrauisch gewordenen Wild abgestellten Wagen herausrollen ließ. Einmal robbte ich in einer sehr flachen Mulde auf einen kleinen Weidenbusch zu, von dem aus ich den Schuß wagen wollte. Ich hatte, immer nur kurz über den deckenden Muldenrand nach dem Hahn schielend, kein Auge für meine nächste Umgebung, und plötzlich lag auf knapp einen Meter vor meinem Gesicht tief schlummernd ein winziges, nicht mehr als einen Tag altes Rehkitz. So nah war ich noch nie mit einem Rehkitz zusammengekommen, und ein so miniaturhaft kleines hatte ich auch noch nie gesehen. Die durch die vielen weißlichen Tupfen auf seiner satt rotbraunen Decke gegebene Mimikry hätte es einen, wäre man nur wenige Meter daran vorübergebirscht, sicher übersehen lassen. Ich vergaß über dieser unverhofften Begegnung kurze Zeit meinen Spielhahn. Nach einer kleinen Weile aber dachte ich doch wieder an das Ziel meiner Birsch. Das Kitz, das da in schon wirklich aller Mitte meiner schmalen

Mulde ruhte, wollte und durfte ich keinesfalls aufscheuchen oder gar zu jämmerlichen Hilferufen veranlassen. Es war ohnedies ein großes Glück, daß die Muttergeiß nicht irgendwo in der Nähe war. Sie hätte mich wohl schwerlich übersehen und dann in Erkenntnis der Gefahr durch verzweifeltes Schmälen mein Vorhaben schon längst durchkreuzt. So blieb mir nichts anderes übrig, ich mußte das ahnungslos Schlummernde umkriechen. Es gelang, denn der Weidenbusch war schon nah genug, mir etwas verbreiterte Deckung zu geben, und schließlich gelang auch der Schuß auf den flaschenschmal spitz mir zugewendeten Hahn, dessen Sichelfedern nicht unansehnlich, dessen Flügeldecken aber an einigen Stellen noch braun gefiedert waren.

Erzählen aber möchte ich von einem anderen Birkhahn, einem der besten, der mir im dortigen Moor- und Wiesenland in Anblick gekommen ist. Es war schon um die Mitte des Wonnemondes, als der Drexlervater mir während einer unserer Spekulierfahrten durchs Rehrevier mitteilte, daß im ,,Zwoarerteil" (wie diese nummerierenden Ortsbezeichnungen dort entstanden sind, weiß ich nicht) ein ,,narrisch guater" Hahn auf dem Dach eines Torfstadels fast täglich sein Abendlied singe.

Da die Mooshahnen, präzise ausgedrückt, die Birkhahnen der Niederungen, schon im März ihre Balz beginnen, dann aber nicht bis sehr tief in den Mai hinein weiterbalzen, fuhr ich gleich andern Tages wieder ins Moos hinaus, holte den Oberjäger, der nebenher Austragsbauer war, in seinem sehr stattlichen Gehöft ab und lenkte mein Fahrzeug in den ,,Zwoarerteil". Dort waren zwischen vielen brettebenen dränierten Wiesen die meisten Torfstiche dieser Gemeindefluren. Wohl gerade deshalb herrschte in diesem Gebiet ein lenzliches Tönen und Treiben in einer Laut- und Lebensfülle, von der man bei uns in den Bergen keine Vorstellung hat. Brachvögel stolzierten gemessen in den Wiesen. Es waren wohl hauptsächlich Hennen, denn die Hähne kamen immer wieder irgendwoher im Gleitflug angeschwebt und flöteten ihre unwiderstehliche melancholische Weise, die sich dem Werden ringsum in so merkwürdiger Harmonie einfügte. Kiebitze taumelten, den schwarzgrünen Rücken oder die weiße Brust zeigend, in den Himmel empor und wieder herab und über die Wiesen her und hin mit dem besonderen Pfiff, von dem ich nicht sicher weiß, ob er nur Übermut oder auch ein wenig Enttäuschung, ein wenig Vorwurf gegen die überall lauernden Feinde ihrer Gelege, zum Ausdruck bringt. Am Himmel reihende Entenpaare, zu denen sich manchmal ein Nebenbuhler gesellt, überall der grobe Balzruf des Fasans und dazwischen der schnarrende des Rebhahns, und wohin man sich wendet, wohin man lauscht, Lerchenjubel aus sonnvergoldeten Kehlen hinauf in das wolkenlose himmlische Enzianblau und im steilen Bogen herunter ins Grüne.

Der Drexler wies mich in einen leeren Stadel, der nach Osten offen war. Aus zurückgebliebenen Torfresten hatte er mir darin so etwas wie einen moorgerechten Clubsessel aufgebaut. Da die Gegenwand aus lückig aneinander genagelten waldkantigen Brettern bestand, hatte ich viele Schießscharten nach Westen zu der schon stark mitgenommen sich zur Seite neigenden, aber hohen Torfhütte, dem Balzpostament des zu erwartenden Hahnes. Recht glücklich war ich bei dieser zwar mit dankenswerter Sorgfalt getroffenen Vorbereitung nicht, denn die Entfernung zum Torfstadeldach war ziemlich weit. Hundertzwanzig Meter reichten kaum bis da hinüber. Aber, der Oberjäger hatte recht, alle sonst im Umkreis befindlichen Deckungen hätten, abgesehen von teilweise geringer Eignung, einen noch weiteren Schuß erfordert. Der Drexler zog sich in einen von dem meinigen etwa zweihundert Meter entfernten Stadel zurück, und ich war – bis zur Kehle herauf mit Freude und Vorfreude angefüllt – allein. Ich schaute hinaus in die sich abendlich vergoldenden weiten Wiesen, sah auf die Entfernung etwa zweier Bleikugelschüsse Rehe im großen Sprung teils ruhen, teils äsend sich durcheinanderschieben, sah die Blumen mehrerer Hasen beim erregten und zugleich geschmeidigen Rammelreigen weiß aufblinken im grünen Gras, wenn die Sonne sie traf, sah vor allem die bräutliche Vereinigung eines Brachvogelpaares. Eine ganze Weile stand der Hahn mit hoch emporgespreizten zitternden Schwingen, in einem fort laut und selig trillernd und (ob das nur Zufall war?) der Sonne zugewendet auf der niedergekauerten Henne.

Auf einmal hörte ich Menschenstimmen aus schon ziemlicher Nähe. Wer mochte hier im abgelegenen Moor jetzt, da es schon auf den Feierabend zuging, unterwegs sein? Ich schaute durch eine der Lücken in der Westwand meines Verstecks und sah zwei, wie mir vorkam, junge Menschen auf Rädern das Sträßlein entlangfahren, auf dem auch wir – ich hatte den Wagen weit weg abgestellt – hergegangen waren. Sie traten, ein Jüngling war's und ein Mädchen, miteinander redend kräftig in die Pedale und rollten schließlich ohne Ahnung von mir, der ich im tiefen Schatten meines Bretterkastens saß, nahe vorbei. Ein langbeiniger hübscher Bursch war's, reich schwarz gelockt, mit vielleicht etwas zu stark ausgeprägtem Profil. Das Mädchen war blond, hatte ein frisch rosiges Gesichtlein und war, soweit sich's erkennen ließ, unter ihrem lichtblauen Dirndlkleid von anmutig schlanker Gestalt. Sie wollten, so vermutete ich, in Kenntnis der Wege zu der etwa zwei Kilometer entfernten, vom Nachbarort her das ganze Moos durchquerenden kleinen Feldstraße hinüber. Aber ich hatte mich, zunächst wenigstens, getäuscht. Als sie den Stadel, in welchem der Drexler, bei ihrem Auftauchen wahrscheinlich ein paar unterdrückte Flüche brummend, saß, ein gutes Stück hinter sich gelassen hatten, bogen sie nach rechts ins Feld ein und nahmen Richtung auf einen mitten im Gelbgrün der Wiesen sich erhebenden, vermutlich durch den Aushub eines der Dränagegräben entstandenen, von ein paar Birken beschatteten kleinen Hügel. Dort legten sie ihre Räder ins Gras und lagerten sich auf der hiefür sich geradezu anbietenden sanften Erhöhung. Auf diesem Plätzchen waren sie weit weg und konnten meinem jagdlichen Vorhaben kaum störend werden. Nach kurzem Hinschauen durch's Glas suchte ich mir wieder anderen Anblick. Nach einer Weile aber meinte ich so etwas wie helles Rufen vom Birkenhügel her zu vernehmen, und als ich ihn wieder in die Linsen nahm, sah ich, daß dort so etwas wie ein nicht sehr ernsthaft wirkendes Geräufe im Gang war. Es hatte anscheinend mit einem spielerischen Gebalge angefangen ,,. . . Röslein sprach, ich steche dich!. . .", und die hübsche blaubedirndelte Blondine, die sich gleich ihrem Werber unbelauscht glaubte, schrie einfach hemmungslos ins von jubelnden Vogelstimmen erfüllte weite Moos hinaus. Nicht genug, es mischten sich noch andere lautstarke Töne in ihr Abwehrgeschrei: Der Drexlervater war aus seinem Stadel herausgetreten, stand auf dem Sträßlein, schüttelte die hoch erhobene Faust gegen das Liebespaar hin und gebot mit heiser greinender, aber durch das viele Anschreien seines Hundes geübt und stark gebliebener Stimme Anstand und Ruhe:

,,Jetzt laßt es aber steh', du Lackl, du ausg'schamter! Was fallert denn dir net ein!? I kumm glei umma und schlag di umanander, Rotzbua, windiger!"

Der also aus der Ferne Gemaßregelte richtete sich halb auf und schaute kurz zum schreienden Alten hinüber, dann schüttelte er seine schwarzen Locken aus der Stirn und wandte sich – ich meinte durchs Glas ein Lachen auf seinem Gesicht zu erkennen – wieder seinem inzwischen verstummten Mädchen zu. Das war zu viel des Maienerlebens, das balgende Paar auf grünem Hügel, der aus der Ferne in eifersüchtigem Zorn greinende und drohende Alte. Ich konnte nimmer anders, auch ich mußte lachen. Im gleichen Augenblick aber schlug ein anderer Ton an mein Ohr. In meinem Rücken hörte ich stählernes Flügelklatschen. Ich wandte mich um und schaute durch die Scharten zur Torfhütte hinüber. – Der Hahn war, ganz wie angesagt, auf ihrem Dach eingefallen, stand als prachtvolle Silhouette vor dem in Abendglut aufbrennenden Himmel. Er sicherte kurz, zum Glück aber nicht in die Richtung des deckungslos neben dem Stadel stehenden und wohl zu weiterem Geschimpfe Atem holenden Oberjägers. Er blies und entfaltete die Schar. Heiliger Hubert, was für Sicheln! Ich wußte, daß es eilte und verzögerte keine Sekunde, obwohl die sinkende Sonne mir entgegenblendete und das Zielen erschwerte. Im Schuß kippte der Hahn schwingenschlagend auf die Seite. Eine Flocke schwarzer Federn schwebte in den goldenen Himmel. Dann kam der verendete Hahn auf der Dachschräge ins Rollen und fiel mit dumpf hartem Aufschlag ins Gras.

Sehr viel bleibt nimmer zu erzählen: Ich ging hin, hob ihn aus den neben der Bretterwand wuchernden kurzen Nesseln und legte ihn in die Gräser am Rand des Weges, auf daß ihn das starke Licht der scheidenden Sonne voll überflutete. Ein mordsstarker Hahn war's, im Gewicht der beste unter den acht oder neun im Lauf eines Jahrzehnts in den dortigen Moosgefilden von mir Erbeuteten, ein völlig Blitzblauer ohne den kleinsten braunen Spritzer im Gefieder, jede einzelne der vier Krummen an die zwei Finger breit und matt glänzend wie schwarze Seide. Er mußte im Dachauer Moor irgendwo abseits gebalzt haben, sonst hätte er sein Alter von mindestens fünf, sechs Jahren schwerlich erreicht.

Der Drexler kam. Seine Mitfreude, sein Lob des Hahnes und des Schützen schien anfangs noch ein wenig überschattet vom kurz vorhergegangenen Zornesausbruch. Nachdem er mir aber den von einer Jungbirke (weit und breit war nirgends ein Nadelbaum) hergeholten Bruch überreicht hatte und wir nach einem kurzen Friedenstabak uns zum Wagen hinbegaben, hatte seine Stimmung sich wieder aufgehellt.

An einer Wegkreuzung trafen wir ganz unverhofft nochmals mit dem Radfahrerpaar zusammen. Da ward sein Zorn neu angefacht, doch er äußerte sich diesmal nur halblaut für meine Ohren bestimmt mit einer längeren Kette grob unflätiger Worte. Jüngling und Mädchen aber, nachdem beide unabhängig voneinander sich mit einem kurzen Blick Gewißheit verschafft hatten, daß der Tugendwächter mit im sie langsam überholenden offenen Wagen saß, schauten über ihre Lenkstangen weg starr auf die Straße hinunter. Im übrigen aber fuhr das Paar, so hatte es den Anschein, in bestem Einvernehmen heimzu.

# Schneesturm im Mai

In den letzten Maitagen war es. Drei Wochen zuvor hatte ich bei einem eigentlich nur dem Auerhahn geltenden Berg- und Hüttenbesuch schon einen Spielhahn geschossen. Aber der Mai ist ein Monat, zu dem man sagen möchte: „Verweile doch, du bist so schön!“, und gerade deshalb entflieht er schnell und meint der Jäger (vielleicht ist es nur bei mir so), man müsse ihn nützen, ehe seine großen weißen Wolken am enzianblauen Himmel vorübergezogen sind.

Da war doch noch jene weitflächige, baumlose Alm, die „Himmelnahe“, wie ich sie nenne, weil in ihrer Umgebung kein höherer Berg sie überragt und in ihrer Fernschau beeinträchtigt, so daß man, wenn man über sie hinwandelt oder auf ihr rastet, das Gefühl hat, man könne sich von ihr lösen und direkt in den Äther hinein entschweben. Auf dieser Alm balzten alljährlich fünf, sechs, bis zu zehn Spielhahnen unter den erblassenden Sternen, und wenn es zu tagen begann, gesellten sich von allen Seiten lockend und flatternd, aufschwirrend und sich wieder niederlassend die Hennen ihnen zu. Dort hinauf zog es mich alljährlich mit unabweisbarer Eindringlichkeit, wenn der Mai auch in diesen Höhen den Schnee zu tilgen begann.

In jenem Jahr wurde es Zeit, sich zu der „Himmelnahen“ auf den Weg zu machen, denn nach Abhaltungen aller Art waren mir, um dort zu jagen, nur mehr fünf Maitage verblieben. Aber als ich schon dazu gerüstet war, trieb es schweres, düster lichtlöschendes Gewölk von Südwesten zu uns herein, das nach kurzer Pause, gleich als ob es erst tief Atem hätte holen müssen, große Schneeflocken in kaum glaubhafter Fülle und Dichte einen halben Tag und eine ganze Nacht lang in unser Tal warf. Die frühlingsgrünen Berge wurden wieder weiß, und selbst unten bei den Höfen lag so viel Schnee auf den Wiesen, daß die jungen Halme nur mit fingergliedkurzen Spitzen daraus hervorschauten. Schließlich aber klarte es, wenn auch sehr zögernd, auf. Am späten Nachmittag war der Himmel, fast als habe der plötzliche Wettersturz ihn verschreckt, von nur blasser Bläue, aber wolkenlos klar.

Drei Mann hoch traten wir zum Aufstieg an. Außer mir und dem Revierjäger war auch noch der Hilfsjäger Karl mit von der Partie. Die erste halbe Stunde führt ein ob seiner Ausgewaschenheit nicht eben bequem gangbarer Holzabfuhrweg bis an die Abzweigung des Zickzacksteiges, der dann in ungezählten Serpentinen durch Jungwald, Althölzer, Schläge und schließlich ein Latschenfeld an den Rand der großen Alm führt. Drei Stunden braucht man, ohne zu hetzen, aber bei sehr zügigem Steigen, um vom Tal aus zu den zwei Almkasern auf jener freien Höhe zu gelangen. Wir waren noch keine halbe Stunde unterwegs und hatten die Abzweigung noch nicht erreicht, als – für mich unvermittelt, denn ich hatte gesenkten Blickes nur auf die halb zugeschneiten Steine des Weges geachtet – ganz fein und leise wieder Flockenfall einsetzte. Nun ja, das waren dem großen Tief verspätet nachfolgende Schneewolken, die bald vorübergezogen sein würden. Wir achteten kaum darauf.

Nach einer weiteren halben Stunde schweigsamen Hintereinanderherstapfens erreichten wir die Stelle, an der ein beinahe eben in die Wände des felsigen ,,Almerertales" hinüberführender Quersteig den unseren kreuzte. Dort legten wir nicht nur eine Verschnaufpause ein, sondern hielten auch Kriegsrat. Zu unserer Rechten war ein sehr steiler, breiter Lahner und jenseits von ihm so etwas wie ein Hain kurzschäftig breitkroniger Buchen. Dort balzte alljährlich der Auerhahn, oft waren es auch deren zwei, ausnahmsweise sogar drei. Auch in diesem Jahr hatten die Buchen ihren Hahn beherbergt, der aber trotz der allmorgendlich in ihrem Geäst fußenden und lockenden Hennen sehr unstet gewesen war. Zwei Morgen hatte ich daran gewendet, ihn mir zu holen. Einmal war er überhaupt nicht da gewesen, ein andermal ritt er noch unter dem Schein der Sterne – er hatte von mir, der ich noch weitab war, nichts merken können – in die tiefe Dämmerung hinein plötzlich ab, ohne daß ich ihn in der Nähe wieder aufbaumen hörte. Auch diesem Hahn galt, wiewohl nur am Rand und wenig hoffnungsvoll, unser Unternehmen. So vereinbarten wir, daß der Karl, der bis hierher meinen gewichtigen Rucksack getragen hatte, jetzt zu den Buchen hinüberbirschen und dort den Abendeinfall abwarten sollte. Fiele der Hahn ein, dann müßte er uns zur Alm hinauf nachkommen, und ich würde anderen Morgens mit ihm das recht lange Wegstück wieder heruntersteigen, ein letztes Mal mein Heil auf den Ruhlosen zu erproben. Bliebe der Auerhahn aber aus, dann solle er heimgehen, am nächsten Vormittag in meinem Haus den dort schon vorbereiteten zusätzlichen Proviant abholen und ihn zu uns auf die Alm hinaufbringen. Ich selber wollte ein paar hundert Meter oberhalb des Lahners, am Rand eines Schlages, der mit Buchenüberhältern bestanden war, auf denen auch schon oft der Große Hahn gebalzt hatte, den Abendeinfall erwarten und dann dem Jäger Wolfgang almwärts nachsteigen. Der hätte inzwischen Zeit, das Innere der Hütte ein wenig herzurichten, vom nicht ganz nahen Brunnen Wasser zu holen, vor allem aber einzuheizen, denn aus dem schütteren Flockenfall war inzwischen ein richtiges Schneetreiben geworden. Es würde eine kalte Nacht geben.

Das Warten auf den Abendeinfall eines Auerhahns ist ein Stück Frühlingswaidwerk, das ich stets gern ausgeübt habe. Nur schade, daß mit den Jahren meist auch die Arbeiten und sogenannten Pflichten zunehmen. Im Gebirg erfordert der Hin- und Rückweg zum Balzplatz stets mehrere Wegstunden, die man im Hinblick auf andere Aufgaben nur selten darangeben kann.

Nun, damals lag der Balzplatz auf dem Weg. Ich saß lange an den Stamm einer Fichte gelehnt, die mich ein wenig gegen den Schneefall abschirmte, und sann vor mich hin und in die Buchenkronen hinein. Kaum eine Vogelstimme wurde laut, nirgends zog eine balzende Schnepfe vorüber, kein Erdgeruch, kein Vorfrühlingsduft, kein aus der ersehnten, ihm endlich zuteil gewordenen Sonnenwärme zu seiner unterirdischen Wohnung brummend und summend heimkehrendes Insekt. Und der Schnee fiel und fiel immer dichter und wurde mir jetzt vom heftiger gewordenen Wind ins Gesicht gejagt. Es ließ sich kaum unterscheiden, ob die zunehmende Düsternis schon der späte Abend war, oder ob sie vom schwer herabdrückenden Gewölk verursacht wurde. Ein Blick auf die Uhr belehrte mich, daß es wohl beides sein mußte. Da stand ich auf und setzte meinen Aufstieg fort. Es war mir bewußt, daß ich, auch wenn ich „antauchte", noch gut anderthalb Wegstunden vor mir hatte.

Ich glaube, daß ich im Gebirg kaum je einen schlimmeren Weg gemacht habe. Anstrengendere, zwischen Fels und Latsche gefährlichere, schweißtreibendere, ermüdendere habe ich wohl manche gemacht, aber nie einen durch die Begleitumstände erschwerteren, eben schlimmeren. Die Bürde, die ich zu tragen hatte, war schwerer als mein sonstiges, auch nie geringes Gepäck. Aber immerhin hatte ich schon viele Lasten eigenrückig bergwärts geschafft, so daß diese Gegebenheit nicht entscheidend sein konnte. Die Tiefe des Schnees jedoch nahm mit dem Höhersteigen merklich zu. Es wurde so dunkel, daß ich nur noch die mir zunächst stehenden Stämme erkennen konnte, und dazu brauste und pfiff der Schneesturm. Zum Glück kannte ich den Verlauf des Steiges genau. Es bestand kaum Gefahr, von ihm abzukommen, denn er läuft, wenn auch in kleinen Serpentinen, an einem Grat entlang, der den Alpenwald im Süden, in diesem Fall zu meiner Linken, von den schroff abfallenden, latschendurchwucherten Wänden des felsigen „Almerertals" im Norden trennt. Nur ab und zu drängen sich kleine Latschenbeete aus den Wänden in den Alpenwald hinein, die man umgehen muß. Im Schatten der hochschäftigen Bäume können Latschen nicht gedeihen und sich deshalb nicht ausbreiten. Trotz dieser Sicherheit des Weges überfiel mich, wenn ich manchmal rastend stehen blieb, ein trostloses Gefühl, als ob dieser Steig mit seinen ungezählten kleinen Kehren nie ein Ende nehmen könnte. Endlich aber erreichte ich doch den unteren Rand des Latschenfeldes, das sich, an die hundertfünfzig Meter noch steiler ansteigend, bis zum Almrand hinaufzieht und zugleich den Übergang des Baumgrenzenwaldes zur nur noch niedrig bestockten freien Fläche bildet. Durch diese Latschen war, zum Teil freilich schon wieder vielfach zugewuchert, der Steig ausgehackt. Aber auch dieses von mir herbeigesehnte Schlußstück des Steilaufstieges hatte seine Härten. Der schmale Pfad ging vielfach über treppenartigen Felsgrund aufwärts, und wenn man den Tritt durch den Schnee und in tiefster Dunkelheit nicht richtig setzte, dann glitt man aus und fiel zumindest aufs Knie. Das freilich hatte ich schon oft und oft bei nächtlichem Berggang durchgemacht, doch diesmal, müd schon und keuchend, ließ es sich schwerer bewältigen.

Wirklich schlimm wurde es aber, als ich das weite Plateau der von mir so oft „himmelnah" gepriesenen Alm betrat, über das ich nur noch etwa vierhundert Meter bis zu den Hütten zurückzulegen hatte. Dort, auf der deckungslosen Fläche, tobte der Sturm mit einer Heftigkeit, gegen die man sich stemmen mußte, um vorwärts zu kommen. Zugleich wurde mir nun ernstlich bang: Wie sollte ich bei völliger Lichtlosigkeit, einer Windstärke, die einen ständig aus der Richtung zu schieben drohte und vor dem herangejagten Schnee kaum offen zu haltenden Augen zu den Hütten hinfinden, die sich irgendwo da unten in eine Mulde duckten!? Im Herbstnebel war ich schon mehrmals an ihnen vorübergetappt und erst nach längerer Kreuz- und Quersuche umkehrend ans Ziel gekommen. Auf dieser Alm gab ja kein Baum und kein größerer Felsblock dem Auge Anhalt. Die Vorstellung, jetzt mit spürbar nachlassender Kraft nicht bald am Ziel zu sein, war kaum erträglich und erweckte in mir so etwas wie Panik. Dann aber mit zorniger Auflehnung mich nach innen kehrend, zwang ich mich zum Nachdenken: Der Sturm, darin glaubte ich mich nicht zu täuschen, kam aus Südwesten. Und genau in dieser Richtung – zu oft hatte ich den Weg zu allen Tageszeiten schon gemacht – lagen die Hütten. Ich mußte nur genau und keine Minute abweichend gegen den Sturm gehen, um dorthin zu gelangen.

Als ich mir das zurechtgelegt hatte, wurde ich ruhiger und verlor auch später die Ruhe nicht bei zweimaligem Sturz in die über diesen Teil der Alm verteilten ziemlich tiefen, trichterartigen Einbrüche, die mir zur schneelosen Zeit schon manchmal beim Anbirschen oder Vorpassen als willkommene Deckung gedient hatten. Jetzt waren sie zugeweht und verursachten beim ahnungslosen Hineinbrechen ein nicht geringes jähes

Erschrecken. Das sich wieder Hinauf- und Herausarbeiten aus den beinahe mannstiefen Löchern samt Rucksack, Gewehr und Bergstock war anstrengend. Viel näher lag einem der gefährliche Wunsch, eine Weile liegenzubleiben. Aber ich mußte, ich mußte die Richtung beibehalten. Plötzlich stieß ich mit dem Fuß an ein Hindernis und wäre, hätte ich den Bergstock nicht fest in Händen gehabt, beinahe wieder gestürzt. Ich schaute näher hin und wollte trotz aller Erschöpfung am liebsten aufjubeln: Vor mir lag, durch die Schneeverwehung kaum erkennbar, unser Spielhahnschirm, so etwas wie ein aus drei Stangen, Fichtenästen und Draht gefügtes spitzes Indianerzelt. Der Sturm hatte ihn trotz Verkeilung zwischen schwerem Gestein umgeworfen. Jetzt war alles gut! Nicht mehr als ein halbes Hundert Schritte brachten mich an die, wie ich wußte, nahebei verlaufende, aus losen Steinen geschichtete niedrige Mauer des Almangers, und ein paar Minuten später stand ich vor dem schwach erleuchteten Fenster des Kasers, der uns Jägern als Schutzhütte diente. Aber kein belebender Geruch von Holzrauch war um sie. Ich trat ein. Die Lampe brannte nur mit niedriger Flamme. Auf dem Tisch lag ein prallvoller Rucksack, und auf der Wandbank nahe dem Herd saß der Jäger Wolfgang und schlief den Schlaf tiefer Erschöpfung. Ihm war der steile Weg im tiefen Schnee und wütenden Sturm auch hart geworden. Bei meinem Eintreten erwachte er. Ich warf meinen Packen neben den seinen auf den Tisch. Nun, da wir zu zweit waren, wurde es leichter für uns. Eine halbe Stunde später knackte das Feuer im Herd und summte das Schneewasser im Kessel. Den eimerbeschwerten, knapp hundertfünfzig Meter weiten Weg hinunter zum Brunnen und zurück hatte keiner von uns mehr zwischen die müden Beine nehmen wollen.

Dann endlich saßen wir, des schweren Schuhwerks und der nassen Kleider ledig, im beruhigenden Licht der Petroleumlampe vor zwei dampfenden Tassen. Ich hatte die Kanne je halb und halb mit Tee und herbem Rotwein gefüllt und viele Zuckerwürfel in den belebenden Trank geworfen. Und dann gaben die Rucksäcke einen Teil ihrer mit Schmerzen heraufgelasteten Schätze her, um diesmal ohne Finessen den Hunger zu stillen, und schließlich geleitete uns ein milder Tabak an die Pforten des Traumlandes. Dort wandelten sich die wilden Weisen des die Alm unvermindert übertobenden Sturmes, der unsere Hütte immer wieder gequält aufächzen ließ, in rauschende Harmonien, wie eine mächtige Domorgel sie zuweilen im Ausklang des Hochamtes hergibt.

Wie der Wolfgang es fertiggebracht hat, sich um einhalb drei Uhr den Fesseln des Schlafes zu entwinden und mich zu wecken, weiß ich nicht. Sehr zuversichtlich allerdings waren die Töne seiner Erweckung nicht.

,,Es werd uns nix bedeuten heunt", sagte er, die Lampe über dem Tisch behutsam anzündend. Während ich mich aus dem Schlafsack schälte, war ich allsogleich bereit, ihm beizupflichten, denn immer noch ächzte unser Kaser, so niedrig er auch in die Almmulde hineingeduckt war, unter unablässigen Sturmstößen, und als der Jäger kurz die Tür öffnete, um zu schauen, ob der Himmel sich während unserer vier Schlafstunden nicht vielleicht geklärt hätte, warf es ihm, als hätten draußen ein paar übermütige Lausbuben nur darauf gewartet, ganze Hände stäubenden Schnees ins Gesicht.

,,Nein, so bedeutet es uns nichts", sagte ich, mir über seine blitzschnell die Tür wieder schließende Reaktion das Lachen verbeißend. ,,Wir dürfen uns das Aufstehen schenken. Vielleicht klart es im Lauf des Vormittags auf, dann kann es immer noch eine Sonnenbalz geben."

Während der Frühlingswochen wachsen dem Hahnjäger bedeutende Schlafschulden gegenüber seinen Nächten an, und sie halbwegs abzuzahlen ist er, gerade wenn schlechtes Wetter ihm die jägerischen Pläne durchkreuzt, nur allzu gerne bereit.

Ich schlief weit in den Tag hinein, bemerkte es kaum, daß der Jäger Feuer machte, hörte nichts vom Aufstoßen der Läden, obwohl er bei einem Fenster direkt über meinen Kopf hinüberlangen mußte. Es war fast elf Uhr, als ich mich endlich von dem harten Lager, der nur vom Schlafsack ,,gepolsterten" Wandbank, erhob. Keinen erholsam tieferen Schlaf und keine lebendig lebhafteren und dabei froheren Träume vermag irgendein anderes Lager mir zu gönnen.

,,S' Sturma hat nachlassen", sagte der Wolfgang, als ich mit noch nicht ganz offenen Augen den ersten Blick durchs Fenster tat, ,,aber schneib'n tuats no fest."

Nun, einmal würde es schon aufhören, dachte ich. Tagelange Schneefälle im ausgehenden Wonnemond waren mir keine im Gedächtnis geblieben. Waschung, Rasur und ein schon mit dem Mittagessen gekoppeltes Frühstück ließen mir fast zwei weitere Stunden vergehen; dann lag ich wieder, jetzt freilich angekleidet, auf meiner Bank, rauchte einen Mittagstabak und las in einem nach guter Gewohnheit mit auf die Berg- und Hüttenpartie genommenen Buch. Unter der Lektüre war ich dann, ohne vorher etwas von Schwere der Lider zu bemerken, wieder eingeschlafen. Wie lange dieser Nachschlummer gedauert hatte, wußte ich nicht, als mit einem Mal die erfreuten Worte des Wolfgang, der wahrscheinlich auch über einem Stoß alter Jagdzeitungen eingeschlafen war, in meine Träume drangen:

,,Jetzt is 's hoater worden."

Ich fuhr auf und schaute aus dem Fenster. Wirklich war der Himmel über der Alm jetzt blau und völlig klar, und der mehr als fußtiefe Neuschnee auf ihrer weiten Fläche war von der hoch über letzten im Westen schiefergrau geballten Wolkenbänken stehenden Sonne abendlich vergoldet. Es verging kaum eine halbe Stunde, da sahen wir den Hilfsjäger, der diesmal einen anderen Aufstiegsweg genommen hatte, über das makellose Weiß heranstapfen. Zu dritt um den Tisch sitzend, labten wir ihn und erfrischten uns mit je einer Flasche Bier und überlegten uns, ob die Jäger nicht den umgewehten Schirm noch aufstellen sollten, damit ich ihn für eine mögliche Abendbalz der Hähne beziehen könnte.

Der Karl ging in den Stall hinaus, um sich nach vielleicht benötigtem Handwerkszeug umzusehen. Aber nach kaum drei Minuten kam er in größter Erregung wieder in die Stube herein:

„Herr Baron, draussd im Almanger pfalzt a Hoh!"

Mich regte die Kunde nicht ganz so auf wie ihn der Anblick. Daß Hahnen nach stürmischen Schneefällen die ersten Sonnenstrahlen mit jubelndem Balzgesang begrüßen, hatte ich schon ein paarmal erlebt, und daß, wenn am Morgen die Hauptbalz vorüber war und die Hahnen sich verstreuten, auch ab und an einer zu kurzem Nachgesang im Almanger, dieser steinmauerumfriedeten fast ebenen Fläche zwischen den beiden Kasern, einfiel, war schon dagewesen, nur freilich noch nie am späten Nachmittag. Trotzdem griff ich mir eiligst die Büchsflinte und das Doppelglas und folgte dem Jäger in den nach allgemein üblicher älplerischer Bauart mit dem Wohnraum unter einem Dach vereinten kuhdungduftenden Stall hinaus. An dessen unterer Schmalseite war irgendwann einmal, wer weiß, ob nicht im Dienst der edlen Wildschützengilde, ein kleines Guckfenster ausgeschnitten worden.

Wirklich und wahrhaftig: mitten im Almanger und genau dem Fenster gegenüber stand schrotschußnah und voll besonnt in seiner ganzen schillernden Dreifarbenschönheit in eifrigster Balz ein Spielhahn. Es war gut, daß er die Schar zur Rechten und Linken des gespreizten Unterstoßes weit auseinander gefächert hatte, denn dadurch erkannte ich sogleich, daß es ein höchstens dreijähriger war. Hier konnte man ohne „sündige Begier" nur schauen und sich an dem in solch sonniger Helle und Nähe, noch dazu auf weißem Grund, nur sehr selten Schaubaren erfreuen. Das tat ich lange, ging aber dann, weil der Sturm durch die Ritzen der aus grobem Gebälk gefügten Stallwand eine gut fingertiefe Schneeschicht hereingepreßt hatte und ich nur in Strümpfen hergeeilt war, in den Wohnraum zurück, mir meine Opanken zu holen. Vielleicht brauchte ich dazu ein wenig länger, als ich es vorgehabt hatte. Jedenfalls war, als ich an das Ausguckfenster zurückkehrte, der Hahn verschwunden.

Enttäuscht schaute ich auf die soeben noch belebte, jetzt leere weiße Fläche. War irgendein Wanderer (die Almleute waren noch nicht heroben) des Wegs gekommen, den wir aus dem Inneren der Hütte heraus übersehen hatten? Schwer denkbar, da es vor einer guten Stunde erst zu schneien aufgehört hatte. Aber Spielhahnen wechseln oft unberechenbar den Platz. Wahrscheinlich war dieser weiter hinauf und näher zum Hauptbalzplatz hin gestrichen.

Die Mauer des Angers machte gleich links unterhalb unseres Kaserstalls ein scharfes Eck nach rechts und lief dann etwa siebzig Meter weit parallel zum Nachbarkaser. Das nächste Eck, mit dem die Mauer – um ein Viereck zu bilden – sich wieder ost- und aufwärts wendet, befindet sich schon jenseits der Landesgrenze.

Es hatte wenig Sinn, noch lange suchend umherzuspekulieren. Von hier aus übersah man die Alm nicht. Ich mußte aus der Eingangstür schauen und horchen. Im allerletzten Augenblick aber fing mein Auge eine schwarze Bewegung hinter einer der vielen Stellen auf, an denen größere Steine aus der Mauer herausgebrochen waren. Konnte das eine Maus gewesen sein, die dort zwischen den groben Brocken herumwischte? Aber noch eh' mir die Vermutung richtig durch den Kopf gegangen war, entwickelte sich der schwarze Wischer zum oberen Rand eines Spielhahnstoßes. Und in der nächsten Lücke des Gesteins tauchte dann hochrot glühend der Kopf des Hahns auf. Jenseits der Mauer lief er, immer noch hingegeben krugelnd, aufwärts und verschwand mir um das Eck der Stallung. Gleichzeitig aber tauchte in der Mauerlücke ein zweiter Hahn auf, der anscheinend von weiter unten herangelaufen oder zugestrichen war. Er blies zornig und machte einen Flattersprung. Beim heiligen Hubert, das war der Rechte! Die weit gefächerte Schar schleifte tief im Flaumschnee, die Brust wölbte sich in kraftvoller Rundung nach vorne, unter dem Schnabel spreizte sich der nur bei älteren Spielhahnen in voller Deutlichkeit erkennbare Kehlbart. Aber der Starke ließ mir wenig Zeit, ihn zu bewundern. Nach erneutem Flattersprung setzte er sich, von der niedrigen Mauer bald halb, bald ganz gedeckt, in gravitätisch eiligen Marsch und folgte mehr girrend als krugelnd dem Jungen. Auch er verschwand hinter dem Eck der Hütte.

Ich wußte, was ich zu tun hatte. Mit langen Schritten eilte ich zurück in die Stube, öffnete, von den Waidgenossen erstaunt beobachtet, vorsichtig die Eingangstüre. Auf den ersten Blick sah ich einen der beiden

Hähne schon etwa hundert Meter entfernt bergwärts dem Hauptbalzplatz zumarschieren. Es war, wie ich durchs Glas erkannte, der Geringere. Eine halbe Minute später kam von rechts unten her erzürnt und fort und fort girrend auch der Starke in Sicht. Noch ehe ich die schnell geladene Büchsflinte in Anschlag gebracht hatte, stand er auf und strich gegen den Rivalen hin, der, gleichfalls abstreichend, die Flucht ergriff. Ich befürchtete schon, die Chance, auf den Platzhahn zu Schuß zu kommen, sei für diesen Abend verloren. Aber ziemlich genau an der Stelle, von der der Junge abgestrichen war, fiel er wieder ein. Hoch aufgerichtet, ein kaum je wieder geschautes wunderschönes Bild, stand er im abendlich vergoldeten Schnee und blies und blies hoch aufspringend wieder. Und dann fiel mein Schuß. Aber – wie war das bei ganz ruhigem Abkommen möglich? Er duckte sich nur kurz und blieb aufrecht stehen? Ich hatte vergessen, daß, wie allwinterlich, der Mondscheinfüchse halber mein Fernrohrabsehen um zwei Finger höher geschraubt war. Der knapp überschossene Hahn streicht sehr oft nicht unmittelbar nach dem Schuß ab, wohl weil er meint, eine von rückwärts zustreichende Henne habe ihn mit der Schwinge gestreift. Diese seltsam zärtliche Art, ihr Nahesein bemerkbar zu machen, habe ich vor allem bei Auerhennen mehrmals beobachtet. Zum Glück lag die kleine Ledertasche, der ich die erste Vollmantelpatrone entnommen hatte, neben mir. Das Nachladen ging schnell, und nach dem sorgfältigst gezielten zweiten Schuß sank der Hahn seitlich in den Schnee. Die Hälfte der prachtvoll langen Schar ragte über das rotgolden überfunkelte Weiß, und einige schwarze Federn schwebten langsam darüber hin.

# *O schöne Zeit!*

Seit ich als Jäger aus dem wildbewegten in ein etwas ruhiger strömendes Fahrwasser eingebogen bin, gibt es für mich eine ganz besonders geliebte Zeitspanne von acht oder zehn Tagen, die ich zu Ende der Almzeit, noch vor dem rechten Ingangkommen der Hirschbrunft, ungedrängt von Zielen und den dazugehörigen Plänen, auf irgendeiner unserer Almen hinbringe. Mit dem Sichfreimachen zu diesem Zweck hat es alljährlich stets aufs neue irgendwelche hemmende Schwierigkeiten. Die bösen Geister, über deren zu geringe Aktivität ich mich zeitlebens nicht beklagen konnte, spinnen sie ränkevoll zusammen. Aber in diesem Fall bin ich sogar bereit, schwer lösbare Knoten entgegen sonstiger Gepflogenheit zu durchschneiden. Einmal frei von Bindungen und überdies freizügig sein, das ist eines der beglückendsten Göttergeschenke, um die allein schon die Flucht zu den Höhen sich lohnt.

Es fehlt mir heute die geruhsame Zeit zu liebevollen Vorbereitungen bis ins kleinste hinein. Aber irgendwie finden sich fast immer Wege (und darauf habe ich mich auch mit etwas Umsicht eingerichtet), Vergessenes, Fehlendes, dies oder jenes, wonach der nicht immer vorausberechenbare Wunsch des Augenblickes verlangt, nachzubeordern.

Sehr oft beziehe ich zu Anfang eine Lieblingsalm nahe der Landesgrenze, die frei unter dem hochgewölbten Nachsommerhimmel sich mit sanfter Neigung weit gen Süden hindehnt. In einer Mulde genau in ihrer Mitte, aber mit ausreichendem Rundblick, liegen die beiden grau verwitterten niedrigen Almhütten, deren eine wir im Lauf von mehreren Jahren zu behaglichem Unterschlupf hergerichtet haben.

Fast an jedem Morgen sieht man aus dem Hüttenfenster größere Gamsrudel friedvoll äsend langsam über den von der Alm im Südosten gebildeten Kamm tiefergelegenen Karen und Felswaldungen zuziehen. An bedeckten oder an Schlechtwettermorgen kann man des Anblickes oft ein, zwei Stunden lang so aus wind- und sichtgeschützter Deckung heraus genießen, ja es lassen sich dann auch mit langem Spekulieren für den unvermeidbaren Abschuß geeignete Geißen ausersehen.

Das Rotwild, dessen Losung einem im Almanger sowohl als auch nahe den Dungstätten ständig frisch und fett entgegenglänzt, ist dort oben ein unsicherer Gast. Ab und zu röhrt rund um die Kaser des Nachts ein Hirsch, manchmal sogar findet sich in der Spätfeiste ein ganzes Rudel Geweihter dort zusammen, und in vielen Nächten zieht dann wieder nur ein vielleicht noch von einem Spießer gefolgtes einsames Kälbertier zur Äsung und taucht vor Tag schon aus unverständlichen Gründen beunruhigt wieder über die Schneid hinüber.

Aber man hat von der Hüttentür weg kaum mehr als dreihundert Schritte zu gehen, um an den oberen Rand eines amphitheatralischen Riesenfelsenkars zu gelangen, auf dessen weithin einsehbaren steilen Graslahnern man, ehe die Sonne zu stechen beginnt, noch manches zu schauen bekommt und manchen besonderen Bildes aus dem intimen Rotwild- und Gamsleben froh werden kann. Und verspürt man Neigung zu weiter ausholendem Reviergang, dann kann es auch einmal ein Rehbock sein, den man sich des Abends unter das vorspringende Hüttendach hängt.

Die beiden Rehböcke und die Gamsgeiß als Strecke einer Septembervormittagsbirsch gehören in meine Geschichte mit hinein, um etwas von dem Glück jener frühherbstlichen Hüttentage verspüren zu lassen. Solches Erlebnis im Jägerherzen und das unter dem Almkaservordach aufgehängte Wild vor Augen, saß ich dann – wenn es wirklich einmal gutgegangen war – mit ausnahmsweise befriedeten Wünschen rauchend auf der Bank, schaute in das Verbrennen des westlichen Himmels hinein und lauschte nach dem ersten Hirschschrei, der irgendwo in den umdunsteten, von meiner Alm steil sich ins Tal hinunterstürzenden Bergflanken aufmurren konnte. Und mehr als einmal schlug er genau zu solcher Nach- und Vorfeierstunde auch wirklich fernher an mein Ohr.

Um der Lebenswahrheit willen muß ich aber eingestehen, daß gerade damals mein Glück nach kurzer Frist eine sehr spürbare Trübung erfuhr. Wär' auch zuviel verlangt gewesen, eine ganze Symphonie glücklicher Tage nach solchem einleitenden Satz! An jenem Morgen nämlich hatte es ein paarmal kurz geregnet, und ich war – leider ist's eine schlechte Gepflogenheit von mir – zu faul gewesen, ob der, schnell wie sie kamen, wieder versiegenden Schauer meinen Mantel anzuziehen. Während mir nun der Jäger Wolfgang mit weiter Umgehung einen Grenzwald durchdrückte, hockte ich, manchmal ein wenig fröstelnd, mit nasser Joppe am Fernwechsel im hohen Holz, eben da, wo ich dann den ersten der beiden Rehböcke schoß.

Obwohl ich nicht empfindlich bin und bei Fischwaid und Waidwerk im Lauf des Jahres mehr als einmal bis auf die Haut naß werde, erwischte es mich damals. Schlechtes Wetter mit auf solchem Höhenkamm immer sehr ungebärdigem Sturm war bald danach eingefallen, und in der zweiten Nacht schüttelte mich dann das Fieber bis zum Zähneklappern. Ich hatte so schauderhafte, von Todesängsten gequälte Träume und verspürte dabei um Stirn und Hinterkopf einen Druck, wie von einem fest angezogenen eisernen Reifen, daß ich alles, von den stets aufs neue an den niedergebrannten Stummeln angezündeten frischen Kerzen bis zur Kriminallektüre, unternahm, um nicht einzuschlafen, und doch immer wieder in die Schreckensschlünde hinabstürzte.

Als es Tag geworden war, wurde der Schlaf ruhiger, und gegen Mittag wankte ich ins Tal. Eine unwiederbringliche Hirschbrunftwoche ging mir (das Fieber wollte sich nicht wieder hinunterdrücken lassen) in der Folge auf dem Krankenlager verloren.

Aber auch davon wollte ich jetzt nicht erzählen. Ein oder zwei Jahre vorher muß es gewesen sein. Damals war das Münchner Oktoberfest mit voller Lustbarkeit und einem inzwischen längst wegnivellierten Rest gediegener Bodenständigkeit allen Nachkriegserschwernissen zum Trotz wieder zum Leben erwacht. Heute ist aus der herbstlichen Theresienwiese eine Raudi- und Lausbubenrummelstätte geworden, die trotz starker Biere den gediegenen Bayern selber nimmer anzieht. Aber damals, in den Nach- und Ausklängen alter Herrlichkeit, hatten zwei Gruppen meiner Mitarbeiter auf dem Gut sie sich zum abschließenden Ziel ihres herbstlichen Betriebsausfluges erkoren, und ich war mit von den Partien gewesen. Nach der zweiten Festivität waren meine Frau und ich nicht mit heimgefahren, sondern hatten in der Stadt übernachtet zum Zwecke letzter Erledigungen und Einkäufe am anderen Tag, vor der endgültigen Flucht in die Berge.

Als sich dann der Septemberabend über die Münchner Stadt und ihre eben erst wieder in noch blankem Kupfer erneuerten Frauentürme senkte und wir uns anschickten, den vollgepackten Wagen zu endgültiger Heimfahrt zu besteigen, äußerte meine Frau einen Wunsch, der sofort meine freudige Zustimmung fand: Wir beide, ganz allein und jeglicher Pflicht ledig, wir wollten jetzt noch einen einstündigen Bummel über die Oktoberfestwiese machen, wie wir ihn vor vielen Jahren in frohen Kreisen oft mitgemacht, beide noch jung damals und auf ganz getrennten Wegen, ehe daß nämlich noch einer vom anderen etwas wußte. So geschah es.

Um ein Volksfest von solchen Ausmaßen, wie es allherbstlich auf der Münchner Theresienwiese sich abspielt, ins Leben zu rufen, ist ein

Aufbau notwendig, der etwas Traumhaftes an sich hat. Eine groteske Welt für sich, eine bunte Märchenstadt wächst innerhalb weniger Tage aus dem sonst friedlich sich breitenden weiten grünen Feld. In sie hineinzutauchen und in ihr kaum vorstellbar gesteigertes Leben, das an das Wimmeln auf einem mutwillig zerwühlten Ameisenhaufen erinnert, hat seinen besonderen, sehr erregenden und schwer beschreiblichen Reiz. Vollständig wird die Verzauberung, wenn die Nacht sich herabgesenkt hat und das Treiben in dieser merkwürdigen Stadt wie von einer dunklen Glocke von der übrigen Welt gesondert sich abspielt. Alle Sinne nimmt es gefangen.

Es kracht und knallt aus Schießbuden und Lukasböllern, die Weisen eingezelteter Blechmusikkapellen kreuzen einander, Dreh- und Karussellorgeln überquieken und überdudeln sich, heisere Ansager schreien von ihren Emporen herunter, Räder rumpeln, Motoren lärmen, angetrunkene Männer und Weiber johlen und kreischen durcheinander. Und welche Orgie der Gerüche nach angebranntem Fett und Fleisch, nach Fischen, Zwiebeln, Käse, nach Farbe und Kulisse, Pulverdampf, Bier, Pferdemist, Zigarrenrauch und erhitzten Menschen, ohne Unterlaß auf- und nieder- und durcheinanderwallend. Und Formen und Farben!! Tausende von bunten Lichtern, Lampen, Scheinwerfern über orientalischen Palästen, Zelten, Almhütten, Ritterschlössern, grellen Plakaten, Riesenrädern, Achterbahnen, deren lampengesäumte Spiralen so aussehen, als hingen sie frei in den Lüften, Verkaufsbuden und wirbelnde, spiegelblitzende Karussells und dazwischen, geballt und zugleich in ständig schiebender und drängender Bewegung, der Alptraum der Menschengesichter, Tausende von verzerrten, gefurchten, den Mund aufreißenden oder stumpfen Fratzen unter Hüten, Kopftüchern, schief sitzenden Zylindern, verrupftem Kopfputz, hellen und schwarzen Locken, glatzköpfig, silberhaarig.

Und die Stadt hat viele Straßen, breite wimmelnde Bahnen, die wie in einem Irrgarten einander gleichen und deren Fülle an Bildern dennoch unerschöpflich erscheint. Wir wurden des Treibens nicht so bald müde, wie wir gedacht hatten. Aus der vorgesehenen einen Stunde wurden deren vier. Einen Stoffpudel, einen Teddybären und drei Puppen mußte ich für die Kinder in den prunkvollsten Schießbuden erfeuern, dazu einen Strauß buntprächtiger Papierblumen für die geliebte Begleiterin, und ein großes Herz zum Umhängen erstand ich ihr.

Die erregendsten Sehenswürdigkeiten der Welt in den 70er Jahren, zur Zeit also, da mein Vater geboren ward, betrachteten wir uns in einer etwas abseits gelegenen, wenig besuchten Bude, man ging „so recht für verliebte Leut' . . ." durch dunkle, gewinkelte Gänge, in deren Wände die illuminierten Guckkästen eingelassen waren. Ein furchtbarer Brand in einer amerikanischen Stadt war zu sehen, ein verheerender Ausbruch des Vesuv, eine Pionierin der Lüfte in gestickten Hosen mit einem Ungeheuer von Luftballon, ein vielfacher Mörder auf dem Schafott und auf gesondertem Bild eines seiner zerstückelten Opfer, mit sich teils entsetzt, teils bedauernd darüberbeugenden Polizeibeamten. Das alles und noch vieles mehr, insbesondere das häufig fließende Blut war in grellsten Farben dargestellt. Verschlafen und etwas mürrisch mißtrauisch lehnte die bejahrte Besitzerin – Erbin vermutlich des einst fortschrittlichen Erbauers – in einer Ecke ihres Etablissements und verlangte einen (übrigens willig bezahlten) zweiten Eintrittspreis, als wir uns gegenseitig das, was uns am tiefsten ergriffen hatte, nochmals zeigen wollten.

Das bedeutendste und zugleich heiterste Erlebnis des Abends aber hatten wir gegen Ende unserer Wanderung, als wir vor dem Verlassen der allmählich sich beruhigenden Wiesenstadt und nach Abholung meiner in einer Schießbude deponierten „Preise" noch ein Abschiedsbier trinken und etwas dazu essen wollten. Wir traten zu diesem Behuf in das stattlich gediegene und nicht gar so riesengroße Zelt des „Ochsenbraters" ein. Der letzte Ochse (sie werden dort *im ganzen* an einem mächtigen, ständig sich drehenden Spieß gebraten) war aber schon aufgegessen, matt blinkend und leer lief der Spieß um seine Achse, und an den Tischen saßen nur noch vereinzelte Gäste.

Aber die vielköpfige Blechmusikkapelle auf dem Mittelpodium in bauschigen weißen Hemdsärmeln, gestickten Hosenträgern und mit dunkelgrünen, adlerflaumgeschmückten Velourshüten auf den Köpfen schmetterte merkwürdigerweise noch immer mit ungebrochener Lautstärke und Taktfestigkeit ihre Weisen. Es war, als spielten die Musikanten, der Pflichten gegen das Publikum ledig, sich jetzt selber auf. Sie bliesen ein Lied, das ich, obwohl in Volksmelodien einigermaßen bewandert, zuvor noch nicht gehört hatte.

Bis heute weiß ich nicht, ob es aus älteren, etwa Vorvierzehnerzeiten stammt, oder Neuschöpfung eines bajuwarischen Text- und Tondichters ist. Nur eine sich darin häufig wiederholende einprägsame Strophe ist mir in Erinnerung geblieben, die etwa lautete: „. . . Und i möcht' halt an Biersee – So groß wia da Schliersee – Nachan war i so frisch – Wiar im Wasser da Fisch! . . ."

Und in Verbindung damit nun hatten wir das uns ein letztes unwiderstehliches Lachen schenkende Erlebnis dieser Wiesentour. An einem der wenigen noch besetzten Tische befand sich ein Pärchen, sie um die Mitte zwanzig, er um etwa zehn Jahre älter. Wie sich gleich zeigen wird, ließ es sich seinem Verhalten nach nicht gut mehr als Liebespaar bezeichnen, wiewohl es den Abend sicher in solchem Sinn und Verbundensein begonnen hatte. Beide hatten an irgendeiner Bude die gleichen grellgrünen, weiß gockelbefederten Hütchen gekauft und sich unverkennbar gut durch die festlichen Wiesenbahnen hindurchamüsiert. Aber der männliche Teil war darüber müde geworden. Das Kinn auf der Brust, das runde, von einer Gummischnur gehaltene Gockelfederhütchen tief in der Stirn, saß er vor dem leeren Maßkrug fest schlafend auf seinem Stuhl.

Sie hingegen befand sich noch in einem wenn auch alkoholisch umnebelten Zustand der Aktivität, war auf den Tisch gestiegen und dirigierte von da aus mit einer bunten Papptrompete die sie zu ihrem Unwillen völlig unbeachtet lassende Kapelle. Ihr vergebliches Bemühen, sich bei den Musikanten mit wie beschwörend vorgereckten und dann wieder fuchtelnden Armen und unter zornigen Zurufen Autorität zu verschaffen: „Höi, paßt's halt a bissl auf, sakra ...“, das war die Krönung alles Komischen an diesem bilderreichen Abend.

Während wir dann woanders unseren Abschiedstrunk und -imbiß einnahmen und schließlich durch die Nacht heimwärts rollten, mußten wir immer wieder vor uns hinlachen. Das Lied vom Biersee verfolgte uns noch ein paar Tage, auch als ich schon oben auf der Hütte war, mußte ich es in unbeschäftigten Augenblicken ab und zu vor mich hin summen.

In früheren Zeiten war mit der landwirtschaftlichen Ausstellung auf der Theresienwiese, aus der sich die ganze Festivität allmählich entwikkelt hat, manchmal eine bayerische Geweih- und Kruckenschau verbunden. Trotzdem hat, ich weiß es wohl, das Leben auf dem Münchner Oktoberfest mit dem Waidwerk an sich nichts zu tun. Mit der Stimmung aber, die für mich durch viele Studien- und Jugendjahre die letzten Wochen und Tage der Vorfreude auf die ersehnte Zeit des Hirschmondes umwehte, ist es stark verbunden.

Mein Vater legte Wert darauf, daß ich in den zwei Universitätsjahren vor dem Examen ein Ferienrepetitorium belegte. Ehrlich gesagt, es wurden einer bedauerlichen Tatsache halber, die man mit dem unschön doppelsinnigen Wort „Durchfall“ zu bezeichnen pflegt, vier Jahre daraus! Zum Glück stimmten die Reisepläne des von mir nach manchem geistigen Geräufe ins Herz geschlossenen Repetitors und späteren Freundes mit meinen weit bodenständigeren Wünschen fast aufs Haar überein. Er pflegte, endlich einmal aller Schüler ledig, in meist sehr hübscher

Begleitung über Paris an die Riviera und von da nach Italien zu reisen und des Herbstes im Süden bei frisch gekelterten Weinen froh zu werden. Deswegen liefen die für mich in Frage kommenden Kurse meist vom 20. August bis etwa zum 25. September.

Am letzten Abend trieb ich mich fast immer voll jener inneren Spannung, wie sie ein Rennpferd, das zum Start geritten wird, erfüllen mag, auf der Theresienwiese herum. Anderen Tags fuhr ich dann nochmals auf unsere kleine und – nach heutiger Bewertung – ungeheuer wildreiche Niederjagd im Schleißheimer Moos, knapp 20 Kilometer vor den Toren der Stadt hinaus, um einige Hühner, ein knappes Dutzend Fasanen und zumeist auch ein Schmalreh mit heimbringen zu können. Ich wußte, daß diese Mitbringsel bei meiner Mutter für die bevorstehenden gästereichen Tage willkommen sein würden. Mit solcher Befrachtung ging es dann – jetzt gab es kein Halten mehr! – auf vertrauten Landstraßen ins vorherbstliche Abenddämmern hinein und auf die schon während der Mittagsrast im Moos hinter den Frauentürmen geschaute und sehnsüchtig gegrüßte südliche Alpenkette zu.

Nun, und damals – ein sehr bewegtes Vierteljahrhundert lag die unbeschwerte Zeit zurück – hatten wir uns zweisam und trotz mancher Pflicht und Sorge nicht minder glücklich, etwas von jener Stimmung zurückbeschworen. Auch diesmal rollten wir, jetzt auf der Autobahn, vorfreudig, wenn auch bei schon völliger Nacht, dem heimatlichen Tal zu. Sehr früh am anderen Morgen verließ ich das Haus und fuhr, aus ähnlichen Gründen wie einst auf die Fasanenfeldstreife, zum Entenfall aus.

Der fast noch volle Mond stand hoch im stahlblauen und stahlkalten Himmel. In seinem Licht erkannte ich, langsam talaus einem oft bewährten Quellweiher zurollend, die tiefvioletten Schatten von drei Stück Kahlwild, die von den Talwiesen kommend in den heimischen Bergwald zurückzuwechseln im Begriff waren. Weniger des Wildschadens als der Gefahr wegen, daß sich einer unserer besseren Hirsche diesem „Talwildpret“, wie wir es nennen, anschließen und dabei der Grenze zu nahe kommen könnte, war ich sofort entschlossen, zumindest eines von den dreien zu schießen. Für den nächtlichen Abschuß bedurfte es damals noch keiner Genehmigung. Ich hatte Zeit, sie mir anzuschauen, und entschloß mich für das eine der beiden Alttiere, das ich, obgleich es das stärkere war, als das nicht führende ansprach.

Auf etwas gefährdeten, erhöhte Wachsamkeit erfordernden Wechseln hält das Kalb sich fast immer dicht bei der Mutter. Nun lag dem einen der beiden Tiere sichtlich daran, die straßennahen und überdies dekkungslosen Wiesen zügig zu durchwechseln, das andere hingegen schien sich von dem tauglitzernden dritten Gras mit seinen besonderen dicht wuchernden Kraut- und Kleebeeten nicht trennen zu können. Es kam keine dreißig Gänge weit, ohne immer wieder zu kurzer Äsung zu verhalten. Und mit ihm zog und an seiner Seite äste auch stets das Kalb. Seinem ganzen Gestell, vor allem dem langen Haupt und dem tiefen Bauch nach konnte dieses Zurückbleibende aber auch kein Schmaltier sein, so daß ich den mir kurz aufgetauchten Gedanken, es handle sich um zwei der Mutter ungehorsame Geschwister, fallenließ.

Als das Leittier wachsam erhobenen Hauptes auf solche Art einen Vorsprung von etwa hundert Metern gewonnen hatte, schoß ich es. Ich konnte, als ich herangetreten und ihm den Hinterlauf hochgehoben hatte, aufatmen; es war ein noch dazu ziemlich bejahrtes Gelttier, Ahne und Mutter der beiden anderen vermutlich. Ich schleifte es schnell hinter einen Weidenbusch und tat beim Lüften nur das Notwendigste, dann war es hohe Zeit geworden, in meinen natürlichen Schirm unter einer bis tief herab beasteten Fichte am Ufer des mondbeglitzerten Quelltümpels hineinzutauchen.

Der Fall an diesem Morgen war, wie man ihn sich wünscht. Paarweise und in ziemlich kleinen Schofen strichen die Enten ihren von mir stets friedsam gehüteten Tagesruheort an, umklingelten ihn im weiten Bogen, um dann nur mehr vom leisen Pfeifen ihrer Flügel angemeldet wie helle Geschosse ins aufzischende Wasser hineinzuplatzen. Ich schoß, mit schlechtem Gewissen zwar ob der rein gastronomischen Rücksicht, bedachtsam wählend vier junge Erpel und einen im allerersten Frühlicht seine Silberbahn nah bei mir vorbeiziehenden Bisamhäuptling. Dann war es Tag, schwenkte ein Reiher aufkreischend ab, der meine Läufe im Auffahren hatte blinken sehen.

Gut und gern ein Dutzend dieser Edelpiraten sucht alljährlich, und zwar auf engem Raum, meine Forellen heim. Das bedeutet bei mildester Verdächtigung ein Viertelhundert Fische, und wenn man beim Wiegen gleiche Milde walten läßt, fünf Pfund Forellen am Tag, von Anfang September bis Anfang März kommen auf solche Art vorwiegend aus dem zweisömmerigen Nachwuchs runde neun Zentner in Wegfall. Mit der Umrechnung in unerschütterliche „Demarks“ will ich erst gar nicht anfangen. Aber ich meine, man dürfte sich unter solcher Gegebenheit schon in freilich seltenen Fällen einen kleinen Schmuckfederntribut vergeltend aus der Schar dieser grauen Hochgeborenen heraus erbeuten. Manches Spätjahr und mancher Winter vergehen ohnedies, ohne daß es dazu kommt. Man sieht sie zu gerne, die Silberblinkenden, im lichtblauen Himmel vorüberziehen mit dem trägen Gerudere ihrer schiefergrauen Riesenfittiche. Der kalkweiße Mist (Pardon, ich weiß schon, daß es Geschmeiß heißt), den sie zuweilen aus dem großen Blinddarm schießen, ist mir am Bachesrand ein weit lieberer Anblick als die Butterbrotpapiere der zweibeinigen Fischdiebe, die unter dem sicheren Baldachin staatsanwaltschaftlicher Milde ihr Wesen treiben.

Gut also, es war Tag, späte Libellen schwirrten im eindringlich über die östlichen Vorberge hereinblendenden Licht der Frühsonne, die Bläßhühner warnten im Schilf, und die sich scharenden Krähen krakeelten draußen auf den Wiesen. Ich mußte noch um die Bergung des Alttiers und meiner Enten besorgt sein, aber dann, gleich nach dem Mittagessen, ging es endlich, endlich bergwärts. Die Gattin blieb, ein behagliches Heim räumlich beengtem Almhüttenleben mit unverblümter Entschiedenheit vorziehend, zunächst im Tal. Vier Tage später wollten wir auf dem Jagdhaus wieder zusammentreffen.

Damals hatten wir schon unser Kettenkrad, das den Beinen die ziemlich steil sich ziehende und in diesem Fall ein wenig langweilige erste Weghälfte abnahm. Da wo der Almweg zu Ende ging, verteilten wir mit möglichster Gerechtigkeit unsere Traglasten dem Alter und den Kräften gemäß; ich schickte die zwei Jäger voraus und stieg, in meinem Tempo nur sehr allmählich zulegend, allein des beglückenden frühherbstlich herb und kühl duftenden Weges. Manchmal kamen mir im Rhythmus der Schritte die Blechklänge und Paukenschläge des Vorabends wieder heraufgezogen „. . . und i möcht' halt an Biersee!" Aber dann hatte ich ein, für das jägerische Gefühlsleben zumindest, sehr aufregendes und alle Vorerlebnisse wegwischendes Abenteuer.

Das Tal, durch das unser (wenn ohne Teilmotorisierung) etwa dreistündiger Anstieg zur sehr geliebten Hochalm hinaufführt, ist waldreich und ziemlich arm an Blößen und Schlägen. Es ist das geheimnisreiche Tal der Feisthirsche, von dem aus sie, zumeist gerudelt, zu ihren oft sehr weiten, immer unberechenbaren Wanderungen nach äsungsreichen Gefilden hin, seien es Almen oder Hochwiesen, allnächtlich aufbrechen. Sowie aber die Schläge gilben und das Gras in den Lahnern hart wird, zu welcher Zeit sich auch das Kahlwild allmählich um die Brunftplätze zusammenzieht, verlassen sie ihre sommerliche Residenz.

Was zurückbleibt, sind, sehr weit verstreut, wenige Altmütter mit einem Teil des von ihnen im Lauf der letzten oder vorletzten Jahre gesetzten Nachwuchses und sind vereinzelte, ihnen und wohl auch diesem ihrem Heimattal aus schwer enträtselbaren Gründen anhängliche, meist gleichfalls alte und oft auch sehr gute Hirsche. Die Brunft verläuft dort still. Wenn einen beim Kahlwild stehenden Althirsch nicht gerade ein Beihirsch belästigt, dann tut er außer zu begehrlich werbendem Knören oft durch Tage kaum den Äser auf.

Nur wenn sich der Abzug der sommerlichen Gasthirsche in Ausnahmsjahren einmal verzögert hat und sie, ehe sie den eigentlichen Plätzen ihrer Herrschaft zuwechseln, den Eingesessenen in ihre Hausrechte einbrechen wollen, dann kann es bei allseits noch ungebrochenen Kräften für ein bis zwei Tage zu außerordentlich zornmütigen und lautstarken Auseinandersetzungen kommen. Sie sind selten. Ein einziges Mal war ich drauf und dran, mitten in einen solchen Aufruhr hineinzugeraten. Besonderer Eingebung folgend, war ich von der weitab gelegenen Elandalm, auf der das Brunfttreiben noch nicht recht in Gang kommen wollte, früh am Nachmittag aufgebrochen, um auf jener Alm, die ich zwei Tage zuvor ob der dort gleichfalls herrschenden Stille verlassen hatte, nochmals Nachschau zu halten und noch eine Nacht im altersgrauen Kaser zu verbringen. Mit dieser überraschenden Aktion dachte ich, dem immer und überall seine Riegel vorschiebenden Teufel vielleicht einmal meinerseits eins auswischen zu können.

Weil es sich der veränderten Aufstiegsroute wegen so ergab, näherte ich mich diesmal dem großen Kar nicht wie sonst von der Alm, also von Westen, sondern von der Nordseite her. In dem Fall muß man den die Nordabhänge begrenzenden Grat übersteigen und sich durch einen an einer bestimmten Stelle ziemlich schmalen Latschenstreifen zwängen, dann erreicht man unmittelbar am Rand der jäh abstürzenden Wände eine Fichtengruppe, in deren felsumklammerndem Gewurzel man wie von einem Logensitz aus das weite Amphitheater überschaut.

Schon als ich mich dem Kamm näherte, hörte ich mit glücklichem Erschrecken die Hirschhälse aus der Tiefe des Kars sowohl als auch von seinen teilweise begrasten steilen Hängen dröhnen, daß man sie einzeln kaum auseinanderzuhalten vermochte. So wie ich es dem Ohr nach beurteilte (ich hatte noch keinen Einblick), standen mindestens zwei dieser Hirsche, den Stimmen nach gute, einer weithin treffenden Kugel erreichbar, schon mit ihrem Kahlwild in den offenen Lahnern. Weiter unten aber, etwa da, wo ein sehr großes Laublatschenfeld und ein breiter Streifen hainartigen, hauptsächlich aus steinalten Buchen bestehenden Felswaldes an die freien Grashänge grenzen, schien von einigen Beihirschen umtönt der eigentliche Herr und Patriarch des Kars, ja des ganzen Tales, sich mit seinen Frauen im langsamen Berganziehen zu befinden.

Er machte von seiner schwarzen Althirschstimme nur sparsamen Gebrauch. Jedesmal aber, wenn sie rostig rasselnd, mit kaum glaubhafter und zugleich müheloser Lautstärke in die sich kreuzenden Rufe der anderen hineingeschlagen hatte, entstand beklommenes, mehrere Sekunden anhaltendes Schweigen. Es war mir klar, daß hier einer von den bis auf ihre breiten stumpfschaligen Fährten Unbekannten, Allerheimlichsten und sehr Alten des weiten Reviers von der vermutlich nur ein paar Stunden währenden, den ganzen Wald in Schwingung versetzenden Erregung mit erfaßt und in innere wie äußere Bewegung gebracht worden war. Sicher hatte ihn seit Jahren kein Jägerauge gesehen, und auch er würde wahrscheinlich innerhalb der nächsten halben Stunde, seinem heute nicht zu haltenden Kahlwild folgend, frei auf die felsübersäte Bühne des Kars heraustreten. Ein grandioses Schauspiel mußte sich mir auftun, sobald ich mich durch den schmalen Latschenstreifen bis zu meinem Sitz hindurchgeschoben haben würde.

Aber mit mir waren während der letzten halben Wegstunde die finsteren Wolken eines aus Norden heranziehenden Gewitters um die Wette, mehr noch um das Glück oder dessen Zerstörung gelaufen. Und gerade da, kurz vor dem Ziel, überholten sie mich. Durch die schmetternden Wetterschläge hindurch hörte ich, in der aufgekommenen Unsichtigkeit vergeblich mit dem Verhau der Latschen ringend, die Hirsche, die sich durch den Aufruhr in den Lüften nicht stören ließen, weiterröhren, aber dann – stand ich im Nebel.

Unter einem alle Hüllen durchschlagenden Platzregen und im pausenlos von Wetterleuchten illuminierten weißlichen Brodem rannten wir schließlich der Almhütte zu. Der Regen hörte anderen Vormittags auf, aber der Nebel blieb. Bis ein Uhr warteten wir auf der Schneid sitzend und bis zum Übergehen der Augen und Singen der Ohren in das grau und stumm gewordene Kar hineinglotzend und -horchend. Dann kehrten wir, ich mit einem Ingrimm, wie er mich so in die Tiefe bohrend nur selten erfüllt hat, zu den freundlicheren Gehängen der unter der Nebelgrenze liegenden Elandalm zurück.

Bei all dem quälte mich auch noch der Gedanke, daß ich um eine halbe Stunde früher am Ziel hätte sein können, wenn ich (ich hatte auf der Elandhütte die Mittagsstunde überschlafen) mir den Imbiß, den ich mir schuldig zu sein geglaubt, in den Rucksack gesteckt haben würde, anstatt ihn, weil da weder die Zeit noch ein Gewitter Eile gebot, noch geruhsam am Hüttentisch einzunehmen. Bei dem Aufstieg, von dem ich heute erzählen wollte, aber stand mir dieses Erlebnis eines gleichzeitigen Hirsch- und Berggewitters noch um zwei Jahre bevor.

Jener Abend war still, das wolkenlose Blau des Himmels war blaß geworden. Über dem mir den Blick ins flache Land verwehrenden jetzt fast schwarz erscheinenden Waldrücken im Westen färbte er sich schon rosig. Von der anderen Seite des mit feinem Dunst sich einspinnenden Tales leuchteten die Felskämme rotgolden herüber.

Ich war langsam gestiegen, oft lauschend und spekulierend stehengeblieben und hatte sogar, um vielleicht Gams und unter ihnen eine nicht führende Altgeiß in Anblick zu kriegen, ein paar kleine Umwege gemacht. So mußten die Jäger inzwischen einen Vorsprung von fast einer Stunde bekommen haben.

Kurz ehe man den eigentlichen Bereich der Alm betritt, führt der Steig durch einen selbst mit der Bleikugel noch überschießbaren, sehr romantisch umfelsten und umwaldeten Almkessel, eine Art von Vorhof, auf dessen unterstem Boden eine wohl seit Jahrhunderten schon hirschberühmte große Suhle, die ziemlich tiefe, nie austrocknende Schwarzlack, gelegen ist. Auch in dem Kessel selber stehen über die Weidefläche verstreut und somit den Ein- und Überblick erschwerend, zahlreiche Schirmfichten und kurzschäftige, beflechtete Uraltbuchen.

Am Ufer der gegenwärtig anscheinend wenig besuchten Suhle verhielt ich wieder einmal den Schritt und verschnaufte, atmete tief die kühle von herbharzigem Duft erfüllte Luft, den Odem des Waldes, ein. Lautlose Stille herrschte und jene merkwürdige glasklare und dennoch nicht mehr hell wirkende Sicht des fortgeschrittenen Abends. In einer halben Stunde würde es zu dämmern beginnen. Da hörte ich einen Stein gehen, träges Kollern und Klackern über eine der zahlreichen Geröllhalden des oberen Gegenhangdrittels herunter. Ich folgte mit dem Aug der vom Ohr wahrgenommenen Richtung und sah ein noch rotes Alttier in einer der steinigen Blößen stehen und ohne Verdacht, wie mir scheinen wollte, zu mir herunteräugen. Nach einer halben Minute setzte es sich in langsame Bewegung und verschwand nach rechts. Ein schon fast graues Kalb folgte und dann ein Schmaltier.

Ob sich zu dieser kleinen Schar wohl schon ein Hirsch gesellt hatte? Eh ich es recht zu Ende gedacht, sah ich ihn. Regungslos stand er etwa vierzig Gänge weiter links in einer Geröllhalde. Haupt, Hals und vorderes Blatt waren völlig verdeckt. Was aber von dem wuchtigen kastanienroten Rumpf und dem tiefen silbrigen Bauch sichtbar blieb, konnte keinem jungen Hirsch angehören. In dieser Revierecke ist zur Zeit der Brunft die Begegnung mit einem starken Hirsch ein Sondergeschenk Dianens, und man darf dabei nicht lange fackeln. Ich nahm den Repetierer von der Schulter und erreichte mit drei Sprungschritten steil bergan einen Felsblock, der so hoch war, daß er mir im Stehen Auflage bot.

Der Hirsch rührte sich nicht, als ob er selber zum Fels geworden wäre, stand er lange auf dem gleichen Fleck; dann auf einmal war er wie mit einem Ruck verschwunden. Mit hochklopfenden Pulsen machte ich mich auf die Blöße fertig, die das Kahlwild durchwechselt hatte. Ganz plötzlich und etwas höher als erwartet querte sie schon nach wenigen Sekunden der Hirsch, ohne auch nur für eines Herzschlages Dauer zu verhalten. Ich sah über mächtigem Haupt und breitmähnigem Träger in flacher Auslage ein rußschwarzes, anscheinend endenarmes Geweih schwanken und dann nur noch die hell gerandeten Schlegel und dann nichts mehr. Das gegen den Waldrand zu dichter werdende Gewirr von Buchstauden und Schirmfichten hatte ihn eingeschluckt.

Die ganze Gesellschaft zog in der gleichen Richtung, in der ich birschte, nämlich der Alm zu. Aber es würde wahrscheinlich Nacht werden, ehe sie dort auftauchte, denn der den Kessel von der Alm trennende breite Felswaldstreifen war voll von äsungsreichen Blößen.

Ich kam so frühzeitig auf die Alm, daß ich nach Ablegen meines Rucksacks noch an ihre östliche Kante hinbirschen konnte, die zugleich die Schneid zu dem großen Felskar bildet. Unten im Tal lag schon blaue Dämmerung. Nur das lichte Grün der Wiesen leuchtete noch aus ihr heraus. Die unter mir in den breiten steinübersäten Lahnern äsenden zahlreichen Gams ließen sich nimmer mit Sicherheit ansprechen. Sie bekommen hier an Schönwetterabenden trotz der Abwärtsrichtung der Lüfte keinen Wind, weil die Strömung zu hoch über sie wegzieht. In meinem Rücken aber stand der westliche Himmel in abendlichem Feuer. Ich setzte mich so, daß ich beides ausgenießen konnte, das kaum merkliche Sichverdichten der veilchenfarbenen Schleier über dem Kar und dem es nach unten fortsetzenden breiten Waldtal und das allmähliche Zusammenschmelzen der von dünnen rußigen Wolkenstreifen durchzogenen mohnroten Glut über den sie widerspiegelnden Seen und Wasserläufen des flachen Landes.

Und da geschah es dann! Erst meinte ich, mich getäuscht zu haben, bei genauem Hinhören aber vernahm ich es deutlich: Weit unter mir, auf dem die Ausläufer des Kars zur Rechten begrenzenden Waldrücken, hatte ein Hirsch geschrien. Es konnte aber, so stellte ich nach längerem Horchen fest, nicht nur einer sein, wahrscheinlich waren es drei, die dort auf mir wohlbekannten Wechseln sich langsam talwärts begaben und, weil sie verhältnismäßig nah aneinander vorbei mußten, erregt andröhnten.

Fast von einer Minute zur anderen war dieser Austrag in Gang gekommen. Jägerische Hoffnungen weckte er mir nicht. Die Entfernung betrug an die tausend Meter in der Luftlinie. Aber der Zauber dieser

Dämmerstunde war's, der mich tief beglückte. Die Sterne erglitzerten schon allenthalben in der durch keine nahe Bergkulisse eingeengten, sich hoch und weit über mir wölbenden Himmelskuppel, als ich – die Hirsche waren ins Nachbartal durchgezogen – endlich aufbrach und langsam auf den Almkaser, die Herdwärme und den Lampenschein zuwanderte.

Während der Nacht blieb es still auf der weiten, mondüberglänzten Alm. Im Morgenrot sah ich dann drei Stück Kahlwild außer Schußweite in Richtung auf die Schwarzlack zu über die Schneid hinüberziehen. Sehr wahrscheinlich war es das kleine Rudel, dem am Abend der starke Hirsch gefolgt war. Er selber hatte die Alm vor Tau und allererstem Frühlicht schon verlassen oder sich am Rand der Schirmfichten, wo er Wind von seinem Rudel hatte, niedergetan. Vielleicht auch war er weitergezogen. Am Abend saß ich unten in dem kleinen Almkessel bei der Lack. Es regte sich diesmal kein Steinchen. Auch auf meinen sparsamen Muschelruf kam von nirgends her Antwort.

Hätte ich gestern auf gut Glück geschossen! Aber nach dem Rumpf allein, wenn er auch manches aussagt, darf man einen Hirsch nicht ansprechen. Und wenn man in diesen schwer erforschlichen, grenznahen und vom Rotwild nur dünn besiedelten Gebirgstälern auch seine Auswahl nicht nach allzu strengen Gesetzen zu treffen braucht, ein Bild, und sei es auch zur Hälfte nur erahnt, ein Bild des Hirsches, so etwas wie einen kurzen Überblick, muß man gehabt haben, eh man die Kugel fliegen läßt. Mit so viel Behängen, wie ich sie nun leider schon auf dem Buckel habe, erfaßt man schnell und täuscht sich selten mehr. Wer sich nicht so erfahren weiß, muß sich freilich mehr Zeit und es im ganzen genauer nehmen.

Auch die Ansprecherei kann man überspitzen. Die derzeit von Amts wegen diktierte Jagdethik hat etwa die Devise: „Verfemt sei das Wild! Heilig aber ist die Trophäe!" In den bis zur Durchsichtigkeit verdünnten Wildbeständen ist jeder Bock und jeder Hirsch schon zu seinen Lebzeiten registriert, porträtiert, nach Alter, Geweih- und Wildpretgewicht getestet und womöglich kommt es noch dazu, daß der Staat ihn unter Schutz stellt, bis er überfahren oder gewildert oder, wie dies auch mir widerfuhr, von einem lieben Nachbarn ohne Abschußzuteilung umgelegt wird.

Die Art, in unseren Tagen die Böcke, vor allem aber die Hirsche anzusprechen, erinnert mich an die der Bewertung von Spessarteichen, wie sie zumindest in meiner Jugendzeit noch vorgenommen wurde. Die Holzhändler, jeder für sich, strichen schon Jahre vor der Fällung abschätzend um jede einzelne dieser ein paar Jahrhunderte alten Riesinnen herum und machten nach vielem Hin und Her und Für und Wider, ehe es ans Fällen ging, schließlich ihr zögerndes Angebot. So jetzt auch bei den Hirschen: ,,. . . dieser Zehner wird zum Abschuß freigegeben, denn ein Ende in seiner rechten Krone ist, wie durch genaues Ansprechen einwandfrei festgestellt wurde, nur vier Zentimeter lang. Auch ein dies erhärtendes Lichtbild wird beigelegt.“ Ja, Himmel Kruzitürken, was verschlägt denn dieses Kronenende, wenn der Hirsch in Geweih und Gebäude stark ist!?

Ganz gleich, von welcher Seite her man es anpackt, jede Konstruktion, mit der man das Recht zur Entscheidung über Leben oder Tod von Mitgeschöpfen unterbaut, wird schwache Stellen aufweisen. Die auf den – und gar den ästhetischen – Wert oder Unwert der Trophäe gestützte aber ist eine der wackeligsten, der unbiologischsten und ethisch wertlosesten.

Doch darüber sollen Berufenere sprechen. Ich danke nur dem Himmel, daß sich bei mir noch ein klein wenig Wildnis und in ihr auch noch ein Rest von wirklichem Wild erhalten hat. Soll es mal einer probieren, hier mit modernster Optik Kronenenden zu messen. Bei Fütterungshirschen, ja bei denen geht so etwas, aber die haben sich für dieses Jahr dann zum Glück schon salviert. ,,Grau, teurer Freund, ist alle Theorie . . .!“ Wenn sie mit Allgewalt in die Bereiche der Jagd einbricht, ist sie nicht nur grau, dann ist sie zum Grausen. Ich war's zufrieden, daß ich – offen gesagt, war mir der Gedanke ernstlich auch gar nicht gekommen – auf den unangesprochenen Hirsch trotz seiner Pferdsfigur nicht geschossen hatte und stieg wieder zu meiner Almhütte hinauf. Während ich langsam auf sie zuging, hörte ich jenseits der Landesgrenze, ziemlich tief unten im Bergwald, einen Hirsch mehrmals trenzen, und dann wehte es auch noch einen Schrei von Nordosten her aus dem Herzen des Reviers.

Es wurde ein lebhaft durchplauderter, behaglicher Abend, und wir hatten auch Grund, nach dem Imbiß zwei vom nicht sehr fernen Unterkunftshaus herübergeholte große Flaschen Tirolerwein auszutrinken. Von der Morgenbirsch her hatte ich zwei Latschenbrüche für zwei Gamsgeißen am Hut. Sie hingen beide draußen unter dem Vordach der Hütte, jede hatte viele Jahrringe auf den Schläuchen und keine von beiden ein Gesäuge. Es macht Schau- und Kopfarbeit, aus größeren Gamsrudeln die richtigen Stücke herauszuschießen. Das wichtigste dabei ist, daß man Zeit hat, und die hatten wir, die sich langsam Vorüberäsenden aus dem Hüttenfenster heraus beobachtend, gehabt.

Die erste machte es mir leicht: Von zwei Böcken, einem Jahrling und einem Zweijährigen begleitet, äste sie, gut hundert Meter abseits der übrigen Schar, gegen die Schneid hinauf. Die zwei Finger breiten weißen Flecken unter den Lichtern verrieten, daß sie alt war. Die an sich schon nicht starken Schläuche der unschön, weder eng noch weit gestellten Krucken schienen sich, kurz ehe sie im Haar verschwanden, nach abwärts ein wenig zu verdünnen, was, wenn man es ausnahmsweise erkennen kann, ein Zeichen hoher Bejahrtheit ist. Die gesamte Figur wirkte gerundet, die Flanken waren voll, und das alles sprach dafür, daß sie in diesem Jahr gelt ging. Als das etwa sechzehnköpfige Rudel einmal wie auf blinden Alarm hin zusammenschreckte und zum Teil sogar kurz flüchtig wurde, äugte die Alte nur für wenige Sekunden zurück und zog, während vor uns wieder Ruhe eintrat, weiterhin von den anderen weg schräg bergan.

Demnach war es unwahrscheinlich, daß sie ein Kitz beim Rudel zurückgelassen hatte. Als sie sich nochmals leidlich breit drehte und ehe sie – so etwas kann sich auf faltigem Almboden unerwartet schnell vollziehen – über den Grat hinüber entschwand, schoß ich. Sie zeichnete kaum, schwenkte aber mit angelegten Lauschern hochflüchtig auf uns zu. Schon nach wenigen Metern versagten ihr die Läufe, und ohne daß wir sie wirklich hätten zusammenbrechen sehen, versank sie in einer Mulde. Auch das Hauptrudel ging flüchtig ab, und etwa zehn Minuten lang war die Alm leer.

Dann aber kamen von der Landesgrenze her ratlos, zögernd und über die einzuschlagende Richtung im Ungewissen, noch ein paar Nachzügler heraufgestiegen. Die Leitgeiß hatte zwar dünne, aber sehr hohe Krukken. Die dunklen Zügel in ihrem Gesicht wirkten nicht mehr klar abgegrenzt, sondern verwaschen und ausgebleicht. Demnach schien sie hochbejahrt zu sein. Nur – bei dem insgesamt fünf Köpfe zählenden Rudel befand sich ein Kitz. War es das ihre? Zwei Gams kamen als Mütter nicht in Betracht, weil eines davon ein dreijähriger Bock und das andere eine etwa zweijährige Junggeiß war. Den Schluß bildete eine nach Krucken und Gebäude ebenfalls starke Geiß, die ich aber auf allerhöchstens zehn Jahre schätzte. Sie war merklich dunkler, also schon stärker verfärbt als die Leitgeiß. Das konnte dafür sprechen, daß sie in diesem Jahr nicht führte. Aber selbst wenn dies der Fall gewesen wäre, eine gesunde und zudem starke Geiß auf der Höhe ihrer mütterlichen Eignung soll man (ebensowenig wie der Winter dies auf seine Art tut) nicht in den Abschuß miteinbeziehen.

Den Sicherungsflügel des Repetierers hatte ich wieder auf Frieden gestellt, und die Gams näherten sich schon, trotz aller unsicher fahrigen

Kreuz- und Querzüge, bedenklich der Schneid, als mir ein unscheinbares Begebnis, fast konnte man es einen Zufall nennen, noch den entscheidenden Wink gab: Das Kitz hatte sich den beiden Junggams zugesellt gehabt, und die wiederum hielten sich, man merkte dies deutlich, mehr an die gelbgraue Leitgeiß als an die schwärzliche ,,Schließende". Vermutlich war dieses ganze ,,Geraffel", wie der Bergjäger solch unmündiges Gemüse nennt, Nachwuchs der ersteren.

Da wurde dem Kitz das unschlüssige Herumstehen anscheinend mit einem Mal langweilig. Wahrscheinlich hatte es vorher, als sie alle noch am unteren Almrand ästen, mit der Junggeiß seine Spiele und Scherze getrieben und gedachte dies jetzt fortzusetzen. Mit ein paar übermütigen Kapriolen flitzte es aufwärts an den anderen vorbei und stellte sich dann, in gespielter Aufmerksamkeit starr verhoffend, vor die Leitgeiß. Die aber schien, in diesem Augenblick jedenfalls, für Späße nicht aufgelegt.

Die Leere der kurz zuvor noch vom Hauptrudel bevölkerten Alm ängstigte sie für sich und ihre kleine Schar. Den Schuß, dessen Detonation sich zum Hauptteil bis zum Fensterklirren und Schuttgeriesel innerhalb des Kasers ausgetobt hatte, konnte sie vielleicht gar nicht vernommen, keinesfalls aber richtig verstanden haben. Durch die innere Spannung war sie übellaunig und fuhr mit gesenkten Krucken und angelegten Lauschern sehr erbost auf den, den Ernst der Lage so wenig erfassenden ,,Unverstand" los. Das Kitz wich mit erschrockener Schnelle aus, floh steil abwärts und stellte sich dann enttäuscht und verängstigt dicht zu der gut dreißig Meter tiefer verhoffenden zweiten Geiß.

Nun hatte ich keinen Zweifel mehr an deren Mutterschaft und beeilte mich, zu dem ziemlich weiten Schuß auf die weiterhin unschlüssig an der Spitze stehende Alte fertig zu werden. Mit einem tiefen Blattschuß stellte sie sich zweimal wie ein bäumendes Zirkuspferd langsam auf die Hinterläufe und stand dann, während die übrigen Gams kopflos auf uns zu geflüchtet kamen, noch ein paar Herzschläge lang wie erstarrt, ehe sie seitlich zusammenbrach. Sie hatte kein Gesäuge, war siebzehnjährig und hatte somit drei Sommer mehr gesehen als die in den Krucken weit schlechtere, im Wildpret aber noch schwerere Vorgängerin.

Alles Tun hat, auch innerhalb des Waidwerks, sein besonderes Gesetz. Beim Abschuß von Gamsgeißen kommt es nicht auf zähes Steigen und hartes Erbirschen, kühne Entschlüsse und gefährliche Wagnisse an, sondern auf die Auswahl. Um die geht es und um sonst nichts. Wenn sie gewissenhaft durchgeführt und richtig getroffen ward, sind Bruch und jägerische Freude voll verdient.

Wer ein Leben lang in den Bergen gejagt hat, der hat sich auch viel plagen müssen, ist im Pulverschnee gewatet, im Firnschnee eingebrochen, ist ungezählten steinigen Wegen und felsigen Pfaden nachgetreten, hat Lasten bergwärts und zu Tal getragen und den Schlaf von ein paar tausend Nächten entbehrt. Und den macht es lachen, wenn Jäger davon sprechen, daß nur schwer errungene Beute ihnen Befriedigung verschafft. Wer das harte Gewinnen jägerischer Beute wirklich und aus eigenem Erleben kennt, der freut sich daran, wenn sie ihm einmal auf leichtere Art zufällt.

So war das damals auch für mich ein guter Tag gewesen, den ich gerne mit edlem Tabak und einem aus des Urgroßvaters silberverschraubter Feldflasche extra verstärkten Teepunsch noch ein wenig nachfeierte, nachdem die Jäger, ein Träger und der mit ihm am Nachmittag zum Aufräumen des Kasers heraufgekommene Almbauer, die alle, vielleicht ob des ungewohnten Schlummertrunkes, der Schlaf früher überkommen hatte als mich, schon zur Ruhe gegangen waren.

Bevor ich mich aber ganz dem Behagen der späten Hüttenstunde hingab, schraubte ich noch einmal die Lampe bis auf einen wenige Millimeter hohen bläulichen Lichtkringel herunter, öffnete leise die Kasertüre und trat vor die Schwelle. Eine kalte Nacht war es geworden. Dicht und dunkel zeichneten sich die Silhouetten der beiden mit steif abstehenden Läufen vom Vordach herabhängenden Gams gegen den reich bestirnten Himmel ab. Wo er sich im Osten mit dem schwarzen Almkamm berührte, hellte seine Stahlbläue sich gerade weißgolden auf. Bald würde der Mond sich dort langsam über die Schneid heraufschieben. Ich lehnte am Türpfosten und ließ die große Stille auf mich wirken, Stille der schlafenden Menschenhütte, der zwei ausgelöschten Mitgeschöpfe, der in feuchter Schwärze verschleierten Erde, deren Lebenskräfte sich allmählich vor dem weither schon sich ankündenden Winterfrost in ihre Tiefe hinabzubergen begannen, und Stille der auf fernen Bahnen hinziehenden Gestirne. Das einzig Lebende und sich Bewegende in ihr war die wie langsamer Pulsschlag auf- und abglosende Glut meiner Pfeife.

Aber plötzlich fuhr ich zusammen: rechts unter mir im steilen Almhang hatte ein Hirsch geschrien. Immer wieder neu, immer aufs neue erschütternd ist dieser Urlaut. Ich habe, zumal, wenn er so unerwartet in die Stille hineinfällt, das Empfinden, als habe er sich gewaltsam los- und herausringen müssen aus der Wucht des Wildkörpers, wie erpreßt von Unruhe, von Sehnsucht, von unerträglich gewordenem Angespanntsein. Stöhnen, Rufen, drohende Gewaltansage, das alles ist in diesem Hervorbrechen vereint. Später in der Brunft wird es anders, da läßt sich dann Eifersucht, Drohung, Zorn, Kampfwille, Werbung, Sättigung und manches mehr aus der Hirschstimme heraushören. Aber die ersten Schreie nach einem langen Jahr des Schweigens, nach dem Versiegen allen lautlichen Sichäußerns, haben noch den unbeschreiblichen Zauber des Urtones.

Bei aller Beglückung durch die Stimmung der nächtlichen Stunde bleibt man doch Jäger: Ein Mittelhirsch war es, dem eher hell als dunkel rasselnden Hals nach. Ich mußte zurück in die Stube, denn der Wind zog abwärts und konnte dem wahrscheinlich gegen die Hütten herziehenden Wild meine Wittrung zutragen.

Aber jetzt, da draußen die Hirschstimme murrte, war's erst das ganze Glück am wieder vom vollen Lampenlicht bestrahlten fichtenen Tisch nahe der leise dahinknackenden Glut im himmelblauen Kachelherd.

Jetzt rührte der ganze Zauber dieser in ihrer Art einmaligen, der almjägerischen Hirschbrunft mich an. Uraltes Weideland sind all diese Hochalmen, Rodungen aus einer Vorzeit, in die geschichtliches Wissen oder gar die mündliche Überlieferung nimmer zurückreichen. Seit wieviel hundert Sommern mochten die Bergbauern ihr Vieh schon hier herauftreiben, sobald unten die Wiesen im vollen Blumenschmuck standen, oben der Schnee weggetaut war, der große Enzian mählich verblühte und der Spielhahn seines Liedes müd' wurde? Und wie viele Abschiede vom Almsommer hatten die Sennerinnen und Hirten hier oben schon mit Juhschrei und lautem Zuruf an ihre festlich bekränzt den Höfen im Tal zudrängenden Rinder gefeiert, wenn Schwalbenschwärme und große Taubenflüge hoch über die Gipfel hinüber südwärts zogen, wenn auf den gilbenden Halden der Sommerweide die rotflügeligen Grillen schwirrten und nachts die ersten Hirschschreie über die Alm grollten. Und mit dem Verklingen der Kuhglocken und dem rauhen Aufröhren der Hirschhälse mag dann hier oben auch immer der Jäger Einzug gehalten haben.

Die Hütte, in der wir hausten, ist vor nahezu einem Vierteljahrtausend erbaut worden. Die in Firstbalken tief eingeschnittenen Jahrzahlen lügen hier oben fern allem Antiquitätenhandel nicht. Aber an den längst übergrasten, moosbezogenen Steinresten alten Grundgemäuers läßt sich erkennen, daß rund um die dem Almbetrieb noch erhaltenen beiden Kaser lang zuvor schon andere, inzwischen verfallene gestanden haben müssen. Am tiefsten ergriffen bin ich, wenn ich irgendwo distelumblüht und nesselüberwuchert den kleinen Steinwürfel entdecke, der einstens Herd, Tisch des offenen Feuers unter verrußtem Dach, gewesen ist.

Heiliges Gestein ist's, geweiht durch die Flamme, die den Menschen auch in dieser rauhen Landschaft über alle Mitgeschöpfe erhebt. Und wie mögen sie ausgesehen haben, die vielen, die unter diesem alten Legschindeldach schon begierig dem Hirschschrei gelauscht, durch die „Scharerluck", jenen viereckigen, mit Holz ausgekleideten Schacht, durch den der Kuhmist aus dem Stall geschaufelt wird, durch diese „luck" also nach dem begehrten Wild hinausgespäht haben ins Silberlicht der Mondnacht oder ins Zwielicht der Frühdämmerung. Wie viele Hände mögen sich mit festerem Zugriff um derb geschnitzte Kolben und schwere Achtkantläufe geschlossen haben, wenn nahebei Trenzer und Kampfruf auftönten? Braunlockige Jägerburschen, eisengraubärtige Förster, verwegene Wildschützen mit Steinschloßbüchsen, Vorderladerstutzen, Wendern und Abschraubern, der Almbauer selber vielleicht mit der aus dem Versteck geholten verbotenen Waffe. Aus allen Schattenwinkeln der kleinen Stube kamen dann Bilder auf mich zu, so daß Vergangenes und Gegenwärtiges sich zur starken, zur unwiderstehlichen Stimmung zusammenwoben. Nur den Alpen ist diese beglückende Verbindung geschenkt, uraltes Kulturland und zugleich selbst vom Zeitalter der Technik schwer zerstörbare Wildnis geblieben zu sein.

Ich konnte nicht anders, ich mußte noch einmal von meinem Lampenlicht, von Tisch und Buch und Schlummertrunk mich trennen und in den Stall hinausschleichen. Der Scharerluck bedurfte es jetzt nimmer, ein halb Dutzend kleine Fenster gaben dem Licht und der Luft hier Einlaß. Es war erst drei Tage her, daß man das Vieh zu Tal getrieben hatte. Der starke Geruch des Kuhdungs erfüllte den ganzen langgezogenen Raum. Ich mußte Acht geben, mit meinen Hüttensandalen auf den von den weichselbraunen Rückständen wie eingeseift glatten Bohlen nicht auszurutschen.

Vorsichtig öffnete ich einen der nur angelehnten Fensterflügel und schaute hinaus. Die kalte Nachtluft zog mir übers Gesicht. Der Mond stand noch immer hinter den Berggraten, aber der Widerschein seines ihm hoch in den Himmel vorausgeeilten Lichtes erhellte die freie Matte schon ein wenig. Ich stand lange und horchte. Es ließ sich aber jetzt nichts mehr vernehmen, auch das kurze eifrige Rupfen nahebei grasenden Wildes war nicht zu erlauschen. Nur die hohen Nesseln dicht an der Kaserwand flüsterten manchmal im nächtlichen Luftzug. Tief unten im Hang, außer Schußweite und schon dicht an der schräg durch die Alm verlaufenden Landesgrenze, meinte ich mit dem Glas ein paar dunkle Klumpen zu erkennen, die äsendes Wild hätten sein können. War der Hirsch, der vorhin geröhrt hatte, durchgewechselt, hatte er sich irgendwo niedergetan? Nach einer Weile kehrte ich in den erleuchteten

Wohnraum zurück. Für meine Nachtarbeiterbegriffe war es noch nicht spät, einhalb zehn Uhr gerade erst vorüber. Aber was sollte ich bei zusammengerauchtem Kraut und leerer Kanne und Flasche noch hier am Tisch sitzen bleiben. Ich hatte die Tür zur kleinen Schlafkammer nebenan offen gelassen, auf daß die im Herd verknisternde Glut auch sie durchwärmen könne; so zog ich mich auf das saubere Linnen im brettergezimmerten Bett zurück. Auf dem Stuhl daneben stand, gleichfalls der Seefahrerausrüstung des englischen Urahns entnommen, ein zusammenlegbarer Kerzenleuchter aus schwerem Sterlingsilber. Eine Notwendigkeit, noch unterm Sternenschein frühmorgens aufzustehen, war diesmal nicht gegeben, und so durfte ich in die Nacht hinein lesen, bis mir die Lider schwer wurden und ich meine Kerze willig ausblies. –

Unter den Vorbereitungen für eine längere Jagdhüttenzeit ist eine der wichtigsten das Aussuchen der rechten Bücher. Wenn ich selber im Wald umherstreife, lese ich – erklären läßt solche Neigung oder Abneigung sich schwer – nicht gern Jagdbücher. Ich will dann in andere, seien es innere oder äußere Gefilde entführt werden. Es liegt ein eigener Reiz darin, sich bei der Rückkehr in einer glücklichen Wirklichkeit wiederzufinden. Und es soll überdies ein weiter Bogen sein, der sich zwischen meiner Abgeschiedenheit und jener mir auf den Seiten eines Buches zugänglich gemachten Welt verbindend spannt.

Das Buch, welches ich mir damals mit auf den Berg genommen hatte, entstammte dem intimen Regal im Schlafzimmer der Großmama. Als ich es, mehr als vier Jahrzehnte, nachdem es ihr von der Hand des Autors gewidmet worden war, dort entdeckte (in dem seit langem unbewohnten, mit Möbeln vollgestellten Raum, dessen Vorhänge meist zugezogen waren, ließen die Buchtitel sich nur schwer entziffern), nahm es mich wunder, daß ich es nicht längst gelesen hatte. Es waren Ludwig Ganghofers Lebenserinnerungen, der „Lebenslauf eines Optimisten".

Obwohl eine sehr alte freundschaftliche Beziehung beide Familien, die seine und die meines Vaters, verband, habe ich Ludwig Ganghofer nur ein einziges Mal gesehen. Das war während des ersten Weltkrieges in München auf der Königinstraße. Er und mein Großvater gingen, mein Großvater in Oberstenuniform und Ganghofer in Pelz und steifem Hut, respektvoll grüßend aneinander vorüber.

„Weißt du, wer das war?", fragte mich der Großvater, „das war Ludwig Ganghofer."

Man macht sich die rechte Vorstellung von der Popularität des Dichters, wenn man bedenkt, daß ich damals elf Jahre alt war und der Großvater bei mir die Kenntnis dieses Namens voraussetzte. Ich wußte auch wirklich von ihm und schaute mich eilends nochmals nach dem Herrn mit der goldenen Brille und dem ergrauenden Bart im langen Pelzmantel um. Vielleicht war er damals gerade im Begriff, seinen um fast zwanzig Jahre älteren Freund, den Maler Defregger, zu besuchen. Der hatte in der Königinstraße mehrere zusammenhängende Grundstücke erworben und außer seinem eigenen auch andere Häuser darauf erstehen lassen. In einem dieser eleganten und gediegenen Mietshäuser wohnten durch mehr als drei Jahrzehnte auch meine Großeltern mütterlicherseits. Es hat wie durch ein Wunder die amerikanischen Bombenangriffe des zweiten Weltkrieges heil überstanden. Bei dieser Begegnung machte, dessen erinnere ich mich, Ganghofer einen ernsten Eindruck, nicht den des unbeschwerten Optimisten, als den ihn anscheinend die meisten Menschen kannten und als den er sich ohne Selbstgefälligkeit und mit bezwingender Offenheit in seinen Erinnerungen schildert.

In dem großen und vielseitigen Kreis der Kulturschaffenden Münchens war er durch Jahrzehnte beliebt und geachtet gewesen. Das auffallende Entgegenkommen, das der deutsche Kaiser ihm durch ein stundenlanges Gespräch auf einem großen Empfang – ich glaube es war im Münchner Künstlerhaus – erzeigte, die unverkennbare Sympathie, die von da ab zwischen den beiden Männern bestehen blieb, brachte ihm, dem selber Neidlosen und immer Hilfsbereiten, Neid und neidgeborenen Spott ein. Vor allem der „Simplizissimus", den ein fester Stab hervorragender Mitarbeiter binnen kurzer Frist zum führenden Witzblatt Deutschlands und auch über Deutschlands Grenzen hinaus gemacht hatte, griff ihn von da ab in einer dem Ansehen und Wert seiner Persönlichkeit ungemäßen Art an. Und als er, ich glaube es war 1916, auf Wunsch Wilhelms II. einen von Münchens Bürgerschaft gespendeten Liebesgabenzug als Kriegsberichterstatter an die Ostfront begleitete (man hielt ihn für die geeignete Persönlichkeit, den bayerischen Divisionen die Grüße aus ihrer Hauptstadt zu überbringen) und sich dabei auch eine Zeitlang im großen Hauptquartier aufhielt, ergoß sich der ganze Hohn seiner Gegner auf diese seine Frontreise.

Ludwig Thoma, Ganghofers intimer Freund und Waidgenosse, dessen bei aller gelegentlichen Grobheit nie versagender altbayerischer Takt eine dem „Simpl" nicht zu Ruhm gereichende Art des Höhnens abgewendet hätte, war damals als Schriftleiter schon ausgeschieden, und Albert Langen, der Begründer und Verleger, dem Ganghofer in manchem gegen ihn und seine Mitarbeiter anhängigen Strafprozeß als Sachverständiger beigestanden hatte, war vor dem Krieg gestorben. Damit und mit dem Eindringen anderer Mitarbeiter und Richtungen hat auch der Abstieg des „Simplizissimus" begonnen. Das nicht nur infame, sondern auch unglaublich dumme Bild „Die Wildfütterung des Grafen" ist eines der Dokumente dieses Niederganges. Es stellt eine im Wald erfrorene alte Frau dar, neben der sich „pralle" Rehe an einer Fütterung gütlich tun.

Man darf Ganghofers literarische Bedeutung nicht an den seine Erfolge begründenden und auch späterhin tragenden Romanen messen wollen. Die Zeit ihrer Entstehung ist unserer Beurteilung nicht mehr recht zugänglich. Sie haben sich immerhin vom Hergebrachten losgerungen und sind Vorläufer, vielleicht sogar Wegbereiter des Naturalismus gewesen. Daß sie ein halbes Jahrhundert nach des Dichters Tod noch leben und mit vielen Freuden gelesen werden, spricht, wenn für nichts sonst, zumindest für die sie kennzeichnende Sauberkeit, die reine Luft, die sie umweht und die man gern atmet.

Auf das Romaneschreiben war Ganghofer nach seinem damit gemachten schnellen Aufstieg durch das Verlangen des Publikums, nach dem sich wiederum die Wünsche der Verleger richteten, geradezu festgeschraubt worden. Es erging ihm damit wie dem großen Schauspieler Max Pallenberg, den man nach seinen als Komiker früh gewonnenen Erfolgen nur noch in diesem Fach sehen wollte. Dabei war er ein ernster Künstler und als solcher von tief ergreifender Wirkung. Und die Dichterkraft Ganghofers, die unter seinen Zeitgenossen ihresgleichen sucht, zeigt sich nur da in ihrer ganzen Fülle, wo er reiner Erzähler ist, in seinen Novellenbänden und zu einem Teil auch in den Lebenserinnerungen. Einige der in seinen Büchern „Die Jäger" und „Damian Zagg" enthaltenen Geschichten werden unter dem besten bestehen bleiben, was deutsche dichterische Erzählerkunst hervorgebracht hat.

Vielleicht werde ich auf anderen Blättern einmal von der bis in die siebziger Jahre des vorigen Jahrhunderts zurückreichenden Zusammenarbeit von Ganghofers Vater mit dem Vater meines Vaters mehr erzählen können. Der Ministerialrat und spätere Geheimrat von Ganghofer, Ritter des Verdienstordens der bayerischen Krone, war zu seiner Zeit einer der fähigsten und vernunftvoll fortschrittlichsten Männer im bayerischen Staatsforstdienst. Als mein Großvater Aschau, die damals größte Waldherrschaft des alten Bayern, erworben hatte, nahm er – seinem Grundsatz folgend, nur berufensten oder keinen Rat einzuholen – mit ihm Verbindung auf und gewann damit einen Helfer, wie er ihn tatkräftiger, erfahrener und in gewissem Sinn kongenialer nicht hätte finden können. Es ist eine für mich bittere Gegebenheit, daß ich diejenigen jetzt zur Ernte heranstehenden Waldgebiete, in denen vor allem die glückliche

Hand des älteren Ganghofer gewaltet hat (auch der Bau einiger schönstgelegener Jagdhütten war von ihm veranlaßt worden), nur noch aus der Ferne und nimmer als Herr über sie betrachten kann.

Ludwig Ganghofer, der Sohn, war in seinen jungen Jahren das, was man in Bayern einen ,,Reißteufel" nennt; er hing liebevoll an seinen beiden Eltern, bereitete ihnen aber mit seinem unruhigen und schwer zu zügelnden Temperament manchen Kummer. Nach dem Abitur war es vor allem die Wahl der rechten Laufbahn, die seinen Vater besorgte. Deshalb bat er eines Tages meinen Großvater, ihm seinen Ludwig vorstellen zu dürfen. Wenn man sich mit seinem Werk und seiner Persönlichkeit beschäftigt hat, klingt es unglaubhaft, daß Ludwig auf der Schule ein überdurchschnittlich begabter Mathematiker gewesen ist. Sein Vater mag gehofft haben, ihn auf Grund dieser Fähigkeiten in der Nürnberger Maschinenfabrik unterbringen zu können.

Mein Großvater hatte die ihm durch ein bewegtes Leben geförderte unschätzbare Gabe, die seinen auch für die Gründerzeiten, in denen er wirkte, märchenhaften Aufstieg wesentlich beeinflußt hat, Situationen, aber auch Menschen schnellstens, meist schon im ersten Anschauen, zu erfassen und zu beurteilen. Er sah sich den etwas verlegen vor ihm stehenden jungen Menschen mit den blauen Augen und dem nicht zu bändigenden blonden Lockenwuchs ein paar Minuten lang nachdenklich an und wandte sich dann dem Vater zu:

,,Aus dem wollen Sie einen Mathematiker machen?"

,,Ja, er muß jetzt in einen Beruf hinein", antwortete mit heraushörbarer Besorgnis der Ministerialrat.

,,Ich will Ihnen jetzt offen sagen, was ich meine", fuhr mein Großvater fort: ,,Mit so schönen blauen Augen *darf* man nicht Mathematiker werden. Was ihr Sohn ergreifen soll, weiß ich im Moment noch nicht, aber eines verspreche ich Ihnen: Er macht sicher seinen Weg!"

Als der blauäugige Jüngling von damals seinen Weg zu ernsthafter Arbeit, zum Erfolg und zu einem glücklichen Leben gefunden hatte, lebte mein schon wenige Jahre nach diesem ersten Besuch verstorbener Großvater nicht mehr. Aber Ludwig Ganghofer war von da ab ziemlich oft in München wie in Aschau Gast im großelterlichen Haus. In das Gästebuch meiner Großmutter hat er sich ein paarmal zusammen mit seinem Vater eingetragen. Einmal stehen darin sogar zwei Gedichte, eines vom Vater und eines vom Sohn, nebeneinander. ,,Die Lust zu fabulieren" stammte im Fall Ganghofers wohl vom literarisch sehr begabten, weit über dem Durchschnitt damaliger Gelegenheitsdichtung kultivierte Verse schreibenden Vater. Aus der Kegelbahn meiner Großmutter, zu deren Schmuck jeder Jagdgast mit einer Aschauer Trophäe seinen Beitrag leisten sollte, besitze ich eine geringe Gamskrucke vom „Doktor Ganghofer", wie man ihn in Aschau zur Unterscheidung vom Vater, dem „Herrn Rat", zu bezeichnen pflegte. Sie gleicht fast aufs Haar der Krucke meines ersten Gams, das auch eine geringe Geiß gewesen ist, und die beiden hängen jetzt, sozusagen vereint, zur Rechten und zur Linken eines Bildes in unserer Forstverwaltung.

Das alles sind Fäden, die während meiner Lektüre in jener Hüttennacht Vergangenheit und Gegenwart zusammenspannen, deren Hin- und Herschwingen unzählige Erinnerungen und Bilder lebendig werden ließ, Gestalten kommen und gehen, Gesichter aus dem Dämmer hinter dem Kerzenlicht auftauchen und wieder darin verschwimmen machte.

Ein Stück grandioser Erzählerkunst in Ganghofers Lebenserinnerungen ist die Beschreibung des Ringtheaterbrandes in Wien im Jahre 1881, bei dem nahezu fünfhundert Menschen ums Leben kamen und der ganz Europa in Schrecken und teilnehmende Aufregung versetzt hat. Ganghofer war zu der Zeit als Dramaturg und Regisseur am Ringtheater tätig. In sein eigenes Leben hat das Verhängnis jener Nacht, von dem auch das Leben seiner künftigen Frau bedroht gewesen war, letzten Endes eine glückliche Wendung gebracht.

Ich hatte mich also ins schmale, almerisch brettergefügte Bett begeben damals und beim rotgoldenen Schein meiner Lesekerze im Buch soeben jenes Kapitel über den Theaterbrand aufgeschlagen. Da meinte ich durch die dicke Bruchsteinmauer des Kasers hindurch einen Hirschschrei vernommen zu haben. Die Läden vor dem Fenster der kleinen Schlafkammer sowohl als auch drüben im Wohnraum waren geschlossen, aber die Eingangstüre zum Kaser hatte ein ziemlich hohes, barock geschweiftes Oberfenster, und weil um der hereinziehenden Wärme willen die andere Türe, die in mein Schlafgemach oder, richtiger gesagt, in die Kemenate der Sennerin führte, offenstand, mußte ich befürchten, daß etwas vom ziemlich hellen Licht der Kerze in die Alm hinausscheinen könnte. Deshalb blies ich es alsogleich aus. Dann erhob ich mich leise, um nochmals in den Stall hinauszuschleichen. Als ich aber in den Wohnraum trat, blendete ein großer, weißgoldener Fleck mir entgegen, der durch das Oberlicht auf die rückwärtige Stubenwand fiel. Der Mond war aufgegangen. Und nun hatte ich einen Anblick, wie man ihn sich vielleicht erträumt ohne die Hoffnung, daß er einem in Wirklichkeit je zuteil werden könnte: Riesengroß hing das weißglühende Mondmedaillon sich noch mit ihr berührend über der Schneid im Nachthimmel und – in der ersten Sekunde wollte ich meinen Augen mißtrauen – genau davor, also mitten im Silberkreis, standen als klar geschnittene Silhouette, spitz mir zugewendet, zwei Stück Kahlwild. Langluserig in die Alm herein verhoffend, verhielten sie eine Weile regungslos nahe nebeneinander, und dann schob sich, etwas im Hintergrund, auch noch ein Hirsch mit in den Kreis. Kaum erschienen, legte er das Geweih auf den Rücken, und ich vernahm abermals einen diesmal aber ziemlich leisen Schrei.

Die Stuck zogen, nachdem eines von ihnen den Grind zu kurzem Äsen gesenkt hatte, aus dem Mond heraus, nach einer kleinen Weile majestätischen Verhoffens mit hoch erhobenem Haupt setzte der Hirsch sich langsam wieder in Bewegung, und auch sein Umriß ward von der Ebenholzschwärze der Alm eingesogen. Die Entfernung hatte etwa 120 Meter betragen, und weil durch das Wunderhafte der Erscheinung so etwas wie ein seliges Gelähmtsein über mich gekommen war, hatte ich versäumt, nach dem im Dunkel neben mir auf dem Tisch liegenden Glas zu greifen. Aber es war mir so vorgekommen, als habe der Hirsch während der wenigen Sekunden, in denen er das Haupt erhoben hielt, ziemlich hohe, steil gestellte Stangen gezeigt. Der, den ich gestern unten im Kessel der Schwarzlack gesehen hatte, schien er also nicht zu sein.

Jetzt war es Zeit, daß ich mich in den Stall hinaus begab. Irgendwo in der Umgebung der Almhütten würden Hirsch oder Kahlwild über kurz oder lang auftauchen. Ich zog meine Joppe über die flanellene Schlafkombination an und stieg in die Hüttenopanken, dann ertastete ich mir den Repetierer und das Glas, die ich beide, eh ich die Lampe löschte, griffbereit auf den Tisch gelegt hatte, und schob mich in den kuhdungwürzig duftenden Stall hinaus.

Als ich durch eines der Südfenster hinausschaute, erfaßte ich mit dem ersten Blick mehrere schattenschwarze Wildkörper auf dem schwach monderhellten, von der Hütte steil abfallenden Hang, und als ich den Fensterflügel behutsam einen Spalt aufzog, hörte ich auch deutlich das scharfe Rupfen der eifrig Äsenden. Vier Stück Kahlwild waren es und ein Hirsch, der aber nicht äste, sondern gegen die Schneid hin verhoffte, von wo soeben wieder ein kurzer Brummer hörbar geworden war.

Das konnte also unmöglich der Hirsch sein, den ich fünf Minuten zuvor durch die Mondscheibe hatte ziehen sehen. Kaum glaubhaft war es, daß auf die sonst vom Rotwild nur unregelmäßig und eher schwach als stark aufgesuchte Hochalm jetzt gleichzeitig zwei Brunftrudel zur Äsung gezogen waren. Der Hirsch war nicht weiter als siebzig Gänge von meinem Fenster entfernt, und ich konnte ihn zur Not ansprechen. Ein anscheinend langendiger Achter oder Kronzehner war es, trotz starker Mähne noch jugendlich in der Statur. Sein Haupt lief spitz zu, und die mittelhohen Stangen konnten nicht stark sein, sonst hätten sie sich deutlicher vor dem hellen Grasgrund abgezeichnet. Vom fünften Kopf war er, älter wohl schwerlich.

Jetzt setzte er sich in Bewegung und umging das zuhöchst, also dem Neuankommenden zunächst stehende Alttier mit jener merkwürdigen Gemessenheit, aus der jede Sekunde gewalttätiges Drauflosfahren werden kann. In diesem Fall war das friedlich äsende Stück gutwillig und reihte sich, der Annäherung des Gebieters ausweichend, dem Kreis der Schwestern wieder ein. Der ihm folgende Achter ließ ein ziemlich vorsichtiges Knören vernehmen, und nach einer Weile stolzen Hinabäugens auf sein Kahlwild vertiefte auch er sich in die vom zu Tal rinnenden Odel des Scharers kräftig gedüngten Almkräuter.

Die zu mir hereinströmende Nachtluft war kalt, und ich wollte gerade den Fensterflügel wieder schließen, als ich, jetzt in meinem Rücken, einen tiefen Brummer vernahm. Das war in nächster Nähe des Almangers gewesen, der, von einer Mauer aus geschichteten Steinen eingefriedet, die beiden Kaser miteinander verbindet. Ein solcher Almanger, auch Almgarten nennt man ihn, wird nicht abgeweidet, sondern gemäht und eingeheut, zur Überbrückung etwaiger Weidenot bei sommerlichen Schneefällen. Weil langes Gras mehr Heu ergibt, und sich überdies leichter einbringen läßt als kurzes, wird der Anger zumeist auch kräftig gedüngt. Nach Abzug des Viehs ist er dem Rotwild ein beliebter Äsungsplatz.

Mit ein paar langen, aber vorsichtigen Schritten (die Stallbühne unter meinen Sohlen war glatt) wechselte ich auf die Nordseite hinüber. Im vollen Licht des jetzt höher gestiegenen Mondes lag die sanft abfallende helle Fläche, auf der man freiäugig jeden Dachs sofort erkannt hätte, aber zu meiner Enttäuschung konnte ich kein Wild in ihr entdecken. Da blendete mich an ihrem oberen Rand irgendeine Bewegung, ein kurzes Aufblinken. Ich richtete eilends das Glas dorthin. Da oben, noch außerhalb des Gartens, stand der Hirsch! Die Mauer verdeckte ihn bis dicht unter den Ziemer, nur das Haupt und der wuchtige Träger ragten mondversilbert darüber hinaus. Das hohe Geweih, von dem der fahle Blitz ausgegangen war, ließ sich schlecht ansprechen, weil es auf der mir zugekehrten Seite hell beschienen vor einem gleichfalls hellen Hintergrund stand. Aber soviel sah ich, daß es langendig und hoch war.

Und dann auf einmal fuhr mir ein heißes Erschrecken bis in die Magengrube hinunter: Kaum mehr als zwanzig Meter vor mir lösten sich aus dem Schatten, den die Hütte warf, die beiden Stücke Kahlwild und zogen auf den Almanger zu. Nach einer kleinen Weile des Sicherns, während der ich mich nicht zu atmen getraute, setzte zuerst das langhäuptige Alttier und dann das schlanke Schmaltier über die Steinmauer, und sie begannen alsbald, etwa fünfzig Schritte von meinem Fenster entfernt, ruhig zu äsen. In diesem Augenblick tat oben der Hirsch seinen ersten vollen, tief rasselnden Schrei, setzte sich, der Einfriedung ein Stück folgend, in Troll und überfiel von drüben her, also dem Kahlwild entgegen, mit hoher Rennpferdflucht die Mauer. Dabei blitzte wieder das zurückgelegte Geweih wie ein verzaubertes Gebilde aus der Märchenwelt. Dann stand er, mir das Haupt zuwendend, hoch und machtvoll bei seinen Gefährtinnen. Ich konnte ihn genau ansprechen: Ein Zehner war es mit etwas eng gestellten hohen Stangen, mit langen Aug- und Eisenden und großen, anscheinend elfenbeinweißen Gabeln, ein guter und voll jagdbarer Berghirsch, der seine Kronen, wenn sie seinem Wesen entsprochen und zu ihm gehört hätten, schon seit ein paar Jahren auf dem gewichtigen Haupt hätte tragen müssen.

Das lautlose Öffnen des Fensters war weit schwieriger und langwieriger als das Zielen. Im allerletzten Augenblick schlug ich noch mit dem Gewehrlauf gegen das eiserne Fensterkreuz. Die drei Häupter flogen in die Höhe und wandten sich jäh gegen mich her, aber in der nächsten Sekunde schon fuhr ein roter Blitz aus dem Fenster. Der von der Stallwand eingefangene überlaute Krach sang mir in den Ohren, Schalen trommelten, ich sah zwei große Schatten über den Anger fliegen und dann den in der Fährte zusammengesunkenen Hirsch mit heftiger Bewegung noch einmal das vom Silberlicht umflossene hochgeweihte Haupt heben. Im Herabsinken schlug eine Stange hart gegen einen Stein, und dann lag alles, Alm, Wiesengarten, Schindeldach des oberen Kasers, das darunter geschichtete Brennholz, Felsblöcke, Kraut und Blätterwerk und auch der Verendete in mondener Verzauberung still vor mir. Ich ließ sie lange auf mich einwirken, jeden Augenblick darauf wartend, Schritte über die ächzende leiterhafte Treppe von den Dachschlafkammern heruntertappen und die Stalltüre hinter mir knarren zu hören. Merkwürdigerweise aber blieb es im Kaser lautlos still.

Nach etwa zehn Minuten kam ich zu der Einsicht, daß – nicht zu glauben war so etwas – keiner der vier Schläfer durch den Schuß aus seinen Träumen gerissen worden war. Gewärtig, jetzt auch drüben die Alm wildleer zu finden, schlich ich mich ans Südfenster zurück. Zu meinem bassen Erstaunen äste aber dort, jetzt freilich an die hundert Meter weiter entfernt, die ganze Gesellschaft mit unbeeinträchtigter Hingabe weiter. Der Hirsch hatte sich sogar auf etwas erhöhtem Rücken oberhalb seines Kahlwildes niedergetan.

Durch die dem Viehaustrieb dienende seitliche Stalltüre trat ich schließlich ins Freie und, die Umfriedung des Angers übersteigend, an meinen Hirsch heran. Großmächtig lag er auf dem glitzernden Gras, und das weit offene dunkle Licht war, wie ich das bei im Mondlicht geschossenem Wild oft beobachtet habe, von noch ganz lebendigem, sanftem Glanz. Ein Ausdruck vorwurfslosen Sinnens lag auf dem majestätischen Haupt. Es war ein guter, nicht mehr junger Hirsch, sein zehntes Jahr hatte er wahrscheinlich überschritten. Das Geweih war derbstangig, hell lehmverschmiert, wobei die ziemlich langen, spitzwinkelig nach oben strebenden Enden blank geblieben oder gefegt worden waren. Daher ihr merkwürdig märchenhaftes Blinken und Blitzen im Mondlicht, als der Hirsch vorhin mit dieser prachtvoll gestreckten Flucht die Mauer überfallen hatte. Jetzt war ich froh, daß keiner der Schläfer aufgewacht war, daß ich allein bei meinem Wild verweilen und das Geheimnis seines Ausgelöschtseins in der tiefen Stille dieser Silbernacht auf mich wirken lassen konnte. Unendlich viele Sterne standen außerhalb des vom Mond überblendeten Kreises, und merkwürdigerweise schien der Wind sich gedreht zu haben; bei unveränderter Lautlosigkeit zog er jetzt aufwärts. Ich durfte, als ich mich, mit wenigen Griffen nur das Notwendigste ausführend, ans Lüften machte, hoffen, daß mich das unten in der Alm stehende Wild, gegen das die Hütte mir Sichtschutz gab, nicht in den Windfang bekommen würde.

Die echten, uns tief ins Gemüt hinein fassenden Mysterien währen meist nur kurze Zeit. Hier war es zudem auch die nächtliche Kälte bei dürftiger Gewandung, die mich daraus löste und mir die Rückkehr unter die Schindeln wünschenswert erscheinen ließ. Aus dem Stall warf ich noch einen Blick auf den Almhang. Immer noch äste dort das vierköpfige Rudel, nur der Hirsch war nirgends mehr auszumachen. Wahrscheinlich ruhte er jetzt in Deckung einer Mulde.

Schritt vor Schritt, um ja die Schläfer nicht nachträglich noch zu wecken, tastete ich mich in die Stube zurück, deren Wärme mich wohlig umfing. Das ging jetzt nicht anders, ich mußte die Lampe nochmals anzünden. Im Herd war noch genügend Glut, um ein neues Feuer daraus anzufachen, und das Wasser in der geschnäbelten Blechkanne reichte noch aus für einen, ja selbst für einen zweiten Grog. Mit langsamen Zügen genoß ich den Feuertrank und ein paar Zigaretten, schloß ein paarmal die Augen, um die geschauten Bilder wieder zu beschwören, tat sie auf, um mich des geborgenen Behagens zu erfreuen, fragte die durch die Stube streichenden, in dunklen Ecken hockenden Geister lang schon verstorbener almjägerischer Vorgänger, wie sie es einstens wohl getrieben, was ihnen zu ihrer Zeit an Stangen und Sprossen zugefallen war. Und schließlich zog ich mich mit schwer gewordenen Gliedern wieder in die weißgetünchte Kammer zurück, las beim Schein der Kerze noch ein paar Seiten in meinem Buch und versank dann in einen von Wunsch und Wahn erlösten, beglückenden Schlaf.

Aus entferntesten Traumgefilden holte mich eine Berührung an der Schulter zurück. An der Wand sah ich einen kreisrunden weißlich-gelben Lichtfleck, und nach ein paar Sekunden der Ratlosigkeit wußte ich wieder, wo ich war. Vor meinem Bett stand mit einer Taschenlampe in der Hand der Jäger Wolfgang.

„Draussd auf der Alm schreit a Hirsch!", sagte er aufgeregt.

„I hab 'n no net andersprochen, d' Stimm' is net schlecht."

„Ich komm' gleich", antwortete ich, während er sich schon wieder zum Gehen wandte. Was konnte das für ein Hirsch sein?

Hatte der Mondstrahl den massigen Althirsch von der Schwarzlack betört und in Gang gebracht? War er herangewechselt, sich das Kahlwild von der Alm zu holen?

Ein paar Minuten später stand ich neben dem Jäger am Stallfenster. Im Westen hatte sich inzwischen eine streifige weiße Wolkenwand aufgebaut. So gerade, als hätte man sie mit der Schere abgeschnitten, grenzte sie an den bestirnten offenen Himmel, und der Wind war ein wenig stärker geworden. Auf dem steilen Almhang aber war's jetzt lebendig. Laut röhrend umkreiste ein Hirsch das kleine Rudel, das ich, eh ich in die Stube zurückkehrte, zuletzt unten im Hang gesehen hatte. Es war wieder bergan gezogen und schob sich einen knappen Büchsenschuß vor uns äsend durcheinander. Ich brauchte das Glas nur für wenige Sekunden an die Augen zu nehmen, um in dem aufgeregt seine Tiere umkreisenden Hirsch denselben jungen Kronzehner wieder auszumachen, der zuvor schon bei diesem Wild gestanden hatte.

So aus der Nähe erschien er mir etwas besser. Aug- und Mittelsprossen waren ziemlich lang, die Stangen nicht hoch, die Kronen klein. Mancher acht-, ja sogar zehnjährige Hirsch trägt im Gebirg ein diesem ähnliches, unwüchsig ausdrucksloses Geweih, und man schießt ihn, wenn man ihn ruhig ansprechen und gut haben kann. Aber der da hatte noch das trotzige, rehbockhaft spitze Haupt des Junghirsches, der war – ganz abgesehen davon, daß ein weit besserer drüben im Almgarten lag – nichts für die Kugel. Der Wolfgang stimmte mir zu. Nach einer Weile des Beobachtens, als die Kälte wieder anfing, mir unter den Schlafanzug zu dringen, sagte ich zu ihm: „Schau einmal im Anger nach, ich mein', ich hab' gerade einen brummen hören da hinten."

Der Wolfgang ging, sah, stutzte und erfaßte sofort, daß ich den dort neben der Steinmauer lang und schwer hingestreckten Hirsch geschossen hatte, aber es wollte ihm ebensowenig wie vorher mir in den Kopf, daß keiner der vier Schläfer den Schuß, der in dem niedrigen Stall wie ein Kanonenschlag detoniert war, vernommen hatte.

Nun, wir weckten die anderen auch jetzt nicht auf. Der Wolfgang bekam noch einen doppelten und ich einen halben Rum zum Anstoßen mit der linken Hand, und jeder rauchte im Licht der zitterigen Kerzenflamme noch eine Zigarette, während der Kronzehner, den die Abwesenheit älterer Rivalen zum Platzhirschgehaben ermutigte, draußen laut weiterrumorte. Dann legten wir uns beide wieder aufs Ohr.

Am Morgen weckte mich halblautes Gespräch nebenan in der Stube. Die anderen waren anscheinend schon auf, und nach einer Weile hörte ich das heftige Knacken und Knallen eines frisch angezündeten Herdfeuers. Weshalb hatte der Wolfgang mich nicht, wie verabredet, vor erster Dämmerung geweckt!? Da hörte ich draußen die Dachrinne plätschern und dann auch über mir das weiche Klopfen des Regens auf den Schindeln. Das Drehen des Windes war somit wie immer auch diesmal Vorbote eines Wetterumschlags gewesen! Regen war gekommen und mit ihm wahrscheinlich auch der Nebel, sonst hätte der Getreue mich nicht verschlafen lassen. Der Leuchtzeiger der Uhr zeigte schon die siebente Frühstunde an, und durch einen Spalt zwischen den Läden blendete Tageslicht herein.

Es war so: Bläulich weiß wie verwässerte Milch lag draußen der Nebel und so dicht, daß die Konturen der einen weiten Schrotschuß oberhalb liegenden zweiten Almhütte sich nur schwach darin abzeichneten. Aber die Luft war ruhig; noch oder wieder, wußte ich nicht, denn ich hatte fest geschlafen. Der Regen fiel dünn und in feinen Tropfen. So richtig eingesponnen in Verschlafenheit und Stille fühlte ich mich, während ich, die Bank vor der Hütte als Tisch benützend, ans Rasieren ging. Ein Rotschwanz purrte dicht über meinen Kopf weg heran und ließ sich für ein paar Sekunden auf der hölzernen Dachrinne nieder, pfiff ein paar Töne, eräugte mich und warf sich mit erneutem Flattergeräusch scheu ins Unsichtige zurück.

Ich schaute zum Hirsch hinunter. Auch er lag bläulich eingeschleiert im Anger, und seine Decke war von winzigen Wassertropfen übersprüht. Aber die Stangen hatte der Regen inzwischen reingewaschen, schwarz wie Ruß mit bis fast zur Hälfte elfenbeinweißen Enden ragten sie königlich in den jetzt mehr falb als grün erscheinenden Grashintergrund hinein. Als ich in die von morgendlichem Pfeifen- und Holzfeuerrauch erfüllte Stube zurücktrat, fragte der Bauer mich, ob er, nachdem der Nebel uns mit der Sicht auch alle Aussicht auf jägerischen Erfolg weggeschluckt habe, nicht jetzt schon mit dem ,,Ausradeln" beginnen könne.

,,Ausradeln", das bedeutete in diesem Fall mit einem tiefgründigen einräderigen Schubkarren, der ,,Radltruh", Kuhmist auf die hüttennahen Almflächen fahren. Wenn einer ein richtiger alterfahrener Almbauer ist, dann breitet er ,,den Scharer", der ja aus puren, von keinerlei Streu gebundenen Kuhfladen besteht, nicht etwa aus, sondern er kippt seine ,,Radltruh" immer so um, daß zwischen den einzelnen Haufen dem Vieh hinlänglich Raum zum Grasen verbleibt. Ein Haufen ist jeweils Inhalt einer Fuhre; er soll sich in langsamer Zersetzung zu Humus verwandeln und gleichzeitig durch den aus ihm von Regen und Schnee herausgelaugten Odel den ihn umgebenden Grasboden düngen. Das ist ein erprobtes almgerechtes Verfahren, und es hat den weiteren Vorteil, daß man die so versorgte Fläche ein, zwei Jahre sich selber überlassen kann. Nur im Anger wird der Mist wie auf einer Wiese gebreitet.

Der Bauer also wollte mit dem ,,Ausradeln" beginnen. Weil es aber erst siebeneinviertel Uhr war, vereinbarten wir noch eine Stunde Aufschub. Und es war gut so, denn noch ehe ich nach geruhsam eingenommenem Frühstück den Morgentabak in Brand gesetzt hatte, klapperten mit einem Mal die Läden und ächzte das Dachgebälk unter einem starken Windstoß, gleichzeitig begann der Regen wieder, und jetzt vernehmbarer und härter als zuvor, aufs Dach zu klopfen. Der Bauer, der sich im Stall schon zu schaffen gemacht hatte, kam herein:

,,Jetzt hat's net an Nebi aufg'rissen, und auf der Schneid vorn siehcht ma scho die Gambs!", verkündete er, der einen starken Hang zum Jägerischen nicht zu verbergen vermochte, uns mit aufgeregter halblauter Stimme.

Als der Wolfgang und ich ans südliche Stallfenster traten, war die obere Hälfte der Alm schon nebelfrei. Ja, wirklich und wahrhaftig, da stand knapp hundertfünfzig Schritt entfernt ein ziemlich großes Rudel Gams, an die dreißig mochten es sein, auf der freien Fläche. Eine ganze Anzahl älterer und alter Geißen war unter ihnen, äste eifrig mit nickenden, zum Teil sehr hohen Krucken und kümmerte sich nicht um den schräg heranpeitschenden Regen. Trotzdem erkannte ich, nachdem ich den ersten Überblick gewonnen hatte, daß man hier schwerlich eine Kugel würde loswerden können, denn bei der Schar befanden sich auch mindestens neun Kitze. Und die nun schienen ganz entzückt von der so plötzlich und heftig auf sie niedergehenden Dusche. Sie führten Spiele und Tänze auf, daß man darüber liebend gerne auf Waffe und Beutung vergaß.

Wer Gamskitzen noch nie bei ihren Spielen zugeschaut hat, kann sich nicht vorstellen, wie ausgelassen, wie verrückt und besessen von Lust und überschüssigen Kräften es dabei zugeht. Da gibt es Luftsprünge von gut einem Meter Höhe, solche, um dem Gespielen von oben her in den Nacken stoßen zu können und solche aus purem Vergnügen am Sichhochschnellen, aus denen nicht selten ein ungewollter Salto, ein Sich-nach-rückwärts-Überschlagen und Hinpurzeln wird und aus dem dann wieder ein gummiballhaftes Aufspringen und Landen auf den vier Läufen.

Da gibt es auch ein oft minutenlanges Jagen im Zirkel, zu dreien, vieren, sechsen hintereinander her und immer dem Tempo des Vordersten angeglichen, daß man meint, ein Windrad sich drehen zu sehen. Manchmal bewegt dieser Tanz sich selbst über Felsblöcke weg: Das erste Kitz setzt aus dem Stand hinauf und nach sekundenkurzem Verhalten auf der anderen Seite wieder hinunter, alle übrigen folgen. Manchmal ist's auch ein regelrechtes „Fangemanndl" in so schnellem Tempo, daß das Auge kaum zu folgen vermag, und sehr oft sind es zwar verspielte, aber deshalb doch sehr heftige Kämpfe, daß man die winzigen Kruckenspitzen auf den lustigen kurznasigen Köpfen aufeinanderklappern hört.

Das alles ist schon unterhaltsam und komisch genug, wenn nur zwei oder drei Kitze beisammen sind, wenn aber, wie damals, neun Kobolde in zwanglose, sich ständig verschiebende Gruppen aufgeteilt ihre Tänze vollführen, kommt man aus dem Schauen und Lachen nimmer heraus.

Obwohl sie mit den sehnigen Gamskindern außer der durch dieses Sichaustollen entstehenden Komik nicht das geringste zu tun hat, drängt sich mir da die Erinnerung auf an eine Geschichte und an ein Lachen, die ich vor mehr als vier Jahrzehnten erlebte. Damals, gegen Hochsommers Ende zu, hatte – Gründe und Zusammenhänge sind für das, was ich davon zu erzählen habe, bedeutungslos – hatte also eine Schar junger Mädchen sich ausgedacht, in dem herrlich angelegten und damals noch gepflegten Park meiner Großmutter so etwas wie eine Ballettvorführung zu veranstalten. Romantischerweise war als Zeit die Stunde von der beginnenden Dämmerung bis zum ersten Erschimmern der Sterne gewählt worden. Sogar ein Programm mit näherer Bezeichnung der verschiedenen Tanzbilder wurde vorher verteilt. Als Kulissen dienten die Bosketts und einige großkronige Buchen um eine sanft abfallende Wiese. Hinter ihnen hervor nahten beim Klang eines kleinen transportablen Klaviers und mehrerer Streichinstrumente, sittsam feenhaft in lange, wallende, weiße Gewänder gehüllt, etwa zehn Mädchengestalten und vereinigten sich zum Tanz. Es war, zumal die Dämmerung gewisse technische Unvollkommenheiten abmilderte, eine wirklich hübsche und mit liebevoller Sorgfalt einstudierte Darbietung.

Nur einer der Tänze erwies sich für die langen Gewänder als ein wenig zu wild und sprüngereich. Der sehr leichte Stoff, aus dem diese letzteren gefertigt waren, wurde dabei ausgesprochen unbotmäßig, was die Tänzerinnen, die sich immer wieder mit hochgeworfenen Armen vom Boden emporschnellten, selber wohl am wenigsten bemerkten. Es war trotzdem nichts dagegen einzuwenden, denn auch unter den Schleiermänteln war alles, sogar für damalige Ansprüche, hinlänglich dezent geordnet. Nur die Beleuchtung eben, das verschwimmende Weiß vor der dämmerigen Wiese und gewisse naturgegebene Prallheiten ließen bei unpoetischer Phantasie Trugschlüsse hinsichtlich nicht ausreichenden Verhülltseins zu. Auf dem Programm war dieser Tanz als „Rococo" verzeichnet. Ein etwas boshafter Onkel von mir hielt sich das bei dem schwachen Licht kaum noch leserliche hektographierte Blatt dicht vor die Augen. „Was war das für ein Tanz, wie ist der Name? Lese ich richtig: Popopo?" fragte er und störte damit die romantische Stimmung nicht unerheblich.

Um wieviel federnder, leichter, tollender war dieser Kindertanz der Gamskitze! Indessen bewegte das Rudel dicht geschlossen äsend sich immer näher zur Schneid hin. Die Nebelgrenze hatte sich wieder ein wenig gehoben, vor allem wehten jetzt ab und zu einzelne graue Bänder über den Almrücken. Und auf einmal sah ich, einem dieser fast durchsichtigen Fetzen mit dem Auge folgend, drei weitere Gams, die anscheinend, während ich mich mit dem Hauptrudel und seiner vor Daseinsfreude ganz außer sich geratenen Jugend beschäftigt hatte, aus dem Nebel heraus- und heraufgetaucht waren.

Drei starke, schon auffallend dunkle Stücke waren es, und nach längerem regenbehinderten Spekulieren und nachdem ich schließlich das Glas mit dem Perspektiv vertauscht hatte, konnte ich drei gute Böcke in ihnen erkennen. Bei allen dreien war der Pinsel deutlich zu sehen, und in der Figur schienen sie einander wenig nachzugeben. In den Krucken war jeder eine Persönlichkeit für sich.

Der vorderste hatte nicht allzu lange, starke Schläuche und bei scharfer Hakelung eine sehr weite Auslage. Er konnte sieben-, konnte seinem kräftigen Vorschlag nach auch neunjährig sein, für älter hielt ich ihn nicht. Der zweite hatte höhere Krucken mit weiteren Bogen und noch stärkeren Schläuchen, die aber eher eng als weit gestellt waren. Er kam mir im Rumpf als der schwerste von den dreien vor; seine Brust war, wenn er manchmal spitz von vorne aufwarf, von imponierender Breite. Ich schätzte ihn etwa zwei Jahre älter als den „Weiten". Und da war dann noch dicht an seiner Seite der dritte. Er hatte von den Dreien das hellste Gesicht und die höchsten, man durfte sagen, sehr hohe Krucken und auch die größten Bogen. Die Schläuche waren weit gestellt, aber sie waren nicht stark. Jung war auch der keinesfalls, trotz des verhältnismäßig schmalen Trägers und einer gewissen hochläufigen Schlankheit. Der Rumpf war lang, das Haupt war groß und der starke Pinsel deutlich zu erkennen.

Die Linsen meines Ausziehfernrohrs wanderten unausgesetzt von einem der drei weißwangigen Häupter zum anderen. Denn jeder in seiner Art war gut und reif genug, und einen aus dem mir gebotenen Kleeblatt wollte ich schießen. Ich liebe die Tage der Gamsbrunft. Von früher Jugend an, schon als Gymnasiast habe ich sie, wenn auch in homöopathischer Dosierung, voll Seligkeit genossen. Im Kranz meines Jagdjahres möchte ich sie nicht missen. Wenn es aber um's Schießen geht, ist mir ein vollfeister starker Bock im ausgehenden Sommer oder frühen Herbst die noch liebere Beute als ein schwarzer mit hochwehendem Wachler.

Der alte Forstverwalter Maier, Ende der siebziger Jahre in meines Großvaters Dienste getreten und schon vor meiner Geburt hochbetagt verstorben, nahm nach Allerheiligen im Zerwirkgewölbe keinen Gamsbock mehr an. „Enkerne g'stinkaten Luader mögts selber zammfressen", war seine wortkarge Begründung. Wenn auch nicht den Ausschlag gebend, fällt diese Erwägung dennoch mit ins Gewicht. Nicht, daß ich beim Jagen ans „Fressen" dächte (sonst müßten die Jahrlinge im Brennpunkt meines Interesses stehen), aber ein gutes Stück Wild auch hinsichtlich der Qualität seines Wildprets im besten Zeitpunkt und Zustand erbeutet zu haben, hebt mir die Genugtuung. Auch meine Abneigung gegen grob wirkende Patronen und zerstörerische schräge Schüsse hängt damit zusammen.

Ich wog also hin und her und schätzte stets aufs neue den einen oder anderen der drei schon vorwinterlich schwärzlich vor dem gilbenden Grün der Almmatte sich abhebenden Böcke gegen seine Weggenossen ab. Welchen!? Dabei wußte ich, daß mir nimmer viel Zeit blieb, mich zu entscheiden. Immer näher kamen die zügig sich fortäsenden drei Gams dem Kamm. Jenseits erwartete sie der große Felsenwald mit seinen vielen bis hinab zum Boden beasteten niederen Baumgrenzenfichten. Dort würden sie Schutz finden vor Wind und Nässe.

Der Wolfgang wollte, um die Möglichkeit späteren Vorwurfs auszuschließen, nicht gern einen Rat geben. Ich hatte, da ich selber keinen wußte, dafür Verständnis. So folgte ich denn schließlich der Neigung. Der mit den etwas eng gestellten hohen und starken Krucken und der kraftvoll stämmigen Figur war mir von Anfang an der Verlockendste gewesen. Ein Mordslackl von einem Bock war der, und nur weil die beiden anderen eben auch stark waren, kam dies nicht im vollen Ausmaß zur Geltung.

Ich polsterte mir den schmalen Fensterstock mit dem hineingepreßten Mantel und nahm den Erwählten ins Zielfernrohr. Ein haariger Schuß würde das werden. Die Böcke waren mehr als hundert Meter weiter entfernt als das übrige immer noch von seiner Jugend umtanzte Rudel. Die Auflage, vor allem bei der gebückt stehenden Haltung, die ich vor dem niedrigen Fenster einnehmen mußte, war nicht allzu günstig. Zudem hatte ich das Gefühl oder besser ich spürte es, daß drei weitere zum Teil glasbewaffnete Augenpaare aus den Fenstern der Schlafkammern die Entwicklung auf der Alm neugierig beobachteten, daß sechs Ohren schon seit fast zehn Minuten sehnlich auf einen die Spannung lösenden Schuß warteten. Solch ein Schauschießen ist mir verhaßt, aber ich mußte mir jetzt im Moment verbieten, daran zu denken.

Klein, aber trotz der Regenluft klar, stand der Bock vor dem Absehen, das fort und fort im und um das Ziel zitterte und schwankte. Dabei waren die Gams in ständiger, sich durcheinanderschiebender Bewegung. Je näher sie der Schneid kamen, desto eiliger schienen sie es zu haben. Und dann standen endlich die beiden anderen Böcke ruhig und breit da, und nur der meine äste spitz von mir weg, drehte sich schließlich halb breit, aber gleich danach wieder spitz. Den im Zielen angehaltenen Atem ausblasend, setzte ich endlich ab, sicherte und ließ den Stecher wieder ausspringen.

So würde es nicht gehen, das wußte ich jetzt. Da kam mir ein Einfall: Ich zog meine Joppe aus, legte sie zweimal zusammen und stopfte sie so gut es ging in den Barrn (das ist die Futterkrippe), der der Mauer entlang unterhalb des Fensters verlief. Indessen eilte der Wolfgang mit Sturmschritten in die Stube und schaffte mir einen Stuhl herbei. Auf diese Art hatte ich jetzt im Sitzen eine Stütze für den rechten Ellenbogen gewonnen. So ging es besser mit dem ruhigen Hinhalten, und endlich stand auch der Bock breit da. Der ausschreitenden Stellung seiner Läufe nach konnte das nicht lang währen. Im Schuß machte er eine gekrümmte Flucht, als sei ihm von unten her ein Stoß gegen das Brustbein versetzt worden. Dann flüchtete er, die beiden anderen Böcke mitnehmend, über die Schneid.

Bei den mehrstimmigen aufgeregten Erörterungen allen Anblicks und den diversen Rekapitulationen des Vorgefallenen hielt ich es in der Stube nur für die Dauer einer schnell gerauchten Zigarette aus, dann zog ich meine Bergstiefel an und ging mit dem Jäger die etwa 250 Meter zum Anschuß hinunter. Der Wolfgang hatte sich den Platz genau gemerkt und begann sogleich nach Ausrissen und Wundzeichen zu suchen. Aber auch dabei hielt es mich nicht. Ich nahm den Repetierer von der Schulter und folgte der Fluchtrichtung des Bockes über den Almrücken hinüber.

Schon nach dreißig langen Schritten erschaute ich ein wenig unter mir in einer wannenartigen Bodenvertiefung die schwarzen Läufe mit den gespreizten Schalen und den von rußigem Flankenhaar eingefaßten orangefarbenen Bauch des Verendeten. Nach zwanzig weiteren Sprungschritten stand ich bei ihm, zog das unter dem Rücken verklemmte Haupt an den Krucken hervor und legte den Bock auf die Ausschußseite. Dicht hinter der Blattschaufel, nur an ganz wenig verklebtem Schweiß kenntlich, war der Einschuß. Der Bock war im zehnten Jahr und hatte, wie ich später erfuhr, das für unsere Gegend hohe Jagdgewicht von 64 Pfunden. Die Krucke war so, wie ich sie angesprochen hatte: gut 17½ Zentimeter hoch, nicht ganz eng, aber keinesfalls weit gestellt, ohne Besonderheit bis auf die herzerfreuende Stärke der verpechten Schläuche. Das ist für den durch Jahrzehnte erprobten und geschulten Waidgesellen ein Vorteil, aber zuweilen auch eine Beeinträchtigung, daß er an in Ruhe angesprochenen Stücken, wenn sie geschossen sind und er an sie herantritt, nur selten noch Überraschungen erlebt.

Den Förster Pfaffinger hatte es auch nicht gelitten in der pfeifenrauchdurchzogenen Hütte, und er war uns gefolgt. Jetzt stand er bei mir und schüttelte mir die Hand, wie er es hundertmal schon getan nach glücklicher Beutung zwischen Frühling und Winter im Lauf von mehr als drei Jahrzehnten gemeinsamen Zu-Bergsteigens. Ohne ihn war's nichts Rechtes hier hinten im grenznahen Gamsgebirg, ohne ihn und seine neidlose Freude.

Wir brachten den Bock zur Hütte, und wie zur Wacht saß ich dann fast eine Stunde lang auf der Bank neben der Kasertür. Mit Latschenbrüchen geschmückt, hingen die drei guten Gams, ab und zu vom Wind ein wenig geschaukelt, unter dem Vordach, und nahebei zwischen Nesseln und Disteln, Lattich und rötlich gesäumten Sauerampferblättern ruhte in machtvoller Starre der Hirsch. Ein fingerbreiter, grellsiegellackroter Streifen im tiefsepiabraunen Zottelpelz des Brunftflecks, dort wo die Dünnung aufgeschärft war, leuchtete als lebensvoller Farbfleck aus den gilbenden, ersterbenden, graunebelgedämpften Tönen ringsumher.

Der Regen hatte fast aufgehört, nur noch schwach vertropfte die Dachrinne das aufgefangene Naß. Sonst war es lautlos still, auch die Kolkraben schwiegen, die, von den Aufbrüchen angezogen, gestern den ganzen Tag über und noch heute am frühen Morgen mit weichem Freudenruf und fauchendem Fittich die Alm der kreuz und der quer überflogen hatten. Vereinzelte weiße Nebelfahnen zogen schneckenlangsam, immer wieder ihre Gestalt verändernd, sich teilend und wieder vereinend, über die Alm und die Wipfel der tiefer unten stehenden Fichten hin. Die Beglückung solcher Stunde darf man nicht zergliedern, unangetastet vom ewig ruhelosen Denken soll man sie auf sich wirken, sie sich durchs Gemüt ziehen lassen.

Bald nach Mittag blies ich zum Aufbruch. Ich wollte in langer, zeitlich nicht gedrängter Birschwanderung zu einer tiefer gelegenen großen Alm hinunter, an deren Rand eine kleine Jagdhütte steht, und dort noch für ein, zwei Tage Quartier nehmen.

Den Bock nahm der zu Tal steigende Träger mit, den Hirsch und die beiden anderen Gams wollte der Bauer, dem sein Bergpferd mittags heraufgebracht worden war, abends hinunterkarriolen.

Nicht ganz leichten Herzens nahm ich Abschied von diesem mir durch zwei Tage wieder einmal zur Welt gewordenen Stück Bergland. Aber andererseits drängte mich auch eine freudige Unrast von hier fort. Die Vorfeier war jetzt beendet, das geruhsame Herumsitzen und mehr oder minder ziellose Bummeln, nach erstem Hirschschrei Horchen, aus Kaserfenstern Schauen, das von der Gepflogenheit der Sommermonde noch nicht losgelöste, das noch gleichzeitig auf Reh oder Gams oder Hirsch abzielende Waidwerk. Jetzt sollte das große, das heftig bewegte, durch viele Tage und Nächte die Wälder mit gesteigertem Leben erfüllende Fest seinen Anfang nehmen.

Nach einer knappen halben Stunde hatte ich die Klausschneid erreicht, von der aus man weit hinein schauen und hören kann in das Herz des mir noch verbliebenen Felsen-, Almen- und Wälderreiches. Über uns der Himmel fing jetzt an, weiß zu blenden, und schon ahnte man hinter der sich verdünnenden Wolkendecke das silberne Sonnenauge. Unter uns aber, in den Almkesseln und -tälern zur Rechten und Linken der Schneid, wallten noch träg die Nebel, warfen sich mit zerfetzten Rändern empor, verdünnten sich, ballten sich wieder zu undurchdringlicher Dichte, rissen auseinander, gaben Durchblicke frei und schlugen gleich danach vorhanghaft über ihnen zusammen.

Und da grollte es mit einemmal links unter uns am jenseitigen Berghang, ein Stück oberhalb eben der Alm, die jetzt unser Ziel war, dunkel aus der weißen Unsichtigkeit herauf und herüber. Zwei gute Stimmen waren es, die sich dort anschrien. Das Kahlwild mochte nach der verregneten Nacht und Frühe jetzt ein wenig zeitiger ins Ziehen gekommen sein und den noch halb umwaldeten grasigen Blößen am Rand der Alm zustreben. Dabei waren die Platzhirsche anscheinend zu nah aneinandergeraten. Mächtig, oft mit vielteiligen vollhalsigen Sprengrufen dröhnte es hin und wider. Und dann fielen noch andere Stimmen ein. Jäh entfesselt brummte und murrte und stöhnte und drohte es von überall her. Ich aber schwang mich von einem mir die Brust fast sprengenden Jubel erfüllt am Bergstock über die Schneid hinunter. Jeden Schritt zwischen den bemoosten Felsblöcken durch triefende Gräser und Kräuter, jeden Atemzug in der nässegesättigten, von erdigen und harzigen und herbstwürzigen Gerüchen erfüllten Luft und jede Schwingung der tief erregenden Töne von jenen unsichtbaren Hirschen her aus Herzensgrund genießend, ging ich darauf zu.

# *Der alte Mann mit dem Vollbart*

Ich will nicht gerade bei den Vorfahren meiner Hirsche beginnen, denen Eva im Paradies die Decke gestreichelt hat, während sie im Schatten des Lebensbaumes wiederkäuten, muß aber dennoch chronologisch vorgehen.

Es war zu Anfang August vor etwa zwölf Jahren an einem herrlich heraufziehenden Sommermorgen, an dem der Tau so reichlich gefallen war, daß man trotz der Bergschuhe nasse Füße bekam. Wir fuhren mit dem geländegängigen Fahrzeug über die großflächige Hofalm. Ich saß, wie ein Kanonier der alten bespannten Feldartillerie auf der Protze, mit dem Rücken zur Fahrtrichtung auf dem Krad und wunderte mich, warum der Jäger Wolfgang auf einmal den Motor abstellte. Als ich mich dann umwendete, hatte ich einen anderen Grund, mich zu wundern:

Kaum 200 Schritt von uns entfernt stand dicht zusammengedrängt ein kleines Feisthirschrudel auf der freien Alm und äugte, keineswegs sonderlich beunruhigt, auf uns herunter. Ich nahm das Glas an die Augen und hatte dann noch mehr Ursache, verwundert zu sein; denn es waren fünf unbezweifelbar gute Hirsche, von denen drei schon verschlagen hatten. Ein sehr weit ausgelegter, lang- und zugleich starkstangiger Zwölfer, ein weiterer Zwölfer mit einem nicht sehr hohen, aber langendigen Geweih von einer Regelmäßigkeit, die es als Vorlage für ein Scheibenbild geeignet erscheinen ließ, ein Kronzehner und noch ein ungerader Kronzwölfer, und in ihrer Mitte ein Hirsch, den ich von den Jägern schon mehrmals hatte rühmen hören, der mir aber selber noch nie begegnet war, ein Vierzehnender mit verhältnismäßig kurzen, aber breiten, kraftvoll und trotzig ausgelegten Stangen, langendig, mit wuchernder Kronenbildung.

Die fünf Hirsche ließen sich, fast wie gefallsüchtige Schönheitsköniginnen, ohne Scheu mindestens drei Minuten lang beschauen und bewundern, dann ruckte der beste Zwölfer, dem es als erstem unbehaglich wurde, kräftig an und trollte, die anderen vier hinter sich herziehend, nicht etwa bergwärts und dem schützenden Fichtenhochwald zu, sondern herunter in die offene Alm, kreuzte auf 150 Meter unsere Fahrtrichtung und strebte den unteren Waldregionen zu, wohl weil sie ihm als Einstand vertrauter waren.

Im schaukelnden Troll querten die fünf einen breiten Almrücken, und als sie dabei in das rötliche Licht der aufgehenden Sonne traten, blieben sie nochmals stehen. Dabei nun bemerkte ich zu meinem freudigsten Erstaunen, daß der vermeintliche Vierzehnender auf beiden Seiten ein fünftes Ende in der Krone trug. Ein gerader Sechzehnender also, der zweite, dem ich binnen fast 50 Jahren Aschauer Hirschjägerei begegnete. Wir konnten das Rudel und die darüber im blitzenden Frühsonnenlicht schwankenden fünf Stangenpaare noch fast dreihundert Meter weit verfolgen, bis der die Hofalm talwärts begrenzende dichte Jungwald sie, einen hinter dem anderen, nach eleganter Hochflut über den Almzaun, eingeschluckt hatte.

Unter diesen fünf Hirschen – darüber waren wir uns im klaren – hatte sich nicht ein einziger Althirsch befunden. Der starke Zwölfer und der Sechzehnender mochten vom achten, die drei anderen vom siebenten Geweih sein. So wollte ich sie also, nachdem ich mir jetzt jede Einzelheit der Geweihe hatte einprägen können, durch die kommenden vier, fünf Jahre wohl behüten. Ich war mir der Durchführbarkeit dieser guten Absicht um so sicherer, als ich, wenn auch erst im darauf folgenden Jahr, herausbekam, wo der Zwölfer und der Sechzehnender ihre Brunftplätze hatten.

Für die Wochen ihrer hohen Zeit hatten sich diese beiden Freunde weit voneinander abgesetzt. Der eine stand im Hinterland eben jener Alm, auf der er mir damals zur Feistzeit begegnet war, auf einem Hauptbrunftplatz, der Farnpointleite; der andere durch zwei Bergzüge und anderthalb Täler davon getrennt auf der Baumgartenalm. Das wäre ihm fast zum Verhängnis geworden, denn das Gebiet der Baumgarten- und der Elandalm pflegen die Hirsche aus dem südlichsten Revierteil als Brunftplätze zu beanspruchen, und so kommt es, daß man dort sehr oft guten und alten Hirschen begegnet, die während des übrigen Jahres kaum je gesichtet werden und in den gegen das Land Tirol sich hinziehenden, vor allem im Sommer sehr äsungsreichen Waldgebieten ungestört heranwachsen und zu manchmal bedeutender Stärke ausreifen können.

Als ich nun in der Oktoberfrühe einem mit tiefrauhem Hals sein Rudel von der Baumgartenalm in das Waldgebiet des Weißenbergs eintreibenden Hirsch den Wechsel abschnitt und der Sechzehnender hinter seiner aus irgendwelchen Gründen beunruhigt einstandwärts trollenden Schar aus dem Dunkel eines Alpenwaldstreifens heraustauchte, glaubte ich im ersten beglückten Ansprechen, einen jener unbekannten „südlichen“ Althirsche vor mir zu haben. Starke Stangen, viele und lange Enden, eine sehr breite, weit herabwallende Mähne, das alles verführte mich dazu, schnell in Anschlag zu gehen.

Aber dann stieg mir doch das Erinnern an jene vielendigen Kronen mit jähem Schrecken empor. Wenn er kein Doppelgänger war, dann mußte der da mein golden umgitterter Paradehirsch sein. Ich hatte nicht viel Zeit, meine Vermutung nachzuprüfen und dennoch keinen Zweifel mehr daran, daß er's gewesen war, als der Hirsch mir spitz von hinten in einem Graben verschwand. Vor allem aber meinte ich etwas gesehen zu haben, woran ich nicht recht glauben mochte, nämlich eine Gabelung beider Augsprossen. Demnach hätte eine unseren Hirschen sonst nicht eigene Endenfreudigkeit sich schon beim Schieben der Augsprossen bewährt, und aus dem Sechzehnender wäre ein Achtzehnender geworden.

Daß ich richtig gesehen hatte, bewiesen die beiden an der Fütterung gefundenen Stangen: Ein Montenuovo-Hirsch mit freilich älplerisch reduzierten Maßen; meine Freude an ihm aber wurde dadurch noch erhöht.

Ein Jahr danach wurde, noch dazu unter meiner persönlichen Führung, während der Brunft sein brüderlicher Freund geschossen. Der Sohn hatte sein Abitur bestanden, was ich ihm mit einem guten Hirsch anerkennen wollte. Wie das manchmal so geht, kam es aber durch zwei Wochen zu keiner Verwirklichung dieser Absicht. Die anfangs hohen Erwartungen mußten, wenn als Endergebnis keine Schneiderei herauskommen sollte, ein wenig gegen die Mitte zu herabgeschraubt werden, und da kam ihm und dem Jäger auf einer der Frühbirschen ein schon recht guter, aber doch noch nicht voll ausgereifter Zehnerhirsch, den er, obwohl der Jäger in Ansehung der Gesamtlage ihm dazu riet, nicht schoß.

Das wiederum fand meine jagdherrliche Anerkennung, und wir gingen am Abend zusammen an denselben Platz, um uns diesen Hirsch noch einmal anzuschauen. Er kam, und ich konnte die Entscheidung des Jungjägers nur voll anerkennen. Ich vermutete aber und glaubte es dem Benehmen des Zehners, der nur *ein* Stück Kahlwild bei sich hatte, entnehmen zu dürfen, daß ein auf einem oberhalb verlaufenden Wechsel ab und zu mit guter Stimme sich meldender Hirsch der wirkliche Platzhirsch war. Und so machten wir uns alsbald auf den Weg dort hinauf.

Die Birsch in dem von vielen Schirmfichten bestandenen Almgelände war aufregend. Wir waren schließlich bis auf etwa 80 Meter an den immer lebhafter röhrenden und sein Rudel umkreisenden Hirsch herangekommen. Aber trotz alledem und obwohl der Rumpf mehrmals frei sichtbar war, konnte ich das Geweih nicht genau ansprechen. Ich sah nur immer wieder die mächtigen Aug- und die viel kürzeren Eissprossen und manchmal auch ein Mittelend. Der entscheidende obere Teil aber blieb durch die von allen Seiten hereinhängenden Fichtenwedel ständig verdeckt.

Es fing zu dämmern an, wir mußten, was bei der Auseinandergezogenheit des Rudels sehr gefährlich war, uns mehrmals in die Richtung verschieben, in die Hirsch und Kahlwild sich langsam fortbewegten, und als der Hirsch nun abermals in einer etwas breiteren Lücke verhielt, gab ich, auf Sankt Huberti Güte vertrauend, schließlich doch den Feuerbefehl.

Nun ja, und da lag dann eben der Zwölfer, der sich allerdings im Lauf dieser zwei Jahre sehr wesentlich verbessert und beidseitig Viererkronen geschoben hatte; außerdem waren ihm, sicher durch eine Verletzung in der Bastzeit, an der linken Augsprosse nach abwärts zwei kleinfingergliedkurze Auswüchse, wenn man so sagen will, unechte Enden, gewachsen. Ein auf die Endenzahl der von ihm erlegten Hirsche besonderen Wert legender Schütze hätte ihn darob als ungeraden Achtzehnender bezeichnen können.

Nun, in einem solchen Fall, bei einem Abiturhirsch, durfte man nicht gar zu peinlich punkten. Hier wog die Freude des jungen Schützen mehr als die zwei oder drei Jahre, die der Trophäe zu vollem Ausgereiftsein fehlten. Schmerzlicher war mir's, daß der Achtzehnender in diesem Jahr merklich zurückgesetzt hatte. Der Unterbau beider Abwurfstangen war stark geblieben, sie zeigten auch noch die gegabelten Augsprossen, aber die sonst weit auseinanderastenden Kronen waren auf Viererkronen wesentlich geringeren Volumens eingezogen. Der Hirsch mußte zur Kolbenzeit krankhaft gekümmert haben.

In der folgenden Brunft sah ich ihn nur zweimal aus der Ferne, und sein Geweih sowohl als auch sein herrisch ausräumerisches Benehmen gaben zu keiner Sorge um seinen Kräftezustand mehr Anlaß. Bei der zweiten Begegnung hatte ich – das Waidwerk ist eben doch alle Tage neu – ein besonderes Erlebnis. Der Sohn sollte in diesem Jahr nur einen Altjagdbaren, um es modern auszudrücken, einen b-Hirsch schießen, und auch diesmal ging es zäh. Wir beschlossen deshalb eine gemeinsame Frühbirsch auf die Baumgartenalm hinauf, wohin auch noch andere

Brunftrudel als das des Sechzehnenders mit ihren Gebietern zur Äsung zogen.

Der Anmarsch von der lieben alten, auch damals als Standquartier dienenden Elandhütte aus benötigt bei nicht hetzender Gangart einschließlich der Verschnauf- und Horchpausen etwa 40 Minuten. Man muß sich also noch bei völliger Nacht von seinem Feldbett erheben. Ich will es offen eingestehen: Dieses Sich-Erheben ist mir schon seit längerer Zeit keine Jägerlust mehr, und ich hörte es deshalb an jenem Morgen nicht ungern, daß der Nebel, der sich nächtens anscheinend aus dem am Abend zinngrauen Himmel herabgesenkt hatte, bis dicht über unsere Hütte herunterhing und – daran bestand kein Zweifel – die Baumgartenalm in seine Tücher gehüllt haben mußte.

Der Birschplan konnte unter diesen Umständen nicht aufrechterhalten werden, und ich empfahl dem Sohn, zusammen mit dem Revierjäger sich in entgegengesetzter Richtung, gen Norden also, entlang dem Almweg behutsam vorzuschieben. Von dort her hörte man mehrere Hirschhälse durcheinander grollen. Ich selber wickelte mich unbetrübt wieder in meine Decke.

Aber, wie das manchmal so geht, mit dem Wiederhinüberschlummern wollte es nichts Rechtes mehr werden. Und als durch einen Spalt der Fensterläden fahler Tagesschimmer fiel, stand ich doch wieder auf, um nach dem Wetter zu schauen. Ich kam gerade recht, um den vom Frühlicht weiß durchleuchteten Nebel in erste Wallung geraten und da und dort auseinandergerissen zu sehen. Das steinerne Antlitz des Heuraffelriesen schaute kurze Zeit, von Osten her versilbert, in voller plastischer Klarheit durch die sich teilenden Rauchvorhänge herunter, und auf einem der unterhalb davon durchführenden Wechsel brummte kurz ein Hirsch.

Bei solcher Auflockerung erschien es mir wahrscheinlich, daß auch die Baumgartenalm bald nebelfrei sein würde. Schade, daß Sohn und Jäger schon fast eine halbe Stunde weg waren, man hätte sonst den Aufstieg doch noch riskieren können. Aber, was hinderte *mich* eigentlich daran, den Weg allein zu machen!? Mit dem Schlaf war's doch nichts mehr. Ich zog also die Bergschuhe an.

Es war jetzt Tag, und Zeit durfte ich keine mehr verlieren; so erreichte ich im Geschwindschritt schon nach einer knappen halben Stunde den unteren Rand der Baumgartenalm, über die aber immer noch in trägen Schwaden die Nebel zogen. Dafür war sie von Hirschhälsen mächtig umgrollt. Eine gute Stimme tönte dumpf aus den flechtenbebarteten Felsfichten etwa 300 Meter über mir herunter. Dieser nur in längeren Abständen sich meldende Hirsch war anscheinend schon eingezogen. Dafür ließ ein anderer sich mit kaum aussetzenden Kampfrufen vom jenseitigen Almrand her hören. Er befand sich, so wollte mir scheinen, im ständigen Hin- und Herwechseln, und ich vermutete in ihm den Sechzehnender, der sein Rudel über den dort in die Alm grenzenden jungen Schlag Weißenberg-wärts trieb.

Das merkwürdigste Getön vollbrachte aber ein dritter Hirsch, der anscheinend keine zweihundert Meter vor mir noch mitten auf der Alm stand. Jede halbe Minute ließ er mit guter rasselnder Stimme immer wieder denselben Kampf- und Brunftschrei des beim Kahlwild stehenden Althirsches hören. Ich schob mich vorsichtig auf einen kleinen, teilweise begrasten Felskopf vor, den Ausläufer einer in die Alm hineingreifenden Waldkulisse. Von ihm aus überblickte man fast die ganze Alm, und von ihm aus erschaute ich mit dem ersten Blick schon den Hirsch, der nebelumwallt ganz allein mitten im baumlosen, von Geröllfeldern und tiefen Mulden durchzogenen Steilhang der Alm stand.

Er war leicht anzusprechen: Ein schwarz- und derbstangiger Zehner war's, mit doppelseitiger Krone. Kein besonders starker, aber dennoch ein guter und zweifellos älterer Hirsch, mittelmäßig im Gebäude, aber mit tiefer Mähne und breiter Stirn. Ohne sich von der Stelle zu rühren, sandte er in kurzen Zeitabständen und in einer merkwürdigen Mischung von Mürrischkeit und Erregung Schrei auf Schrei zu den Rivalen hinüber und herüber.

Kaum hatte ich Zeit gehabt, dies alles anzusprechen, als der Nebelrauch sich über ihm zusammenzog und statt der Almgrüne nur noch weißes Gewoge zu sehen war. Schade, daß der Sohn nicht dabei war; das wäre genau der rechte ältere Abschußhirsch für ihn gewesen.

Ich selber hatte in diesem Jahr schon zwei Gute und zwischenhinein zwei Geringe geschossen, mir stand der Sinn nicht recht nach einem solchen Abschuß. Außerdem war der Zehner mir ja jetzt durch den mich wieder dicht umhängenden Hirsch- und Gamshüter entzogen. Bis der sich, wenn überhaupt, wieder hob, war der Hirsch sicher weiter gewechselt.

Die siebente Morgenstunde hatte sich schon fast gerundet. Zu so vorgerückter Zeit steht bei uns das Rotwild und gar ein älterer Hirsch nur wunderselten noch auf freier Alm. Ich blieb aber sitzen und ließ die Schallwellen aus den Hirschdrosseln weiter aus der Wesenlosigkeit der verhüllten Landschaft auf mich zu rollen. Der Zehner schrie fort und fort vom selben Fleck aus, auch der Sechzehnender drüben war noch nicht eingezogen, nur der dritte oben im Bergwald hatte zu melden aufgehört.

Und auf einmal ward es wieder hell um mich her, das Grün der Almmatte schlug sich mit schnell zunehmender Eindringlichkeit durch den sich verdünnenden weißen Brodem, und genau an der Stelle, an der er eine Viertelstunde zuvor verschwommen und verschwunden war, löste sich jetzt auch wieder der kastanienrote Fleck des Hirschrumpfes aus dem Geschleier. Es ist das ein besonderer, nicht gar oft sich bietender Anblick, ein röhrender guter Hirsch auf bequeme Kugelschußentfernung. So holte ich mir das Perspektiv aus dem Rucksack und nahm das beglückende Bild in die Linsen.

Man hätte diesen Zehner eigentlich schießen müssen. Seine mittelhohen, mäßig ausgelegten Stangen waren zwar schwarz und knorrig und die Endenspitzen schneeweiß, aber sonst war nichts an dem Geweih, was es vererbungswürdig oder gar begehrenswert gemacht hätte. Die Kronenden waren von geringer, dazu ungleichmäßiger Länge, die hoch ansetzenden Mittelenden ebenfalls kurz, und selbst den Augsprossen fehlte jede Besonderheit. Jung war der Hirsch bei alledem aber keinesfalls. Sein Benehmen, dieses einschichtige Herumstehen bei fortgesetztem Vorsichhingrollen, blieb mir gerade deshalb kaum verständlich.

Ein zorniger Schrei von drüben her aus dem Schlag ließ mich die Linsen dorthin richten, und ich sah alsbald den Hirsch; es war, wie ich's vermutet hatte, der Sechzehnender mit seinen flach auseinanderstrebenden zackigen Kronenenden. Er trieb, von durchsonnten Nebelschwaden umraucht, ein anscheinend hinter dem anderen Kahlwild zurückgebliebenes Kälbertier zum Rudel, das jetzt endgültig im Begriff stand, in die Randdickung des Weißenbergs einzuziehen. Ich kam aber nicht dazu, ihn mir genauer anzusehen, denn wieder verschleierte und verschloß aus dem Tal des Schoßbachs sich emporbäumender Nebel die Szene. Auch der Kronzehner ward davon eingeschluckt.

Ich rüstete langsam zum Abstieg. Jetzt war die Matinee wohl zu Ende. Aber just als ich mich erhob, ließ, unbekümmert um alle Veränderung, um Nebel und vorgerückte Frühstunde, der Hirsch vor mir abermals seinen rasselnden Schrei hören. Da legte ich meinen gefalteten Mantel wieder über einen Stein und faßte einen Entschluß: Eine halbe Stunde wollte ich jetzt noch sitzenbleiben, und wenn (ich glaubte nicht recht daran) der Nebel, der mich wieder in tiefer, steingrauer Düsternis umschloß, sich nochmals heben und der Hirsch dann immer noch, der Kugel gut erreichbar, auf der Alm stehen sollte, dann mußte es eben so sein, dann würde ich ihn schießen.

Anfangs hatte ich daran gedacht, meinen Sohn abends hier hinaufzuschicken. Es erschien aber mehr als ungewiß, ob dieser Einzelgänger, der offenbar doch Beihirsch oder abgeschlagener Platzhirsch war, hier des Abends wieder auf den Plan treten würde. Es war so gut wie sicher, daß er, der Vergeblichkeit seines eintönigen Rufens müde, inzwischen weitergewandert wäre. Außerdem wollten wir am frühen Nachmittag die Elandalm verlassen und unser Quartier auf das Jagdhaus zurückverlegen.

Und dann war da noch etwas, ein nicht aus der nüchternen Vernunft, aber auch nicht aus purem Aberglauben, sondern von der Erfahrung herkommendes Motiv: Jagdbare Stücke, die sich dem Jäger in auffallender Weise mehrmals anbieten, sind ihm und seiner Kugel aus irgendeinem äußerlich kaum erkennbaren Grund fast immer irgendwie und -woher zugedacht. Es ist, als gäben ihre Schutzgeister sie aus der hellsichtigen Vorausschau ihres nicht abwendbaren baldigen Ausgelöschtwerdens dem gerechten Schützen frei: ,,Nimm dir den und mach ihm ein anständiges, schmerzloses Ende!"

Wenn man solchen Hinweis nicht rechtzeitig erkennt, in halbem Unglauben zu lange mit dem Zugriff zögert, folgt immer alsbald Selbstvorwurf und Reue, und sei es nur ob der Unwiederbringlichkeit des Versäumten. Ich möchte ein andermal gern mehr davon erzählen.

Ich brauchte auf das Zeichen des Himmels nicht lange zu warten. Ganz übergangslos riß schon nach knapp zehn Minuten der Nebel genau an der Stelle auseinander, auf der der Hirsch, halb spitz mir zugewendet und mit langsam mürrischen Drehungen des schweren Hauptes hin und her verhoffend, stand. Ich führte die Büchsflinte, weil ich ursprünglich diese Frühbirsch nur als Begleiter hatte mitmachen wollen. Für sie war dieser Schuß über gut hundertfünfzig Meter gerade das Rechte. Ich hielt auf den Halsansatz, und der Zehner sank in der Fährte zusammen.

Jetzt zündete ich mir den ersten Tabak dieses Morgens, einen echten türkischen Feiertabak, an und schaute auf den im grauen Nebellicht reglos Ruhenden hinunter. Da wurde mit einem Mal zwanzig Schritte unter ihm aus tiefer, deckender Mulde ein Alttier hoch und äugte beunruhigt zu ihm hin.

So also war das gewesen! Jetzt verstand ich alles. Der Hirsch wollte mit seinem Stuck an keinem der beiden anderen Platzhirsche vorbei zu Holz ziehen, und sein fortgesetztes Röhren war ein Drohen, auf daß keiner von ihnen ihm zu nahe kommen sollte. Ein sehr altes Stuck mußte das sein, feist und breitrückig; in einer Art Halbtroll bedachtsam die steifen Läufe setzend, querte es, mehrmals verhoffend, langsam die Alm. Einem pflichtbewußten Jäger der Sechzigerjahre unseres Jahrhunderts hätte nun der Gedanke kommen müssen, dieses für den Abschuß hochqualifizierte weibliche Stück im Dienste der Schalenwildverminderung noch mitzunehmen. Auch daß man das bejahrte Liebespaar hätte gemeinsam zu Tal schaffen können, wäre von praktischem Vorteil gewesen und sprach dafür. *Dagegen* sprach, daß ich hier waidwerkte und nicht Abschüsse tätigte. Diese drei Wochen der hohen, von den Hälsen der Hirsche durchgrollten Zeit gehören dem Waidwerk, einem jägerischen Glück, das hoch über allen zudiktierten staatsbürgerlichen Pflichten steht. Wer es nicht so im Herzen trägt, der bleibe während des Hirschmondes in seinen altpapierfarben tapezierten vier Wänden und schaue sich im Fernseher an, wie sich die ,,Wegbereiter" einer neuen Zeit unsere Jägerzukunft vorstellen.

Nun, damals, vor mehr als einem Jahrzehnt, verdarben mir solche Gedanken noch nicht die Freude. Als das Altstuck sich verzogen hatte, stieg ich langsam zu meinem Hirsch hinab und hinüber.

Es gab, trotz des vorhergegangenen langen Ansprechens, zwei Überraschungen, denn erstens kannte ich diesen Zehner durch mehrere, freilich nur einzeln aufgefundene Abwurfstangen aus den letzten Jahren. Er war, mit Ausnahme der Brunftwochen, unzertrennlicher Begleiter eines sehr guten Zwölferhirsches, der auch im Wildpret weit stärker war als er und von dem es sich leider nie hat ergründen lassen, wo er die Tage seiner Brunft hinbrachte. Ich fürchte, daß er in dieser Zeit unseren Jagdbann verließ, und halte es für wahrscheinlich, daß er es war, der sechs oder acht Jahre später, also hochbejahrt, mit herrlich gedrungenen, grobperligen, eisenschweren Stangen von einem Jäger der nahen Nachbarschaft geschossen wurde. In der Feistzeit ist er mir, obwohl immer aufs neue bestätigt, nie begegnet.

Die zweite Überraschung an meinem Kronzehner war die, daß er, den wenige Millimeter kurzen Schneidezähnen und glatt geschliffenen Kiefern nach, uralt war. Wir hatten ihn, von der Optik getäuscht, stets für den jüngeren der beiden, ohne sonstiges Gefolge immer nur gemeinsam gesichteten Hirsche gehalten. Er muß um gut ein halbes Jahrzehnt älter als der Zwölfer, als der anerkannte Waldkönig jener grenznahen Bezirke, gewesen sein.

Zum Glück hatte der Zehner seine beiden ebenfalls kleingeschliffenen, nußbraunen Grandeln noch. Er war ein Berghirsch, wie er einen freut, alt, mit knorrigem schwarzen Geweih und beinweißen Enden.

Und dazu die von breiten Nebelstreifen träg überwanderte Alm mit ihrem Geröll und Gefels, ihren Schirmfichtengruppen, mit dem steinbeschwerten Schindeldach des Kasers unten im frischgrünen Almboden und dem Brunnen davor, dessen schmale Wasserfläche manchmal aufglitzerte, wenn die tiefziehenden Wolken sich so verdünnten, daß der

Himmel weiß zu blenden begann. Ich saß lange beim Hirsch. Diesem Schuß ist keine Reue gefolgt.

Im nächsten Jahr hatte ich wenig Zeit für die Baumgartenalm, und ich bekam den Sechzehnender nur ein einziges Mal kurz in Anblick, als er einen Teil seines Rudels (das Gros war anscheinend voraus eingewechselt) über die schon voll besonnte Alm und den nach einigen Regentagen stark angeschwollenen Schoßbach hinüber in den schütteren Felsenwald der Schoßrinnwände trieb. Im Abstand von kaum mehr als hundert Metern folgte ihm in diesem Jahr ein starker Beihirsch, ein besonders hochläufiger Eissprossenzehner mit mächtigem Rumpf und einem guten, langendigen Geweih. Er mochte vom siebenten, vielleicht schon vom achten Kopf sein. Aber er hatte kein Kahlwild bei sich.

Soweit ich es in den wenigen Minuten ansprechen konnte, war das Geweih des Sechzehnenders unverändert geblieben. An Höhe hatte es jedenfalls nicht gewonnen, vielleicht aber war der Unterbau etwas langendiger und ausgewogener geworden. Der Stangenfund im folgenden März bestätigte, was ich zu sehen vermeint hatte. Aber die Teilung der Augsprossen war kaum mehr angedeutet, und die eine Krone zeigte nur noch vier Enden. Ich hätte trotzdem vielleicht nochmals zugewartet, aber der mir bei all seiner fuchshaften Schläue wohlgesinnte Jäger der im Tirolerischen gelegenen Nachbarjagd, mit dem ich im Hahnfalz oben zusammentraf, gab mir, während wir miteinander den Grenzsteig entlangwanderten, einen unerwarteten Wink. Er konnte die Abwürfe nicht gesehen haben, beschrieb mir aber den Sechzehnender ganz genau.

„Da ist er g'standen", sagte er, auf eine Blöße in den Latschen unter uns zeigend, „und wo mir jetzt steh'n, war i mit an Gost g'standen. Der hat vom Chef an Hirsch frei g'habt, und da an der Landesgrenze geht's ja nicht genau. Wann's nicht kchrod *der* Gost g'wesen war, nachher lebert er nimmer, der Seachzehnender. Aber der ist halt gar so a schleachter Jager. Nix wissen, nix vosteh'n, aber reden und fuachbar scharf sein aufs Schiassen. Den hab i 'net vogunnt, den Kabidalen. Dos ist a zwoa A, hab' i g'sagt dazua, den derffent mir niacht schiassen. Und der Hirsch war dann a glei dahin. I hab' dankschö g'sagt zum heiligen Hubertus."

Daß gerade dieser Hirsch über die Landesgrenze gehen könnte, daran hatte ich nicht gedacht. Aber wenn ich es mir so überlegte, unmöglich war's nicht. Der sehr steile, zum Teil, wegen der stellenweise gegebenen Absturzgefahr für das Vieh, ausgezäunte Westhang der Baumgartenalm, der „die Roß" heißt, weil sich die dortigen Lahnergrashalden für Pferde und Maulesel als Weide besser eignen als für Rinder, dieser Westhang also endet hoch oben auf einer schmalen Schneid, jenseits derer geschlossener Alpenwald liegt. Steht das Rotwild, was häufiger vorkommt, hoch im Hang, dann wechselt es zuweilen über die Schneid in dieses Waldgebiet hinüber. Und von da ist's nimmer weit zur Grenze.

Aber auch von den Schoßrinnwänden im Osten der Alm ist, zumal wenn es auf der Baumgartenalm beunruhigt wurde, ein gelegentlicher Ausflug des Rotwildes hinauf zur Klausenalm, durch deren oberen Teil die Landesgrenze läuft, denkbar. Und wenn der Teufel, der dem gerechten Jäger immer gern etwas antut, es richtet, dann kann eine halbe Stunde solcher Platzuntreue genügen, um ein Unglück zu stiften.

Ich habe solchen Kummer um langgehegtes, starkes Wild genug erfahren. Und diese ganze Landesgrenzgegend rund um das Unterkunftshaus auf der Klausenalm ließ von jeher die mit dem Jagdschutz betrauten Beamten nicht ruhig schlafen. In zurückliegenden Jahrzehnten waren es die bodenechten Lumpen, die sich hier die Schwierigkeit, Schüsse nach hüben oder drüben zu unterscheiden, zunutze machten.

Heute sind es andere, legal sich gebende „Jäger" in grüner Tracht, angebliche Naturfreunde mit bis zur Hosentüre herabbaumelnden japanischen Riesengläsern. Auf ihre Naturliebe und „Kamerajagd" ist es vermutlich zurückzuführen, daß in den dortigen Almgebieten (ich hab' sie, ob die Roß, ob die Klausleite oder die Abergalm, oft genug besungen), statt, wie noch vor anderthalb Jahrzehnt, ein gutes Dutzend voll jagdbarer Spielhahnen jetzt im ganzen und im Höchstfall noch ein Vierteldutzend Zweijährige zu sehen und zu hören ist. Die in dem Wort „Allgemeinheit" enthaltene Gemeinheit ist schon geraume Zeit auch in diese Höhen hinaufgestiegen; an ihren Früchten ist sie auch dort zu erkennen.

Ich wußte in der Gegend einen Gamsbock, dessen Krucken – nur um ihre Gesamtqualität zu veranschaulichen, sage ich es so – bei einer Punktwertung vielleicht an 110 herangereicht hätten, den ich bei der ersten Begegnung (er war damals schon Platzbock) für achtjährig hielt und noch zwei bis drei Brunften überleben lassen wollte. Schon im übernächsten Jahr war und blieb er verschwunden. Kunst war keine dabei gewesen, ihn sich zu stehlen, denn er war vertraut und an die „Passanten" auf dem Gratweg gewöhnt. Nur die eine Frage erhebt sich: Ist nicht die Zeit des Hegens vorüber, wenn das Stehlen selber zwar von Obrigkeits wegen nicht gerade gestattet ist, wohl aber alle Wege dazu geebnet sind?

Meine beste Geißkrucke mißt 115,5 Punkte. Auch die Trägerin dieser Herrlichkeit stand den baumelnden Japangläsern mehr oder minder vertraut zur Schau. Ich selber hatte sie mir schon manches Jahr angeschaut. Zwanzig Zentimeter Auslage und ebensoviel Sehnenhöhe, das war schon etwas! Alt, richtig altgelt, war sie noch nicht, im zwölften Jahr etwa mochte sie sein, als sie einmal aussetzte und kein Kitz führte. Sollte ich sie einem dieser mit grüner Farbe getarnten Lumpen überlassen, der sich dann noch einbilden würde, uns, obwohl weder Gefahr noch Kunst dabei war, ein hochjägerisches Schnippchen geschlagen zu haben!? Ich schoß sie, obwohl ich wußte, daß sie noch gut und gern zwei um ihres Erbgutes willen wichtige Kitze bringen mußte. Danach wäre immer noch Zeit für diesen, mir an sich nicht gerade das Herz aufwühlenden Trophäenabschuß gewesen.

Verehrte, immer wieder gern gegrüßte Freundinnen waren dem Jäger in früheren Zeiten solche Altmütter, bis irgendwann einmal ihre Stunde gekommen schien, sie abseits vom Rudel standen oder ruhten, oder allein zurückblieben und der Rückkehr ihres Stammes warteten, wenn der sich zu weiterer Äsungswanderung auf den Weg gemacht hatte. Daß man je in die Lage kommen würde, sie zu hüten oder durch Abschuß dem Diebstahl zu entziehen, daran hat man damals innerhalb der angeblich asozialeren, aber weniger verstohlenen Gesellschaftsordnung nicht gedacht.

Und nun schien also auch das besondere Kleinod des Reviers, der Sechzehnender, in jener gefahrenreichen Zone aufgetaucht zu sein. Ich durfte jetzt nicht mehr zuwarten, was ich sonst gerne noch getan hätte, denn er trug meiner Schätzung nach etwa sein zwölftes, im Höchstfall dreizehntes Geweih. Und Hirsche solchen Endenreichtums entwachsen den Rotwildbeständen unserer Berge nur wunderselten.

Es ward Herbst, und ich nahm dieses Hirsches wegen schon gleich zu Beginn der Brunft die Elandalm zum Quartier. Alles ging nach Wunsch, die Brunft setzte frühzeitig ein, die guten Hirsche traten zu den Rudeln, nur – der Sechzehnender tauchte nirgends auf. Auf seinem Brunftplatz im unteren Teil der Baumgartenalm trieb jetzt der Beihirsch aus dem Vorjahr, jener gut veranlagte und wesentlich stärker gewordene Zehner, ein kleines Rudel über den Schoßbach hinüber zu Holz.

Kein Wunder, daß mir Böses ahnte, und daß ich nach einigen Tagen, die ich nur darauf verwendet hatte, das Weißenbergrudel zu suchen oder besser gesagt, das beim Zehner stehende Kahlwild zu beobachten (denn ich nahm anfangs an, der eigentliche Platzhirsch habe sich anderswo aufhalten lassen und nur verspätet), mit einem echten Zorn im Leib beschloß, auf die Winterstube umzusiedeln. Überdies schwor ich (nicht erstmalig!) heilige Meineide, in Zukunft keinen guten Hirsch mehr länger als bis zum zehnten Geweih ausreifen zu lassen, weil die Zeit, die einem waidgerechtes Hegen gestattete, vorbei sei.

In jenem Jahr hatten wir in der Aschauer Forstverwaltung ein sehr besonderes Jubiläum gefeiert: Der hochbetagte Oberforstverwalter vollendete sechzig Jahre *aktiver* Dienstzeit. Zum guten Beschluß sollte er auch einen besonderen Hirsch schießen, und es war ihm ein Vierzehnender zugedacht, den ich auf einem sonst nur mir vorbehaltenen Brunftplatz durch zwei Jahre hatte heranreifen sehen. Ich hätte ihm gern noch ein bis zwei Jahre zu weiterem Werden gelassen, aber es sprachen, abgesehen von dem freudigen Motiv des Jubelfestes auch noch unerfreuliche Gründe dagegen.

Zur gleichen Zeit nämlich war mir durch üble Quertreibereien die Jagdpacht von einem Stück Staatswald, der ursprünglich zu unserem Familiengut gehört hatte, aufgekündigt worden. Neben einer ganzen Anzahl anderer Hirsche hatte der Vierzehnender eben dort seinen Sommer- und Feisteinstand und mußte im nächsten Jahr als an und für sich reifer „Erntehirsch" gefährdet sein. Man würde, daran zweifelte ich nicht, auch in diesem Fall, in etwas verdrehtem Sinn freilich, den Wahlspruch der grünen Farbe anwenden: „Wir ernten, was wir nicht gesät haben . . ."

Da sollte schon lieber der in vieler Hinsicht verdiente, zudem auf den Endenreichtum eines Geweihs besonderen Wert legende greise Beamte noch eine späte und vielleicht letzte Waidmannsfreude an diesem aufbewahrten Guten erleben. Er schoß noch – obwohl seiner Augen wegen mit Linksanschlag – eine sehr sichere Kugel, der Vierzehnender fand sich zur rechten Zeit bei seinem vielköpfigen Rudel ein und wurde so zu einem des Anlasses würdigen Freudenhirsch.

Ein Hilfsjäger, den ich dem Forstverwalter, als zweiten Adjutanten sozusagen, noch beigegeben hatte, brachte mir die Kunde vom wunschgemäßen Verlauf und wählte seinen Weg in direktem Auf- und Abstieg über die das Elandgebiet vom Oberwiesener Tal trennende Schneid. So gegen elf Uhr vormittags kam er über die zur oberen Baumgartenalm gehörende Roß herunter, und dabei hörte er in einem kleinen, von mächtigen, fast hausgroßen Blöcken durchsetzten Felsenwaldgebiet, einen weiten Kugelschuß nur oberhalb der Almkaser, einen Hirsch mehrmals mit guter Stimme melden.

Ich muß gestehen, daß diese Nachricht mich in weit heftigere Aufregung versetzte als die Botschaft vom glücklich gestreckten Jubiläumshirsch. Wie war es nur möglich, daß dieser Gedanke mir all die Tage her nicht gekommen war!? Mit diesem schütteren Wald nämlich hatte es seine besondere Bewandtnis. Es handelt sich hier nicht um einen richtigen Wald. Aus den die Alm im Nordwesten abschließenden Windeckwänden waren im Lauf der Jahrhunderte immer wieder Steinlawinen abgegangen, die sich nicht beweiden ließen.

Den Schrunden im groben Geröll und der von Felsblöcken aufgeschundenen Erde waren dann Fichten, Buchen, Ahorne, Ebereschen und vereinzelte Tannen entwachsen, und weil dies ganz allmählich aus angeflogenem Samen sich fort und fort entwickelte, findet man dort jede Altersklasse vom zäh im Gefels festgekrallten, bürstendicht bezweigten Fichtenbusch bis zum flechten- und zapfenbehangenen Jahrhundertbaum, von der schlankschäftigen Esche bis zum drehwüchsigen, uralten Ahorn mit hohl gewordenem Stamm und vom Laublatschengestrüpp bis zur hochgewachsenen riesenkronigen Mutterbuche. Dazwischen wuchern auf sonnigen Blößen oder auf den Rücken der Felsblöcke Moose, Zwergfarne, Beerenkräuter und Berberitzenstauden dicht zusammengedrängt durcheinander.

Diesen dem Felsgebiet wild entwachsenen Wald, der in seiner Breite sowohl als auch in seinem vom Almrand zu den Wänden hinaufreichenden Hang kaum mehr als zweihundert Meter mißt, wählte bis vor etwa zwanzig Jahren das Rotwild sich gerne zum Einstand, zumal, wenn in der zweiten Hälfte der Brunftzeit ein föhniges Hoch über der Alpenkette lag. Erst als der Bauer anfing, seinen Kaser auch Sommergästen zur Verfügung zu stellen, die manchmal mit einer Schar Kinder dort aufzogen, mied das Kahlwild diesen kaum je beunruhigten schattenkühlen Waldort und bevorzugte die Wechsel zu anderen Einständen.

Das war der Grund, weshalb ich diesmal da oben nicht nachgeschaut hatte, und da der obere Teil der Baumgartenalm einen durch breite Grasbuckel nach unten hin abgeschirmten Kessel bildet, hört man von da oben die Hirsche auch nicht herunter. Wenn aber der Jäger Karl dort um die Mittagszeit einen Hirsch mit guter Stimme hatte melden hören, dann stand der vermutlich beim Kahlwild. Und – ich wagte gar nicht, mir's auszudenken und war zu abergläubisch, es jetzt schon als eine Freudenbotschaft in Empfang zu nehmen – es konnte, *konnte* nur der vergeblich gesuchte Sechzehnender mit dem Hauptteil seines Rudels sein. Denn zu bejagen war das von dem kleinen Felsenwald auf den Almboden herunter oder in die Roß hinaufziehende Wild, das sich so nah seinem Einstand sicher fühlte, nicht schwer, wenn es nicht gar zu hoch oben an der Grenze äußerster Schußentfernung die Roßleite betrat.

Wir hatten den Wohnteil des einen der beiden Almkaser, der früher der Viehhaltung der Herrschaft gedient hatte, dessen Stall dann nicht mehr benützt worden und schon geraume Zeit eingefallen war, uns als Notnachtquartier hergerichtet.

Am gleichen Abend noch stieg ich allein zu der Hütte hinauf. Von dort aus waren es nur wenige Birschschritte bis auf einen der Hütte Windschutz gegen Südwesten gebenden Rücken, von dem aus man Almboden und dahinter aufwachsendes Steilgehäng wie aus einer Loge (in der man allerdings auf dem Bauch lag!) überblicken und überschießen konnte.

Der Abend – ich kam gerade zur besten Zeit auf dem ,,Logenplatz" an – verlief still. Es herrschte eine Unbewegtheit für Auge und Ohr, wie ich sie, vor allem in der Hirschbrunft, nicht mag. Immerhin aber meldete sich, wirklich und wahrhaftig, rechts von mir im Alpenwald, wenn auch in langen Zeitabständen und immer vom selben Fleck aus, mit müden Brummern und seltenem, kurzem Schrei eine gute Hirschstimme. Aber es war kein Steingepolter zu vernehmen, kein krachendes Geäst, kein rieselndes Geröll. Der König schlief, und nur ab und zu dämmerte die Wirklichkeit sekundenkurz in seine schweren Träume.

Hoch oben in der Roß äste ein kleines Gamsrudel, drei oder vier jüngere Kitzgeißen und ein paar Junggams, nichts also, woran das Jägerauge seine Erregung finden konnte. Und doch ward mir noch ein beglückender Anblick: Hoch durch den schon rosig flirrenden Westhimmel glitt auf einmal als schwarze Silhouette ein sehr starker Adler südwärts, vielleicht dem längst rindelos gewordenen Skelett jener Felsfichte in den Zinnkopfwänden zu, auf deren oberstem Seitenast ich ihn schon oft hatte aufhaken sehen. Am schönsten ist für mich der Anblick des Adlers, wenn er so dem waagrecht die Richtung weisenden kantigen Kopf mit dem scharfgehackten Riesenschnabel folgend die Lüfte durchmißt.

Als es zu dämmern anfing, meldete jenseits des Schoßbaches, einem der dort durch die Schoßrinnwände verlaufenden Wechsel folgend, mehrmals ein Hirsch. Es war unzweifelhaft der Zehner. Der Geheimnisvolle zu meiner Rechten nahm keine Notiz von ihm. Ganz spät, als schon die ersten Sterne am Himmel standen, sah ich, mir schräg gegenüber, zwei Stück Kahlwild eifrig äsend aus dem deckenden Schirmgeäst des Alpenwaldes herausziehen. Fast gleichzeitig merkte ich am Schreien des Zehners, daß er gut dreihundert Meter unter mir den Schoßbach überschritten und somit die Alm betreten haben mußte.

Sein Kahlwild würde sicher näher gegen die Hütten heraufziehen, denn die Dungstätte des Hauptkasers war so angelegt, daß ihr Odelsegen den steilen Hang bis weit hinunter überrieselte. Die kuhdunggetriebenen Gräser aber ziehen das Rotwild noch stärker an als Sesam und Mais.

Es war hohe Zeit, mich unter das windschiefe, steinbeschwerte

Schindeldach meiner Hütte zurückzuziehen, denn die Luft zog, wie immer in Schönwetterzeiten, nach Sonnenuntergang talwärts.

Die Läden der Hütte ließ ich geschlossen und auch das Feuer, nachdem das Teewasser gekocht hatte, gleich wieder ausgehen. Nur einen Teil des mir vom Sohn, der auf den Hütten sehr zu meiner Entlastung und Zufriedenheit den Haushalt führt, auf der Elandalm sorgsam zusammengestellten Marschproviantes konnte ich bewältigen. Und noch während ich zum rotweingewürzten Tee mein Kraut rauchte, wurde es draußen lebendig. Viel schneller, als ich es vermutet hatte, war der Zehner in die Nähe der Hütten heraufgekommen, und der noch ungeschaute Hirsch aus dem Felsenwald hatte sich jetzt aus den Fesseln des Schlafs befreit und dröhnte ihm, höchstens hundert Meter von meinem „Logenliegeplatz" entfernt, mit mächtiger Stimme Schrei um Schrei entgegen.

Ich hatte viel Hoffnung, daß es der Sechzehnender war, der mit seinem Rudel diesem zum ernsthaften Rivalen erstarkten einstigen Beihirsch hier herauf ausgewichen war. Wie sehr und weshalb der Gegner ihn störte, sollte ich alsbald erfahren.

Die Nacht hindurch umbrummten, umdrenzten, umgrollten und umdröhnten die Stimmen beider Hirsche meine Hütte und meinen trotz alledem und trotz zeitweiligen Aufwachens tiefen Schlaf. Als ich an dem durch die Ritzen in den Läden schwach hereinfallenden Licht bemerkte, daß es zu tagen begann, stieß ich den Laden des Ostfensters vorsichtig von innen her auf. Der Horizont hinter dem Chiemsee bräunte sich schon, darüber flimmerte im erblassenden Stahlblau des Nachthimmels groß der Morgenstern, und aus dem fahlen Graugrün des Almgrases rund um die Hütten herum schlug sich tauübersilbert smaragdener Schimmer.

Ich durfte meine Hütte keinesfalls verlassen, solange unterhalb von ihr noch Rotwild in der Nähe war, das sofort Wind bekommen, wegbrechen, das höher stehende zweite Rudel warnen, sehr wahrscheinlich sogar zu frühem Einziehen veranlassen würde. Von den Hirschen, die nach durchtobter Nacht, wie das beinahe die Regel ist, müd' geworden waren, hörte ich jetzt nichts mehr.

Ein Alttier, das in nächster Nähe des Nachbarkasers in dessen Dekkung gestanden haben mußte, zog mit seinem starken Kalb mir gegenüber auf den die beiden Baumgartenalmen trennenden Rücken hinauf, stand schwarz vor dem Morgenhimmel und tauchte nach längerem Sichern über die Schneid hinüber in das jenseitige steile Gehänge hinab, an dessen unterem Ausläufer ich zwei Jahre zuvor den alten Kronzehner geschossen hatte.

Endlich vernahm ich, aufmerksam aus dem Fenster lauschend, weit unten, dem Bachbett schon nicht mehr fern, einen groben Schrei. Das war sicher der Zehner, der sein Rudel einstandwärts trieb. Unmittelbar darauf gab in meinem Rücken der obere Hirsch Antwort, die aber, durch den dazwischenliegenden Grasbuckel gedämpft, nur verschwommen hörbar war. Ich durfte mich auf den Weg machen.

Etwa der halbe Steilhang der Roß lag schon im rosigen Morgenlicht, als ich den deckenden Hügel auf allen vieren hinaufgekrochen war und Linie um Linie den Kopf hob. Den Anblick, der sich mir dabei auftat, werde und möchte ich nie vergessen. Dreizehn Stück Kahlwild ästen, quer über den Hang verteilt, knapp zweihundert Meter vor mir auf der freien Alm, und in ihrer Mitte stand, mit fast waagrecht gehaltenem Träger und müd' herabhängenden Lauschern vor sich hindösend, der Hirsch. Ein dunkelmähnengewaltiger, aber kurzer Hirsch war's, von sonst, bis auf den großen schwarzen Brunftfleck, lichtgrauer Farbe. Diese Tönungen haben nichts mit dem Verhären zu tun. Viele unserer guten Hirsche sind je nach Familie und Eigenart auch im Winter von lehmroter oder fast purpurn kastanienbrauner oder dunkelockergelber oder auch von jener merkwürdig lichten, silberig grauen Färbung.

Vorsichtig schob ich meinen Mantel vor mich auf die abgeflachte Kuppe und streifte den Rucksack ab, um das Perspektiv herauszuholen. Dieses uns Bergjägern bei vollem Licht so selten vergönnte Bild wollte ich mit allem, was es an Reichtum barg, in mich aufnehmen. Ich wollte mir den Sechzehnender, den ich mit dem ersten Blick durchs Glas schon erkannt hatte, genau anschauen und mich an ihm und seiner Hochgekröntheit erbauen. Er sollte mir jetzt *lebend* gehören, was weiter kam, würde sich finden.

Wie oft hab' ich es schon erfahren, daß solche Art des Beschauens und der Beschaulichkeit mir beim Waidwerk nicht vergönnt ist: Das vorsichtig angebirschte Gamsrudel wird flüchtig, wenn ich dem starken Platzbock bei seinem Treiben vor dem Schuß erst eine Weile zuschauen möchte. Der Auerhahn reitet unvermittelt ab, wenn ich, ihn zu beobachten, ein paar Strophen ungenutzt verstreichen lasse. Der aufs Blatt langsam zustehende Rehbock schlägt grundlos um, wenn, um der Augenweide willen, nicht gleich die Büchse spricht.

Ein starkes, noch rotes Alttier löste sich ohne erkennbaren Grund (oder hatte wirklich der von fern herüberwehende Schrei des abziehenden Zehners es dazu veranlaßt?) plötzlich aus dem Kreis der Schwestern und trollte, von seinem Kalb und einem grauen Schmaltier gefolgt, abwärts der Talsohle zu.

Dem Hirsch entging dies nicht. Er warf jäh auf, stieß einen zornigen Schrecklaut aus und stürmte nach. Er wollte sichtlich das Alttier überhöhen und ihm von oben den Weg abschneiden, um es zum Rudel zurückzutreiben. Aber die Falsche bog noch steiler nach unten ab, eh' er sie überholt hatte.

Ich war wütend, dieses treulose Stuck, das mit einem solchen Gebieter sehr wohl hätte zufrieden sein können, würde mich, der ich soeben noch meiner Sache sicher gewesen war, um den Hirsch bringen, wenn er ihm bis zum Weißenberg hinüber folgte. Ich packte meinen Repetierer, rutschte in die Deckung des Hügels zurück und eilte, dem Kahlwild zwar unsichtbar, aber auch alle Vorsicht vergessend, gleichfalls steil abwärts auf die kuppenartige obere Kante einer kleinen Wand zu, von der aus ich den Hirsch, der mir in einen Graben hinein verschwunden war, wieder sehen mußte.

Ja, dort unten stand er, tiefer schon, als ich's vermutet hatte. Das Stuck hatte sich anders besonnen, oder es machte ein Scheinmanöver. Etwa fünfzig Schritt vor ihm stand es, in die Richtung der beabsichtigten Flucht verhoffend, und neigte das Haupt dann sogar zur Äsung. Kalb und Schmaltier standen ratlos zwischen den beiden.

Jetzt verlor ich keine Zeit mehr. Halb breit stand der Hirsch unter mir in einem schmalen, teils lehmigen, teils begrasten Seitengraben. Die Entfernung war jetzt etwas geringer, so um die hundertsiebzig Meter mochte sie noch betragen. Die auf die Wandkante hingekauerte Stellung dagegen, aus der ich schnell schießen mußte, war nicht die beste, aber der Stachel stand ruhig im Blatt des Hirsches, als der Schuß brach. Ich sah durchs Feuer hinter dem Hirsch den trockenen Lehm aufstauben, der Sechzehnender selber aber rührte sich nicht, fuhr sich nur nervös mit dem Lecker über die Muffel.

Was war denn da los!? Ich wußte doch, wo ich hinschoß! Stimmte das Fernrohr nicht, hatte ich's beim schnellen Abziehen verrissen oder verschoben!? Ich repetierte, aber als ich gerade das Abkommen wieder in den Hirschrumpf tauchte, wurde das Stuck flüchtig, und der Hirsch fuhr hinterher. Wieder wechselte ich mit langen Sprüngen den Platz. Das Wild war in einen tiefen und felsigen Graben, der hier die Alm durchschnitt, hineingeflüchtet und mir darin verschwunden. Wenn es ihn aber passiert hatte und die Richtung beibehielt, mußte es in dem freien Steilhang der Alm wieder auftauchen. Sehr viel, so schien es mir, hatten sie alle nicht gemerkt.

Ich verschob mich seitlich, um freieren Ausblick zu haben. Und da waren sie schon: rotes Alttier voraus, dann Kalb und lichtgraues Schmaltier. In ziemlich wilden, Steine lösenden Fluchten stürmten sie vorbei, blieben aber weiter unten doch nochmals verhoffend stehen, und dann führte die Altmutter, diese vermaledeite, störrische Matrone, die mir alles verdorben hatte, ihre kleine Schar mit aufmerksam nach vorne gestellten Lauschern bedächtig dem Bachbett zu.

Wo war der Hirsch geblieben!? Ich wartete längere Zeit darauf, daß er folgen würde, und als er nicht kam, keimte eine schwache kleine Hoffnungspflanze aus meiner Ratlosigkeit auf: Vielleicht lag er unten im Graben, hatten nur die ausfahrenden Splitter den Lehm hinter ihm aufstauben lassen!?

Ich mußte hinuntersteigen zum Anschuß. Aber zuvor, auf des Teufels Tücken von ihm selber genugsam eingepaukt, wollte ich auf meinen ursprünglichen und allerersten Aussichtspunkt zurückkehren. Es war nämlich möglich, daß der Hirsch, während ich hinter dem Kahlwild herschaute und ihn in dessen Gefolge erwartete, in der tiefen Überriegelung eben jenes Grabens, von mir ungesehen und ziemlich nahe an mir vorbei, zurückgewechselt war zu seinem Rudel auf die Roß.

Wieder mußte ich rennen, keuchte bolzgerade den steilen Hang hinauf, dahin, wo ich Mantel, Rucksack und Bergstock zurückgelassen hatte. Noch bevor ich Ausblick hatte, meinte ich, zu meiner erleichterten Freude, einen Brummer von der Stelle her zu vernehmen, auf der zuvor Hirsch und Rudel vereint gestanden hatten. Und dann war ich bei meinem Mantel und hob wieder vorsichtig den Kopf. Ein glückliches Aufatmen ließ mich für ein paar Sekunden alle Unbill vergessen: Ja, da stand, beinahe unverändert, wenn auch in anderer, in unschlüssig beunruhigter Haltung, das ganze Rudel noch auf dem alten Platz und bei ihm der Hirsch!

Aber – ich brauchte kein Glas dazu, es alsbald zu erkennen – das war nicht der Sechzehnender, es war ein ganz anderer, weit geringerer Hirsch. Ein kurz- und starkstangiger Gabler war es vom wahrscheinlich schon vierten Geweih, ein junger, im Wildbret starker Beihirsch, der sich zuvor nicht hatte sehen lassen dürfen. Ich blieb sitzen und wartete.

Irgend etwas schien das Kahlwild zu befremden. Es äugte immer wieder in die Richtung, in der der Felsgraben im zwischen ihnen und mir liegenden Almboden mündete, oder besser gesagt, sich beinahe kraterhaft auftat. Im Lauf der Jahrhunderte muß er durch die Kraft der Schmelzwasser aufgespalten und -gerissen worden sein, die im Frühjahr aus den ungeheuren Schneemassen in dieser ebenso tiefen wie breiten Almmulde entspringen. Verwehungen und aus der Roß abgehende Lawinen füllen sie allwinterlich fast eben aus.

Nur so erklärt sich die felsige Wildheit dieser engen Schlucht, die zu durchsteigen an manchen Stellen nicht ungefährlich ist, und in der schon manches Stück Almvieh sich zu Tode gestürzt hat, bis man ihre Ränder mit Stacheldrähten unzugänglich machte. Kein Stück Rotwild wird den Graben je, vor allem in seinem steilsten oberen Teil, zum Auf- oder Durchstieg benützen. In ihm konnte – es sei denn an seinem äußeren Rand – der Hirsch nicht heraufgewechselt sein. Langsam zog das Rudel Stück um Stück, die Annäherungsversuche des Beihirsches belästigt abwehrend, in den Alpenwald hinein.

Ob der Hirsch wirklich unten im Graben lag? Hier oben konnte er nicht durchgekommen sein, denn das Rudel war sichtlich in Erwartung seiner Rückkehr gewesen, und der Gabler hätte sich, wäre der Sechzehnender auch nur in der Nähe aufgetaucht, ganz sicher davongemacht. Dem abtrünnigen Kälbertier war der Platzhirsch aber, auch das stand für mich fest, nicht gefolgt. Er konnte unmöglich, von mir ungesehen, die untere Alm passiert haben. Also doch der Graben?

So stieg ich zum Anschuß hinunter und fand dort trotz langen Suchens keinen Kugeleinschlag. Auch ein Einriß oder die Fluchtfährte war auf dem durch lange Trockenheit backsteinharten Lehmboden nicht auszumachen. Ich durchstieg den Graben, in dem der verendete Hirsch unübersehbar gewesen wäre. Ich glaubte im feuchten Ufersand die gespreizte frische Fährte des Alttiers zu erkennen, und ich suchte dort herum die großen Steine und Felsblöcke nach Schweiß, nach einem einzigen roten Tropfen, ab. Ich fand nichts.

Nur etwa zwanzig Meter unterhalb des Anschusses entdeckte ich auf einem Silberdistelblatt ein wenige Millimeter langes, also wohl abgeschossenes graues Stück Hirschhaar, das ich zuerst für ein Samenstäbchen der Distel hielt, und nach langem Weitersuchen mehrere Meter davon entfernt noch ein zweites, beinahe gleiches. Die starke Morgenbrise konnte die locker liegenden Schnitthaare weit weg verweht haben. Und damit war's aus.

Hatte ich mir den Anschuß falsch gemerkt? Ich baute eine kleine Steinpyramide und stieg nochmals auf die Wand, also auf meinen Schußplatz, hinauf. Die Stelle, meinte ich, stimmte. Freilich, auf diesem kleinzerklüfteten Steilhang, wo eine Rinne, ein Geröllstreifen und ein kleiner Graben dem anderen zum Verwechseln glich, konnte man sich irren, aber ich hatte ja auch die ganze Umgebung peinlich abgesucht. Hier würde nur ein Hund helfen, und der allein konnte auch das einfach nicht faßliche, schier unlösbare Rätsel klären, wohin der Hirsch nach dem Schuß gezogen war, als er mir im Graben dicht hinter den drei

Stück Kahlwild verschwunden war. Um es vorweg zu nehmen: Das Rätsel wurde nie gelöst.

Ich will nicht länger von diesem freud- und trostlosen Auf und Ab in der beginnenden Hitze des Föhntages berichten. Hungrig, mit durchgeschwitztem Hemd und müden Knien passierte ich erst gegen zehn Uhr auf der Elandalm ein.

Nachdem ich mich im großen Brunntrog dreimal um meine Achse gedreht, dann gefrühstückt und mir einen Tabak angezündet hatte, hielten wir, Sohn, Jäger Irg und ich, Kriegsrat. Mein junger Rauhhaardackel war für solche Arbeit noch nicht geeignet, und den Jäger Wolfgang, der einen auf der kalten Fährte gut arbeitenden älteren Wachtel führte, hatte ich, nach gestriger glücklicher Talbringung des Oberforstverwalters samt seinem Vierzehnender, für diesen einen Tag (morgen war Samstag, und wir würden ins Tal hinuntersteigen) durch Boten beurlaubt. Es wäre trotzdem möglich gewesen, ihn bis zum Nachmittag auf die Baumgartenalm zu beordern.

Aber ich fragte mich, ob man, nachdem der Hirsch mit hoher Wahrscheinlichkeit gefehlt, äußersten Falles schwach gestreift war, heute überhaupt noch nachsuchen sollte. Das Hauptrudel hatte wenig gemerkt, den Schuß nicht einmal verstanden und war, kaum beunruhigt, in den gewohnten Einstand wieder zurückgewechselt. Der gesunde Hirsch würde, daran zweifelte ich nicht, spätestens im Lauf der Nacht zu ihm zurückkommen. War's nicht besser, dies vor einer wahrscheinlich ergebnislosen und unter Umständen den Felswald wildleer ausfegenden Nachsuche abzuwarten?

Wenn er freilich nicht wiederkehrte, morgen früh nicht bei seinem Kahlwild stand, dann zeigte dies doch an, daß er entgegen allen Schuß- und Birschzeichen wahrscheinlich krank war, dann durften wir keine Zeit mehr verlieren und die Vierundzwanzigstundenfährte nimmer lang den Winden und vielleicht gar den sich ballenden Wolken aussetzen. Wir kamen nach einigem Für und Wider zu dem Schluß, daß ich am Nachmittag wieder zur Baumgartenalm aufsteigen würde.

War ich nicht bis spätestens zur achten Frühstunde anderen Tages mit guter Kunde zurück, dann sollte der auf der Hütte mit aushelfende Jägerlehrling, dessen junges Gehwerk doch schneller war als die immer noch flinken Füße des Irg, den Wolfgang oder notfalls nur dessen immer übellaunigen braunen ,,Birko" heraufholen.

Bevor ich, um den oft unterbrochenen Schlaf der vergangenen Nacht ein wenig zu ergänzen, mein Lager aufsuchte, machte ich aber auf eine schnell improvisierte Scheibe noch einen Schuß. Die Gewißheit, daß dem Hirsch nichts fehlen konnte, war von dem Ergebnis dieser Probe weitgehend abhängig: Eine gute Handbreite (einschließlich des Daumens) Hochschuß, statt der beim Einschießen zugestandenen zwei Fingerbreiten, war das klare Ergebnis. Und es ward auch noch von einem zweiten, als ,,Gegenprob" nachgesendeten Geschoß bestätigt.

So ganz beruhigt und recht viel gescheiter als zuvor war ich auf dies Ergebnis hin nicht. Bei einem Rehbock hätte eine solche Abweichung den Fehlschuß voll erklärt, nicht so beim tiefrumpfigen Hirsch. Freilich war ich, so zumindest meinte ich mich zu erinnern, weil ja die Kugel den Rumpf schräg von oben nach unten durchschlagen sollte, etwas höher ins Ziel gegangen. Ob aber die Spitze des schwarzen Stachels so dicht unter dem Widerrist stand, daß die Handbreite des Hochschusses die Kugel über den Rücken hatte wegzwitschern lassen, das zu beeiden, getraute ich mich nicht.

Andererseits beruhigte es mich einigermaßen, daß auf jeden Fall ein hoher Blatt- oder ein Kreuz- oder Krellschuß dabei hätte herauskommen müssen, der den Hirsch im Feuer umgeworfen hätte. Aber er hatte sich nicht gerührt, war nicht im leisesten zusammengezuckt, war sich nur kurz mit dem Lecker über den Windfang gefahren und – das meinte ich noch bemerkt zu haben – hatte die Lauscher hängen lassen.

Aber warum war er dieser roten Hexe von einem Kälberstuck, an der ihm sichtlich viel gelegen war, nicht weiter gefolgt!? Warum war er, wenn er sie abfahren ließ, nicht zum Rudel zurückgekehrt? Trotz dieses rastlosen Auf und Nieders der Hoffnungen und Ängste, des Für- und Widerwägens, sank ich bald in tiefen Schlaf.

Während ich an diesem Nachmittag zum abermaligen Aufstieg rüstete, gab es noch einen, wenn auch freilich kleineren, einen gastronomischen Kummer. Der Sohn hatte sich in seiner küchenmeisterlichen Vorsorge diesmal selbst übertroffen. Er hatte, weil das Kettenkrad an dem Tag auf die Hütte gefahren kam und gerade Freitag war, lebende Forellen vom Tal heraufbeordert. Das hätte am Abend, entsprechend begossen, ein kleines Fest gegeben. Nur – ich bezweifelte, daß durch eine kaum erhoffbare glückliche Lenkung St. Hubertens mir an diesem Abend die gute Heimkehr noch beschieden würde.

Den Rotgetupften paßte ihr neues Quartier im Brunnentrog nicht. Immer wieder fanden sie eine Lücke im darüber geschichteten dichten Verhau aus Fichtengeäst und schnellten sich in die vermeintliche Freiheit. Mit Lattich, Nesseln und feuchtem Kies konnte die sie auch nicht glücklich machen. Deshalb mußte man ihrer Gefangenchaft dadurch ein Ende bereiten, daß man sie abschlug. Dabei half ich noch mit und machte mich dann unfroh auf den Weg. Auf der Elandalm hatten über Mittag die Hirsche gut gemeldet, auf Baumgarten würde es nach der Beunruhigung am Morgen vielleicht still sein. Und die Erlebnisse des Morgens, vor allem dies stundenlange, trostlose Herumsuchen ohne Rat und Ergebnis, hatten mir den Platz, auf den ich die Haupthoffnung dieses Jahres gesetzt hatte, verleidet. Was mich trieb, war weit mehr Neugierde als jägerische Vorfreude.

Der Himmel fing an, sich zu beziehen, die Felswände jenseits des Tales waren dunstlos geworden, in düsterdeutlicher Zerklüftung schienen sie näher gerückt, aller Abendglanz auf ihnen war erloschen, und bange Stille lag ringsum über Almen und Wäldern.

Ich bezog wieder Ausschauposten auf meinem Hüttenhügel. Nicht einmal die Gams standen heute im Roßlahner; nur ein einzelner, schon schwärzlicher Bock äste eifrig weit unterhalb am Fuß der Predigtstuhlwände. Nach einer Weile, es fing schon ein wenig zu dämmern an, hörte ich rechts im Wald, aber sehr hoch oben unter den Wänden, mehrmals Steine gehen, und dann krachte, viel näher, schon fast am Waldrand, ein Ast. Unmittelbar danach zog, genau dem Einwechsel vom Morgen folgend, ein starkes Alttier auf die fahl gewordene Almlichte heraus. Wenige Minuten später folgte ein Hirsch. Ich konnte ihn unschwer noch ansprechen; es war der Gabler von heute früh.

Jetzt, da er dicht hinter dem Stuck herzog, erkannte man an seiner Figur noch deutlicher, daß es ein älterer Hirsch, so vom vierten oder gar fünften Geweih, war. Nach kaum fünfzig Metern ließ er sich in eine anscheinend frisch geschlagene Suhle fallen, daß das Wasser hoch aufspritzte. Als er gar nicht aufhörte, darin herumzuplanschen, nahm ich ihn nochmals ins Glas und konnte etwas beobachten, was ich in dieser Art noch nie wahrgenommen hatte:

Der sitzende Hirsch schlug mit dem Vorderlauf immer wieder heftig und schnell in das weiche Erdreich vor seinem Windfang Gruben, die sich dann anscheinend mit Wasser füllten und aus denen er schöpfen konnte. Durch die Hitze des Tages durstig geworden, wiederholte er das sicher ein halbdutzendmal und wurde auch aus der Suhle nicht mehr hoch, bis es Nacht geworden war. Als ich – man sah schon vereinzelte bleich verschwimmende Sterntupfen im überschleierten Himmel – gerade die Hüttentür aufsperrte, hörte ich unten, nahe dem Bach, eine gewaltig loslegende Hirschstimme.

War das der Zehner? Zwei-, dreimal wiederholte sich sein zornig erregter Kampfruf, dann wurde es wieder still. Es mußte ihm da drunten irgendein anderer Hirsch in die Quere gekommen sein. Der Sechzehnender war's schwerlich gewesen, der hätte vermutlich mit noch gröberem Ton geantwortet.

Ich dachte an die Forellen, aber nicht, weil ich besondere Essenslust auf sie hatte. Mußte denn immer, wenn etwas Nettes vorbereitet war, so ein Querschuß des Teufels erfolgen? Konnte – wie wenig hatte ich im Lauf der letzten Jahre an guten Hirschen geerntet! –, konnte *nie* ein schöner und freudiger Verlauf die Enthaltsamkeit vieler Jahre krönen!? War immer der störende, hindernde, vereitelnde, Lust in Leid verwandelnde Knoten drin, wenn mir eine besondere Trophäe zufallen sollte?

Ich legte mich bald schlafen. Während der Nacht rumorte der Zehner wieder nahe um die Hütte. Von weiter oben aber ward ihm keine Antwort. Es war auch ein anderes Röhren als gestern: kaum je ein Kampfruf, nur ein Brummen und Drenzen und Stöhnen in kurzen Zeitabständen. Er trieb, das war herauszuhören, ein Stuck, das ihm immer wieder auswich. Um die Mitte der Nacht mußte er sich dann niedergetan haben, er verschwieg lange Zeit. Wie lange, hätte ich nicht zu sagen gewußt, denn als ein naher und lauter Schrei mich wieder weckte, hatte ich tief geschlafen. Ich wußte nur, daß es noch lange vor Tag sein mußte. Es vergingen noch Stunden des aus dem Halbschlaf Mitlauschens und der vom Hirschruf begleiteten Träume, eh' es grau wurde.

Der Zehner zog diesmal früher als gestern, im allerersten fahlen Schimmer vor Schußlicht, schon schoßbachwärts. Es war still geworden, als endlich im Osten Streifen von einem merkwürdig blassen, leuchtkraftlosen Rosa zwischen schiefergrauen Wolkenbänken erschienen. Ich schob mich vorsichtig, immer wieder mit dem Glas Umschau haltend, ob nicht irgendwo in der Nähe Kahlwild zurückgeblieben sei, das mich eräugen konnte, auf meinen Ansitz hinaus.

Wenn auf dem Almboden Wild gewesen wäre, hätte man es schon sehen müssen; drüben in den geröll- und gesteinübersäten steilen Ausläufern der Roß war noch nichts zu erkennen. Ich war entschlossen, den Gabelhirsch zu schießen, wenn er auf erlangbarem Wechsel und bei gutem Licht hier irgendwo einzöge. Es würde dies die mir nun unumgänglich notwendig erscheinende Nachsuche mit dem grimmen „Birko“ kaum störend beeinflussen.

Aber die rastlos suchenden Linsen des Nachtglases vermochten nichts aus Schatten und Getrümmer herauszulösen. Ich weiß nicht, ob ich nicht, mit dem Gesicht auf dem Rucksack, beim Abwarten besseren Lichtes noch einmal kurze Zeit eingedämmert bin. Jedenfalls war es, als ich wieder aufschaute und das Glas noch einmal wandern ließ, viel heller geworden. Merkwürdig, daß gar kein Wild, nicht ein einziges Lebewesen, diese weit mehr als dreihundert Meter im Geviert messende Fläche belebte. Ich schaute zu dem obersten Steilstück hinauf, auf dem vorgestern die Gams geäst hatten.

Und da gab mir's einen Schlag aufs Herz: Mitten im Lahner stand ein Mensch! Stand da und schaute direkt zu mir herunter. Ein untersetzter alter Mann war es, hutlos, dunkel gekleidet, mit einem, wie es schien, breiten Vollbart. Was trieb der da oben? War es am Ende der Heilkundige aus Tirol, von dem ich gehört hatte, der vielleicht hier Kräuter suchte, die zu dem Zeitpunkt, da man sie pflückt, das volle Licht des Tages nicht gesehen haben dürfen? Aber warum rührte er sich nicht!? An die fünfhundert Meter waren es bis da hinauf, er konnte, nein, auch mit Hexenmeisteraugen *konnte* mich nicht entdeckt haben. Es war einer jener Momente, in denen man sich außerhalb der Wirklichkeit glaubt. Träumte ich am Ende, schlief ich noch?

Ich fuhr mir mit der Hand über die Augen und schaute wieder durchs Glas. Und jetzt auf einmal rührte sich der alte Mann mit dem Bart, tat ein paar langsame Schritte abwärts, drehte sich zur Seite und – zeigte mir einen schwarz gesuhlten Hirschrumpf. Ich zweifelte jetzt nach der anderen Richtung an meiner Zurechnungsfähigkeit. Träg zog der Hirsch abwärts. Es war höchstwahrscheinlich der Gabler, der sich am Abend hier unten gesuhlt hatte.

Und was jetzt folgte, ging alles ziemlich schnell. Vor dem Hirsch löste sich bald da, bald dort Kahlwild aus der Unsichtigkeit, aus Mulden oder falben Grasflächen, wo ich es vorher nicht zu entdecken vermocht hatte. Alle Stücke zogen, fast wie auf Befehl, einträchtig abwärts. Gemessenen Schrittes folgte der schwarze Hirsch. Sie strebten einem mir wohlbekannten Wechsel zu, dem allerobersten, der aus der Roß auf den kleinen Felsenwald zu und in ihn hineinführte. Hätten sie die Roß weiter oben gequert, würden die dort verlaufenden Wildpfade sie über die Windeckwände und aus dem Baumgartenbereich hinausgeführt haben.

Die Entfernung war in jedem Fall zu weit. Es lag auch nicht viel daran; dem Gabler würde ich schon wieder irgendwo begegnen oder ihn einem der Jäger zum Abschuß freigeben. Ich nahm ihn – es wurde jetzt zusehends heller – wieder ins Glas. Und da traf mich ein zweiter Schlag aufs Herz.

Das war nicht der Gabler, das war ein breitmähniger, tiefrumpfiger, schwerer Kasten von einem Hirsch! Jetzt erkannte ich auch endlich vor dem hellen Grashintergrund das Geweih. Es waren die flach ausgelegten, breiten, groß gekrönten Stangen des Sechzehnenders. War er also doch gefehlt und wieder gesund bei seiner Schar! Gesund? Irgend etwas gefiel mir nicht an seinem Ziehen. Er hielt das Kinn merkwürdig angezogen, setzte die Läufe so befremdlich steif und – schonte er nicht auch einen der Vorderläufe? Heiliger Hubert, nur knappe hundert Schritt, wenn's näher wäre, würde ich den Schuß – in diesem Fall war es vertretbar – wagen. Aber da hinauf, lieber Himmel, bis da hinauf!!? Über den hier gebotenen Haltepunkt wußte ich mir keinen Rat mehr.

Das inzwischen noch weiter angewachsene Rudel zog jetzt etwas langsamer und kam mir auch quer zum Hang ein wenig näher. Es „defilierte"; so nannte man das in der altmilitärischen Sprache. Aber die ersten Stücke näherten sich schon bedenklich einer die weitere Sicht hindernden Felswand, eigentlich war's ein Riesenblock, der aus dem Steilhang heraushing. Der Wechsel führte hinter ihm durch eine laublatschenverwachsene Mulde, und unmittelbar danach würden die ersten turmhohen Schirmfichten das Wild deckend unter ihre zottigen Arme nehmen.

Da fiel mir der Hochschuß meiner Büchse ein. Ich hatte ihn, weil dies weitere Probeschüsse erfordert hätte und ich eine Kracherei mitten im Revier nicht mag, nicht herausgeschraubt. Ich hab' ein gutes Gedächtnis für nicht bedeutende Abweichungen und ändere, bis ich auf den Schießstand komme, eben den Haltepunkt. Wie, wenn ich dem Hirsch jetzt am Kreuz abzog, dann durfte die Kugel eine halbe Hirsch- und eine ganze Handbreite absinken. Sie konnte dann eigentlich kaum fehlgehen.

Schnell bauschte ich den Mantel zu einer hohen Auflage und rutschte selber etwas nach unten zurück. Die Schußrichtung ging steil aufwärts. Ohne zu verhoffen, unaufhaltbar, zog oben der Hirsch fünfzig Meter hinter dem Kahlwild her. So ganz schwer, wie ich befürchtet hatte, schaute es sich gar nicht zusammen. Aber er mußte, er mußte stehenbleiben! Und da gab es beim Kahlwild, dort wo der Wechsel sich kurz vor der Wand verschmälerte, ein kleines Gedränge. Der Hirsch blieb, ohne zu verhoffen und immer noch mit angezogenem Kinn, stehen. Er ließ mir Zeit zu ruhigem Zielen, und ich brauchte nicht lang.

Das Schußzeichen war unter den gegebenen Umständen eines der merkwürdigsten und überraschendsten, das ich unter vielen Hunderten gesehen und erlebt habe. Der Hirsch fiel im Verhallen des Schusses da, wo er stand, einfach um. – Das mußte ein Krell- oder Kreuzschuß sein! Ich repetierte und blieb, jede Sekunde seines Wiederhochwerdens gewärtig, im Anschlag, eine Minute, drei Minuten, fünf, zehn; ich kannte Satans Tücke. Keinen Lauscher hatte der Hirsch mehr gerührt, und als ich endlich die Büchse gegen das Perspektiv vertauschte, sah ich ihn wie schlafend liegen. Im Auftreffen der Kugel mußte er, bis heute versteh' ich es nicht, verendet sein.

In der auf diese Anspannung folgenden glücklichen Müdigkeit blieb ich noch lange auf meinem Platz liegen, immer wieder das Auge an das auf dem Mantel fest eingerichtete Spektiv legend. Es war nicht einmal das Bewußtsein eines Glückes im Unglück von kaum erhörtem Ausmaß, das mich erfüllte, es war einfach Glück, es war die große Jägerseligkeit.

Ob es schöner, harmonischer, beglückender gewesen wäre, wenn er gestern im Frührot bei seinem Rudel ausgehalten hätte, bis die sicher gezielte Kugel ihn traf? Eins weiß ich: Das Leben liebt keine wohl vorbedachten Verläufe, es führt uns fast immer andere Wege, als wir sie uns wünschten. Steckt wirklich der Teufel dahinter? Wird über unsere Köpfe weg ein Kampf ausgetragen zwischen hellen und finsteren Kräften, von denen die einen beschenken möchten, die anderen es vereiteln wollen!?

Der wesentlichste Teil aller Dichtung befaßt sich mit diesen Gedanken, leidvoll klagend und anklagend, schmerzvoll verzichtend, kraftvoll hoffend, weise harmonisierend oder freudvoll dankend. Oder ist es ganz einfach ein in allem Lebendigen erkennbares Gesetz, an dem jede Berechnung scheitert und scheitern soll, einer der Hinweise, daß des Schöpfers Gedanken und Wege nicht die unseren sind? Durch viele Jahre hatte ich keinen Hirsch gefehlt, und an diesem, den ich damals für meinen besten, für den begehrenswertesten hielt, ging die Kugel vorbei.

Nach einer halben Stunde erst nahm ich mich auf und stieg den steilen und beschwerlichen Weg, den ich schon ungezählte Male und immer widerwillig unter die eisenbeschlagenen Sohlen genommen hatte, zu meiner Beute hinauf.

Als ich beim Hirsch anlangte und mit tiefem Atemholen den letzten Schritt aufwärts getan hatte, sah ich sofort den Einschuß auf seinem mächtigen Rumpf. Er war hoch hinter dem Blatt und – wahrscheinlich erklärte dies das schlagartige Zusammenbrechen – halbhandflächengroß. Ich glaubte anfangs, das Geschoß sei im Auftreffen zerplatzt und bei der Explosion nur der Kern noch ins Leben gegangen. Das hätte, zumal der Hirsch etwas hoch gefaßt war, einen umwerfenden Schock ergeben. Aber während ich auf die Wundstelle niederschaute, bemerkte ich gut fünf Fingerbreiten tiefer, mitten am Blatt, einen zweiten, nur kalibergroßen Einschuß, aus dem frischer Schweiß ausgetreten war. Als ich dies, näher hinsehend und genau abtastend, festgestellt hatte, wollte ich den Hirsch wenden. Die anfangs für den Einschuß gehaltene, ziemlich große

Verletzung war, daran zweifelte ich jetzt nicht mehr, ein Ausschuß und mußte (auch der Schweiß war schon eingetrocknet) von meiner gestrigen Kugel herrühren, die ich, im Gegensatz zur heutigen, auf das linke Blatt hingezielt hatte.

Der Hirsch lag auf einer kleinen Plattform, einer schmalen Stufe sozusagen, im Steilhang. Wenn ich versuchte, ihn umzudrehen, dann bestand die Gefahr, daß er ins Rollen kam und sich womöglich noch irgendwo am Gestein Endenspitzen abschlug.

Ich ließ ihn deshalb zunächst, so wie er ruhte, liegen. Ich wollte ihm erst noch in Frieden die zweite Wacht halten, und das um so lieber, als ich etwas an ihm erschaut hatte, was mich noch mehr fesselte als die zwei Wundsiegel auf dem Blatt. Die Gabelungen der Augsprossen, so wie sie das Geweih des weltberühmten Montenuovo-Hirsches aufweist, waren bis auf zwei weiße Kanten verschwunden, aber die rechte Stange des in jeder Hinsicht herrlich ausgewogenen Geweihs zeigte ein klares sechstes Kronenende! Seit Menschengedenken war in den Bergen um das Priental kein Achtzehnender gesichtet oder gar geschossen worden! Das war schon einen besonderen, dankbar betrachtenden und überdenkenden Friedenstabak wert, auch wenn ich es darüber versäumen sollte, die Genossen auf der Elandalm rechtzeitig zu verständigen. Sie würden zur Bergung des Hirsches ohnedies hier heraufsteigen müssen.

Es entstand übrigens dieserhalb, wie ich bald erfuhr, keine Schwierigkeit, und alles renkte sich von selber ein. Der Eleve nämlich war, um die Schläge und Blößen rund um die Elandalm besser von oben her einsehen zu können, ein Stück in Richtung der Baumgartenalm aufgestiegen und hatte dabei meinen Schuß gehört. So beschloß der Kriegsrat auf der Elandhütte, vor einer sich vielleicht erübrigenden Botenentsendung ins Tal doch erst einmal nach mir zu schauen.

Als wir später, nachdem die Waidgenossen zu mir gestoßen waren, den Achtzehnender gemeinsam gewendet hatten, ergab sich unbezweifelbar, was ich zuvor schon bei vorsichtigem Anheben von Haupt und Blatt gesehen und ertastet hatte: Der Hirsch hatte vom Tag vorher einen echten Hohlschuß. Innerhalb von einem halben Jahrzehnt war das nun der zweite, den ich als von mir selber angetragen erlebte. Auch hier mußte anscheinend die Duplizität gewahrt werden. In dreieinhalb Jahrzehnten Jägerleben war mir nie einer unterlaufen, und nach diesem zweiten – alle vierzehn Nothelfer seien darob gepriesen! – im Lauf weiterer rund fünfzehn Jahre keiner mehr.

Meine Kugel vom Vortag war, höher eindringend als gezielt, dicht unter dem Kreuz zwischen den Rippen durchgegangen und, da ich ziemlich steil von oben geschossen hatte, tiefer, aber immer noch „hochblatt", ausgefahren. Dabei hatte sie – deshalb das Schonen des Vorderlaufs – den rechten Schulterknochen leicht gestreift. Die Lunge war, bis auf einen dunklen Fleck am oberen Rand eines Flügels, unversehrt geblieben. Das, was ich für Lehmstaub gehalten hatte, war vermutlich eine Schnitthaarwolke vom Ausschuß gewesen.

Die zweite Kugel, die von heute, war auf dem rechten Blatt etwas unter der Mitte eingedrungen und hatte, trotz der weiten Entfernung noch durchschlagend, der aufwärts gerichteten Flugbahn halber, einen geradezu klassischen Mitteblattausschuß gemacht. Ich wohnte, nachdem die Brüche mit allersorgfältigster Auswahl von einer der sicher mehr als zwei Jahrhunderte alten Tannen am Waldrand geholt waren, dem Aufbrechen nicht mehr bei. Das erfolgte erst unten im Almboden, während ich schon in der Hütte zusammenräumte. Wahrscheinlich war die Aorta abgeschossen. Ich aber glaube an den ausgleichenden Kampf der guten Geister gegen die bösen und daran, daß nachdem gestern ein böser dem sündig beladenen Jäger seinen Streich gespielt, ein guter und gutmachender ihm heute die Kugel gelenkt hatte. Unverständlich blieb mir, daß ich gestern, trotz peinlichen Suchens, kaum etwas von dem Schnitthaar noch sonstige Wundzeichen hatte finden können.

Das schärfste Jägerauge vermag die Nase des Hundes nicht zu ersetzen. Und doch hatte es in diesem besonderen Fall wahrscheinlich zum Waidmannsheil geführt, daß mir an dem Tag kein fermer Treugesell zur Seite gegangen war. Eine Nachsuche hätte vermutlich zu einer Hetze geführt und den Hirsch, dessen Läufe gesund und kaum behindert waren, schwerlich zu Stand und zur Strecke gebracht. Die Verletzung hätte sich, daran zweifle ich nicht, bald ausgeheilt.

Aber was würde mein Achtzehnender im folgenden Jahr aufgesetzt und wohin, bei verhältnismäßig naher Grenze, die lange Hatz ihn entführt haben? Und selbst wenn er keinem der vielen nachbarlichen Rohre zum Opfer fiel, wäre er überhaupt wiedergekehrt, um sich im Winter den vertrauten Genossen an der Fütterung zuzugesellen? Auch ohne nach dem Schuß nochmals angerührt worden zu sein, ohne Hundehals dicht hinter dem Geäfter, hatte er, vom Hohlschuß gezeichnet, im Lauf dieser vierundzwanzig Stunden kaum glaubhafte Wege zurückgelegt, den Felsenwald durchwechselt, die Roß erstiegen und wahrscheinlich während der Nacht drüben in der Klausleite, von wo ich ihn nicht herüberhören konnte, gebrunftet!

War er vielleicht, nach dem gestrigen Schuß, durch jenen in seinen unteren Ausläufern zahmer werdenden Schmelzwassergraben, den ich vom Schußplatz aus nicht einsehen konnte, ohne dem Kahlwild zu folgen, doch zum Schoßbach hinunter und hinüber zum Weißenberg geflüchtet? Mir wollte dieses, wenn auch nur wenige Minuten währende, merkwürdig erregte, zornfiebernde Schreien des Zehners in der letzten Dämmerung des gestrigen Abends nicht aus dem Sinn. Nur ein in seine Nähe gekommener anderer Hirsch konnte es ausgelöst haben. In seiner Nähe *geblieben* war dieser andere aber nicht, man hätte das aus dem Röhren des Zehners während der Nacht sicher herausgehört. War der Achtzehnender auf seinem Rückweg in den Felsenwald zum eigenen Rudel dem Zehner am Ende in die Quere, zumindest in den Wind, gekommen?

Müßiges Sinnen und Wägen, das aber ganz dem Wesen des Jägers entspricht, einem der stärksten Beweggründe seines Tuns, dem Trieb, alles Geheimnis um ihn her zu enträtseln.

Jetzt aber war Frieden, blieb mir eine von keiner Unruhe gestörte Spanne gelöster Rast und dankbarer Beglückung. Das zinngraue Gewölk hatte sich geschlossen und gesenkt, drückte von oben in die Alm herein. Der Nebel berührte schon die Schneid und überschleierte die Kanten der Windeckwände. Würde er mich eingehüllt haben, ehe die Genossen kamen? Mußte ich die Wacht abbrechen und mich hinunter zur Hütte begeben? – Aber da sah ich sie mit einem Mal, drei dunkle Männergestalten, eine ganz lange in der Mitte, das war der Sohn, und rechts und links die beiden anderen. Sie standen etwa da, wo die Tage her der Platz meines Ausschauhaltens gewesen war. Sie hatten die Gläser vor den Gesichtern und mich anscheinend schon entdeckt, denn sie winkten mit den Hüten herauf. Ich nahm den meinen ab und winkte freudig zurück.

# *Der Hohlschuß*

In Aschau gibt es einen ,,Hammerbach", so genannt nach den einst zahlreichen Nagelschmieden, deren Hammerwerke er einmal getrieben hat. Auch ein großmächtiges Mühlenrad hat sich bis vor etwa achtzig Jahren dank seiner sprudelnden Kräfte gedreht. Als die Bauern und Kleinhäusler unseres engen Tales und schließlich auch der Schloß- und Grundherr allmählich aufhörten, selber ihr Brotgetreide anzubauen, verkaufte der alte Müller, der Höger, seine Mühle meinem Großvater, der sie alsbald stillegte. So habe ich selber sie ,,klappernd am rauschenden Bach" nicht mehr gekannt, aber die Achse des Rades, einen Eichenstamm von nahezu einem Meter im Durchmesser, habe ich auf der Wiese hinter dem inzwischen längst umgebauten Haus, von Brennesseln und Lattich umwuchert, liegen und von sicher zwei Jahrhunderten kraftvoller Arbeit ausruhen und träumen sehen, während sie mählich vermorschte, vermoderte und schließlich verfiel.

Seit ein paar Jahrzehnten ist auch diese letzte Spur einstigen mühsamen Werkens ums tägliche Brot ganz verschwunden. Der Hammerbach aber drängte und sprudelte weiter, treibt statt der hölzernen eiserne Räder und Schaufeln, und allabendlich entzünden aberhundert Lampen sich an seiner Kraft. Es hat auch eine Zeit gegeben, da man kaum eine halbe Stunde dazu brauchte, um sich für eine Zwölfpersonentafel das Forellengericht aus seinen Strudeln zu heben. Und was für schwer zappelnde Pracht- und Riesenfische habe ich dort schon ins Ufergras hinausgeworfen! Noch heute schnalzt und plumpst und planscht es an warmen Sommernachmittagen seinem Lauf entlang von springenden Saiblingen und Forellen. Der alte wimmelnde Reichtum freilich ist es nimmer.

Vor etwa achtzig Jahren hütete der alte Grimm, der schon vor der Mitte des verflossenen Jahrhunderts unter den Grafen Preysing als Fischmeister zu Hohenaschau gedient hatte und vom Großvater mit dem Gut übernommen worden war, neben den anderen weit wichtigeren Gewässern den Hammerbach als sein besonderes Wasserwaidgehege.

Denn nachdem er die Siebzig überschritten hatte, vermied er gerne allzu weite Wege, und seine Dienstwohnung, das heute noch stehende Fischmeisterhaus, lag nur einen Schrotschuß vom Bachufer entfernt. Ihn selber, den weißbärtigen, bis ins Alter kraftvoll untersetzten Mann, hab' ich nimmer gekannt; als ich zur Welt kam, war er schon gestorben. Aber seiner Witwe, die wegen eines angeblichen Ohrenleidens Sommer wie Winter den ganzen Kopf mit einem weißen Tuch eingebunden hatte, bin ich als Bub manchmal im Wald begegnet. Sie sammelte fast täglich einen Bund Reisig und zog ihn müde vornübergebeugt an einem Strick hinter sich her bis vor das Fenster ihrer Küche. Einmal hatte sie mehrere große Äste zusammengeschnürt und plagte sich ab mit der sperrigen Last, als ich ihr gerade über den Weg lief. Sie hatte den grauen Star und erkannte die Menschen nur aus nächster Nähe.

„Bua, i hab grad koa Geld net im Sack, aber bals d' mir des Birl owaziagst zu mein Haus, kriagst an Zwoaring (Zweipfennigstück)!", sagte sie mit dünner, weinerlicher Altersstimme. Wie oft hab' ich später mit Reue daran gedacht, daß ich damals, den Flobert in Händen und irgendwelche Eichkatzlbeschleichwege im Sinn, den Kopf geschüttelt und mich, ohne der Greisin zu helfen, davongemacht habe.

Schön, aber davon will ich eigentlich nicht erzählen, sondern von einem Rehbock. Der Revierförster Häffner, späterer Forstrat und durch ein halbes Jahrhundert goldehrlicher Betreuer von Wild und Wald auch in den gleich hinter der Högermühle steil ansteigenden Berghängen, hatte diesen Bock eines Augusttages oben in der „Högerebnat", einer zum Anwesen gehörenden steilen Viehweide, mit der 11-mm-Bleikugel hoch hinters Blatt geschossen. Sein Gebirgsschweißhund ging ihm wie stets zur Seite, der „Rasco". So hießen alle seine Schweißhunde, in Aschau allein sieben an der Zahl, von denen jeder also zumindest Vorgänger oder Nachfolger eines „Rasco" gewesen ist, in den meisten Fällen aber beides. Ich weiß nicht, ob er damals noch den hochgepriesenen „Rasco den Ersten" oder schon seinen Sohn am Riemen hatte.

Der Bock lag im Feuer, herantretend sah der mit der Büchse fast unfehlbare Revierförster den Einschuß ein wenig hoch hinter dem Blatt, und der Rasco berührte das scheinbar verendete Wild schon mit dem Windfang. In dem Augenblick nun wurde der Bock so plötzlich hoch, daß kein zweiter Schuß mehr möglich war, und der kurze Vorsprung, den er gewann, bis der Hund geschnallt war, genügte, um ihn etwa zweihundert Meter zwischen sich und den Schützen bringen zu lassen, ehe die sehr flüchtige Schweißbracke ihn zu stellen kam. Sie hatte den Bock, einen jener Uriane, wie sie in unseren Wäldern heute nimmer wachsen, in den reißenden Bach gehetzt und den noch sehr Wehrhaften direkt unter dem Mühlschuß gestellt.

Zu der Zeit war der einen schwachen Kugelschuß hinter der Mühle aufsteigende Steilhang noch nicht aufgeforstet, nur ein paar hochwüchsige Lärchen und breitbeastete Schirmfichten standen als Schattenbäume auf der kargen Viehweide des Müllers. So konnte der Schütze, der der Hetze mit dem Ohr gefolgt war, von hoch oben über fast dreihundert Meter den Vorgang mit gesträubtem Haar beobachten. Wenn der Höger jetzt sein Rad in Gang setzte, dann waren Wild und Hund in ernstlicher Gefahr; beim Bock die wuchtige Alterskrone, beim Hund das treue Leben!

Aber da tauchte, vom Unterlauf des Baches her, eine dem Schwerbesorgten vertraute und ihn beruhigende Gestalt auf: Der alte Grimm kam mit langen Schritten angelaufen. Er war nicht nur in den Gebräuchen der Fischwaid, sondern, als einstiger Reisjäger, auch in denen des Waidwerks wohlbewandert, warf seinen aus einem geschälten, mit grüner Ölfarbe gestrichenen Jungfichtengipfel gefertigten Angelstock weg, sprang ins aufspritzende Wasser, griff sich, während der Hund sich wütend in seine trangetränkten Überknielangschäfter verbiß, den Bock und hatte ihn längst abgefangen und aus der Gefahrenzone ans hohe Ufer geborgen, als der Revierförster völlig außer Atem angelaufen kam.

Nur teilweise zurecht galt unser Herr Forstrat als ordentlicher Professor des jägerischen Lateins. Irgendein wahrer Kern steckte in jeder seiner Geschichten. Diese hat er mir mehrmals erzählt, als sein schlagendstes Beispiel für die Realität des Hohlschusses.

Der Wildkörper sei, so versicherte er immer wieder, mit der Elferbleikugel, ohne daß sie das Rückgrat berührte, schräg von unten durchschossen gewesen, dermaßen, daß sich der Ausschuß etwas höher als der Einschuß hinter dem Blatt befunden habe. Nur der oberste Lungenrand habe von der durchfahrenden Kugel so etwas wie einen nicht schweißenden dunklen Striemen abbekommen, sonst habe dem Bock im Innern nichts gefehlt.

Die Krone hat der Herr Rat mir, bald nachdem er, als hoher Achtziger von mir geführt, seinen letzten Hirsch geschossen hatte, geschenkt. Sie ist nicht weit gestellt, und die Vordersprossen sind nur angedeutet, aber bei entsprechendem Unterbau sind beide Stangen 27 Zentimeter hoch, die Sechserenden länger als mein kleiner Finger.

Was der Mensch in den sechs oder sieben Jahrzehnten seines Wirksamseins auf Erden nicht alles anstellt oder anzustellen genötigt wird! Meine ob ihrer hellenischen Schönheit, ihrer großen blauen Augen, ihrer prachtvollen dunklen Haare und ihres zarthäutigen, lieblichen Gesichtes einst vielbewunderte und umschwärmte Großmama, die Mutter meiner Mutter, beklagte sich einmal in ihrer immer ein wenig leidenden, aber unwiderstehlichen Art bei meinem Großvater darüber, daß es in den Wäldern seines oberfränkischen Gutes zu wenig gepflegte Spazierwege gäbe.

Als sie eines Sommers die lange Reise von München bis hinauf nach Franken im reservierten rotplüschgepolsterten Coupé mit unzähligen Hutschachteln, Plaids, Koffern und Köfferchen, mit Jungfer und einem vom Großvater genauestens instruierten Diener-Reisemarschall (der übrigens, nach damals noch herrschender Sitte, eine Kokarde in den Familienfarben am steifen Hut trug) hinter sich gebracht und sich davon auch wieder ausgeruht hatte, überraschte sie der vorausgefahrene Gatte mit einem „Nauheimweg“ mit Sitzbänken, Brückchen und mit Geländern entlang allzu abschüssiger Stellen. Er begann gleich hinter dem Park, führte in Serpentinen nur durch stillen Wald zu einer Anhöhe, von der herab man einen beglückenden Blick aufs Dorf und weit hinaus in die korngoldenen Felder genießen konnte. Und er ward nach der Großmama „Reginaweg“ benannt. Eingeleitet wurde er (das hatte sich technisch nicht anders machen lassen) durch eine über einen tiefen und steilwandigen Hohlweg hinwegführende schmale Holzbrücke. Vor ihr fürchtete sich die Großmutter, und der Großvater hielt beim ersten Überschreiten ihre schlanke Taille mit beiden Händen umfaßt und schob sie behutsam vor sich her. Wie es gekommen ist, daß diese Brücke später die „Teufelsbrücke“ hieß, weiß ich nicht, wahrscheinlich hat irgendein Zorn über ihre häufige Reparaturbedürftigkeit sie einmal so getauft.

Eines Juni-Nachmittags nun nach dem Tee beschloß der Großvater, nicht wie sonst allabendlich ins Revier zu fahren, sondern dem Wunsch seiner schönen Frau willfährig zu sein, wieder einmal ganz allein mit ihr den „Reginaweg“ empor und, nach kurzem Ausruhen auf der obersten Bank, zurückzupromenieren. Es war der Großmama (damals war sie noch junge Mama) gar nicht recht, daß ihr Gatte, der unverbesserliche „Louis“, ein Gewehr über der linken Schulter trug, während sein rechter Arm den ihren stützte, und daß er sogar ein paar Patronen in die Tasche seines Anzuges geschoben hatte. „Was leide ich durch diese gräßliche Jagd!“, pflegte sie in solchen Fällen zu sagen. Dies Gewehr (ich habe es gut gekannt und als Bub noch zwei Sommer lang geführt) war nun auch wirklich kein würdiger Gegenpol für die feingliedrige, liebliche Frau zur Rechten:

Eine Bockbüchsflinte schwerster Machart mit zwei Hufnageldamast-

Donnerläufen; der gezogene für eine 11-mm-Kugel lag obenauf, der glatte des Zwölferkalibers darunter. Zwei klobige kleine Hämmer von Hähnen vervollständigten, trotz barocker Schweifung, die Gewichtigkeit dieses Altväterschießeisens, das einem grimmen, weißvollbärtigen und rotvollnasigen Waldhüter besser angestanden hätte als der hohen, schlanken, immer eleganten Reitergestalt des Gutsherrn.

Trotz alledem aber wanderte man unjägerisch, unter gutgelauntem, vielleicht – wer könnte das heute, neun Jahrzehnte später, noch sagen – verliebtem Geplauder bergwärts, sperrte die kleine grüne Hintertür der Parkumfriedung auf und stand alsbald vor der ,,Teufelsbrücke" und – vor einem guten Sechserbock mit weitausgelegter Krone, der am jenseitigen Steilhang, als sei er der bestellte Wächter des ,,Reginaweges", wie erstarrt dastand und herüberverhoffte. Der weiße Hut, das helle Kostüm und der rosarote Sonnenschirm der heranwandelnden Dame schienen irgendwie bannend und lähmend auf ihn zu wirken. Der Großvater ließ den Arm seiner Frau los, kippte die Donnerbüchse auf, schob eine Kugel ein, zielte und schoß, was bei der erschrockenen Gefährtin, die sich die Ohren zuhielt, einen kleinen Schrei auslöste. Der Bock aber kollerte in den Hohlweg hinunter. Die Freude des Schützen übertrug sich nach einigen verzögernden Schrecksekunden schließlich auch auf die Gattin.

,,Louis, du hast ihn getroffen!"

Der Großvater schaute in die Schlucht hinein, sah unten den Bock im Gras zwischen den tiefen Gleisen des Weges liegen, suchte sich einen Einstieg und hangelte sich an Büschen und Bäumchen zu ihm hinunter.

Er trat heran, sah das rote Mal der Kugel ein wenig hoch dicht hinter dem Blatt, bückte sich und griff in die reich geperlte Krone. Im gleichen Augenblick flog seine Hand zur Seite, der Bock schlegelte, kam jäh auf die Läufe und entschwand in wilden, bodennahen Fluchten am Schützen, der mit leerer Waffe neben ihm stand, vorbei abwärts in dichte Stauden und Farne, die hier den Weg säumten. Aus dem Spaziergang wurde nichts, man kehrte um, die Großmama tupfte sich die Tränlein von den langen Wimpern. ,,Lollo", die nie versagende Kurzhaarhündin, wurde aus ihrem Zwinger geholt, an den Anschuß gebracht und nach kurzer Riemenfolge auf kaum schweißender Fährte geschnallt. Man hörte keinen Hetzlaut, und sie blieb sehr lange aus.

Erst nach einer halben Stunde kam sie hechelnd, erschöpft und sichtlich erfolglos zurück. Anderntags suchte der Förster Höhn mit seinem ,,Flott" nochmals stundenlang und vergeblich. Der Teufelsbrükkenbock mit seinem Blattschuß war wie durch Teufelstücke und Hexerei entkommen und verschwunden. Die eifersüchtige Diana hatte sich, ganz nach Weiberart, raffiniert und gründlich am ungetreuen Jünger gerächt. Und: ,,Was leide ich durch diese gräßliche Jagd!", sagte die tiefenttäuschte Großmama.

Das hatte sich zu Ende Juni so zugetragen. Sechs Wochen später in der ausgehenden Blattzeit schoß der Großvater weiter unten in den Wiesen, knapp einen Kilometer in der Luftlinie von der ,,Teufelsbrücke" entfernt, vom Hochstand aus einen noch bei der Geiß stehenden guten Bock. Auf den Hornruf kam der Förster Höhn heran, den Erlegten aufzubrechen und zu dem in der Nähe wartenden Wagen zu schleifen. Noch ehe er sein Arbeit begann, wies er erstaunt auf eine verschorfte Wunde drei Finger hoch über dem frischen Einschuß. Nun wurde auch der Großvater aufmerksam, man betastete, drehte gemeinsam den Bock auf die andere Seite, untersuchte auch die und fand eine zweite verheilte kreisrunde Wunde. Und dazu die weitgestellte, reich geperlte Sechserkrone! Es gab keinen Zweifel mehr, daß das der Teufelsbrückenbock war, dessen Rumpf damals die schwere 11-mm-Bleikugel dicht hinter den Blättern durchschlagen und der sich schnell ausgeheilt hatte.

Der Großvater hat mir die Geschichte bei gemeinsamem Passieren der ,,Teufelsbrücke" ein paarmal erzählt. Das Gehörn mit aufgetuschtem Datum und Vermerk ist noch heute in meinem Besitz. Mein Großvater hatte viele Freunde und kaum einen Feind. Aber auch sein schlimmster Feind hätte ihm nicht nachgesagt, daß er, und sei es nur in der erlaubten Form jägerischen Lateins, je die Unwahrheit gesprochen habe.

Ich selber weiß auch eine Geschichte von dem wissenschaftlich lange Zeit für unmöglich erklärten Hohlschuß zu erzählen. Es war in der Hirschbrunft, ihrem Verlauf in jenem Jahr nach etwa zu Ende des zweiten Drittels. Ich war über Sonntag ins Tal heruntergekommen, die Kinder hatten Herbstferien, und wir wollten am ersten Tag der neuen Woche gemeinsam wieder bergwärts steigen. Zusätzlich hatte mich auch in der Nacht von Freitag auf Samstag einsetzender schwerer und kalter Dauerregen heimgejagt. Am Sonntag waren dann die Berge weiß bis fast herunter ins Tal. Der Mann meiner früh verstorbenen ältesten Schwester war soeben zu kurzem Urlaub bei uns eingetroffen. Er war selber kein Jäger, als alter Alpinistenpionier aber dem Zauber der herbstlichen Bergwelt, zu dem unlösbar der Hirschschrei gehört, verfallen. Bald nach dem Mittagessen fuhren wir, um doch auf irgendeine Weise der hohen Zeit Rechnung zu tragen, ins Tal hinein. In den Südausläufern meines Reviers gibt es nicht viel, dafür zum Teil sehr starkes Rotwild. Bei dünnem Bestand, das ist eine alte Geschichte, verläuft die Brunft im großen und ganzen still.

Die zwar sehr unterrichteten, aufgeklärt und modern denkenden, aber vielleicht doch etwas einseitigen, etwas vernagelten, etwas horizontbeschränkten Menschen, die einzig im Wald, das will heißen, in den aus seinem Holz gewonnenen Erträgen, das Maß aller Dinge sehen, genehmigen dem Rotwild selbst da, wo es nach „Grünem-Tisch-Beschluß" noch existieren darf, auf hundert Hektar Jagdfläche das Lebensrecht für ein Stück. Die Verwirklichung dieses irgendwie mit Schaumgummikissen auf Schreibtischstühlen verbundenen Ideals würde das Ende dessen bedeuten, was wir älteren Jäger unter Hirschbrunft verstanden haben. Ein paar nächtliche Brummer, das wäre alles, was davon übrigbliebe. Aber Holz, makelloses Holz, Holz der besten Qualität gäbe es dann, allerdings erst in hundert Jahren, genug! – Kehren wir zu Erfreulicherem zurück!

In jenen Waldtälern also gab es, insbesondere während der Brunft, wenig Rotwild, und die nur ausnahmsweise von Begehren oder Eifersucht allzu stark bedrängt aufröhrenden Hirsche waren schwer zu erjagen. Ich setzte damals meine Hoffnung auf den Schnee, der das Kahlwild sicherlich veranlassen würde, sich weit herunter bis an die Ränder der Bergwiesen zu begeben. Wenn hierbei vielleicht mehrere kleine Rudel dem gleichen Ziel zustrebten, dann bestand die Möglichkeit, daß die sonst weit voneinander getrennt stehenden Platzhirsche auf sich kreuzenden Wechseln aneinander gerieten. In diesem Fall mußte es einen lauten Austrag geben, und die sonst so Heimlichen würden damit ihren Standort verraten.

Wie meist, wenn man sich zu solchen Hochgezeiten der Jagd aus seiner Waldklause locken läßt, war ich bei meinem wohldurchdachten Vorhaben voll inneren Zwiespalts. Dort Hirsch, hier Frau und Gast! Meine Frau freute sich jetzt schon nach kalter Fahrt auf die sonntägliche Teestunde, die ich (das wußte ich im vorhinein), wenn ich zu irgendeinem, auch dem kleinsten Unternehmen, startete, trotz guten Willens nicht würde einhalten können. So schlug ich einen von meiner Befehlshaberin nicht gerade freudig, aber immerhin akzeptierten Pakt vor: Wenn vor dem auf Punkt einhalb fünf Uhr festgesetzten äußersten Zeitpunkt für Umkehr und Heimfahrt sich irgendwo in halbwegs erreichbarer Nähe ein Hirsch hören lassen sollte, dann würde ich zusammen mit dem Sohn versuchen, ihn anzugehen. Die anderen (wir waren zwei Wagen stark ausgerückt) sollten dann ohne uns heimfahren. Blieb es aber bis zu der vereinbarten Sternminute still in den weißen Wäldern, dann sollten die Fenster hochgedreht werden, die Anlasser singen, und eine gute Viertelstunde später würde das wohldurchwärmte Haus uns alle aufnehmen.

Wir fuhren auf der Landstraße bis zu dem meiner Erfahrung nach weithörigsten Platz und lauschten, unsere Zigaretten rauchend, in die nach zwanzigstündigem Sturm- und Regenrauschen jetzt ganz stille winterliche Bergflanke hinein. Das Gespaltensein meiner Wünsche und Hoffnungen hatte inzwischen insoweit eine Klärung erfahren, als es mich nicht allzu sehr betrübt hätte, wenn es auch weiterhin still geblieben und Umkehr zum Tee die Parole geworden wäre. Aber noch ehe die erste Zigarette ausgeraucht war, hörten wir einen kurzen, dunklen Schrei aus nicht mehr als dreihundert Meter Entfernung. Er kam vom oberen Rand eines genau uns gegenüberliegenden „Lärchets", einer aufgelassenen Viehweide, die man nach Altväterförsterart mit Lärchen aufgeforstet hatte, die aber nur schütter angegangen waren und nun in Horsten, Nestern oder auch einzeln stehend den grasigen Steilhang bestockten. Ein paar Minuten später schrie der Hirsch nochmals, jetzt aus vollem Hals.

Damit waren die Würfel gefallen. Bergstöcke, Rucksäcke, Mäntel und mein Gewehr wurden in großer Eile dem Kofferraum entnommen. Gattin und Tochter in der Hut des Schwagers und seines Zweihunderter Mercedes zurücklassend, steuerte ich, vom Sohn gefolgt, ohne mehr zu zögern das Lärchet an.

Der Wind zog schon abwärts, das war günstig. Zudem birschte sich's leise, wenn auch recht rutschig, auf dem mit nur wenig nassem Schnee bedeckten Lahnergras. Wir suchten uns einen geeigneten Platz, da, wo die Lärchen allmählich in einen etwa siebzigjährigen Fichtenbestand übergingen, nahmen Deckung, ich machte die Büchse feuerfertig und stieß dann herausfordernd vorlaut ins Tritonenhorn. Es kam aber keine Antwort, und es regte sich nichts, auch nachdem ich den Ruf mehrmals wiederholt hatte. Es war schon möglich, daß ich mich in der Entfernung verhört und der Hirsch doch weiter oben gemeldet hatte. Wahrscheinlich war er inzwischen schon durchgewechselt. Wir waren im wässerigen Schnee auch noch auf keine Rotwildfährte gekommen.

Hier im geschlossenen Bestand freilich war der Boden zum größeren Teil wieder aper. Es fing schon zu dämmern an, und ich dachte an Um- und Heimkehr. Aber da fiel mir ein von wilden Gräben durchzogener steiler Schlag ein, auf den ich stoßen mußte, wenn ich jetzt noch gut hundert Schritt in gleicher Höhe hangein birschte. Es war gar zu romantisch in diesem dämmerigen stillen Forst, der voll von Geheimnis und Möglichkeiten und der mir zwar bekannt, aber viel neuer, viel weniger vertraut war als andere Teile des großen Reviers!

Wir birschten also los. Ab und zu blieb ich stehen und schrie wie ein aufdringlicher, händelsüchtiger Beihirsch, wenn er in wohlweislichem Abstand der Fährte des Platzhirsches folgt. Der Wald aber schwieg. So kamen wir an den Schlag und birschten in ihn hinein, bis wir Einblick wenigstens in den ersten Graben hatten. Hier war es jetzt wieder weiß und winterlich. Abermals reizte ich mit der Muschel, meinen nun echten Zorn über dies abweisende, nicht einmal ein Echo zurückwerfende Schweigen in den Ruf legend. Merkwürdige, vom angeschwollenen Bach unter uns eintönig durchrauschte Stille! Und da stieß mich der nur etwa einen Schritt hinter mir stehende Sohn mit dem Bergstock an: ,,Hinter uns, ganz nah!'', flüsterte er. Ich drehte vorsichtig den Kopf und folgte der Richtung seines Blickes. Aber da war nur eine kaum dreißig Meter breite Schneefläche, und dann begann, mit einem Eck in den Schlag hineinspringend, schon der finstere Forst. Ich sah nichts, auch keine Läufe im Weiß zwischen den Randstämmen. War es am Ende doch weiter weg? Ich schaute den Waldrand entlang.

,,Nicht so weit, direkt hinter uns!'', hauchte es neben mir. Ja, Himmel Donnerkiesel, da konnte doch nichts sein! Ich müßte es sehen, wenn es frei auf der Schneefläche stünde! Indessen zwängte ich die Muschel mit der Rechten vorsichtig in die Joppentasche und umgriff mit der Linken den Vorderschaft meines Stutzens. Wo nur!? Und da löste sich mit einem Mal ein mächtiger schwarzer Hirschrumpf aus dem deckenden, gleichfalls schwarzen Hintergrund einer Randfichte dreißig Schritt links oberhalb von mir, ein weit ausgelegtes, starkstangiges Geweih schwankte aus ihren Schirmästen heraus, und im breitgeschränkten Troll kam der Hirsch auf uns zu, querte eine kleine Mulde und stand dann auf ihrem erhöhten Rand, zwölf Schritt vielleicht schräg hinter uns. Es war schon zu dunkel, um sicher erkennen zu können, ob er über uns weg in den Graben oder unsere schwarzgrauen Gestalten anäugte. Ein Kronzehner schien es zu sein, und dem ganzen Gestell und Gehaben nach gab es keinen Zweifel, daß es ein alter Hirsch war. Nach etwa drei Sekunden aber legte er das Haupt zurück und orgelte, wie aus tiefsten gewölbten Kellerschächten heraus, einen drohenden Schrei uns entgegen. Heiliger Eustach, welch ein Bild, welch ein Klang, welch ein Erlebnis!

Der Wind zog mir kalt und kräftig von oben her ins Gesicht und trug mir die starke Brunftwittrung zu. Ich wagte aber nicht, einen Finger zu rühren. Es konnte nicht gutgehen, wenn ich jetzt den Versuch machte, das Gewehr von der Schulter und den Kolben an die Wange zu bekommen. Eine halbe Minute währte das. Dann aber ging eine kaum erkennbare Bewegung durch den ganzen Hirsch, als habe er sich plötzlich auf Verdacht umgestellt. Gestrafft und drohend äugte er jetzt zweifellos uns an. Irgend etwas an diesen Umrissen paßte ihm nicht, nur schien der soeben hier vernommene Beihirschschrei seinem Argwohn noch zu widersprechen.

Aber alte Böcke und Hirsche pflegen sich nicht auf langes Rätselraten einzulassen. Verdacht und Abflucht liegen für sie nahe beieinander. Und schon warf der Mächtige sich krachend und polternd herum, trollte spitz von uns weg, überfloh einen gestürzten Baum, drehte sich hinter ihm abwärts und – stand hoch erhoben und ausladend überasteten Hauptes breit zu uns her verhoffend da. Vierzig Schritt waren es jetzt. Ich hatte die Büchse schon in Händen und entsichert. Verdammt wenig ließ der dicht vor ihm liegende Stamm ungedeckt. Aber es reichte: Knapp über die Rinde des Stammes weg konnte ich die Kugel gerade noch hoch hinter dem Blatt antragen, zumal das Wild etwas unter mir stand. Hoffentlich, so fuhr es mir im letzten Sekundenbruchteil noch durch den Kopf, faßt die Kugel, da ja die Laufseele tiefer deutet als das Abkommen, nicht Holz.

Violetter Feuerschein zuckte aus der Mündung, und der ganze Graben hallte wider vom heftigen Büchsenknall. Der Hirsch brach nicht, wie ich's erwartete, zusammen, sondern warf sich mit einer mächtigen Flucht in den für mich uneinsehbaren Steilhang hinunter. Dort hörte ich ihn stürzen, eine ganze Lawine von Steinen und Astholz mit sich nehmend fuhr er ein Stück in die Tiefe, und dann war es still. Die Reaktionen der Jugend sind für reifere Semester ansteckend. In langen Sätzen eilten wir selbander zum Anschuß und folgten die wenigen Meter, bis wir Einblick in den Steilhang hatten, der Fährte. Wo lag er? Da? Dort? Oder war er das Dunkle da unten, fast schon am Felsufer des Baches?

Wir fanden die Rutschbahn und im Licht der Taschenlampe in ihr Schweiß. Auch am Anschuß war Schweiß und ein längliches Büschel Schnitthaare. Aber wozu so Unerfreuliches wieder bis ins einzelne zurückbeschwören?! Gemein und grausam sind solche Enttäuschungen und wühlen und bohren und nagen durch Stunden und Tage und weiter noch während der Nächte und durch ihre unruhigen Träume bis zum unfrohen Aufwachen. Leergehen und Mißerfolg gehören zur Jagd, wiegen wenig gegenüber den Augenblicken des Beglücktseins durch Erlebnis und Beute. Um aber solche Stunden tief entäuschter Bitternis damit aufzuwiegen, muß man viele Freudenmomente in die andere Schale legen. Wund das stolze arglose Wild, jäh in ratlosen Schmerz gewandelt das Glück seiner hohen Zeit, verdorben die Freude, die Stimmung, die Heimkehr, das besondere, kaum je wieder gewinnbare Erlebnis!

Anderen Tages dann der Kater einer langen, schon gleich in den Anfängen als aussichtslos erkannten Nachsuche. Wenig und bald sich verlierender Schweiß. Nach dem Rutsch ging die Fährte flüchtig schräg bergan und dann fort und fort mählich steigend hangein erst im Troll, dann abwechselnd ziehend und wieder ein wenig flüchtig und nach fast tausend Metern über einen Wildbach und wieder steil aufwärts. Nirgends ein Wundbett! Wir gaben es auf.

In diesem besonderen Fall blieb auch kein Zweifel über den Sitz der Kugel offen, denn vor einem Lauf- oder Waidwundschuß hatte den Hirsch ja der liegende Stamm geschützt. Und daß ich meine Kugel auf vierzig Meter nicht vom Blatt zum Träger oder gar zum Äser hinwackle, wußte ich, und andere hätten es auch wissen müssen. Ich zeichnete dem Sohn vor den Augen des Jägers, der so seine Zweifel an meiner Aussage zu haben schien, Fallbaum und Hirschrumpf auf ein Blatt Papier und kreuzte genau die Stelle an, auf der die Kugel stecken mußte.

„Doch a bißl höcher!? Krellschuß?", meinte fragend der Jäger.

„Auf einen Krellschuß gibt es keine Hochflucht, Mensch!"

„Hm!" Achselzucken, Kopfwiegen.

Ja, ich selber wußte mir auch keinen Rat! Und dann endlich schoben andere, neue Bilder und Erlebnisse sich uns ins Blickfeld.

Und nun kommt eine merkwürdige, eine beinahe okkulte, tiefe Einblicke in das Spiel von Einbildung und Zufall eröffnende Geschichte. Ich hatte meinem Sohn, noch bevor wir die fast schon nächtliche erste Suche abbrachen, gesagt, der Hirsch habe keine Eissprossen, zeige aber auf der rechten Stange eine dritte Krone, auf der linken dagegen die Gabel; so hatte ich es, trotz Dämmerlicht, genau erkannt. Auch der Sohn, obwohl von der Gesamterscheinung gebannt und nicht ans Endenzählen denkend, meinte diese rechte Krone gesehen zu haben.

Als die Hirsche schon zu schreien aufgehört hatten und wir, ich wie alljährlich heimwehmütigen Herzens, von der Winterstube wieder ins Tal hinabgezogen waren, rundete sich gerade der Oktobermond und stand allnächtlich am wolkenlosen Himmel. Schon damals (es ist eine ganze Weile her) drängte und drückte die Behörde darauf, die erhöhten Abschüsse zu erfüllen, dagegen gab es aber noch kein Nachtjagdverbot. Na, lassen wir das Für und Wider. Mir haben Mondnächte unendlich viel Jägerglück geschenkt.

Der angeschweißte Hirsch ging mir nicht aus dem Kopf. Ich vermutete, daß er zu dem kleinen Rudel mehr gefährteter als gesichteter Feisthirsche gehört hatte, die, von Geburt Berghirsche, im reiferen Alter aber doch zuweilen, wenn auch erst in tiefer Nacht, von der noch grünen

Äsung angezogen, auf talnahen Wiesen herumzigeunerten. Dorthin zog auch ein Teil des Kahlwildes. Aus dem Gebiet, in welchem ich ihm an jenem Spätnachmittag begegnet war, konnte mein Zehner, wenn er wirklich mit seinem Kahlwild abwärts ging, eigentlich nur eine bestimmte Wiese aufsuchen, die trotz ihrer Talnähe eine ganz eigenartig geschützte Lage hatte, und auf der er wenig gestört wurde.

Zu spät nächtlicher Stunde fuhren wir, der Jäger Wolfgang, mein immer noch der Herbstferien sich freuender Sohn und ich, im geräumigen Amerikanerwagen talein. Da und dort stand Rotwild äsend am Rand der Talwiesen. Die tagsüber ob der dünnen Verteilung auf weite Waldflächen so gut wie unsichtbaren Hasen unseres niederwildarmen Gebirgstales mümmelten, meist paarweise gesellt, sorglos in Obstgärten und auf Kleebreiten. Einmal sahen wir die wallende Silberkugel eines nach Gewürm stechenden Dachses in merkwürdig abgehackten kurzen Winkelzügen zwischen den Pfählen einer Viehkoppel hin- und herrollen. Aber es war kein Herankommen. Und auch ein auf weiter Fläche mausendes Füchsepaar hatte sich ahnungsvoll davongemacht, als wir, auf behutsamem Umweg näher hingerollt, aus einem Hohlweg heraustauchten. Endlich schienen sämtliche, sogar die östlichsten Rundfunksender verstummt zu sein, denn auch die allerletzten Lichter hinter den Fenstern, nicht nur der einsam daliegenden Höfe, sondern auch der Häuser im Dorf, waren erloschen.

Wenn vor vier Jahrzehnten im Herbst oder Winter nach zehn Uhr in einem Gehöft noch Licht brannte, dann wußte man, daß irgendwer, Mensch oder Haustier, schwer erkrankt sein mußte, oder daß ein Kind zur Welt kam oder eine Kuh kalbte. Sonst lag drei Stunden vor Mitternacht bei den Bauern alles schon in tiefem Schlaf, selbst die Kettenhunde hatten sich müde krakeelt und im Stroh ihrer Hütten zusammengerollt. Das hat sich jetzt sehr geändert. Manchmal erlebe ich es sogar bei meinen vielen nächtlichen Jägergängen, daß in den Stuben des Obergeschosses, in denen vielleicht irgendwelche durch den Krieg in unser Tal verschlagene alte Ehepaare, Rentner oder Witwen, aber auch andere in der Arbeit stehende Menschen Wohnung genommen haben, das Licht erst zwischen drei und vier Uhr ausgeht, wenn unten die Lampen zum Frühstall schon wieder angezündet sind.

Alles, was unsere Zeit Fortschritt nennt, rüttelt an der natürlichen und dadurch, daß sie vom Schöpfer her kommt, geheiligten Ordnung. Tag und Nacht, Arbeit und Müßiggang, Alltag und Festtag, Höhe und Tiefe, Nähe und Weite, alles wird durcheinandergeworfen, als Gegebenheit mißachtet und schließlich bekämpft. Mit den Unterschieden zwischen gut und böse, recht und unrecht, sauber und schmutzig, edel und unedel, menschlich und tierisch ist's nicht anders.

Mißachtung, Auflehnung und Kampf vermögen freilich nichts gegen die Gesetze des Schöpfers: Die Nacht und ihr Recht bleiben, auch wenn wir sie illuminieren, Nähe und Ferne bleiben, auch wenn unser Tempo sie uns vergessen macht, das Gesetz der Schwere bleibt, auch wenn wir fliegen. Und gut und böse, recht und unrecht, Arbeit und Müßiggang, edel und unedel bleiben, während Gesetze und Gesellschaftsordnungen sie wegzuleugnen, zu verfälschen oder zu verzerren suchen. Und schließlich, auch der Mensch und seine Berufung bleiben über eine sich herabwürdigende, gegen ihr inneres Gebot verstoßende Menschheit hinaus.

Der das Tal mit Silberglanz und schwarzseidenen Schatten verzaubernde Mond wanderte hoch im Himmel: Die dritte Stunde nach Mitternacht war gerade angebrochen, als wir vorsichtig in den Holzabfuhrweg einbogen, der über weniger als hundert Meter an jene kleine, waldumsäumte Wiese führt, die das Rotwild gern als spätnächtlichen Äsungsplatz aufsucht. Lautlos hielten wir an, lautlos stiegen wir aus, und nur mit dem Repetierer und dem Glas ausgerüstet birschte ich auf dünnen Sohlen meinen Begleitern voran durch den tiefen Schatten der den Weg säumenden alten Bäume, dem von ihnen freigegebenen schmalen Ausschnitt der Wiese zu. Weißgolden blendete sie mir entgegen. Nachdem ich, immer noch vom Baumschatten geschützt, wieder ins Freie getreten war, brauchte ich mich nur auf allen Vieren über die niedrige Wegböschung hinaufzuarbeiten, um die gut zweihundert Schritt lange und halb so breite Wiesenmulde entlangsehen zu können. Ich hatte dabei nur Halbwind, und größte Vorsicht war geboten.

Die Wiese schien leer. Ich war auf mindestens ein halb Dutzend über sie verteilter massiger Wildschatten gefaßt gewesen. Aber sie war kahl und still, und nur das über sie Hinschweben unsichtbarer Geister war fühlbar in dieser Zaubernacht. Ganz hinten, gut hundertzwanzig Meter von mir entfernt am linken steil ansteigenden und im Wald sich verlierenden Wiesenrand, war aber doch etwas, was nicht Stein oder Pflanze oder Busch oder Ameisenhaufen oder ein dazugehöriger Schatten zu sein schien. Schmal und hoch und in seiner Mitte hellgestreift war es. Was konnte das sein? Ich richtete das Glas darauf. Klar und doch irgendwie unwirklich und traumhaft zeigte es mir einen eifrig äsenden Hirsch. Er ließ mir Zeit, ihn lange anzuschauen. Hingegeben und ohne Unterbrechung, so wie es ihm eben der durch langen Tagesschlaf noch gesteigerte Nachbrunfthunger gebot, äste er das Silbergras in sich hinein.

Bei noch so verschwenderischem Mondlicht und selbst mit guten Gläsern ist es schwer, einen Hirsch auf mehr als hundert Meter halbwegs richtig zu beurteilen, es sei denn, daß man ihn sich zuvor schon einmal bei Tageslicht genau angeschaut hat und wiedererkennt, wozu, wenn es nah ist, auch nicht ganz volles Mondlicht ausreicht. Nach Endenzahl sicher ansprechen kann man ihn jedoch, wenn er weiter als sechzig, siebzig Schritt entfernt ist, nicht mehr. Aber in dem Fall – wir hatten noch nicht den dritten Teil des verlangten Hirschabschusses erfüllt – war es nur wichtig festzustellen, ob der Hirsch alt und ob sein Geweih nicht allzu endenreich war. Jeden älteren Hirsch von nicht mehr als zehn Enden konnte, ja (wenn ich durch das drohende Gehaben von Behörden je beeinflußbar gewesen wäre) *mußte* ich schießen. Immer wieder schloß ich für ein paar Sekunden die Augen, wenn sie mir vom angestrengten Schauen trüb zu werden drohten, und mehrmals wischte ich die sich beschlagenden Linsen des Glases blank. Endlich ließ ich es ganz sinken und griff nach dem neben mir im reifnassen Gras liegenden Repetierer.

Der Hirsch, das hatte ich, allen mondenen Irrtum ausschaltend, herausgerätselt, war schwer im Wildbret und ganz sicher nicht jung; seine ziemlich helle Brunftmähne reichte tief in den Stich hinein, die Stangen standen eher weit als eng, waren nicht sehr hoch, aber keinesfalls dünn, wahrscheinlich sogar ziemlich derb. Ein Achter war's, vielleicht auch, und wenn ich das zu sehen vermeinte, schlug mir jedesmal das Herz in einem schnelleren Takt, vielleicht hatte er rechts eine Krone. Wahrscheinlich, wahrscheinlich war's der Angeschossene von vor zwölf Tagen! Er drehte sich lange nicht breit; als er sich aber endlich hangauf wandte, brach der Schuß, zu dem bei meiner bäuchlings hingestreckten Stellung keine besondere Kunst notwendig war. Der Hirsch lag nach dem Schuß, das Haupt noch ein paarmal hebend, in der Wiese, da, wo er gestanden hatte.

Ich will es kurz machen: Es war ein ungerader Kronzehner vom allermindesten zwölften Kopf. Die schwarzen Stangen wuchsen, steiler als es mir geschienen hatte, aber auch stärker und rauher aus einem mächtigen, bös ernsten Haupt. Die (wo sie nicht durch Kampf abgesplittert waren) milchweißen Enden schimmerten im Licht des zuhöchst über uns stehenden abnehmenden Mondes. – Ich hatte keinen Zweifel, daß es der vor fast zwei Wochen beschossene und angeschweißte Hirsch war. Er lag in der Luftlinie kaum mehr als dreihundert Meter vom damaligen Anschuß entfernt, und dicht neben uns rauschte der Bach, an dessen Ufer ich ihn schon einmal verendet liegen zu sehen vermeint hatte. Der wuchtige Rumpf des Althirsches, der breite, tiefmähnige Vorschlag, ja auch das Geweih – alles stimmte überein. Nur – der Hirsch hatte außer der von der Kugel, die ihn soeben frisch durchschlagen hatte, herrührenden keine Wunde. Diese Kugel war, genau wie gezielt, hinter dem linken Blatt ein- und vor dem rechten ausgefahren. Die einzige Narbe, die ich nach längerem Suchen ertastete, war ein oberflächlicher Forkelhieb hoch im Blatt.

Es war der Gesuchte und – er konnte es trotz alledem nicht sein. So schnell verheilt keine um die Mitte des 20. Jahrhunderts von Teilmantelgeschossen geschlagene Wunde. Das ging einem hart ein bei dieser, genau wie angesagt, eher kleinen als großen Dreierkrone auf der rechten Stange! Wir suchten nochmals lange und schüttelten die Köpfe.

Aber dann besannen wir uns auf die Mondnacht, in die wir mit eingezaubert waren, auf die unirdische Stille, auf das leise spätherbstlich traurige Rauschen des Baches neben uns in der Schlucht und auf den Adel unserer Beute. Sie war es wert, ihr eine beglückte und nicht mehr fragende Wacht zu halten. Nachdem wir mit den meiner lederumkleideten Flasche als Verschluß dienenden drei Silberbechern angestoßen und uns die Zigaretten angezündet hatten, saßen wir schweigend neben dem Hirsch, und ich hatte die Empfindung, als ob die meine Geschicke lenkenden guten Geister mich hier und jetzt entschädigen wollten für ein von den bösen tückisch vereiteltes Glück.

Der Novembermond kam und war schon im Schwinden, als ich nach ein paar unsteten Wochen mich wieder für sieben Gamsbrunfttage im heimatlichen Tal oder, besser gesagt, in den es umragenden Bergen aufhielt. Ich war nach mehrtägigem Herumzigeunern auf verschiedenen Hütten am Abend vom Berg heruntergestiegen, hatte des warmen Badewassers und nicht mehr hüttenmäßigen Nachtmahls mich gefreut. Zu später Stunde, nach Wegfertigung vordringlichster Schreibarbeit, saß ich endlich häuslich leicht gekleidet und beschuht in der tiefen Polsterbank des Salons und hörte eine von der frohen, der freundlichen Muse (die man nicht die leichte oder gar die leichtfertige nennen darf!) eingegebene Musik aus dem Plattenschrank. Ouvertüren von Rossini waren es: die hinreißend liebenswürdige und lebensfrohe des „Barbiers von Sevilla", die in ihrer bewegten Verquickung älplerischer Romantik und oberitalienischer Unabhängigkeitsgefühle manchmal fast rührende „Wilhelm Tell"-Ouvertüre und schließlich das schon ins Heldische weisende Vorspiel zur „Semiramis".

In ihr hat der von der europäischen Gesellschaft sehr verwöhnte und zu jener Zeit noch nicht revolutionärer Einheitsideen verdächtige Meister dem Fürsten Metternich eine feine Aufmerksamkeit und sich ihm damit für viele Gunstbezeugungen dankbar erwiesen. Bei einem Zusammentreffen in Verona – der Fürst hatte ihn zur Tafel geladen – bat er den hohen Gönner, der ihm versprochen hatte, zur Premiere dieser seiner neuen Oper nach Venedig zu kommen, ihm doch seine Lieblingsmelodie zu verraten. Es erwies sich, daß der mächtige Kanzler des Hauses Habsburg in bezug auf die Musik schlichtere Ansprüche stellte, als wenn er mit den Staatsoberhäuptern Europas über die Teilung der Machtsphären verhandelte: „Freut euch des Lebens, weil noch das Lämpchen glüht . . .“ war die vor allen geliebte Weise, die er dem großen Komponisten nach kurzem Besinnen verraten konnte. Rossini baute sie wirklich mit liebenswürdiger Gewandtheit und italienischer Elastizität in seine Ouvertüre ein.

An jenem einsamen Novemberspätabend begannen mir Halbtraum und Schlaf schon ab und zu wie durchsichtige Schleier in die heiteren Harmonien hineinzuziehen. Und mitten in einer der Variationen über das Sichfreuen des Lebens war ich anscheinend eingeschlafen, denn ich träumte in schönen, hold bewegten Bildern und erwachte erst jäh, als das Finale mit ungeheurer Steigerung und ins Vorwärtsstürmende sich wandelnd seinem Ende entgegenbrauste. Damit war ich, obwohl der Schlaf kaum länger als fünf Minuten gedauert hatte (alles Schöne und Beglückende flieht uns schnell vorüber), auf einmal wieder hellwach. Mitternacht zeigte die Armbanduhr. Mußte nicht im Lauf eben dieser letzten Stunde der Mond hinter der Kampenwand heraufgestiegen sein? Gestern nacht, als ich um elf Uhr auf der Hütte die Kerze ausblies, hatte er mir schon ins Fenster der Schlafkammer hineingeschienen.

Noch immer fehlten uns mehr als zwanzig Stück Rotwild und dabei ein halbes Dutzend Hirsche am sogenannten „Soll“. (Was für schöne, schulmeisterliche Ausdrücke unsere Ämter doch direkt oder indirekt ins Leben rufen!) Ach was! – Der letzten Tage Müh' und Plag' war groß gewesen. Mir hing bei allem Wachsein die Müdigkeit in den Gliedern. Und schließlich, wenn ich auch dreihundertmal im Jahr bald schwerer, bald leichter dagegen verstoße, ist doch die Nacht zum Schlafen da! Und dann auch das dünne weiße Hemd, die beschleiften Abendschuhe und zur langen Hose die seidegefütterte lichtgraue Jacke, so eine Art ländlicher Smoking – all das hätte ich erst wechseln müssen!

Aber ich ging doch noch vors Haus und schaute eine Weile zum abnehmenden Mond hinauf, der sich eben anschickte, wie ein geblähtes Silbersegel in die dunkle Stahlbläue der Himmelskuppel hineinzugleiten. Durch die mächtigen Stämme der Parkbäume schimmerten die Wiesen von draußen herein, und kein Hauch bewegte die frostkalte Luft.

Zwanzig Minuten später hatte ich Kletterlatschen über die dünnen Socken gezogen, einen Pullover und eine dicke Joppe an, ein Wolltuch um den Hals und die Büchsflinte und das mir liebste aller Gläser, das unübertreffbare Nacht-Dialyt, neben mir auf dem Sitz des Wagens. So rollte ich, nur die Standlichter eingeschaltet, in die verheißungsvolle Nacht hinein.

Es schien aber bei der Verheißung sein Bewenden zu haben. Leer, als gäbe es kein Wild rings in den Wäldern, lagen die schneeig bereiften Wiesen; dann auf einmal ganz dicht neben der Straße zwei Rehe, deren Spiegel wie weiße Wollmützen auf den Köpfen lustig davontollender Kinder kreuz und quer in die kahle Viehkoppel hineinhüpften. Erst als sie stillhielten, erkannte man die langhalsig, großluserig über sie zurückäugenden Rehköpfe. Später noch ein aus unerfindlichen Gründen erstarrter einsamer Hase, weiß draußen auf brettebener Talwiese. Ich hatte einen heiligen Eid geschworen, daß die Mondscheinfahrt diesmal vom Anfahren bis zur Rückkunft zum Haus keine Minute länger als eine Stunde dauern sollte. Die Zeit vergeht schnell so im schauenden, immer wieder anhaltenden Dahinrollen.

Schon war mehr als die Hälfte der Stunde ohne nennenswerten Anblick abgelaufen, als ich beschloß, in der Deckung eines der Straße entlanglaufenden Wiesensteilhanges zu halten und auszusteigen. So ein Aussteigen war schon allein wegen der von mir gewählten dünnen Beschuhung nicht im Programm gewesen. Aber wenn ich den etwa zehn Meter hohen Grashang hinaufkraxelte, hatte ich aus dem Schatten einzelner ihn bestockender Lärchennester heraus Überblick über ein Stück ganz flachen Wiesenlandes, das mit etwa dreihundert Metern im Geviert zwischen meiner Straße und ein paar Einödhöfen lag. Hinter diesen letzteren stieg dann steil der Berg an und begann auch bald der Wald. Zu später Nachmitternachtsstunde, wenn es ganz still geworden war um die Häuser, stand manchmal Rotwild auf diesen Wiesen.

Nach längerem, sorgfältigem Absuchen der ebenen Grasflächen und des fernen Waldrandes entdeckte ich – es war schwer zu erkennen, denn es äste spitz zu mir her oder auch von mir weg – ein einzelnes starkes Stück Rotwild, sehr nah bei einem der Höfe, der ein wenig abgesetzt von den anderen am nördlichsten, das wollte auch heißen, mir am nächsten lag. Ich vermutete gleich, daß dieses einzelne Stück ein Hirsch sei. Er äste am Rand des Obstgartens und war deshalb ständig im Schatten der zwar entlaubten, aber dicht beisammenstehenden Bäume. Es reizte mich, ihn mir genauer anzuschauen, aber mit dem Hinkommen hatte es seine Schwierigkeit. Die Straße, auf der mein Wagen stand, war die

Reviergrenze. Auch die lieben Nachbarn unternahmen, und wahrscheinlich öfters als ich, auf ihr nächtliche Birschfahrten.

Das Rotwild hielt hier in hellen Nächten langsam fahrende oder gar haltende Autos schon seit ein paar Jahren nicht mehr aus. Es wäre sonst, weil von den Höfen her ein Feldsträßlein durch die Wiesen führte, das Nächstliegende gewesen, bis auf Ansprech- und Schußweite an das äsende Stück heranzufahren. Aber diesen Versuch, von dem ich ziemlich sicher wußte, daß er mit einem Mißerfolg enden würde, wollte ich nicht machen. Das Wild war kaum achtzig Schritt vom Waldrand entfernt, beunruhigt würde es wahrscheinlich (ich kannte das!) nach kurzem Verhoffen in den Wald zurücktauchen, und auch diese geringe und überdies letzte Chance wäre dahin.

Wenn ich überhaupt auf dieses Stück Rotwild, von dem es fraglich war, ob es für den Abschuß frei oder geeignet war, etwas unternehmen wollte, dann mußte ich einen weiten Bogen schlagen. Ich mußte eine kleine Strecke gen Süden fahren und weiter hinten im Tal in eine Wiesenstraße einbiegen. Wenn ich (das würde der Hirsch vielleicht aushalten) von dort her an die weiter südlich gelegenen Gehöfte heranfuhr, bei ihnen – dreihundert Meter etwa vom Wild entfernt – hielt und ausstieg und im Schutz der Häuser, Dungstätten, Gartenzäune und Stadel auf jenen Obstgarten zubirschte, dann konnte es gelingen, seinen südlichen Rand uneräugt zu erreichen. Von da weg wär's ein naher Schuß. Zum Glück hatten wir keinen Südwind, sondern die Luft zog vom Berg klar abwärts ins Tal. Das bedeutete für mich Halbwind. Der aber mußte halten, wenn ich nach all diesem Bemühen nicht vor leeren Wiesenplänen stehen wollte!

Ich versuchte es also und kam in guter Deckung und auf Katzensohlen bis an den letzten Hof heran. Ein dünner Nebelschleier war inzwischen aufgekommen, der die Sicht aber nicht spürbar beeinträchtigte. Ungünstig war nur, daß die Vorderfront des Hauses, an der ich, und zwar dicht an ihr entlang, noch vorbei mußte, im vollen Mondlicht lag. Hoffentlich schlief hier nicht irgendwo unter der Hausbank oder hinter der offenen Holzlegetür, oder drinnen in der Stube ein Hund, der, wenn mein vorübergleitender Schatten auf ihn fiel, sofort erwachen und einen fürchterlichen, alles verderbenden Alarm schlagen würde!

Endlich hatte ich über das holprige Großkieselpflaster hinüber die Front passiert. Aus einer der Kammern im Obergeschoß tönte das gleichmäßige rasselnde Schnarchen eines Schläfers. Das ist ein Teil des Zaubers beim Jagen in unseren Gebirgstälern, das Sich-Berühren der Lebenssphären, dies nahe Beisammenhausen von Wild und Mensch. Ich drückte mich um das Hauseck und so wieder in den Schatten zurück. Und als er mich barg, suchte ich sofort mit dem Glas alle Lücken zwischen den Obstbäumen ab.

Es brauchte kein langes Suchen; schon nach ein paar Sekunden hatte ich den Hirsch, der sich inzwischen niedergetan hatte, klar in den Linsen. Er mußte aber schon etwas gemerkt haben, denn er äugte hoch erhobenen Hauptes direkt zu mir her. Siebzig Schritt etwa war er entfernt. Ich sah ein mächtiges Haupt mit schwarzer Krollstirn über einem dunklen Vorschlag und darauf ein kurzes, sehr starkstangiges und weit ausgelegtes Geweih. Es konnte, wenn überhaupt welche, dann nur ganz kurzendige Kronen haben. Wahrscheinlich aber war der Hirsch ein alter Achter, und die Gabeln des Geweihs waren klein. Trotz dieser Erkenntnis rührte ich mich nicht und hatte nur die Hand am Gewehr.

Vielleicht beruhigte der Verhoffende sich wieder; dann konnte ich ins Knie gehen, die paar Meter bis zur Bretterumzäunung des Obsthaines, der anscheinend auch als Pferdekoppel diente, vorkriechen und aufgelegt einen sicheren Schuß tun. Aber da war der Hirsch plötzlich mit gewaltsamem Sich-Hochreißen auf den Läufen, äugte dann aber immer noch zögernd zu mir her. Das Haus, in dessen naher Umgebung er an das zeitweilige Auftauchen von Menschen gewöhnt war, schien sein Mißtrauen etwas abzuschwächen. Aber nach wenigen Sekunden warf er sich, das Geweih zurücklegend, ruckartig herum. Ich sah ihn durch die dünnen Silberschleier des Nebels im scharfen Troll gespenstisch davongleiten und spitz von mir weg in die Wiese hinaus verschwinden. Er hatte sich, soviel erkannte ich noch, nicht dem nahen Waldrand zugewendet. Das gab mir eine schwache, eine ganz winzige Hoffnung, daß er weiter draußen vielleicht kurz verhalten könnte.

Tief gebückt rannte ich, von den Latten des Koppelzauns gedeckt, hinter ihm her, bis Zäunung und Obstbäume aufhörten und ich Ausblick in die freie Wiese hatte. Und da, bei allen guten Geistern, sah ich, jetzt freilich fast zweihundert Schritt von mir entfernt, wirklich und wahrhaftig einen mächtigen Silberklumpen mitten in der Wiese stehen. Ich wußte sofort, daß jeder Sekundenbruchteil wichtig war, und doch ist das Bild, das nach blitzschnellem Anschlag in den Linsen des Zielfernrohrs auftaucht, eines von denen, die mir die Erinnerung – so hoffe ich – bis ans Ende meine Tage wiederbeschwörbar bewahren wird.

Dabei läßt sich's so schwer beschreiben. Da stand ein Fabelwesen, das eigentlich nur zufällig die Gestalt eines Hirsches hatte: Die ganze bei aller Majestät anmutsvolle Scheu des immer verborgenen Waldgeschöpfes drückte es aus, Scheu vor allem, daneben aber auch hochaufgerichtetes

Mißtrauen, gebannte Neugierde, fast etwas wie Staunen, und das alles in purem, aber durch die Umschleierung nur matt leuchtendem Silber auf einer silbernen Wiese! Es war wie ein von unsichtbaren Feen mir enthülltes Geheimnis, ich hatte das unabweisbare Gefühl, irgendwie Mitwissender, begnadeter Zuschauer geworden zu sein und trank begierig die Schönheit dieses wirklichen Märchens. Zwei Herzschläge mag's gedauert haben, dann fuhr, Geheimnis, Bild und Glück zerstörend, der Blitz aus dem Stahl. Der Silberne draußen wendete sich ab, glitt, jetzt allmählich in Dunst und Glast sich auflösend, abermals weiter in die Wiesen hinaus und war plötzlich weggesunken. An der Stelle seines Verschwindens fand das suchende Glas schließlich einen dunklen Hügel.

Ich ging nicht gleich hin; ich zündete mir einen Tabak an und holte nach einer Pause eher benommenen als entspannten Rastens meinen Wagen. Als ich aber eine Viertelstunde später an den Verendeten herantrat, sah ich auf den ersten Blick hoch im Blatt, höher als ich ihn dem Abkommen nach vermutet hätte, den Ausschuß. Dann aber – ich hatte gleich das Gefühl, daß hier etwas nicht stimmte – wurde ich nachdenklich, rekonstruierte, und es wurde mir klar, daß dies, so wie der Hirsch gewendet gewesen war, nicht der Ausschuß und bei dieser Größe auch kein Einschuß sein konnte. Und als ich, um mir alles genauer anzuschauen, niederkniete, erkannte ich, daß es keine frische, sondern eine schwarz verschorfte große alte Wunde war. Und nun wußte ich, was für ein Hirsch da vor mir lag. Gut fünfzehn Zentimeter tiefer und etwas weiter vorne sickerte, im Mondlicht glitzernd und gleichfalls schwarz erscheinend, Schweiß aus der Wunde, die vom eben abgegebenen Schuß herrührte.

Zunächst die erste Kugel: Sie hatte, knapp zwei Handbreit unterhalb der Rückenlinie und eine hinter dem Blatt, den Rumpf genau da berührt, wo ich auf meiner Skizze jenes kleine Kreuz eingezeichnet hatte. Aber sie war auf einer Rippe aufgetroffen, und zwar noch oberhalb von deren Biegung nach abwärts. So war sie den federnden Knochen schräg aufwärts entlanggeglitscht, und der Mantel war, eine größere Wunde schlagend, hierbei offenbar zerspritzt. Der ziemlich kleine Bleikern aber hatte den Weg fortgesetzt, war zwischen dieser und der nächsten Rippe *unter* dem Rückgrat durch- und auf der anderen Seite, wiederum zwischen zwei Rippen, ausgefahren. So kam es, daß die gleichfalls schon gut verschorfte Ausschußwunde kleiner war als die des Einschusses. Aber der Kern der Kugel hatte, daran gab es nichts zu rütteln, den Rumpf unterhalb des Rückgrates durchschlagen! Und das ist genau die Wunde, welche man landläufig als „Hohlschuß" bezeichnet.

Wieso und weshalb die Lunge dabei unverletzt geblieben war und auch keine Luft in die Brusthöhle hatte eindringen können, das wird unaufgeklärt bleiben. Fast noch mehr als dieses Rätsel aber hat mich die Frage beschäftigt, weshalb der Hirsch, wenn schon der schwere Schock des so nah am Rückgrat eine Rippe treffenden hochrasanten Geschosses nicht dazu ausgereicht hatte, ihn umzuwerfen, dann doch noch, und zwar gleich nach der ersten oder zweiten Flucht, zusammengebrochen war. Wäre er nämlich (bei solchem Treffpunkt hätte dies der Fall sein müssen!) am Anschuß einfach umgekippt, dann hätte ich auf den Wiederhochwerdenden bestimmt eine zweite Kugel angebracht. Es war wirklich so, als ob Wunder um Wunder geschehen wäre, um mich an diesem Abend keinesfalls dieses besonderen Hirsches habhaft werden zu lassen. Und ein Besonderer war er, wiewohl er vielleicht ein, vielleicht sogar zwei Jahre jünger sein konnte, als der Kronenzehner von vor einem Monat.

Wenn ich's zuweilen überdenke, will es mir überhaupt so scheinen, als ob ich bei weit mehr negativen als positiven Wundern Zeuge gewesen wäre. Und wie zwecklos waren andererseits all' diese Absonderlichkeiten gewesen, nachdem der Hirsch seine wunderreiche Rettung nur rund sieben Wochen überlebt hatte? Er war im übrigen nicht sehr weit, etwa eintausend Meter in der Luftlinie, vom Platz jener ersten Begegnung weg gefallen.

Aber nun zu einer zweiten, beinahe ins Okkulte gehenden Tatsache: Dieser Hirsch war ein uns bisher nur durch seine Abwurfstangen bekannter alter Zehner. Er hatte aber auf keiner seiner kurzen, überaus kräftigen und großkörnig geperlten Stangen eine Krone, sondern zwei dicht über den Augsprossen ansetzende mittellange Eisenden. Prachtvoll waren die Rosen dieses Geweihs, die wir an den Abwürfen schon jahrelang bewundert hatten. Sie waren nicht nur dickwulstig und von üppig rauher Perlung, sie waren auch so groß, daß sie geradezu die Proportionen von Unterbau und oberem Wuchs störten. Hatte ich das alles, vor allem die zwei kräftigen deutlichen Eisenden und die auffallende Dicke der Stangenansätze wirklich auf etwa zehn Schritte Entfernung übersehen können? Es war dämmerig, schön, aber ich will ja auch nicht von Einzelheiten reden, man erfaßt solche Besonderheiten, den Gesamteindruck, der durch sie entsteht, den Grundcharakter eines Geweihs sonst auf den ersten Blick, wenn man in einem ziemlich langen Jägerleben Hunderte von Hirschen angesprochen hat! Wie war ich auf eine Krone rechts gekommen, nachdem beide Stangen völlig gleich in zwar nicht großen, aber weit offenen Gabeln ausliefen?

Als ich unter dem vergangenen Mond an den Kronzehner drüben auf der Pflanzgartenwiese herangetreten war, hatte ich vom ersten Blick an keinen Zweifel, den angeschweißten Hirsch, so wie er mir im freilich letzten Dämmerlicht erschienen war, vor mir zu haben. Ich wollte und wollte nicht glauben, daß sich kein zweites verheilendes Kugelmal an ihm finden ließ. Bei diesem aber, beim Anblick seines Geweihs, wäre ich, ohne die sofort ins Auge springende, wie mit schwarzem Pech verschorfte Wunde, nie auf den Gedanken gekommen, er sei der auf dem Loshieb im Almerer Tal Beschossene.

Dies Geweih wirkte gedrungen, und ich hatte es, als der Hirsch im Obstgarten niedergetan gewesen war, fast mit dem ersten Blick schon so angesprochen, wie es wirklich war. Und andererseits hatte ich einen solchen Eindruck von Kürze und besonderer Stangenstärke bei der ersten Begegnung keinen Augenblick lang gehabt. Nur eines stimmte überein mit jener Erinnerung, nämlich daß die Auslage ziemlich weit war. Der ungerade Kronzehner von vor vier Wochen war mir enger gestellt erschienen, als sich's mir bei der nahen Begegnung oben am Schlag eingeprägt hatte.

Merkwürdige Geschichte das! Es war so, als habe eine höhere Macht die beiden Hirsche nachträglich vertauscht, den Kronzehner wundertätig geheilt, den Eissprossenzehner, auf daß der Schein gewahrt und das wunderhafte Eingreifen vertuscht werde, mit nur äußerlichen Wunden gezeichnet.

Der Mondschein macht hintersinnig! Aus einem Brunnen, in dem der Mond sich spiegelt, soll man nicht trinken. Das ist ein alter Glaube der Älpler. Während der Stunden, in denen der Mond von der schlafenden Erde Besitz ergreift, zwingt er ihr sein uns nicht faßbares und nicht gemäßes Gesetz auf, und in dieser von seinem Licht zur Unwirklichkeit verzauberten Silberwelt läuft man Gefahr, spinnig zu werden. Es gab hier keine Wunder, es gab nur einen von der Dämmerung und von phantasievoller Vorstellung begünstigten Irrtum und überdies noch einen merkwürdigen Zufall. Denn das ungerade Zehnergeweih, das nur rechts eine kleine Krone zeigte, hatte ich meinem Sohn und Jäger Wolfgang, fast zwei Wochen eh' ich unweit des ersten Anschusses den Kronzehner schoß, schon recht genau beschrieben. Ich wies mich also innerlich zurecht: Irrtümer, Zufälle und mondene Hintersinnigkeit.

Der Geist war willig damals und ist es auch heute. Aber der Glaube, recht eigentlich der Abergeist, der uns von heidnischen Tagen her schwer ausrottbar innewohnt, weil wir einmal hineingewoben waren in das unerklärliche Leben der Natur und angewiesen auf ihre unentwirrbaren Kräfte, der sträubte und sträubt sich, der will die Krone sich heute noch abheben sehen vor dem dämmerblau übersponnenen Schnee. Ist es nicht das menschliche Grundwesen, das sich spiegelt in solchem Aufgespaltensein zwischen dem Durchdringenwollen mit dem klaren Verstand und der willigen Hingabe an das ihm Widersprechende?

Wir holten den Hirsch noch heim in dieser Nacht, und aus der bewilligten einen Mondscheinstunde waren schließlich deren nahezu drei geworden. Dann aber, ins wohl durchwärmte, zwar nicht grell aber freundlich erleuchtete Zimmer zurückgekehrt und nach gewechseltem Schuhwerk wieder abendlich häuslich gekleidet trank ich, den versöhnenden Ausgang einer traurigen Geschichte zu feiern, noch ein paar Kristallbecher des perlenden Schaumweins, und weil ich jetzt genug hatte von nächtlichen Mysterien, ließ ich mir noch einmal und nun erst ganz ihr aufgeschlossen, die von dem großen Meister der unmittelbar aus dem Leben geschöpften Freude veredelte Lieblingsweise des Fürsten Metternich an Ohr und Gemüt vorüberziehen.

# *Eine unkorrekte Geschichte*

Um ganz von vorne anzufangen: Es war in den Osterferien nach meinem Abitur, und ich saß eines eingenebelten Aprilnachmittags in der guten Wohnstube unseres Fischmeisters, deren niedrige vier Wände über und über mit Trophäen aller Art vom Rehgehörn, Hirschgeweih bis zum ausgestopften Eisvogel (auch ein paar Stiche und Öldrucke, ,,Des Jägers Leichenzug" zum Beispiel, hingen dazwischen) bedeckt waren.

Beim Fischmeister machte ich gern Besuch. Es ließ sich gut mit ihm plaudern. Trotz seines nicht allzu bunt bewegten Lebensweges als Einödbauernsohn, Chiemseefischer und Hilfsjäger in Staatsrevieren wußte er viel und anschaulich zu erzählen. Schließlich war er dann als Fischmeister in Aschau eingetreten, als Nachfolger des bewährten alten Gutsfischers Grimm, den mein Großvater als noch von den Besitzvorgängern, den Grafen Preysing, angestellten Betreuer unserer reichen Fischwaid übernommen hatte und den, als er in den Siebzigern stand, nach dem Ruhestand verlangte.

,,Um den komme ich heuer wieder herum", sagte ich im Lauf unseres Gespräches zum Fischer und deutete mit dem Kopf auf den ausgestopften Spielhahn über dem Kanapee.

,,Warum jetzt des!?", fragte er. ,,Jetzt san S' doch a freier Mo, brauchas Eahna um koane Ferien nimmer kümmern und nix!"

,,Schon", gab ich zur Antwort, ,,aber der Vater nimmt mich mit nach Italien. Am dritten Mai fahren wir schon ab."

Die größte Freude und auch einzige Erholung meines immerfort von vielen Pflichten in Anspruch genommenen Vaters war sein allfrühsommerlicher etwa zwei Monate währender Aufenthalt in Rom.

Gleich nach dem Bestehen seines Referendarexamens war er als Attaché in die bayerische Gesandtschaft in Rom eingetreten. Schon nach wenigen Monaten entzündete sich seine Liebe zur Ewigen Stadt, die ihm, ständig sich vertiefend, durch sein ganzes Leben verblieb. Sie veranlaßte ihn, obwohl in Deutschland große Aufgaben seiner warteten, zwei Jahre bei der Gesandtschaft zu bleiben. Es hatte dies nicht, wie manche Beurteiler, die ihn zu wenig kannten, behaupteten, konfessionelle Gründe, denn mein Vater ist erst mehr als ein Jahrzehnt nach seiner ersten Romfahrt zum katholischen Glauben übergetreten. Es war ganz einfach die Liebe zu einer Stadt, deren unendlich reiche Geschichte, deren von ungezählten Kunstschätzen getragene Schönheit, deren ihm mit heiterer Liebenswürdigkeit entgegenkommende Menschen, nicht zuletzt auch deren Klima ihn glücklich machten.

Nun, und damals durfte ich, die Abiturfestivitäten, in die auch mein Geburtstag gefallen war, krönend, meinen Vater zu seinem Romaufenthalt begleiten, und in die Freude darüber fiel nur ein einziger Wermutstropfen, nämlich der Verzicht auf den schon seit ein paar Jahren ersehnten ersten Bergspielhahn. Vor frühestens im zweiten Viertel des Monats Mai führte bei uns noch kein Weg durch den tiefen Schnee zu ihm hinauf. Sogar wenn das Osterfest mit seinen glückseligen Ferien auf einen späteren Zeitpunkt fiel, schüttelten unsere Jäger den Kopf:

„Ma kimmt no net auffa. Die Hahn pfalzent no net richtig und haltend a koan Platz net ein, bevor no koa Henn net zustreicht in der Frua."

Auch der Fischmeister mochte das so einsehen. Die Hand am bebarteten Kinn dachte er eine Weile nach, dann sagte er:

„An *Mooshahn* kannt i Ehana vielleicht scho schaffen. Da muaß i aber erst an Bruadern fragen, ob er ei hat heuer. Der hat allweil Spielhoh g'habt auf seiner Jagd."

Da horchte ich auf! Das wäre etwas, um die neue Freiheit jägerisch zu feiern! Einen Auerhahn hatte mir der Vater schon im Vorjahr freigegeben und würde es auch heuer sicher tun, und vielleicht strichen über die quelligen Bergwiesen auch wieder die Schnepfen, und mit einem Spielhahn dazu würde sich dann der „Jägerfrühlingskranz" winden lassen, wie ich ihn mir ganz tief im Jungjägerherzen schon lang heimlich erträumte!

Nun, der wackere Fischmeister fuhr mit der Bahn zum Bruder an den Chiemsee hinaus. Zu der Zeit durfte das Auto bei uns noch nicht für solch unwichtige Fahrten herangezogen werden. Und er kam zurück:

„Der Bruder tät sich freuen! Hahn san genügend da. Es san wieder mehra worden in die letzten Jahr."

Wir fuhren hin, und – um es kurz zu machen – ich schoß zwei Hahnen. Wir mußten auf dem Hof übernachten, und der grundgutmütige Jagdherr, mit dem ich mich vom ersten Händedruck ab gut verstand, meinte, ich solle es doch am Abend gleich probieren. Als ich zögerte mit dem Einwand, die Frühbalz sei doch schöner, fügte er ohne vieles Herumreden hinzu:

,,Derffas gern morgen in der Fruah a no oan derschiassen, bals Lust und Lieab ham. Vielleicht mag's auf den Guaten."

Es war, so hatte er uns erzählt, ein besonders starker Hahn auf dem Balzplatz. Der stand immer etwas abseits und balzte meistens auf einem erhöhten ,,Postament", einem vergrasten Ameisenhaufen wahrscheinlich, dem keiner der übrigen Hahnen zu nahe kommen durfte. Ein ganzer Zornnickel sei dieser Hahn und, ob wir es glaubten oder nicht, erkennbar größer als alle anderen. Freilich vom Schirm sei jener kleine Hügel zu weit entfernt, an die hundertfünfzig Meter schon gut. Zu weit für den Kugelschuß auf einen Hahn.

Was wurde das für ein Abend und gar für ein Morgen! Der Frühlingsjubel im Moos war mir nicht ganz neu, denn in den Gymnasiastenjahren hatte ich mich, wenn die Freizeit es nur einigermaßen zuließ, öfters aufs Rad geschwungen und stahlberitten Münchens Umgebung, da wo sie zur Landschaft wurde, ,,bereist". Hiebei war ich mehr als einmal durch die Moosreviere in der Gegend von Dachau oder Schleißheim gekommen und der Beglückung des Maienzaubers in ihnen teilhaftig geworden. Die Zeit für solchen Ausflug war oft knapp bemessen, denn der Bogen, den ich mir vornahm, war fast immer sehr groß und erforderte, um rechtzeitiger Heimkunft willen, zähes Gestrampel. Aber gerade im Moos zur Frühlingszeit konnte ich nicht anders und erlaubte mir gern eine kurze Rast. An einen Torfstadel gelehnt ruhte ich dann eine Weile schauend und lauschend aus. Dann zogen sich beglückend andere Bilder, Töne und Gerüche über die meines damaligen Alltags, der Lehrerphysiognomien, der (mich nicht ausgenommen) zumeist auf Jux und ,,Gaudi" eingestellten Gesichter der Mitschüler, der großen schwarzen Tafel an der Wand, und kein Lärm, kein Trambahnklingeln, kein zu der Zeit noch so häufiges Hupen störte die von Vogeljubel erfüllte und trotzdem stille Welt der Wiesen und Lüfte, und es duftete grün und würzig fernab vom Rußgestank aus tausend Kaminen, vom Öldunst in den Straßen und auch dem an jedem Schulmorgen einen erwartenden penetranten Gestank vom schlechten Bohnerwachs, mit dem die ausgetretenen Böden der Klassenzimmer laufend gepflegt wurden.

Mit dem selben Gefühl des Gereinigt- und Befreitseins, mit dem ich zuweilen spät abends aus der Oper ins Elternhaus heimkam, kehrte ich schließlich, kurz ,,vor Torschluß", denn der Vater mochte es nicht, wenn man zu spät zum Abendessen kam, durch die damals noch leeren Straßen der Stadt nach Hause zurück.

Aber dort im Chiemseemoos war es doch noch anders. Dort war es mir, als erlebte ich ein kaum faßbares Wunder im natürlichen Geschehen:

den in allen Tönungen des Tagwerdens erschimmernden, aufleuchtenden und in voller Blendung erglänzenden See, die noch weiße Gipfelkette der Heimatberge als grandiosen Hintergrund der fahlgelben Streuwiese, auf der die Hahnen (genau zehn waren es) blaublitzend mit dem feuerroten Turban auf ihren Stirnen unermüdlich tanzten, aufflatterten, stritten und sangen.

Mit meinem vierfachen Zielfernrohr, einem mit väterlicher Subvention getätigten glücklichen Inflationskauf, wagte ich schließlich doch den Schuß auf den Beherrscher des Balzplatzes. Hundertundfünfzig Meter waren es sicher bis zu ihm hin; der Jagdherr hatte es richtig angesagt. Aber gar zu verlockend war dies Ziel. Der Hahn stand schwarz, wie Steinkohle glitzernd, als wäre er festgeschraubt, in voller Sonnenbalz fort und fort krugelnd auf seinem Postament. Nur manchmal ließ der Frühlingswind die weit gespreizten, zwei Finger breiten Krummfedern flattern. Er kippte um, ohne noch einen Flügelschlag zu tun, und der Fischmeister, der mit im Schirm saß und mir dringend vom gewagten Kugelschuß abgeraten hatte, klopfte mir freudig auf den Rücken.

Als ich in Aschau dann mit zwei auf den Rucksack gebundenen Hähnen aus dem Bummelbähnlein stieg, die Brust voll von Glücksgefühlen, wie sie einem nur jene frühen, jene wirklich jungen Jahre zu schenken vermögen, ahnte ich nicht, wie viele solcher Frühlingsmorgen ich dort im Moos noch würde erleben dürfen.

Das alles aber ist nur Vorgeschichte, so etwas wie eine Ouvertüre in Prosa für die Geschichte, die ich eigentlich erzählen will.

Es ging so weiter: Schon im nächsten Jahr ließ mich des Fischmeisters Bruder wissen, daß ich ihm zur Balz seiner Birkhähne wieder willkommen sei, er möchte mich dieserhalb auch sprechen.

Als wir dann, ich kam an jenem Abend später an als im Vorjahr, in seiner Stube beisammen saßen, erklärte er mir, vom Bruder mit einleitenden Worten ermutigt, worüber er gern mit mir reden wollte.

Die Pachtzeit der dortigen Gemeindejagd lief wieder einmal aus. Er und vor ihm schon sein Vater hatten das Revier seit Jahrzehnten in Pacht. Es hatte nie „etwas gehabt“ mit der Wiederpachtung, diesmal aber sei eine Gruppe zusammengetreten, die ihn um sein altes Revier bringen wolle. Daran seien vor allem die Spielhahnen schuld. Er selber habe Zeit seines Lebens keine zehn Hahnen geschossen, immer nur seine Freude an ihnen gehabt. Am Sonntag sei er, wenn die Sonne gerade im Aufgehen war, oft mit dem Rad zu einem der Feldstadel hinausgefahren und hatte durchs Glas den sonnenbalzenden Spielhahnen zugeschaut. Das habe ihm mehr „abgegeben“, als einen vom Schirm aus zu schießen. Aber natürlich sei immer wieder der eine oder andere Jäger aus der Umgebung zu ihm gekommen und habe ihm zugesetzt, doch einmal einen Hahn, *einen einzigen* schießen zu dürfen. Er habe meistens, obwohl er wußte, daß es falsch war, nicht nein sagen können, weil halt doch gewisse Bindungen bestanden. Wenn aber erst einmal ein Schirm gebaut war, dann kam der bescheidene Bittsteller sehr oft wieder oder kamen auch andere, die gar nicht gefragt hatten, heimlich an den Schirm und schossen drein, zerstreuten die Hahnen und verdarben den Platz. Und der Dank sei jetzt der, daß sich ein paar Schlawiner zusammengetan hatten, um ihm die Jagd wegzupachten. Die Gemeinde zwar, die sei ihm ob der alten Verbindung mit ihm wohlgesinnt und möchte das Revier weiterhin in seiner Hand lassen, aber die anderen hatten schon einen viel höheren Pachtzins geboten als den bisherigen, und den aufzubringen falle ihm schwer.

Es bedurfte hier keines allzu tiefen Nachdenkens, um zu verstehen, weshalb der „Bruder“, wie der Fischmeister ihn nannte, mich hatte sprechen wollen.

Ich besann mich eines Abkommens, das mein Großvater in Franken mit einem Nachbarökonomen getroffen hatte, wonach er ihm auf einer allerdings nicht großen Waldfläche den Abschuß der Auerhähne, sonst aber keines anderen Wildes zu einem damals hohen Preis abgepachtet hatte. So fiel es mir leicht, dem Bauern einen alle Schwierigkeiten lösenden Ausweg aus der seinem Revier entstandenen Bedrohung vorzuschlagen. Ich pachtete ihm seine ganze Spielhahnbalz ab, und wir legten diesem Abkommen (welchem Punkt er aber, wie mir schien, keine besondere Bedeutung zumaß), eine obere Grenze des Abschusses von jährlich vier Hahnen zugrunde. Der Preis war, gemessen an damaligen, geschweige heutigen Sätzen nicht hoch. Ich überschlug meine studentisch nicht eben bedeutenden Möglichkeiten, und wir waren uns nach dem, was ich in den Gesichtern um den gemütlichen Ecktisch im Herrgottswinkel (auch die Bäuerin saß mit im Rate) lesen konnte, zu voller Zufriedenheit einig.

In diesem Frühling wurde von unserem Pakt noch nichts bekannt, alles verlief mehr oder minder unbemerkt wie im Vorjahr. Aber nachdem im Herbst der Zuschlag erfolgt und die Tatsache meines Beteiligtseins schon allein deshalb durchsickernd ruchbar geworden war, als der Pächter die bescheidenen Ansuchen „um nur einen, einen einzigen Hahn“, begründet mit der zwischen ihm und mir neu entstandenen Bindung hatte abweisen müssen, war unter den enttäuschten Mooshahnschützen, vor allem wohl auch den heimlichen ,,Stammgästen", der Teufel los.

Ein Bekannter von mir, der seit zehn Jahren auf der Suche nach einer zu ihm passenden Frau war, wobei sich fast jedesmal der gleiche Verlauf ergab: Annäherung, Werbung, freundschaftliches Zusammentreffen, Entdeckung gleicher Interessen, Verlobung, Langeweile und dann freundschaftliche Lösung, wahrscheinlich weil ein drittes ,,L", nämlich ,,Leidenschaft", ausblieb, dieser Bekannte also trat eines Märztages an mich mit der Anfrage heran, ob ich nicht ihn, der aber – das war sogar seine Bedingung – keinesfalls schießen wollte, und seine neueste Verlobte für einen Morgen zur Spielhahnbalz ins Chiemseemoos einladen möchte. Ich hatte ihm davon erzählt und verstand es gut, daß er der Freundin dieses besondere Frühlingserlebnis verschaffen, es ihr erschließen wollte. Ich sagte mit Freuden zu, denn ich mochte ihn sehr gerne und schätzte ihn überdies hoch als Jäger. So ließ ich alles für den Besuch vorbereiten. Vor allem mußte ein zweiter Schirm gebaut werden, der zwei Personen hinlänglich Platz bot. Ich selber mag geräumige Schirme und auch großräumige gedeckte Kanzeln nicht. Am liebsten ist es mir, wenn ich mich hineinkauern kann in die Deckung und von einem niedrigen Sitz aus, auf dem man die Knie anziehen muß, schießt es sich, so finde ich, besser als mit gestreckten Beinen von einem hohen.

Als dann alles schön zugerichtet war, geschah, was ich von Anfang an und ganz im Stillen schon befürchtet hatte: Das angemeldete Paar sagte in letzter Stunde ab. Die Dame hatte ein paar Tage früher nach Hause, das will heißen, irgendwohin in die weitere Umgebung von Berlin, abreisen müssen. Ob sie je zurückgekehrt ist, weiß ich nicht. Schade, denn gerade jetzt kam es im Vorland der Alpen zum Höhepunkt der Birkhahnbalz. Ruhloser, angriffslustiger und von feurigerer Streitbarkeit würden sie nimmer werden.

Ich weiß nicht mehr, warum ich an diesen Tagen selber nicht abkommen konnte. Aber ich hatte einem anderen Freund, der damals einige Zeit bei uns in der Verwaltung des Gutes arbeitete und der noch nie einen geschossen hatte, einen Spielhahn versprochen. Den lud ich ein, statt meiner die Saison zu eröffnen. Er könne sich bei dieser Gelegenheit die ganzen Gegebenheiten da unten einmal anschauen und mir dann über Anzahl, Verteilung und Stand der Hahnen berichten.

Er fuhr zusammen mit dem Fischmeister los. Der Braumeister unserer ,,Präustatt", wie sie zur Zeit ihrer Gründung in der Mitte des 16. Jahrhunderts bezeichnet worden war, schloß sich ihnen an. Der war früher einmal selber auf die Jagd gegangen, wie sich das in Altbayern für einen Mann mit dem ehrengeachteten Titel ,,der Bräu" gehörte und hatte seit langem den Wunsch, eine große Spielhahnbalz im Moos zu erleben. Also, sie fuhren los. Der Bräu hatte ein paar Tragl Bier mitgenommen, das hob am Vorabend die Stimmung, und früh am Morgen rollte man zu den Schirmen weiter. Stockfinster war's noch, als man ankam. Irgendwo mußte ganz frisch geodelt worden sein, man nahm die Düfte sehr deutlich durch die feuchte Nebelluft wahr. Sie verdichteten sich noch, als man vor den Schirmen stand. Mein Freund schob sich als erster in den größeren der beiden hinein, tastete nach der Bank und griff in etwas hinein, das ihn sofort dazu veranlaßte, die Taschenlampe aus dem Rucksack zu holen. Wozu es ausführlich schildern, ich selber war ja zum Glück nicht dabei!? Es stellte sich heraus, daß die enttäuschten Alt-,,Hahnengäste" sich, ihren Unwert beweisend, dadurch gerächt hatten, daß sie mit kaum glaublicher Tatkraft (der berühmten Energie des Hasses) ein Odelfaß zur Nachtzeit kilometerweit über die drainierten Moorwiesen bis zu dem Balzplatz hingefahren hatten. Der aus mindestens einer Abortgrube gewonnene Inhalt wurde dann mit sorgfältiger Gründlichkeit über die Schirme ausgegossen. Sogar bis ins Innere waren sie mit ihrer Arbeit vorgedrungen, Böden und Bänke waren nicht verschont geblieben. Nette Geschichte das! Aber um wieviel ,,netter" hätte die Untat sich auswirken können, wenn Freund und Freundin, wie verabredet, an diesem Morgen den Balzplatz aufgesucht hätten! Womöglich wäre ich selbst noch in den Verdacht eines dumm-derben Scherzes, so wie er mir zeitlebens nie gelegen hat, geraten. So stieß die haßerfüllte und ziemlich mühselige Rache, in der Hauptsache wenigstens, ins Leere. Sie hatte mir gegolten, und ich war nicht gekommen. Braumeister, Fischmeister und Jagdherr zogen sich zum Teil hochflüchtig in einen nahe gelegenen Stadel zurück, nur der freilich sehr robuste Freund ließ sich nicht vertreiben. Beim Schirmbau waren ein paar Daxen abgefallen und lagen außerhalb des Schirmes herum. Mit ihnen reinigte er den Sitz und notdürftig von der Innenseite her die Schießluken. Außerdem trug er, wie meistens, eine kleine Packung Pfefferminzpastillen in der Westentasche. Die sollten ihm behilflich sein, den Gestank zu ertragen. So großer Tapferkeit ward schließlich auch ihr Lohn. Er schoß seinen Hahn, einen recht guten sogar. Dann aber entfloh auch er.

,,Wenn i meine Pfefferminzzeltl net dabei g'habt hätt, war i a net blieb'n!", versicherte er mir, und ich glaubte es ihm. Ich hatte fast den Eindruck, daß er wußte, wer die Fäkalienspender gewesen waren, aber im Gegensatz zu den streitbaren Dachauern, unter denen Ludwig Thoma seine ersten Erfahrungen als Anwalt gemacht hat, sehen unsere Bauern am Alpennordrand gern von Anzeigen und Prozeßhanseleien ab.

Die besudelten Schirme wurden von ihm verbrannt und durch neue ersetzt. Von da ab herrschte Ruhe und Frieden am weiterhin gesegneten Balzplatz.

So blieb es dann während mehr als zehn freudenreicher Jahre. Durch anfangs sehr vorsichtig auswählenden Abschuß vermehrte das Birkwild sich unerwartet schnell. Schon sieben Jahre später beobachtete ich während der Sonnenbalz von einem Feldstadel aus mit Rundblick in den weiten Umkreis gleichzeitig einundfünfzig Hähne, von denen nur etwa zwölf junge, in der Frühbalz schon müd gewordene, nicht, richtiger gesagt, nicht mehr balzten.

Ich machte den Fehler, ab und zu den einen oder anderen Gast, auch wenn es kein guter Freund war, einzuladen. Einer von ihnen war Vogelschutzwart. Als der Bauer, der es gleich seinem Bruder liebte, mit ausgestopften Vögeln die Gänge und die Stube seines großen Hofes zu zieren, einen durchziehenden Nachtreiher geschossen hatte und der Vogelschützer dies erfuhr, verwarnte er ihn, der sich bei dieser Erbeutung eines Verstoßes nicht einmal bewußt gewesen war, trotz der persönlichen Bekanntschaft mit einem echt bürokratischen Brief, der in dem dafür typischen Nachsatz ausklang: „. . . im Wiederholungsfall etc. etc." Er teilte mir sogar mit, daß er nur mit Rücksicht auf mich von einer Strafanzeige, zu der er verpflichtet gewesen wäre, abgesehen habe.

Das brachte eine, wie ich annahm, nur kurze Trübung in das stets gute Einvernehmen mit meinem bäuerlichen Jagdherrn. Es mußte etwas ganz anderes kommen, um unser durch mehr als ein Jahrzehnt reibungsloses Unterpachtverhältnis zu zerstören. Es kam – ja, wie soll ich es nennen – es kam der *Krösus*.

Wenn die Menschen *heute* von einem Krösus sprechen, dann, glaube ich, stellen sie sich eine ganz andere Gestalt vor, als den von Schiller besungenen klassischen König von Lydien, der den Halys überschreitend sein gewaltiges Reich einst zerstört hat. Ein moderner Krösus ist weder ein König, noch würde ihn je ein großer Dichter zum Stoff einer Ballade erwählen. Nur eines ist dem klassischen und dem neuzeitlichen Krösus gemeinsam, nämlich die Macht. Dem alten verlieh sie sein Reich, dem neuen verleiht sie sein Reichtum.

Nun, und so ein Krösus unseres an solchen sich als Pseudokönige gebärdenden Gestalten nicht eben armen Jahrhunderts entdeckte die von mir gehüteten Hahnen am Chiemseegestade. Wie dies genau vor sich gegangen ist, weiß ich nicht. Denn zur Zeit, es es geschah, wußte ich anfangs nicht einmal, daß hier ein Krösus im Spiel war. Erst in der Folge bin ich, von richtigen Vermutungen geleitet, dahinter gekommen. Die Krösusmacht, das Geld, hat jedenfalls auch hier mitgewirkt. Ein großer Auftrag nämlich von der Firma, der jener Krösus vorstand, soll in die Waagschale gefallen sein. Und was dem Bauern und Jagdherrn in diesem Zusammenhang „großzügig" hingeworfen wurde, kann auch nur das papierne Gold unserer Tage gewesen sein. Der Hauptverräter war überdies Jagdnachbar und mag im Lauf der Jahre manchen scheelen Blick zu den sich ständig vermehrenden Hahnen über die Grenze herüber geworfen haben. Ich glaube nicht, daß er mit den Odelkutschern damals im ersten Jahr etwas zu tun gehabt hat, aber daß er bis zu einem gewissen Grad nachträglich Sympathisant geworden ist, halte ich für möglich.

Es ging damit an, daß der Bauer, als ich ihm, wie alljährlich zur Zeit des Schnepfenstrichs, meinen Antrittsbesuch machen wollte, sich verleugnen ließ. Er sei noch auf dem Feld, hieß es, obwohl sich draußen auf den Fluren, die ich soeben durchfahren hatte, um diese Zeit außer ein paar Saatkrähen keine Seele mehr hatte sehen lassen.

Dann eines Tages ließ mich der Fischmeister bitten, bei ihm vorbei zu schauen. Er habe mir etwas vom Bruder auszurichten. Und nun erfuhr ich, der Kreisjägermeister habe verfügt, daß in diesem Jahr auf dem Hauptbalzplatz keine Spielhahnen geschossen werden dürften. Aber der Bruder habe mir deshalb weiter drinnen in der Filze einen Hahn zugedacht. Dort balzten ja auch immer vereinzelte Althähne, man müsse sie nur ausmachen. Hm!? Was mochte wohl hinter dieser damals jeder Rechtsgrundlage entbehrenden Einmischung stecken? Der Kreisjägermeister wußte von meinem Abkommen mit dem Pächter und hatte mir mehrmals gesagt, er begrüße es, daß dieser in unserer ganzen Gegend einmalige Balzplatz in guter Obhut sei. Ich rief ihn an, und er versicherte mir, seinem Temperament entsprechend, ziemlich zornmütig, nichts von der ganzen Geschichte zu wissen. Er würde sich, wenn er diesbezüglich Wünsche hätte, nachdem er mein Abkommen mit dem Bauern kenne, sicher direkt an mich gewendet haben. Als ich dies dem Fischmeister mitteilte, konnte er nur mit Mühe seinen Unmut, den Zorn, der alle Menschen überkommt, wenn man einen von ihnen gebauten Schwindel aufdeckt, unterdrücken. Denn an diesem im übrigen sehr primitiven Lug war er, das schien mir sicher, beteiligt gewesen.

„Des hätten S' net macha soll'n, anrufen bei dem!", brachte er kopfschüttelnd in ganz verändertem ingrimmigem Ton hervor.

„Warum net?! Ich hab' mir gleich gedacht, daß da ein Schwindl dahinter is", gab ich zur Antwort.

Ich wußte jetzt, was ich früher schon öfters zu bemerken geglaubt hatte, daß dieser stets mit Geradheit auftretende Freund, zu dem ich als Knabe fast wie zu einem Vater aufgeblickt hatte und dem ich später vertraute, weil ich seine Zuneigung – er hatte selber keinen Sohn – spürte, daß der, wenn die Lage es ihm zu erfordern schien (in diesem Fall war es wohl das Zugehörigkeitsgefühl zur Sippe), verschlagener war und handelte, als man es der Biederkeit seines Sich-Gebens zugetraut hätte.

Schon einen Tag später kam dann ein Brieflein. In nicht eben schöner, aber ganz sauberer Dorfschulkalligraphie auf mit Bleistift gezogenen Zeilen wurde mir von der Tochter des Bauern mitgeteilt, daß, nachdem ich das Angebot des Vaters, in der Filze einen Hahn zu schießen, nicht angenommen habe, mir in diesem Jahr kein Hahn zum Abschuß freigegeben werden könne. Unser altes Abkommen, das nun schon seit fast fünfzehn Jahren bei pünktlicher Zahlung meines Obolus reibungslos lief, schien nie oder längst nicht mehr bestanden zu haben.

Jetzt wußte ich aber zweierlei: erstens, daß anscheinend doch größere Geldbeträge, an deren Vereinnahmung der ganzen Familie lag, geboten waren, und zweitens, daß der sich mit immer deutlicherer Kontur aus den Nebeln lösende Krösus den Bauern hatte rechtlich beraten lassen. Es war ja bei jenem ersten Abkommen in Schriftform nichts festgelegt worden. „G'schrieben is ja nix . . .", – diese kurze Bemerkung war dem Fischmeister im Lauf unseres Gesprächs zwei Tage zuvor entwischt.

Aufgrund dieser Einsichten setzte ich mich unverzüglich in meinen Wagen und fuhr zum Balzplatz. Trotz des mir erzählten schönen Märchens, daß der Kreisjägermeister bestimmt habe, es müsse auf diesem Platz ein Jahr lang vollkommene Ruhe herrschen, hatte ich sicher erwartet, einen Schirm dort vorzufinden. Meine Erwartung ward weit übertroffen: drei gewaltige fichtengrüne Vierkanttürme standen rund um den Hauptplatz herum. Sie waren so hoch, daß man darin aufrecht stehen konnte, bequeme Bänkchen standen im Inneren, Schießscharten waren sauber ausgeschnitten, und für die ebenso dicke wie dichte Verkleidung mit Fichtenzweigen hatten sicher drei Christbäume gefällt werden müssen. Bei der Errichtung der Holzgestelle hatte wahrscheinlich, so mutmaßte ich, ein kundiger Zimmermann mitgewirkt. Spuren einer schon stattgehabten Benützung der Schirme entdeckte ich nicht. Weder war der Boden innen stärker zusammengetreten, als dies von der Aufstellung her normal zu erwarten war, noch lagen jene mir verhaßten Reste menschlicher Anwesenheit, als da sind: Zündhölzer, Zigarettenkippen, Schokoladenpapier, Obstschalen und andere Abfälle und auch keine Patronenhülsen umher. Nachdenklich fuhr ich nach Hause.

Aus einem dieser Muster- und Monsterschirme einen Hahn zu schießen, ihn mir zu holen, ehe ein kaum mehr abwendbarer Nachfolger mit seiner (wenn man von den drei Schirmen auf seine Schießabsichten schloß) sicher nicht Hege und Schonung an die Spitze stellenden Ernte begann, schien mir – jura hin, jura her! –, wenn man es nach inneren Anstandsgrundsätzen abwog, kein Unrecht zu sein. Ich hatte dem Bauern sein Geld geschickt, wie bisher in jedem Jahr, und noch bevor er von seinen neuen Absichten etwas verlauten ließ. Er hatte es angenommen. Der Fischmeister sprach wohl, als ich das letzte Mal bei ihm war, etwas von „Zruckschicka". Trotzdem sein Bruder jetzt anderen Sinnes geworden war, galt aber nach wie vor für mich der alte Pakt. Ich konnte mir wohl vorstellen, wie die Günstlinge des Krösus oder die eine Anwartschaft auf diese Gunst sich Erhoffenden an dem anfänglich sicher abgeneigten Bauern herumgeknetet hatten. Er war nämlich nicht ohne jenen grundsätzlichen Anstand, der den Bauern bei uns zulande meist eignet. Dunklem Vernehmen nach soll sogar ein für diesen Fall eingepaukter „Sonderlegat" des wirtschaftlich und politisch mächtigen Interessenten aufgeboten und an den Chiemsee entsendet worden sein. Der sollte meinen Vertragspartner überredet und mit Banknoten umfächelt haben.

Aber was ging das alles mich an!? Mir galt, was ich für Recht hielt, und auch ein gewisses Zugehörigkeitsgefühl zu diesen edlen Rittern vom Moor, die ich durch mehr als ein Jahrzehnt geschützt, pfleglich gefördert und vermehrt hatte, lag in der Waagschale. Trotz alledem war es mir klar, daß für einen offenen Streit mir der feste Standplatz fehlte. Bei einem vermutlich behördlich gut abgesicherten Krösus wäre er auch, wie ich dies damals in anderen Fällen schon hatte erfahren müssen, von geringer „Rechtskraft" gewesen. Hier half nur das zwar nicht ungewagte, aber bedenkenlose direkte „Sich-Wehren". Erwischen freilich wollte ich mich – dies war die einzige Einschränkung, die ich meinem Vorhaben setzte – bei dem Unternehmen, dessen Abenteuer mich reizte, nicht lassen.

Damals war entlang dem Südufer des Chiemsees die von München nach Salzburg führende Autobahn schon fertiggestellt. Zu Beginn meines Spielhahnabkommens mit dem Bauern hatte es weder sie noch die Spur einer solchen länderverbindenden und landschaftszerstörenden Planung gegeben. Unsere sichere Erwartung, daß die Tag und Nacht durchgehende Bauarbeit (die Trasse führte auf weniger als dreihundert Meter am Balzplatz vorüber) die Hahnen verjagen und in alle Winde zerstreuen würde, bestätigte sich nicht. Weder die für die Nachtarbeit brennenden Riesenscheinwerfer, noch das Geschrei der Bauführer, noch Lastwagengepolter und auch nicht der mörderisch aufschreiende Lärm der Krane und Raupen vertrieben sie von ihrem nun einmal erkorenen Tanzboden, jener kaum drei Tagwerk messenden Streuwiesenfläche. Sogar das Vorbeigehen einzelner Arbeiter, die in etwas abseits liegenden Gehöften einquartiert waren, zur Baustelle duldeten sie, ohne abzustreichen. Aus dieser und manch anderer gleichen Erfahrung zog ich die Lehre, daß die Balzplätze des Birkwildes und noch mehr die Balzbäume der Auerhähne vor allem anderen „Biotop" zu erhalten sind. Was die Ernährung der Waldhühner, die Tagesruh- und Äsungsgebiete anbelangt, ihre Quellen und Sandplätze, das suchen und finden sie in naher oder – müßte es wirklich sein – auch etwas fernerer Umgebung. *Balzbäume* aber, und in wahrscheinlich nicht so einschränkender Weise auch gewisse Flächen im Gelände, haben (vielleicht, denn es läßt sich dies schwer enträtseln und in den Gründen erfassen!) etwas an sich, was den Zustand des Balzens vertieft oder besser gesagt den Hahnen besonders gemäß ist. Schon Anton von Perfall erzählt von Auerhähnen, die er Jahr für Jahr vom gleichen Balzbaum heruntergeschossen hat. Ich selber habe es mehrmals erlebt, daß nach Fällung einer Baumgruppe oder auch mehrerer Überhälter, zum Beispiel auf einem Schlag, ein Balzplatz sich so weit, daß man es nicht verstand, woandershin verschoben hat, ja sogar ganz verödet ist.

Sorgen um Störungen von der Autobahn her brauchte ich jetzt nicht mehr zu haben. Wohl aber bestand die Gefahr, daß irgendwer, und wenn es auch nur ein Natur- und Vogelfreund wäre, von der Autobahn her den Balzplatz um des Anblicks willen beobachtete. Ich mußte versuchen, schon sehr frühzeitig zu schießen, lange vor der Stummpause, die auch dort, trotz der großen Zahl balzender Hähne, mit klarer Regelmäßigkeit einsetzte, bevor die Sonne kam. Nicht ganz einfach das, wenn man zugleich die Absicht hatte, sich den Besten, aber schon den Allerbesten auszusuchen, vielleicht sogar (wenn die Wahl allzu weh tat) noch einen zweiten wegzuzwicken.

Am Abend war der Himmel von dünnem, hochziehendem Gewölk bezogen, durch das an manchen Stellen helleres Licht hindurch blendete. Während der Nacht aber wurde es klar. Als ich um einhalbzwei Uhr mein Turmfenster aufmachte, um nach dem Wetter zu schauen, stand feucht schimmernd das Heer der Sterne im schwarzen Gezelt. Ich hatte mein Rüstzeug, vor allem die mit einem leider lichtschwachen Fernrohr bewehrte Kleinkaliberbüchse, schon abends bereitgelegt, zuvor aber noch aus meinem Wagen (ich fuhr damals einen Sportzweisitzer) die

Rücksitze herausgenommen, um den Kofferraum zu vergrößern und darin mein Rad zu verstauen. Schon bevor die Giebeluhr des unten dem Schloßberg vorgelagerten Gasthofes die zweite Stunde geschlagen hatte, rollte ich durch den die Scheiben beschlagenden feinen Bodendunst der Wiesen dem Chiemsee zu.

Ich hatte mir alles da unten, obwohl ich es längst kannte, nochmals angesehen und in meine Pläne eingewoben. Über eine Zufahrt, die von den Bauarbeiten her noch offengeblieben war, verließ ich die Autobahn und fuhr in einen Auwald hinein, der, bevor die neue Straße gebaut war, direkte Verbindung zum Seeufer gehabt hatte. In ihm gab es versteckte Blößen nahe an Holzabfuhrwegen, die nach Süden zu den Meierhöfen der Bernauer Gefangenenanstalt und somit zur Landstraße hinüberführten. Ich stellte meinen Wagen in eine solche Blöße hinein und fuhr mit dem Rad behutsam, weil unerleuchtet auf Holperwegen, in die Mooswiesen hinaus. Schon ziemlich nahe beim Balzplatz stand einer der vielen während des Winters leer gewordenen Feldstadel. In ihm verbarg ich hinter allerlei Brettergerümpel und am Boden verstreuten dünnen Heuresten mein ,,Roß" und birschte dann, vorsichtig Schritt vor Schritt setzend, auf die Schirme zu.

Hätte ich mich nicht durch jahrelanges darin Umherschweifen in dem kilometerweit ganz gleichförmig eben sich hindehnenden dränierten Wiesenland mit all seinen Gräben und Feldscheunen gut ausgekannt, so würde es wahrscheinlich bei dem jetzt in Seenähe stark verdichteten Nebel auf der Suche nach den stolzen Schirmtürmen längere Irrwege gegeben haben. Aber sie wuchsen bald, der Unsichtigkeit wegen erschreckend nahe und plötzlich, vor mir grau in grau aus Dunst und Dunkelheit.

Ich trat zunächst an den heran, in dem ich mich, weil er mir der günstigst stehende zu sein schien, niederlassen wollte. Er mußte, nachdem die Wände mit Fichtenzweigen dicht verkleidet waren, irgendwo eine Türe haben. Nach ihr suchend, ging ich drum herum und erstarrte plötzlich tief erschrocken. Irgendwer saß schon im Schirm und rauchte eine Zigarette. Wie war das möglich? Ich selber war mehr als eine halbe Stunde zu früh daran. Wer hatte den Platz schon vor mir bezogen!? Genau in Höhe des Gesichts eines auf der Bank sitzenden Menschen war der gelb schimmernde Glutpunkt. Ich stand da und wagte nimmer zu atmen. Hoffentlich hatte der Schirminsasse keinen Hund dabei! Dann könnte die Lage schwierig werden. Zum Glück hatte ich des nächtlich verschleierten, sehr unebenen Bodens wegen einen Stock mitgenommen, mit dem ich ihn hätte abwehren können. Aber ohne Flucht und

Lärm wär's dann nicht abgegangen. Nach längerem Hinstarren auf den kleinen Lichtpunkt wurde ich auf einmal ruhiger. Warum stand er so um keinen Millimeter sich verschiebend still, und warum roch man nichts vom Rauch der Zigarette? War das am Ende ein Leuchtkäfer? Sie begleiten die nächtlichen Wege des Jägers, besonders des Jägers im Gebirg, während des ganzen Jahres, solange kein Schnee liegt, bis weit in die Gamsbrunft hinein. Ich wußte selber nicht, was mich überkam, so eine Mischung war's aus Zorn und nimmer erträglicher Spannung, auf einmal stieß ich mit meinem Stock durch die Schirmwand in Richtung des Lichtpunktes. – Der Stock fuhr ins Leere, und das Lämplein leuchtete weiter. Nach ein paar Sekunden der Erstauntseins schaltete ich die Taschenlampe an und leuchtete durch die Verkleidung in den leeren Schirm. Auf einem von der Decke herabhängenden Zweig mußte der Leuchtkäfer gesessen haben. Ich hatte jetzt weder Zeit noch Lust, nach ihm zu suchen, und beeilte mich, das sonderbare Erlebnis als Warnung deutend, die beiden anderen Schirme noch zu visitieren. Dann endlich konnte ich mich auf der kleinen Bank niederlassen, die sogar mit einer bis über den Ansatz des Kreuzes heraufreichenden schmalen Lehne versehen war. Es fing gerade jener schläfrig erwartungsvolle Halbtraum an, mich einzuspinnen, was eigentlich nur der in guter Deckung niedergekauerte, das erste Frühlicht und sein Wild erwartende Spielhahnjäger genießen darf, da meinte ich von Osten her die Luft sich erhellen zu sehen. Ich richtete mich auf: der Tag konnte dieses Hellwerden noch lange nicht sein! Aber es nahm rasch zu, kam näher und näher. Deutlich vernahm ich das Summen eines Motors. Da hatte ich's: da kamen die anderen vom Dorf her angefahren, der Krösus wahrscheinlich in einer mächtigen Limousine! Ich mußte schauen, daß ich mich schnell waldwärts verzog. Mein Rad konnte ich mir morgen holen. Ich war schon mit schnell zusammengerafften Siebensachen aufgestanden, es waren eigentlich nur der Stock und der Rucksack, in welchem die zum Glück noch zerlegte Kleinkaliberbüchse steckte. Da ließ die rötlich-gelbe Blendung nach, wurde schwächer, verschob sich nach links, und ich durfte aufatmen und tat es tief. Dieser Kraftwagen war nicht, wie die nebelbedingte starke Zerstreuung des Scheinwerferlichtes mir es vorgetäuscht hatte, auf einer der schmalen Moorstraßen herangeschaukelt, sondern auf der Autobahn vorübergezogen. Das Summen und der letzte rötliche Schein verloren sich in westlicher Ferne. Merkwürdigerweise folgten auf der noch wenig in Anspruch genommenen neuen ,,Bahn" in kurzen Zeitabständen noch zwei weitere Scheinwerferpaare. Die Dichte des Bodennebels war wohl der Grund dafür, daß sie so langsam vorüberrollten.

Ich saß mit immer noch nicht ganz beruhigtem Mißtrauen auf meiner Bank und versuchte der endlich eingetretenen völligen Stille froh zu werden. Sehr bald aber fingen die ersten Stimmen des nun doch nimmer ganz nächtlichen Moores schüchtern zu tönen an. Im ziemlich fernen umschilften Tümpel konzertierten die Frösche, die Sumpfohreule rief, dann kreiste eine Bekassine mit melodisch summender Schwungfeder hoch über den Schirmen. Nach einer Weile schlug sich kaum wahrnehmbar weißliches Morgenlicht durchs Nebelgrau, und jetzt, trotzdem die Nacht noch herrschte, stimmte die erste Lerche, kurz abgerissen nur, als sei sie soeben aus glücklichem Traum erwacht, ihr Lied an, und ihr folgten bald unentwirrbar die zweite, die vierte, die zehnte, und mitten in diesen Frühlingsjubel hinein blies der erste Hahn. Er war hinter mir und noch ziemlich weit weg, aber kurz danach fiel ein anderer dicht neben dem Schirm ein. O dieser herrliche, stählern melodische Schwingenschlag einfallenden Birkwildes! Es gab oder gibt heute noch in Jazzorchestern ein Instrument, ein breites Sägeblatt aus dünnem Blech, ,,Fuchsschwanz" nennt man es, das ein – so man es biegt oder streicht – ähnliches, ein nah verwandtes Tönen hervorbringt. Wenn ich irgendwo in der weiten Welt darauf spielen hörte, mußte ich an Birkhahnfittiche denken; obwohl diese nur sekundenkurz anschlagen, rührt mich stets die Tonverwandtschaft an.

Und jetzt kamen die anderen, eine ganze Rotte schwarzer Ritter, die freilich im Nebel nur graue Schatten waren. Es pfiff heran, brauste vorüber, fiel flatternd und zischend ein. Wenige Hennenstimmen, von der Erregung erpreßtes halblautes Gocken, waren auch darunter. Und schon Sekunden nach dem Einfallen hub böses Girren, streitbares Fauchen, Flügelschlagen im ersten Aufeinanderlosgehen an. Schließlich ließ auch da und dort erstes aufschluchzendes Krugeln sich vernehmen. Noch hoben sich die Hähne vom falben Grasboden kaum ab. Da und dort ein schwarzer Fleck nur, ein kurz erschimmernder schneeiger Unterstoß, im Sprung weiß aufleuchtende Innenseiten der Schwingen. Es erging mir wie jedesmal, wenn ich dies Schauspiel erleben durfte: gebannt davon, konnte ich jetzt nicht an Schuß und Beute denken.

Ganz allmählich hob sich der Nebel und wurde zu durchsichtigem Rauch. Das Licht nahm zu. Ich konnte feststellen, daß die Schirme im wesentlichen richtig placiert worden waren, denn die meisten Hahnen balzten in der Mitte der umstellten Fläche. Erst später erfuhr ich, daß der neue ,,Pächter", wenn man ihn nach der Vorgeschichte und dem gegenwärtigen Stand so nennen wollte, auch einen ,,Leibjäger" hatte, der hier immer wieder nach dem Rechten sehen mußte, und der hatte seine Sache zumindest in dieser Hinsicht gut gemacht. Hätte ich von diesem ,,Hahnenwächter" zur Zeit meiner Aktion gewußt, ich wäre noch vorsichtiger zu Werke gegangen.

Unverkennbar standen jetzt die Hahnen, das Jägerherz erregend, schwarz-weiß-rot in der gelben Streu. Es verging fast keine Minute, ohne daß irgendwo zwei Streitbare zorngirrend und schwingenklatschend aneinandergerieten. Ich konnte jetzt mit dem ,,Ansprechen", mit der Suche nach dem Besten beginnen und brachte das Glas kaum mehr von den Augen. Die Suche dauerte nicht allzu lang, trotz der Erschwernis, die dadurch gegeben war, daß ich aus der großen Schar alljährlich immer nur sparsam geerntet und mir auch gern den einen oder anderen alleinstehenden Althahn abseits des Hauptbalzplatzes geholt hatte. So war das Durchschnittsalter der Hähne hoch. Es war sogar im Lauf der Jahre ein zweiter größerer Balzplatz entstanden, auf dem nur junge Hahnen ihrer Sanges- und Paarungsfreude oblagen. Die letztere konnte sich dort freilich nur begrenzt auswirken, denn es strichen den Jünglingen im noch mit viel braunem Gefieder durchsetzten Hochzeitskleid nur wenige Hennen zu.

Vor mir, und zwar ganz nahe, nur einen halben Schrotschuß vom Schirm entfernt, umkreiste ein ausnehmend starker Hahn dick aufgeblähten fort und fort vibrierenden Kragens drei Hennen, die, wenn seine Schwinge eine von ihnen streifte, immer wieder mit steifen Schritten von ihm ab und näher zusammenrückten. Er hatte vier sehr breite, an ihrer Spitze leicht eingedrehte Krumme, die ständig am Boden schleiften, eine prachtvolle Schar also, wie man sie auch bei Bergspielhähnen nicht besser findet. Von den etwa 29 anderen hier vereinten Hahnen kam keiner ihm nahe. Oder doch? Zu meiner Linken, etwa fünfzig Meter weit weg, stand noch einer, den man in seiner Art kapital nennen konnte. Der hatte etwas schmälere, aber unverkennbar längere Krummfedern und schien mir auch in seiner ganzen Statur kräftiger, noch gedrungen breiter zu sein. Auch ihm kam von den teils sehr aggressiven anderen Hähnen keiner in die Nähe. Ich ließ die Linsen des Glases lange, angesichts der Lage, die mich zu baldigem Handeln nötigte, zu lange, zwischen den zweien hin und her wandern. Dann aber griff ich mir den Stutzen und führte die Mündung mit größter Behutsamkeit durch die schmale Schießscharte direkt vor meinem Gesicht. Daß der Hahn so nahe vor mir sich in fast ununterbrochener Bewegung befand, machte ein sauberes Abkommen – und diesmal mußte es bildsauber sein – schwierig. Mein Atem beschlug immer wieder die kleine Fernrohrlinse. Aber dann war's mit einem Mal, als habe der feurig Balzende sich verschluckt. Zu neuer Weise ansetzend, hielt er zwei Sekunden still und kippte, schräg nach vorne durchschossen, zusammen. Rund um mich her donnerndes, prasselndes, klatschendes Aufstehen, dann durch die Luft schwirrendes, pfeifendes Abstreichen der erschreckten großen Schar, das, als rühre es von einem abgeschossenen Pfeil her, sich windschnell in der Ferne verlor. Und tiefe Stille dann über dem Fleck Erde, der soeben noch vibriert hatte von feurig bewegtem, drängendem Leben in schwarz gefiederten Brüsten.

Keine beglückt nachdenkliche Wacht vor dem mit gebreiteten Schwingen und leicht zurückgebogenem rot glühend gekrönten Köpfchen hinübergeschlummerten Edelvogel. Als ich ins Aschauer Tal einfuhr, blendeten mir, als wollten sie mich jubelnd empfangen, die von der Frühsonne beschienenen Bergflanken an vielen Stellen smaragden überhaucht entgegen, und in meinen Turmstuben, auf breitem Ohrenbakkensessel mich niederlassend, lösten sich dann endlich in mir Anspannung und Hast bis tief hinein ins ruhlose Jägerherz zu ungetrübter Freude.

Obwohl ich damals schon anderthalb Jahrzehnt meine Turmstuben bewohnte, hatte ich in diesem meinem Horst oder besser gesagt um ihn zu der Zeit gerade eine Entdeckung gemacht. An jenen prachtvoll urwuchtigen, in seiner Art einmaligen Aschauer Turm lehnt sich von Osten her der Südflügel der Burg, den die Familie der Grafen Preysing zu Ende des siebzehnten Jahrhunderts in beträchtlicher Höhe aufgestockt hat, um einen Ahnensaal darin auszubauen. Aus einem der acht kleinen Fenster meiner Türmerwohnung kann oder konnte man ohne Schwierigkeit auf das Dach dieses Flügels, das eine nur geringe Neigung hat, hinaussteigen. Es war nun meine neueste Gepflogenheit geworden, mir ein paar Decken über die Dachziegel zu breiten und mich dort zu sonnen. Von dem großen offenen Kamin unten im Saal war ein mächtiger Schornstein übers Dach hinaus aufgemauert worden, hinter dem man, wenn von Süd oder Ost stärkere Lüfte wehten, Windschutz suchen konnte. Ich hätte zwar nur, eine Feuerleiter benützend, zwei Stockwerke tiefer auf eine große Terrasse hinunterzusteigen brauchen und hatte das auch durch viele Jahre so gemacht, aber jetzt war eben „Ruhe auf dem Dach" vor dem kleinen Fenster meine Mode geworden. Man war hier – so kam es mir vor – dem Himmel noch näher und sah vielleicht auch freier zu den Bergkämmen hinüber und – nicht zuletzt – man *hatte* seine Ruhe.

Als meine Frau – wir waren damals noch nicht verheiratet – einen ihrer ersten Besuche in Aschau machte, lud ich sie nach dem Frühstück galant zu so einer kleinen Dachsiesta ein. Während wir plaudernd auf unseren Wolldecken in der Sonne lagen, kam ein Anruf für sie. Sie arbeitete damals noch als Modeschöpferin für die Münchner Staatstheater, und irgendwer verlangte sie dringend zu sprechen oder ihren Gegenruf. Meine gute Mutter befragte nun das ganze Haus, ob wir weggegangen seien, ob mein Wagen unten an der Auffahrt stehe, rief und ging durch viele Zimmer und stieg schließlich selber in den Turm hinauf, wo sie feststellte, daß die Stuben leer waren. Große Aufregung herrschte im ganzen Schloß, bis wir, als es Zeit zum Mittagessen wurde, wohlbehalten im Wohnzimmer bei der Mama erschienen. Als alles aufgeklärt war, mußte ich versprechen, in Zukunft einen Zettel mit der Inschrift ,,Auf dem Dach" an meine Turmzimmertüre zu heften, wenn ich noch einmal, gar mit einem Gast, auf den Gedanken käme, solch ausgefallenen Aufenthalt zu nehmen.

Auch an jenem strahlenden Aprilmorgen damals flüchtete ich nach dem Frühstück mit Buch und Pfeife auf mein Dach. Den jetzt bruchgeschmückten Hahn hängte ich an einen Eisenstift, der aus mir unbekannten Gründen in den Verputz des großen Schornsteins eingemauert worden war, und hatte ihn, vom Südwind manchmal leicht geschaukelt, so ständig vor Augen.

Die erst vor wenigen Tagen heimgekehrten Schwalben umjubelten den Turm und durchschwirrten auch noch hoch über seinem First den vergißmeinnichtblauen Himmel. Sicher ein Halbdutzend Bussarde kreisten abwechselnd da oder dort über dem Tal, ein Turmfalk besuchte mich und ließ sich für ein paar Rastminuten auf einem der Kamine nieder. Sogar ein Zitronenfalter verirrte sich bis zu mir herauf. Ich sah das spärliche erste Buchengrün, daneben das stärkere der Lärchen und die schneeweiße Pracht der voll erblühten wilden Kirschbäume aus den noch winterlich dunkel erscheinenden Wäldern der Bergflanken leuchten, träumte dem erlebnisreichen Morgen nach, und sehr bald war ich eingeschlafen.

Als ich aufwachte, schwang gerade das Mittagsgeläut aus den Türmen der ziemlich fernen Aschauer Pfarrkirche zu mir herauf, und ich meinte allen Grund zu haben, jetzt vollkommen glücklich zu sein.

Dem aber war doch nicht so. Während ich mir am Nachmittag aus einem Nebenbach unseres Flusses mit der Spinngerte ein paar große Forellen fing, kam mir unaufhörlich ein bestimmtes Bild vor die Augen, es war der Anblick der vielen in voller Balzbenommenheit sich hin und her bewegenden schwarzen Hähne auf dem fahlhafergelben Grund der

Streuwiese, aus dem nur da und dort ein Büschel Trollblumen heraussproßte.

Ich setzte mich, von einem alten Ahorn noch schwach beschattet, in eine kleine, von Anemonen teppichhaft dicht überblühte moosige Wiesenblöße, legte die Gerte neben mich und dachte ein wenig vor mich hin. So rein visionär, so nur dankbar erinnernd war dieses mir immer wieder auftauchende Bild vom heutigen Morgen nicht. Der Zauber der Spielhahnbalz da draußen hatte mich wieder angerührt, und jetzt stärker als zuvor zog er mich in seine Bereiche zurück. Ich hatte kein schlechtes Gewissen wegen des Hahns, den ich mir geholt hatte. Grobes, einen Gegenschlag erforderndes Unrecht war es gewesen, mir das lang schon erworbene Recht mit Krösushochmut wegzunehmen, einen mit Handschlag verbürgten alten Pakt zu zerstören und lang schon lauerndem Neid freie Bahn zu schaffen.

Aber die durch all das jetzt gegebene Lage stand doch äußerlich (und viele formale Rechte sind nur äußerlich) gegen mich. Ich hatte aufgeben müssen. Und so durfte ich dem zauberischen Ruf, wenn er mich noch so hinzog, nimmer folgen. Ich mußte Schluß machen mit diesem halben Zustand zwischen Gefühl und innerer Ablehnung der Gegebenheit. Zuvor aber wollte ich, da es vor anderen zwecklos, ja unmöglich gewesen wäre, vor *mir* wenigstens den Strich meiner Ablehnung ziehen, ehe ich abtrat. Und weil mir das in dieser Nacht Geschehene nicht ausreichend erschien, kam unter dem alten Ahorn nach schmerzlichem Hin- und Herwägen so etwas wie ein Kompromiß zustande. *Einmal* wollte ich es noch wagen, einmal noch, und zwar schon heute nacht. Dem zweiten starken Hahn, dem breitbrüstigen mit seinen überlangen Sicheln würde es gelten. Aber wie auch dieses zweite Abenteuer verlaufen mochte, mit dem Aufgang der Sonne über dem rauchenden weiten Moorwiesengefilde mußte ich mich endgültig abkehren. –

Als ich anderthalb Stunden nach Mitternacht aufwachte, glitzerten auch wieder die Sterne vor meinem kleinen Turmfenster. Ich war nicht müde und verließ mein Lager voll vorabenteuerlicher Spannung, jenem ganz bestimmten, aus Vorfreude und mit ihr verbundener Sorge um das Gelingen gemischten Gefühl; denn der tiefe Schlaf hatte meinen Entschluß nicht schwankend gemacht.

Die Anfahrt verlief genau wie in der Vornacht: dünn verschleiernder Dunst erst über taunassen Wiesen und dann der Nebel, der um so dichter wurde, je näher ich dem See kam. Nur daß ich diesmal einen kleinen Umweg machte und, ehe ich abbog, ein Stück weit der Autobahn entlang fuhr, ob nicht etwa an ihrem Rand ein „Späher" seinen Wagen geparkt hatte. Damals, als die Erbauer der Autobahn ihr noch die Nebenaufgabe als Rollfeld für Flugzeuge zugedacht hatten, gab es noch keine Laufplanken entlang dem Grünstreifen und somit kein Hindernis, wenn man, obwohl dies verboten war, über ihn hinweg die entgegengesetzte Fahrtrichtung einschlagen wollte. Diesmal schlich ich dann auch, als ich mein Rad versteckt hatte, und ehe ich den Schirm vom Vortag bezog, erst noch um die anderen Türme herum und leuchtete sie mit gebotener Vorsicht und Abblendung aus.

Dann endlich ließ ich mich auf die kleine Bank wie gestern nieder und gab mich ganz dem Lauschen hin auf die im Moor unvergleichlich zauberhafte Symphonie der Vorfrühe. Es ist, als stünde die ganze Vogelwelt ungeduldig wartend, von Sangeslust bedrängt, vor dem noch verschlossenen Tor zum neuen Tag und vermöchte seine Sehnsucht nach dem Werden des Lichtes nimmer zu beherrschen.

Einmal schlief ich kurz ein und fuhr zu Tod erschrocken aus Schlummer und Traum. Gütiger Himmel, war für eine Lage, wenn der Krösus oder sein ,,Leibjäger" mich schlafend in einem ihrer Schirme angetroffen hätten! Es konnten gar nicht so wenige Schlafminuten gewesen sein, denn ganz in meiner Nähe blies jetzt ein Hahn. Andere antworteten aus der Ferne, und nach kurzer Stille pfiff und schwirrte es durch die Lüfte heran und klatschte und prasselte metallisch und girrte rund um mich her von einfallenden Hähnen. Das große Turnier begann. Noch war die Nacht bestimmend auf dem Balzplatz. Nur zur Not ließen sich mit dem Glas die schemenhaften Umrißlinien einzelner Hähne und die aufhüpfenden oder bei eiligem Lauf vorüberschwankenden Unterstöße erkennen, die allsogleich wieder im fahlen Dunst verschwammen. Aber früher als gestern fing heute der Nebel an, sich zu heben. Einmal sah ich sogar einen Stern hoch über mir. Es mußte schließlich doch schußhell werden, und ich suchte und tastete mit den Linsen ohne Ruh und Rast von einem mir stark erscheinenden Hahn zum anderen nach jenem Besten vom Vortag mit seinen überlangen Sicheln, der mein endgültiger Abschiedshahn werden sollte.

Ich fand und fand ihn nicht und erwog schon, einen anderen auszusuchen, denn das Licht nahm zu, und ich mußte bald der Vorsonnenpause in der Balz gewärtig sein. Es gab da einige, die meinem Gestrigen an Stärke nahe kamen. Aber mit einem Mal stand er auf fast dem gleichen Fleck, auf dem er gestern so eifrig seine Kreise gedreht hatte. Er war einer Mulde in der sonst ziemlich ebenen Wiese entstiegen, die ihn bisher anscheinend gedeckt hatte. Auf dem Kamm der Bodenwelle stand er jetzt, streitbar vor sich hin blasend, in überheblicher, hoch aufgerichteter

Pose. War er es wirklich? Ich schaute nicht mehr lange, denn gestern war mir im Hin- und Herwägen genug Zeit geblieben, ihn mir so einzuprägen, daß ich ihn jetzt nicht verkannte. Kein anderer hatte ein so weit ausladendes, ihn am Boden umringendes Spiel, und bei keinem sonst wirkten die schwarzen Krummfedern, wenn er sie aufstellte, so lang, daß eines Jägers Herz bei ihrem Anblick unruhig zu schlagen begann. Als ich in Anschlag ging, stand er immer noch hoch aufgerichtet spitz zu mir her auf der Bodenwelle. Nah war es nicht bis hin zu ihm. An hundert Schritt fehlte nicht viel. Daß ich ihn treffen *mußte,* wenn ich nicht durch Monate gequält und unversöhnlich gegen mich selber an diese Abschiedsfahrt denken wollte, stand eisern, aber auch beunruhigend in mir fest.

Ohne Zittern stand das Fernrohrabkommen mitten in der geblähten schwarzen Brust. Nimmer zögern jetzt! Im nicht lauten, aber sehr scharfen Knall sank der glühend rot gekrönte Kopf auf die schwarze Brust herunter, vornüber kippte der Hahn und blieb regungslos liegen, indes die übrige Schar sich an mir vorbei und über mich hin mit schwirrenden, klatschenden, pfeifenden Schwingen in die Ferne warf.

Aus der danach wie durch großes Erschrecken eingetretenen absoluten Stille heraus klatschten ganz plötzlich die Schwingen des, als wäre er verendet, lang hingestreckt daliegenden Hahnes heftig, wie Wirbel schlagend, auf den Boden. Mich erfaßte ein heftiger Schreck, der sich aber gleich wieder beruhigte, als ich durchs Glas erkannte, daß mein Wild nach wie vor flach, wie niedergedrückt (nicht einmal der Kopf war angehoben) auf der gleichen Stelle lag. Es muß ein sekundenkurzes umnebeltes Erwachen nach der Betäubung durch den Aufschlag des Geschosses gewesen sein, das dem Hahn mit einem letzten Pulsschlag den Traum schenkte, er schwänge sich wieder empor und hinaus zu den Latschenfeldern drüben im Moor, die ihm zeitlebens Bergung und Heimat gewesen. Aber diesmal trugen ihn die Flügel höher und höher empor durch das morgendlich flutende Licht in eine ganz andere Landschaft hinüber weit jenseits von Scheu und Schrecken und Schmerz.

Als an diesem Mittag das Geläut der Pfarrkirche zu meinem Schloßdach tieftönend heraufsang, hingen die beiden Hähne am klotzigen Schornstein. Ich hatte sie an den Ständern zusammen- und obenauf noch einen ganz großen Strauß Schlüsselblumen gebunden. Die Sonne spiegelte in voller Stahlbläue auf den Rücken der Wundervögel, und hin und wieder spielte von Süden her ein Windhauch mit den glänzend schwarzen Sicheln der Stöße.

Ich mußte jetzt wirklich Abschied nehmen. Mehr als zwölf Jahre waren es bis heute, deren Frühlingswochen voll nimmer zählbarer Freuden, voll unwiederholbaren Beglücktseins mich mit jenem kleinen Stück Gotteswelt verbanden. Aber ich wußte damals schon, daß alles tiefe Glück seinem Wesen nach nicht von Dauer sein kann. Selbst wenn ich eines Jahres dorthin zurückkehrte, würde dies keine wirkliche Erneuerung bedeuten.

Ich habe dies erfahren, denn ich kehrte – und viel früher, als ich es, wenn überhaupt, erwartet hatte – zurück. Schon im folgenden Jahr blieb der Krösus gegen alle Erwartung und, wie der Bruder Fischmeister mir berichtete, sehr zum Ärger des Bauern, aus. Er hatte kein zweites Mal zugegriffen. Den Grund wußte niemand. Es war wohl das, was die Franzosen in ihrer weltklugen Art das „déjà-vu", das „schon gesehen" nennen. „Das hab' ich schon gesehen, schon kennengelernt und besessen, deshalb interessiert es mich nicht mehr!" So etwa kann man den inneren Vorgang (wenn man in solchem Fall überhaupt etwas Inneres voraussetzen mag) formulieren. Nun, und kennengelernt hatte der Krösus diese Hahnen bei seinen Besuchen anscheinend recht gründlich. Wenn ich es, nach Wegfall der zwei von mir geernteten Hähne, vorsichtig schätzte, so waren auf dem Platz zwischen den drei Schirmen (ohne ein paar Jährlinge, die ich nicht mitgezählt habe) mindestens neunzehn Hähne versammelt gewesen und zurückgeblieben. Ein mit mir befreundeter sehr gewissenhafter Berufsjäger hielt, von mir vertraulich darum gebeten, zweimal gegen Ende der Balzzeit (die aber keinesfalls schon am Ende war!) von der Autobahn aus je über zwei Stunden Ausschau und brachte beide Male nicht mehr als sieben zusammen. Mag sein, daß der eine oder andere Hahn sich verstrichen hatte. Ich kannte die Verläufe dort genau und wußte, daß es, *wenn,* nur wenige sein konnten. Der Krösus hatte demnach ohne hegerische Hemmung, wie man bei uns in Altbayern zu sagen pflegt, „hineingelangt"!

Im September dieses zweiten Jahres brach dann der Krieg aus. Es waren ganz andere Sorgen, die einen von da ab bewegten. Als ich im folgenden oder übernächsten Jahr einmal Osterurlaub bekam, fuhr mich das Holzgaserfahrzeug unserer Brauerei zum Jagdnachbarn meines Bauern hinüber. Das Revier dieses Angrenzers bestand zum größten Teil aus Erlenbruchwäldern, die anscheinend eine große Anziehungskraft für Schnepfen hatten, die im Frühjahr dort gut, weit besser als in der ganzen Umgebung, strichen. Mit am Tisch des Gasthauses, das wir als Treffpunkt vereinbart hatten, saß auch mein verflossener „Jagdherr". Beim Dünnbier konnten wir, wenn ich einiges aus meiner berechtigten Anklage unter den Tisch fallen ließ, die Verstimmung notdürftig ausräumen, und von da weg war ich wieder sein „Jagdgast", wenn auch nicht mehr unumschränkt, wie er mir, soweit er dazu fähig war, „zart" andeutete. Aber er hatte immer schon nur zäh reagiert, wenn ihn wer um den Abschuß eines Hahnes angegangen hatte, und überdies waren im Krieg von den anderen in Frage kommenden jüngeren Jägern nur wenige im Land, und ich bin während der verbleibenden Jahre nie einem „Mitgast" begegnet.

Die meisten Freuden schenkte mir das wieder geleimte Arrangement im dreiundvierziger Jahr, als ich nach einer schweren russischen Ruhr und Gelbsucht ein volles Jahr militärfrei wurde. Trotz der innerhalb des hiesigen Landkreises ziemlich bedeutenden Größe unseres Besitzes, wenn man es anders sehen wollte, der Wichtigkeit seiner Betriebe, und obwohl ich mir meine Krankheit als Soldat geholt hatte, bewilligte mir die so sich nennende „Fahrbereitschaft" kein motorisiertes Fahrzeug, nicht einmal ein Motorrad, zum Gebrauch als Betriebsleiter. Abgesehen von ungezählten anderen Fahrten mußte ich die Hin- und Rückwege zum Balzplatz (je rund zehn Kilometer) mit dem Rad bewältigen. Aber diese Nachtfahrten, wenn man frühzeitig startete und, durch nichts zur Eile gedrängt, seine Pedale trat, sind mir so allein unter dem Sternenmantel, als gäbe es im weiten Umkreis keinen lebenden Menschen außer mir, zu Erinnerungen des Wanderns in glücklicher Geborgenheit geworden, wie nur sehr wenige unter meinen ungezählten Nachtwegen.

Als dann der Krieg zu Ende war, mußten die vielgeprüften Hähne da draußen, die sich vom Interregnum des Krösus inzwischen erholt hatten, noch manches über sich ergehen lassen. Liebedienerische deutsche „Waidgenossen" (wenn man sie so nennen mag), zumal solche, denen es sehr darum zu tun war, die ihnen anhaftende, einst auf eigenen Wunsch dick aufgetragene braune Farbe loszuwerden, machten Offiziere der Besatzungsmacht auf die sich im Moos bietende bequeme Möglichkeit, Spielhahnen zu schießen, aufmerksam und boten sich vielfach selber als Schirmbauer und Führer an. Die Jagdausübung der Amerikaner wurde dann auch weitgehend als Tarnung für Wilderei ausgenützt. Der Besatz an Birkwild schwand abermals zusammen.

Mit Genehmigung des Bauern, der über die Entwicklung, das freche Treiben auf seiner Jagd, ergrimmt war, zog ich selber noch einmal los auf die Hahnen.

„Schiassen S' nur no a paar, ehvor all's hin is!", so lautete seine Einladung. Die Aufhebung des Jagdverbotes durch die Amerikaner war damals noch nicht erfolgt. Die Söhne des Jagdherrn hatten all die primitiven Schirme, die den Amis von ihren Freunden für Zigaretten oder anderen Sold errichtet worden waren, sehr lobenswerterweise immer gleich wieder weggerissen. Die Hahnen waren aber durch fortgesetzte Beunruhigungen sehr unstet geworden. Nach Beobachtung am Tag zuvor hatte ich mir aus einem großen Streuhaufen so etwas wie eine Nische herausgegraben und meinen Sitz darin vorne mit ein paar langen Fichtenästen verblendet.

Von hier aus gedachte ich mein Heil zu versuchen, und mein Fahrer, der sich in der dortigen Gegend auskannte, sollte, wenn die Sonnenbalz begonnen hatte, über die Moorwiesen auf mich zugehen. Vielleicht fiel dann einer der weitab da oder dort draußen balzenden Althahnen in Reichweite meiner Schrote noch bei mir ein.

Ich führte damals eine sehr besondere Waffe, von der ich vielleicht ein andermal erzählen werde, einen zu Ende des vergangenen Jahrhunderts von einem Münchner Meister in herrlicher Ausführung gebauten Drilling, Geschenk meiner Großmutter an meinen Vater, als er sein Abitur mit Auszeichnung bestanden hatte. Die Schrotläufe des Kalibers 20 waren Damastläufe und nicht rauchlos beschossen. Die 10-mm-Bleikugelpatrone hatte die Form einer kleinen Burgunderflasche. Dieser Drilling hatte für meinen damaligen Bedarf einen großen Vorteil: Er war sicher vom Meister Miller und Greiss ursprünglich als Damengewehr gedacht gewesen. Jede verwöhnteste Fürstin hätte ihn mit Stolz führen können. Für mich aber galt in erster Linie, daß er ausnehmend kurz war und in zusammengelegtem Zustand auch für mißtrauische Augen unerkennbar im Rucksack verschwinden konnte. Die Anzahl der noch vorhandenen für ihn verwendbaren Patronen war so gering, daß ich mir, außer einem einzigen, mit der Kugel keine Probeschüsse leisten konnte. Mit der Haltbarkeit trocken gelagerter Schwarzpulverpatronen hatte ich aber in mehreren Fällen gute Erfahrungen gemacht.

Ich hatte das Gewehrchen bis dahin noch wenig geführt, weil mein Vater (das ging wohl noch auf meine Bubenzeit zurück), auch als er selber nicht mehr jagte, es nicht mochte, wenn ich, ohne ihn vorher gefragt zu haben, seinem Gewehrschrank eine Waffe entnahm. Die Rückfrage zu stellen, war aber deshalb sehr oft nicht möglich, weil er seine Aschauer Aufenthalte aus den verschiedensten Gründen oft unterbrechen mußte, manchmal auch für längere Zeit verreist war. Und schließlich war ich ja selber durch mein eigenes, wenn auch nicht großes Arsenal für allen jägerischen Bedarf gerüstet. So wußte ich nicht, daß der Meister Miller die beiden Schrotläufe seines Kleinods ungleich gebohrt hatte. Der rechte, für nahe Schüsse gedachte, streute, man kann sagen, daß Gott erbarm', der linke hingegen hielt die Schrote auch auf weite

Entfernungen vorbildlich zusammen. Aber davon hatte ich damals noch keine Kenntnis.

Unerwartet und zu meiner freudigen Überraschung (ich hatte diese Schilfgraspyramide mir nur ausgesucht, weil sie sich im weiten Umkreis als einzige Deckung anbot), fiel in noch tiefer Dämmerung ein Hahn auf Schrotschußnähe vor mir ein, begann zu balzen und geriet alsbald mit viel Blasen und fortgesetztem Aufflattern in heftige Erregung. Gegen den Himmel konnte ich ihn bei seinen Sprüngen als anscheinend sehr guten Hahn ansprechen, und als das an diesem Morgen besonders eindringliche Rosa im Osten in den vielen Pfützen, die an dieser Stelle der Streuwiese den Tanzboden umgaben, sich zu spiegeln anfing, schoß ich. Aber der Hahn, der mir im Schuß die Breitseite gezeigt hatte, kippte nicht um. Mit schwerem, fast erzern klingendem Flügelschlag stand er auf, stieg steil in den Himmel, an dem noch Sterne standen, hinauf und schwang sich über meinen Streuhaufen hinweg, so daß ich ihn aus den Augen verlor.

Was mochte der Grund für diesen Fehlschuß gewesen sein? Hatte ich ihn zu fein, zu grob gezielt? Hatte die auf Umwegen aus Tirol bezogene, vermutlich handgeladene Patrone zu wenig oder zersetztes Pulver enthalten, oder waren am Ende gar beim Stopfen die Schrote vergessen worden? Die Entfernung von sicher weniger als vierzig Schritt war in Ordnung gewesen. Ich grübelte vor mich hin, bis aus den Nebeln über dem See zu meiner Linken die Sonne langsam emportauchte. Dann aber überwältigte mich der Zauber des Frühlingsmorgens so wonnevoll, so perlenfunkelnd und düftereich, dazu der Jubel aus tausend Kehlen, so daß ich eine lange, tief glückliche Weile meines kleinen Jägerleids vergaß.

Mit einem Mal aber kam irgendwoher aus der Ferne (ich hatte weit draußen da und dort vereinzelt balzende Hähne gesehen) ganz unverhofft ein Flug von etwa sieben Birkhähnen gegen den See hin in sausender Fahrt an mir vorübergestrichen. Schon außer Schußweite senkten sie sich im Gleitflug und fielen auf einem grünen Saatfeld ein.

War es am Ende schon mein Begleiter, der sie angegangen hatte? Ich hielt Ausschau nach ihm und sah ihn noch sehr weit weg über die Wiesen auf mich zukommen. Zu Ende also und vielleicht nicht ohne Schuld beutelos der schöne Morgen. – Die Hähne drüben auf der grellgrünen Saat hatten gleich zu balzen angefangen. Ich beobachtete sie eine Weile durchs Glas. Als ich dann wieder nach dem näher kommenden Genossen sehen wollte, riß es mich plötzlich zusammen, und ich erstarrte. Der Herzschlag stieg mir in die Kehle herauf. Vor mir stand schwarz schillernd und mohnrot gekrönt ein Hahn langhalsig zu dem in der Ferne herankommenden Menschen hinsichernd. Er stand fast genau auf dem gleichen Fleck wie in der Frühe der Gefehlte. Vielleicht war er's? – Ich zog den Hahn auf und hob den kleinen Drilling an die Wange. – Nein, hier war ein Fehlschuß nicht möglich. Jetzt war hellicht strahlender Tag. Ich konnte die Entfernung genau schätzen und wie mit der Kugel zielen. Durch den Schwarzpulverdampf sah ich aber auch diesmal wieder den Hahn wie einen schwarzen Bolzen in den Himmel aufsteigen. In etwa zehn Meter Höhe jedoch blieb er auf einmal mit schwirrenden Schwingen stehen, ließ den Kragen sinken und fiel haltlos herab.

Der Treiber schwenkte freudig den Hut und kam, die Pfützen umgehend, mit eiligen Schritten auf mich zu. Vor meinem ihn froh begleitenden Blick nahm er den sehr guten, breitsicheligen Hahn auf und hob ihn kurz der Sonne entgegen. Dann aber kam er nicht, wie ich es erwartete, zu mir, der ich mich erst noch aus dem Heuversteck schälen mußte, her, sondern stapfte mit seinen Gummistiefeln am Schirm vorbei. Ich konnte, ehe er mir in meinem Rücken ganz verschwand, gerade noch mit vor Staunen weit aufgerissenen Augen sehen, wie er sich bückte und einen zweiten Hahn, den in der Dämmerfrühe so geräuschvoll abgestrichenen, der halb verborgen zwischen den Schauben lag, aufhob. Auch der war einer der Alten ohne winzigste braune Feder im blitzblauen Festgewand, einer, der lieber abseits vom Haufen seiner Balzlust pflog.

Das Geheimnis der kaum glaubhaften Streuung meines rechten Drillingslaufes wurde aber erst nach weiterer schlechter Erfahrung einige Zeit später aufgeklärt. Ich hatte, weil ich ohnedies längere Zeit suchen mußte, eh' ich im benachbarten Land Tirol einen Büchsenmacher fand, der mir ausgerechnet Zwanzigerhülsen mit Schwarzpulver lud, um es nicht noch komplizierter werden zu lassen, nur um 4-mm- und 3-mm-Schrote gebeten. Auf die Hahnen schob ich die 4-mm-, also die Einserpatronen, in die Läufe. Jeder dieser beiden Hähne hatte von den weit auseinanderspritzenden groben Körnern aus dem rechten Lauf nur wenige, möglicherweise nur ein tödliches abbekommen und damit vor dem Verenden noch aufstehen können.

Das damals waren meine letzten zwei Hahnen auf den mir lieb gewordenen, dem Chiemseemoos vorgelagerten weiten Wiesen. Ich kehrte wohl noch ein paarmal wieder, auch als bald danach mein alter Bauernjagdfreund das Revier seinen Söhnen und Neffen überließ. Diese neuen Pächter waren, vor allem, wenn man ihre Jugend in Betracht zog, von erstaunlich waidgerechter Zurückhaltung. Durch Jahre haben sie selber nicht einen einzigen Spielhahn geschossen. Um so höher mußte ich es werten, daß sie mich, sozusagen als Geschenk zu meinem fünfzigsten Geburtstag, auf einen ihrer streng gehüteten Hähne einluden. Ich schoß ihn aus einer neu sich entwickelnden Balz von mehr als acht in nicht ganz engem Kreis, aber doch verhältnismäßig nah beisammenstehenden Rittern heraus, mir wohl bewußt und innerlich damit einverstanden, daß der nun in den dortigen Gefilden mein letzter war.

Als eigentlicher Abschluß aber des überreichen einsamen Erlebens durch fast zwei Jahrzehnte in gesegneten Stunden der schwindenden Nacht und des heraufziehenden Tages auf jenem abgelegenen Moor- und Streuwiesenland, in das zu solchen Dämmerstunden nie ein Mensch eindrang, außer vielleicht weit weg entlang dem Seeufer die Fischer auf ihrem langsam vorbeigleitenden Flachboot, gilt mir und galt mir schon damals der Morgen mit den aus dem zum Schirm umgestalteten Schilfhaufen erbeuteten zwei Hähnen. Und dabei ist es merkwürdig, daß gerade dieses Erleben aus einem schwer erklärbaren Grund, wie ihn sich das Herz manchmal uns unbewußt in seiner Tiefe bildet, mir den Abschied leichtgemacht, ja ihn mir vergoldet hat. Die Fäden unserer Neigungen und Gefühle zu entwirren vermag doch trotz aller psychologischen Neuerforschung kein Mensch.

Damals, als ich endgültig Abschied nahm, bezweifelte ich nicht, daß es im Lauf folgender Jahre der Verbundenheit mit dem Heimatrevier, der Entschlossenheit und dem waidmännischen Mühen der jungen Pächter gelingen würde, wenn vielleicht auch nicht die ganze verflossene Herrlichkeit, so doch neuen Segen über den angestammten Balzplätzen dort am See walten zu lassen. Es kam ganz anders: Heute fällt auf diesen weiten Wiesen im Frühling kein Birkwild mehr ein, und das Lied des Spielhahns jubelt nimmer über sie hin, ist längst auf ihnen verstummt.

Wenige Jahre, nachdem ich dort zu jagen aufgehört hatte, ließ der bayerische Staat das in seinem Eigentum stehende Chiemseemoos, das mit solchem Ausmaß sich als letztes in den bayerischen Voralpen unberührt hatte durchträumen können, das Lebens- und Brutgebiet des sonst nirgends mehr in solcher Fülle vorkommenden Birkwildes, er ließ es „kultivieren“. So nannte man das mit einem in unseren an ursprünglichen Naturschönheiten verarmten Tagen nimmer rechtens anwendbaren, einem falsch und heuchlerisch gewordenen Wort. Vier Bauernanwesen wurden unendlich kostspielig aus dem Moorboden mit seinen prachtvollen, übermannshohen Latschenwäldern gezaubert, um von Hunderten heimatvertriebener Bauernfamilien vier neu anzusiedeln. Glücklich hat man mit den Früchten solcher Gewaltaktion dem Vernehmen nach nicht einmal diese vier gemacht.

Hat dies die Zerstörung solch unwiederbringlichen Zaubers gelohnt? Eines ist gewiß: Schon unsere Enkel werden nicht mehr wissen, daß die Landschaft, in der sie leben, einmal eine Seele gehabt hat.

# Zweite der „unkorrekten Geschichten“

Daß ich diese Geschichte heute erst erzähle, hat seinen besonderen Grund. Der eigentliche Hauptbeteiligte in ihr ist nämlich im Lauf der vielen seither verstrichenen Jahrzehnte dank seines gediegenen Wissens und Könnens zu einer um Wald, Wild und Waidwerk verdienten und angesehenen Persönlichkeit erst schon im Reich und dann in noch höherem Maß in der Bundesrepublik geworden. Und wenn er mir aus seiner hohen Position auch nur indirekt Gefallen erwiesen hat, so danke ich es ihm doch. Bei gelegentlichen Zusammentreffen in späteren Jahren haben wir uns stets freundschaftlich begrüßt. Ich wollte es deshalb vermeiden, in meiner Erzählung an Erinnerungen (es gäbe deren mehrere) zu rühren, die ihm zum Ärgernis hätten gereichen können. Jetzt ruht er – er hat ein hohes Alter erreicht – in der von ihm in mancher Hinsicht verteidigten und geschützten Erde seiner Heimat in Frieden, und ich hoffe, ihm den mit dieser alten Geschichte nimmer zu stören.

Zu Beginn seiner Karriere war er Amtsvorstand in dem im Aschauer Tal, als mein Vater einen großen Teil seiner Wälder an den bayerischen Staat verkauft hatte, neu entstandenen staatlichen Forstamt. Mein Vater hatte sich (um es ehrlicher zu sagen *mir*) die Pacht der Jagd auf den verkauften Gebieten im notariellen Vertrag vorbehalten. In der Folge ergaben sich daraus immer wieder gewisse Schwierigkeiten, vor allem hinsichtlich der für das staatliche Forstpersonal reservierten Abschüsse. Es war so etwas wie ein kompliziertes Schachspiel, diese Abschüsse und die zu ihrer Tätigung freigegebenen Plätze des Reviers unter die staatlichen Förster, die eigenen Jäger, die anfangs immer noch zahlreichen Gäste und schließlich und endlich und nicht zuletzt einen selber aufzuteilen, wiewohl ich meine eigene Freizügigkeit, solange dieser Zustand währte, nie eingeschränkt habe. Wir mußten übrigens den größten Teil dieser Pacht wegen allzu hoher Kosten schon nach wenigen Jahren wieder aufgeben.

Nun gab es zu der Zeit auf der Ostseite unseres Tales unter vielen guten einen kapitalen Gamsbock. Allzuoft ließ er sich nicht sehen, aber wenn, dann nur in hoher Lage im Gebiet der Aschentaler Wände, das zwei Hochalmen, einige große Lahner, viel Felsenwald umfaßt und eingeschlossen ist von weiten, bis in das benachbarte Marquartsteiner Forstamt hinüberreichenden Latschen*meeren,* Felder kann man bei solcher Ausdehnung und Geschlossenheit kaum mehr sagen. Im Schutz dieser Latschen, zwischen denen auch viele kleine und kleinste Äsungsplätze verborgen liegen, reifen immer wieder zum Teil überdurchschnittlich gute, vor allem alte Gamsböcke heran, die bei seltener zufälliger Begegnung zur beglückenden Beute werden können. Ich glaube, ,,kein Irdischer darf mich verdammen", weil ich das Aschentalgebiet bei der Verteilung ausklammerte und für den Gamsabschuß mir allein vorbehielt. Und dort eben hatte ich jenen Kapitalen einmal in einem flüchtig werdenden Rudel entdeckt und war, zunächst vom Anblick ein paar Sekunden benommen, zu spät, als er schon hochflüchtig in den Latschen verschwand, auf ihn fertig, richtiger gesagt *nicht* fertig geworden. Seitdem geisterte er (ich sah ihn noch einmal in weiter Ferne) im Wachen sowohl als auch im Schlaf durch meine jägerischen Träume.

Da geschah es eines Abends in der Gamsbrunft, daß mich der Forstverwalter des Bezirks, zu dem auch das Aschentalgebiet gehörte, anrief. Der Herr Forstmeister (den übrigens auch der Doktorhut zierte) sei noch immer nicht auf seinen Gamsbock zu Schuß gekommen. Er habe seinen Vorgesetzten heute selbst durch das ihm zur Verfügung gestellte Gebiet auf der Westseite des Tales geführt, und es sei ihnen nicht ein einziger auch nur angehend Jagdbarer begegnet. Ich kannte den Gamsbestand jenes Revierteiles ziemlich genau. Es waren mehr als hundert Gams, und ich konnte mir nicht vorstellen, daß sich unter ihnen nicht mehrere volljagdbare und alte Böcke befinden sollten. Aber obwohl ich von der Servilität des Forstverwalters, der vor dem Verkauf dreißig Jahre in unseren Diensten gestanden hatte, gegenüber den neuen Herren schon einige Proben bekommen hatte, wurde kein Mißtrauen in mir wach, auch nicht, als er im Auftrag des Amtsvorstandes, der aus dienstlichen Gründen nur noch höchstens zwei Tage zur Verfügung habe, anfragte, ob er nicht noch einen Versuch auf der Ostseite machen könne. Ihre Birsch würde, dafür verbürge er sich, sie nur durch den südlichsten Teil meines ,,Leibgeheges", also ziemlich weit ab vom eigentlichen Aschentalgebiet und auch nur in dessen untere, durch zwei Quersteige erschlossene Hälfte führen.

Ich sagte zu. Ich hatte in den viel weiter oben gelegenen Aschentaler

Wänden schon zwei ergebnislose Tagesbirschen gemacht in diesem Jahr und wollte auch die letzten Novembertage in der herrlich gelegenen Aschentalhütte noch zubringen. Das hatte ich aber erst für die nächste Woche vor.

Eines aber, was mich hätte stutzig machen müssen, hatte ich bei alledem vergessen – den Schachen! Warum, warum in aller guten Geister Namen hat mir keiner von ihnen dies Wort warnend ins Ohr geflüstert!? Der Schachen ist ein wunderbar gerundeter, mächtiger, den dahinter hoch aufsteigenden Alpenwald-, Latschen- und Felsgebieten vorgelagerter, felsloser Berg auf der Ostseite des Tals, dessen großen runden Kopf, den man auch einen Rücken nennen könnte, in einem Durchmesser von etwa fünfhundert Metern eine der größten Almen der ganzen Gegend einnimmt. Ein breiter und sehr steil abfallender Waldgürtel trennt die Alm vom Tal.

Das Forsthaus liegt auf der westlichen Talseite dem Schachen ziemlich genau gegenüber. Die Luftlinienentfernung zu dem Almhang, soweit er gegen das Tal zu abfällt, dürfte an die sechshundert Meter betragen. Wenn Schnee lag, habe ich vom Tal aus oft mit freiem Aug' das Gamswild als dunkle Punkte über die weiße Fläche wechseln sehen. Nach starken Schneefällen im November ziehen die Gams – man kann sich darauf verlassen – aus den höheren Lagen zum Schachen herunter, weil die den Südweststürmen frei ausgesetzten Abhänge des runden Almkopfes fast immer zu einem großen Teil schneefrei geweht sind. Geschneit aber hatte es während der letzten Tage vor des Verwalters Anfrage immer wieder. Nun, und der wird (vielleicht sogar schon im Hinblick auf seinen hohen Gast) nach den Schneefällen ab und zu mit seinem Spektiv dem Treiben der Gamsböcke um das Rudel am Schachen zugeschaut haben. Der Forstverwalter war instinktmäßig kein allzu begabter, aber ein erfahrener und wohlunterrichteter Jäger. Wenn ihm, und davon bin ich überzeugt, der Aschentaler Kapitalbock dabei in die Linsen gekommen war, dann hatte er dessen hohe Qualität sicher erkannt und wohl auch in ihm den Kapitalen vermutet, von dem ich ihm mehrmals erzählt hatte, der, wie er wußte, der Grund für die Erklärung der Aschentaler Wände und ihrer Umgebung zu meinem Reservat gewesen war. Zu diesem Reservat gehörte auch der Schachen, obwohl der Adolf den Kapitalen dort und in der ganzen Umgebung nie gesehen hatte. Und mit seiner Entdeckung war dem Verwalter wohl der Plan gereift, seinem neuen Gebieter und Amtsvorstand dieses besondere Waidmannsheil zugänglich zu machen.

Jedenfalls kamen die beiden Herren schon am ersten Nachmittag von ihrer Pirsch in bester Laune zurück mit eben diesem meinem Kapitalen. Für den war die Bezeichnung keine Übertreibung. Seine Krucke ist durch viele Jahre die mit Abstand beste deutsche in der Zeit nach dem Ersten Weltkrieg erbeutete gewesen und lange geblieben und liegt wohl heute noch mit ihrer Punktzahl in der Spitzenreihe, ganz gleich, wo sie jetzt, nach dem Tod des Erlegers, medaillenschwer hingehängt worden ist.

Ich wäre ein schlechter Verlierer gewesen, hätte ich mir meinen Zorn und, was in mir weit schwerer wog, meinen Kummer anmerken lassen. Bis auf einen nachträglichen Rüffler, den ich, aber ohne ihn ernstlich für schuldig zu halten, dem getreuen Adolf erteilte, der von seinem Haus aus auch freien Blick hinauf zum Schachen hatte und mir oft schon über dort Gesehenes oder sogar Ausgemachtes Meldung hatte zukommen lassen, verlor ich keine Worte. Und trotz lauernder Blicke während und nach Besichtigung des Bockes nicht nur des Forstmeisters und des Forstverwalters, sondern auch von dessen Frau, die, durch ihren Mann jetzt Gattin eines Staatsbeamten geworden, sich selber über die ,,Cramer-Klettische Niederung" und somit auch deren Druck, den ich anscheinend für sie verkörperte, siegreich erhaben fühlte, glaube ich gute Haltung bewahrt zu haben.

Darüber gingen dann zwei Jahre ins Land. So etwas wie Fatalismus muß mir über die zahlreichen Fälle hinweghelfen, in denen mir trotz glühenden Begehrens und ehrlichen Bemühens um eine besondere Beute der Erfolg auf meist recht sonderbare Weise vereitelt wird, oder besser gesagt, wurde, denn die lange Wegstrecke meiner Jägerlaufbahn ist heute schon so gut wie ganz durchmessen. Es scheint auch in meinem Jägerleben für ganz bestimmte Fälle, und gerade wenn es sich um kapitale Stücke handelt, solch ein dunkles, ewig negierendes und verwehrendes Gesetz bestimmend gewesen zu sein, wie es, um ein historisches Beispiel heranzuziehen, das Soldatenschicksal jenes friedericianischen Majors beschattete, dem der König zu guter Letzt den Orden ,,Pour le Mérite" übersandte und ihn gleichzeitig bat, seinen Abschied zu nehmen, weil er einen trotz hervorragender Leistung so vom Pech verfolgten Offizier in seiner Armee nicht brauchen könne.

Bei der Kontrolle einer Feldwache hatte der König den Major kennengelernt und ihn ins Gespräch gezogen. Friedrich wußte über die von ihm geschlagenen Schlachten und die darin eingesetzten Regimenter genau Bescheid, man konnte ihm in militärischen Dingen nichts vormachen. So zweifelte er nicht an der Wahrheit dessen, was der in ungezählten kriegerischen Unternehmungen eingesetzte Major ihm aus seiner

Dienstzeit erzählte. Der König wunderte sich nur, daß er nicht seinem Verdienst entsprechend dekoriert worden war. In sein Hauptquartier zurückgekehrt, entsandte er eine Ordonnanz zu jener Feldwache, die dem befehlshabenden Major im königlichen Auftrag den „Pour le Mérite" überbringen sollte. Es stellte sich aber heraus, daß der Major inzwischen abgelöst worden war. Ein ganz anderer erhielt den Orden. Der König, den neben seinen vielen großen Eigenschaften ein sehr ausgeprägtes Gefühl für Gerechtigkeit auszeichnete, ließ, als er dies erfuhr, die Sache nicht auf sich beruhen. Eine zweite Ordonnanz mit einem zweiten „Pour le Mérite" mußte losreiten, die den Befehl hatte, den eigentlich Bedachten aufzufinden. Aber mit dem höchsten preußischen Orden wurde auch jenes königliche Schreiben überreicht, das den in vielen Schlachten bewährten Offizier ersuchte, seinen Abschied zu nehmen.

Ich weiß es noch (warum wird sich zeigen) genau, daß es zwei Jahre später der zweite Dezember gewesen ist, an dem ich in der gepachteten Staatsjagd ein größeres Riegeln abhielt. Der Amtsvorstand und ein weiterer Forstbeamter waren dazu eingeladen. Die Jagd ließ sich gut an. Im ersten großen Bogen wurden drei Stück Kahlwild und zwei Füchse geschossen. Es sollten nach kurzer Mittagsrast noch zwei Treiben genommen werden. Als wir uns wieder auf den Weg gemacht hatten, sahen wir hoch über uns ein wahres Pferd von einem Alttier, dem dichtauf ein ebenfalls sehr starker, hochstangiger Spießer folgte, einen (es lag oben schon Schnee) kahlen Rücken zwischen zwei Latschenfeldern überqueren. Nun hatte damals schon der heute ins Hysterische gesteigerte Druck, den Abschuß des Rotwildes und insbesondere des Kahlwildes nach Möglichkeit zu erfüllen, in noch erträglich gemäßigter Art eingesetzt. Ich ging mit einem unserer Jäger voraus, im Abstand von etwa fünfzig Metern folgte die Treiber- und Schützenschar. Jedem unter anständigen Waidmännern aufgewachsenen und von ihnen unterwiesenen Jäger macht die bestmögliche, das will heißen die gerechteste Auswahl beim Abschuß des weiblichen Wildes immer Kopfzerbrechen. Alttiere von besonderer Stärke ohne Kalb, die noch dazu ihre gute Rasse durch ein kraftvoll entwickeltes jähriges Stück in ihrer unmittelbaren Gefolgschaft unter Beweis stellen, habe ich, wo es ging, geschont. Es sind zwar reife Mütter, aber kaum je Gelttiere, auch wenn sie in späteren Jahren nicht regelmäßig mehr aufnehmen und deshalb die Brunftplätze meiden. An jenem Tag aber wollte ich, weil wir hauptsächlich des Kahlwildabschusses wegen ausgerückt waren, eine Ausnahme machen. Mit einigen Sprungschritten erreichte ich eine unten schwach beastete

Fichte und schoß liegend angestrichen auf das Stück, das, durch unsere Annäherung beunruhigt, eine schnellere Gangart eingeschlagen hatte, als es am Latschenrand nochmals kurz verhoffte. Ich führte aber, und bedachte es zu wenig, der Riegeljagd wegen an dem Tag die Büchsflinte, deren Lauf eine weniger rasante Kugel versandte, als mein Repetierer, und die Entfernung mochte nicht viel unter dreihundert Meter betragen. So ging ich nicht hoch genug ins Ziel. Ein paar Fingerbreiten unter dem Rumpf des Alttiers, genau in der Mitte zwischen seinen vier Läufen, stäubte der Schnee. Als ich nachgeladen hatte, war es natürlich verschwunden. Ich sah mich nach den anderen Jägern um und sah den Forstmeister an ihrer Spitze, wie ich ihn noch nie gesehen hatte: Er lachte weit aufgerissenen Mundes und schlug sich mit der freien Hand (die rechte hielt den Bergstock) jubelnd auf die Schenkel. Bei seiner sehr kleinen Figur sah er genau so aus, wie ich mir das Rumpelstilzchen bei seinem Freudentanz vorstelle. Es war verkehrt gewesen, diesen weiten Schuß mit unzulänglicher Patrone so coram publico zu machen. Heute tät' ich es bestimmt nicht mehr, schon weil mir jegliches Publikum beim Jagen zuwider ist. Aber ich kann guten Gewissens sagen, daß damals nicht Schußgier mein Beweggrund war, sondern nur der Wunsch, mit unseren noch bedeutend nachhinkenden Abschüssen an diesem Tag etwas vorwärts zu kommen. In solchen Fällen schützt mich mein Sinn für Komik davor, empfindlich zu sein, aber ob der übertriebenen Reaktion des Amtsvorstandes, der wahrscheinlich nicht damit gerechnet hatte, daß ich umschauen würde, ging mir der Ärger tiefer, als ich es selber für berechtigt hielt. Der Beweggrund war mir nicht verständlich. In diesem Fall war ich Jagdherr, er war Gast. Bestand gerade in dieser Zusammensetzung Grund für einen solchen Ausbruch von Schadenfreude? Nun ja, der Ärger aus dem unmittelbaren Anlaß legte sich im Weitersteigen. Der staatliche Förster, dem das Benehmen seines Chefs anscheinend auch nicht recht gefallen hatte, ging dann an meiner Seite, und dabei fragte er nach der Ladung meiner Patrone.

„Ja, des is z'weit für die Ladung. A zwoahundertfufzg Meter san's g'wiß bis da nauf", sagte er in tröstender Absicht und fuhr nach einer Weile fort:

„Höher droben in die Latschen, da war fei jetzt in der Brunft a kapitaler Bock bei die Gams, net übrigs hoch, aber schön ausg'legt, die Schläuch' a so stark, wie i's meiner Lebens noch net g'seh'n hab. Drei- oder gar viermal is der Herr Doktor auffag'stieg'n weger dem. Derseh'n hat er 'n a paarmal, aber kriegt hat er 'n net. Und jetzt is er scho seit bald vierzehn Tag nimmer da."

Ich hatte dem Forstmeister auf sein Ansuchen in diesem Jahr das Gebiet der Kampenwand für seine gamsjägerischen Unternehmungen zur Verfügung gestellt. Das war der Grund dafür, daß sein Untergebener sich hier auch jagdlich gut auskannte.

Der nächste Bogen waren die Arzgruben, das Gebiet des seit vielen Jahrzehnten aufgelassenen Erzbergwerkes, in dem einst rohes Eisen für das Aschauer Hammerwerk geschürft wurde. Über den jetzt toten Schächten hat sich, wie überall um aufgelassene Bergwerke oder in stillgelegten Steinbrüchen ein wildes Waldgewucher aller Arten und Altersklassen breit gemacht. Auf diesem Gebiet hatte ich nur in sehr jungen Jahren meist zur Blattzeit gejagt und wußte deshalb nicht viel über die Chancen, die es dem Jäger bot. Ich stellte die Schützen hauptsächlich da an, wo das Wild, wenn es, was anzunehmen war, aufwärts flüchtete, kommen mußte. Der Förster und ich waren die letzten und schlossen den Bogen auf Seitenständen. Ich muß dies genau beschreiben:

Mit den übrigen Schützen hatte ich in entsprechenden Abständen einen Quersteig besetzt, der unterhalb der Latschenfelder durch steile Lahner und Gräben verläuft und in einen Holzabfuhrweg mündet. Dieser Ziehweg umschließt in seinem weiteren Verlauf nach unten mit weiter Kurve ein an die Arzgruben angrenzendes Altholz. Es bestanden auch auf unseren Ständen keine schlechten Aussichten, denn das Rotwild nimmt, wenn in höherer Lage Schnee liegt, nicht ungern unterhalb der Latschen seinen Fluchtwechsel. Ich bezog den oberen Seitenstand und bat den Förster, auf dem Weg weiterzugehen und der Kurve folgend einen Büchsenschuß unterhalb von mir dann stehen zu bleiben. Dort hatte er gutes Schußfeld, und weil eine Bodenwelle zwischen uns verlief, konnten wir überriegelt stehend einander nicht gefährden. Ich ging noch bis zu dieser Bodenwelle hinunter, und als ich mich hatte überzeugen können, daß er den ihm zugedachten Platz gefunden und wir uns eingewinkt hatten, kehrte ich auf meinen Stand zurück. Die Treiber waren inzwischen schon angegangen. Aus weiter Ferne, denn es war ein sehr lang sich hinziehender Trieb, hörte ich eine Bracke laut werden. Nach einiger Zeit kam die helle Stimme direkt auf mich zu, und dann sah ich es schneeweiß vor mir durch die Stauden wischen. Ein Schneehase war vor dem Hund, hatte es aber, wie die meisten brackierten Hasen, nicht sonderlich eilig, machte weit außerhalb der Reichweite meines Schrotlaufs seine Widergänge und verschwand abwärts.

Der Förster, dem er nahe kam, der aber heute nur seinen Repetierer führte, konnte auch nicht schießen, und so drehte der Weißfläumige wieder aufwärts, kam abermals auf etwa neunzig Schritt in meinem

Rücken, ohne stillzuhalten, und verschwand. Inzwischen waren auf den oberen Ständen mehrere Schüsse gefallen, und ich hörte schon vereinzelte Treiberstimmen. Da kam mit einem Mal lautlos ein Stück Wild oberhalb von mir, immer wieder von Jungfichten und Buschwerk verdeckt, auf mich zu. Was war das? Rotwild oder starkes Reh? Jetzt wurde es frei. Ein *Gams* war es, hochkruckige, schwach verfärbte, wahrscheinlich nicht führende Altgeiß. Wir hätten doch schon vorige Woche hier riegeln sollen, denn ein einzelnes starkes Gams würde ich, da wir nur wenig weibliches Gamswild geschossen hatten, ohne hemmende Bedenken mitgenommen haben. Die Geiß zog langsam und vertraut über mir durch, einem in meinem Rücken mitten aus dem Wald aufwachsenden zerklüfteten Felsgebiet, den Göderer Wänden zu. Aber sie war doch nicht allein, es folgten noch mehr Gams: Kitzgeiß, Kitzgeiß, zwei, drei jüngere Stücke und abschließend wieder eine Kitzlose. Hier im Kampenwandgebiet riß die Kette der Bergwanderer nie, auch zu nächtlicher Stunde nur selten ab. Da aber die Touristenrouten nicht durch die Latschen oder verwachsenen Einstände führten, hatte das Wild, vor allem das Gamswild, sich an diese Unruhe gewöhnt und ging wegen polternder Bergstiefel und einiger laut werdender Menschenstimmen, wenn sie auch verhältnismäßig nahe vorüberkamen, nicht flüchtig. Ich schaute mir die ruhig Durchwechselnden eines nach dem anderen an, ließ aber dabei den Jungwaldrand vor mir nicht aus den Augen. Dort konnte jetzt immer noch ein Fuchs kommen. Vielleicht hatte ich den Blick etwas zu lange dort haften lassen, denn ganz plötzlich fiel mir abermals eine Bewegung von links oben in den Augenwinkel. Ich drehte den Kopf, und da sprang mir das Herz in die Kehle. Auf dem Wechsel, den das kleine Rudel genommen hatte, zu mir heräugend stand abermals ein Gams. Ein kohlschwarzer, im Gebäude sehr starker Bock mit lang herabhängendem Pinsel war es. Das erkannte ich auf den ersten Blick. Schon als vorhin das Rudel erschien, war in mir die Frage heiß aufgebrannt: Wenn ein guter Bock dabei wäre, würdest du ihn schießen!? Schonzeit und immerhin auf Staatsgebiet!? Daß der Förster nicht hersehen konnte, wußte ich, und den Schützen oben am Steig war, das ließ sich aus dem letzten Schuß schließen, eben noch Wild angelaufen. Das Treiben war noch nicht beendet. Von denen war noch keiner auf dem Heruntermarsch. Im Zielfernrohr sah ich noch die weit ausgelegten, sehr starken und mit hellem Latschenpech verklebten Krucken, dann hatte ich alles Überlegen hinter mich ins Altholz geschleudert. Zeit war keine zu verlieren, im Gegenteil, es eilte! Fast ohne daß ich wußte, wie er sich gelöst hatte, fiel der Schuß, und der Bock sank, ohne noch einen Lauf zu rühren, in sich zusammen. So schnell bin ich, glaube ich, nie zu einem verendeten Stück hingeeilt, wie damals. Heiliger Sankt Hubert, waren das Schläuche! Und unten reihte sich Jahresring an Jahresring. Schnell zerrte ich den Bock an meinen Stand. Zehn Schritt in meinem Rücken hatte ich zuvor schon eine tiefe, mit hereingewehtem Fallaub gefüllte Grube entdeckt. In sie zog ich ihn hinein. Ein günstiger Umstand war, daß man das Altholz in diesem Sommer oder schon im vergangenen Herbst durchforstet hatte und viele dürre Gipfel zwischen den Stämmen herumlagen. Mit ihnen und zuvor mit Fallaub deckte ich meinen schwarzen Teufel zu. Sehen würde ihn niemand, auch wenn er auf wenige Meter vorbeiging. Aber die Hunde, die konnten, ja sie mußten ihn, wenn sie bis hierher kamen, aufspüren und mir zu Verrätern werden.

Inzwischen waren die Treiber schon nah' herangekommen. Ich ging ihnen – als Leiter der Jagd mußte ich ja meine Weisungen geben – ein Stück weit entgegen und ließ sie als erstes die Hunde anleinen. Die hatten zum Glück alle nach oben gejagt, ein paar Stück Rotwild und einen Fuchs, welch letzterer gefehlt wurde, vor die Schützen gebracht. Zum Teil hatten sie in die Latschen hinauf übergejagt und kamen jetzt müd hechelnd zu ihren Führern, an die sie gewöhnt waren, zurück. Dann schickte ich die Mannen schräg abwärts durchs Holz, so daß sie unten am Weg den Förster treffen mußten. Bei und mit ihm sollten sie dann auf die restlichen Schützen warten, die mit mir über den Ziehweg herunterkommen würden. Ich selber stieg dann zu der Einmündungsstelle des Steiges in den Weg hinauf. Schon sehr bald kamen die Schützen laut erzählend und rekapitulierend angeklappert. Ein Alttier, ein Kalb und ein Schmaltier waren da oben die saubere Strecke geworden. Der Forstmeister hatte das Schmaltier geschossen, was seine bei meinem Fehlschuß gewonnene gute Laune noch erhöhte. Wir stiegen selbander, dem Zugweg folgend, zu den Treibern hinunter.

Es bleibt nimmer viel zu erzählen. Im nächsten und letzten Bogen wurde nur noch der arme, weit umherbrackierte Schneehase geschossen, den ich, als der Förster mich fragte, welchem Wild mein Schuß gegolten habe, zuvor „mit der Kugel gefehlt hatte".

Beschließender Umtrunk im Gasthaus des kleinen Bergdorfes im Hochtal von Gschwendt, wohin ich meinen Wagen mit Semmeln und Würstekränzen bestellt hatte und wohin auch der staatliche Dienstwagen beordert worden war. Manche mochte es wunder nehmen, daß ich dabei so lustig war und, was ich sonst kaum je tat, Späße machte, die in dem schon ein wenig ermüdeten Kreis immer wieder rauhes Lachen auslösten. Ein bißchen zu lange dauerte mir die Sitzung, aber endlich brach der Forstmeister mit den Seinen auf. Er hatte außer dem Förster als Schützen auch noch zwei Waldarbeiter als Treiber mitgebracht. ,,Ohne schuldhaftes Zögern“ schloß ich mich, ein paar der Meinen mitnehmend, ihm an.

Was nun noch folgte, war ein wenig mühsam, obwohl mich ein seltsam abenteuerliches Drängen und frohes Voraussehen zeitweilig dabei beschwingte. Erst setzte ich meine Fahrgäste vor ihren Behausungen ab, dann fuhr ich den damals noch engen, steinig holperigen und steilen Weg ins Gschwendt wieder hinauf. Aus den Fenstern der Gaststube beim Wirt fiel kein Licht mehr. Anscheinend war niemand von unserer Schar nachfeiernd zurückgeblieben. Das Sträßlein zu den Häusern hörte auf, setzte sich aber – das wußte ich – als Feldweg bis zum Lagerplatz am Waldrand fort. Dort stieg ich aus und schaute – ein wenig müdbeinig war ich jetzt schon –, daß ich den knapp halbstündigen Weg zu meinem Bock hinaufkam.

Die Nacht war klar aber dunkel. Mit tastender Sohle und langen Schritten kam ich schnell vorwärts auf dem mir leidlich vertrauten Pfad. Mit Hilfe der Taschenlampe, die ich bis dahin nicht hatte aufleuchten lassen, fand ich auch verhältnismäßig bald die wohlverborgene Beute. Vor dem Aufbrechen nahm ich mir ein wenig Zeit, diese prachtvolle Krucke zu bewundern. Der Bock war elfjährig. Der Umfang der Schläuche maß 99 Millimeter. Hoch waren sie nicht, aber trotzdem nicht kurz. Es war, als habe man die Bogen mit starken Fäusten auseinandergedrückt zu einer überaus reizvollen Auslage von, wie ich später nachgemessen habe, siebzehn Zentimetern. Die Bogen waren groß, dabei aber scharf nach innen gehakelt. Eine Krucke nach Maß und Erlebniswert für den Ehrenplatz in meiner Turmstube. Trotz aller Heimlichkeit ward der steifläufig gewordene Bock waidgerecht versorgt. Das Gescheide schleuderte ich arzgrubenwärts ins Strauchwerk und schnallte mir den, weil abgebrunftet, nimmer Gewichtigen ins Tragband. Hundert Schritt von meinem Wagen entfernt ließ ich ihn von den Schultern gleiten. Es hätte ja sein können, daß irgendwer sich aus Neugierde zu meinem Schlitten hingeschlichen hätte und dort sich herumdrückend wartete und lauerte. Aber nichts regte sich rund um meinen schwarzen Renner. Stumm aus erloschenen Augen glotzend und neuen Angetriebenwerdens gewärtig stand er, zuvor schon heimzu gewendet, da. Zwanzig Minuten später hängte ich den Bock in den Geräteschuppen bei den Gartenbeeten am Schloßberg. Der Schlüssel lag auf, ich sperrte mit doppelter Umdrehung ab und nahm ihn mit.

Anderen Tags brachte ich ihn am späten Nachmittag ins Zerwirkgewölbe. Damals schloß die Schußzeit für Gamswild am dreißigsten November. „Schreibt's halt als Datum in d' Listen nei: erlegt am dreiunddreißigsten November!" sagte ich. Und weil auch die Jäger, mein Verständnis voraussetzend, ihren Deputat- und Bartbock zuweilen mit romanhaften Begründungen erst in den ersten Tagen des Dezember einlieferten, lächelte man nur ein wenig und ging zur Tagesordnung über.

Das ist die Geschichte einer gerade noch rechtzeitigen Vergeltung nach Jahren. Denn schon im folgenden Frühjahr ersuchte mein Vater das Regierungsforstamt, ihn aus dem Pachtvertrag für die Ostseite des Tales, die wir einmal auch unser eigen hatten nennen können, zu entlassen.

Merkwürdig aber war es, daß, als die Versuchung ganz unerwartet vor mich hingestellt ward, rußschwarz war die Dürrlaubfarbe des Hintergrundes, ich keine Sekunde an Vergeltung gedacht hatte, da fuhr mir ganz einfach der Jagdteufel in Brust und Arme. Das ist mir heute noch so etwas wie eine Beruhigung. Denn Töten aus rein kopfmäßig begründeten Antrieben heraus ist eine weit schwerere Sünde, als wenn das Jägerblut schlagartig aufwallend und alle Bedenken umwerfend einen dazu hingerissen hat. Wild, edles, im tiefsten Grund des Herzens geliebtes Mitgeschöpf, darf nicht zum Opfer unserer Vergeltungssucht werden. Unten dann freilich in die gut geheizte Wirtsstube eintretend, da fiel mir schon gleich der Schachenbock ein und jenes wahrscheinlich aus der gleichen Einstellung zu mir herkommende selige Lachen des Forstmeisters nach meinem Fehlschuß auf das Alttier, und dann, ich will gerne die Wahrheit sagen und leugne es nicht, dann hat mich alles, was geschehen war, noch weit mehr gefreut!

# *Nachsuchen*

Wenn man die Urteile mancher Schweißhundeführer über diejenigen liest, die ihren Treugesellen zu einer Arbeit verhelfen, dann möchte einem Angst werden. Es ist wohl wahr: Schlimmeres als Wundschießen kann dem Jäger nicht unterlaufen, nur – ausschließen läßt es sich nicht ganz. Und auch der oft etwas zu selbstgefällige Helfer in und (manchmal sogar!) aus der Not wird, wenn er in der Kugelkassette seiner eigenen Erinnerungen kramt, nicht lauter sauberes Blei finden. Der Gründe und ihrer Variationen für solches Mißraten von Schüssen gibt es zu viele, als daß sie sich aufzählen ließen.

Wesentliche Erklärung für gelegentliches Versagen auch des gut ausgebildeten, sich gewissenhaft weiterbildenden und verantwortungsbewußten Schützen ist aber die schwer bestreitbare Tatsache, daß ein Mensch keine Präzisionsmaschine ist. Alle Lehrprinzenstrenge und alle überheblichen Sprüche gegen ,,Schlumpschüsse" ändern nichts daran.

Auf anderen Blättern habe ich schon davon erzählt, daß sich mir einmal auf schwer erklärliche Weise der Riemenbügel vom Kugellauf meiner Büchsflinte, auf dem er festgelötet war, schlagartig gelöst hat. Die jäh herabfallende Waffe schlug auf einen Felsen, und dabei ging der Kugelschuß los. Das Teilmantelgeschoß fuhr nicht ins Grüne oder ins Blaue oder in die Schwärze der Erde, sondern, als habe ein böser Geist es ihr anbefohlen, gröblich zerstörend in einen vor mir verendet im Gefels liegenden Fuchs hinein, den ich eine Viertelstunde zuvor mit dem Schrotlauf geschossen hatte und den aufzunehmen ich gerade im Begriff gewesen war.

Wir riegelten damals ein paar dem eigentlichen Gebirg vorgelagerte Waldhügel durch. Der Bogen, in welchem das für Leib und Leben der auf mich zukommenden Treiber gar nicht unbedenkliche Unglück geschah, war der erste gewesen. Während der beiden noch folgenden nahm ich aus naheliegenden Gründen das Zielfernrohr ab. Als letzten Stand bezog ich einen meiner Lieblingsplätze in dem weiträumigen Altholz am Nordhang des Rohnerberges.

Der heute leider ziemlich kahl geschlagene Rohner hat etwa die Form eines Gugelhupfs. Ein paar schmale, nach oben keilförmig auslaufende Dickungen durchzogen die damals noch leidlich geschlossenen Altbuchen- und Fichtenbestände seiner steil abfallenden Hänge. Sein ,,Gipfel" bestand aus einem kleinen felsigen Plateau.

Da wir im Gebirg an sonnigen Wintertagen fast immer föhnigen, also stetig von Süden kommenden Wind haben, nahmen die für solche Riegeljagd nur in geringer Zahl benötigten Treiber (etwa drei, im Höchstfall vier Mann) meist im Süden Aufstellung. Sobald sie, immer nur nach der Uhr, angingen, teilten sie sich in zwei Hälften, deren eine sich rechts und deren andere sich links um den Gugelhupf herumbewegte. Sie hatten aber die Weisung, nicht so weit zu gehen, daß sie im Nordhang wieder aufeinander stießen. Erfahrung hatte mich gelehrt, daß vor allem das Rotwild, sehr oft aber auch der Fuchs, sobald sie angelassen waren, das Gipfelplateau erstiegen und, über dessen Rand herabspähend, abwarteten, wohin die Störenfriede sich begaben. Und sie verließen den Rohner erst dann, wenn unsere Korona unter angeregtem Geplauder wieder ganz abgezogen war. Nachdem ich dies ein paarmal beobachtet hatte, hieß ich die Treiber nur den halben Weg gen Norden zurücklegen und dann steil gegen das Plateau hinaufsteigen. Sobald sie von beiden Seiten her dort zusammentrafen, war das Treiben beendet, und sie begaben sich durch den Nordhang zum Treffpunkt hinunter. Anders gesehen: Den Nordhang betrat, solange die Jagd währte, kein Treiber, und das bedeutete für den in ihm stehenden Schützen den besonderen Reiz. Es blieb still im feierlichen, verschneiten Altfichtenbestand, als säße man auf einsamem Vorpaß, und kam dort, was fast immer der Fall war, Wild angewechselt, dann entweder beunruhigt sich herumdrückend oder in der zwar fördernden, aber nie hochflüchtigen Gangart des heimlichen Sich-Abstehlens.

Auch damals also bezog ich, von der Gattin vorfreudig begleitet, den Stand im nördlichen Abhang. Hinter dem Wurfboden einer sturmentwurzelten Tanne war eine kleine Ebene entstanden: Ich war noch damit beschäftigt, uns dort wohnlich einzurichten und durch talentvolles Hinbreiten des Wettermantels über eine starke Wurzel einen richtigen Königsstandsitz für die Frau und für mich zu bereiten, als ich es plötzlich hinter mir flüstern hörte: ,,Ein Hirsch!" Wo zog da, jetzt vor Beginn des Riegelns, schon ein Hirsch durch!? Ich wendete mich fragend nach der Gefährtin um. Sie war eben dabei gewesen, ihre pelzgefütterten Handschuhe anzuziehen, aber jetzt war die noch unverkleidete rechte Hand erstarrt, und die rötliche Spitze des feingliedrigen Zeigefingers wies abwärts. Voll mich aufrichtend sah ich sofort den Hirsch und erstarrte nun selber. Auf sage und schreibe 25 Gänge stand er, mit Ausnahme der bis fast zu den Knien im Flaumschnee steckenden Läufe, völlig frei unter uns im Hang, dicht neben einem von Westen zwischen die Stämme hereinfallenden rotgoldenen Sonnenfleck. Ich erkannte ihn sofort. Es war ein mindestens zehnjähriger sehr starker Achter, der sich bei uns immer nur vom Winterbeginn bis in den Frühsommer hinein anschauen ließ. Das Geweih war, langsam sich verbessernd, immer dasselbe: von mittlerer Höhe, eher eng als weit, starkstangig, lang- und weißendig mit großen Gabeln. Wirklich begehrenswert wurde es durch die überlangen, etwa von ihrer Mitte ab steil, fast senkrecht nach oben gebogenen Augsprossen. Zwischen ihnen hatte sich jetzt, vermutlich beim Durchschliefen einer Dickung, der Schnee geballt und verdeckte auch die breite Stirn bis fast zu den Lichtern. Feuer frei! Aber wie!? Merkwürdigerweise hatte der Hirsch uns noch nicht eräugt. Er war aber sichtlich tief beunruhigt, er fühlte sich umstellt und überlegte mit angstvoll funkelnden Lichtern, wohin er in letzter Minute noch ausbrechen könnte. Die geladene Büchsflinte hing mir über der Schulter. Er *mußte* mich eräugen, wenn ich in Anschlag ging. Dann aber war er, nach abwärts wegrumpelnd, mit drei Fluchten überriegelt und tauchte, wenn überhaupt, erst hundert Meter tiefer flüchtig und spitz von hinten wieder auf. Ich mußte warten, bis er weiter zog oder abdrehte.

Immer wieder wendete der Achter mit kurzen, majestätisch drohenden Rucken das Haupt und den mächtig bemähnten Träger. Er prüfte alle ihm verbleibenden Möglichkeiten und wählte schließlich die, auf die ich am wenigsten gefaßt war: Er schlug zögernd um und trollte ohne Eile schräg von uns weg wieder in den Bogen zurück. Das Korn meiner fernrohrlosen Büchse folgte ihm. Und nun beging ich einen Fehler, der freilich mehr ein Gedanken- als ein Schützenfehler war: Ich schieße mir meine Büchsen alle mit gut drei Fingerbreiten Hochschuß ein. Die mich dazu veranlassenden Gründe aufzuzählen, würde hier zu weit ab führen. Es ist mir also lang geübte und feste Gewohnheit geworden, immer ziemlich tief auf dem Wildkörper abzukommen. Im Drang des schnell abrollenden Geschehens und der davon diktierten Notwendigkeiten vergaß ich, daß ich über Kimme und Korn jetzt ausnahmsweise Fleckschuß hatte. Ich kam zu kurz hinter dem Blatt ab, das Geschoß faßte den Vorderlauf dicht unter der Blattschaufel. Im Schuß sah ich das Gelenk faustdick anschwellen. Es hatte die Kugel sozusagen aufgefangen und vom Inneren abgehalten. Denn trotzdem sie sehr tief angetragen war, hätte sie durchschlagend die Lunge, vielleicht sogar das Herz noch fassen müssen. Der Bleikern scheint aber seine Bahn daraufhin geändert zu haben und den Rippen oder am Brustkern entlang ausgefahren zu sein, ohne mehr ins Leben zu dringen.

Der Hirsch blieb schwerkrank stehen. Aber ich hatte ja auf meinem Stand noch nicht heimisch werden können, ich mußte erst eine Patrone aus der Tasche holen, die, wie stets in solchem Fall, klemmende Hülse auswerfen und dann nachladen. So lange hielt der Achter nicht aus. Schmerzgekrümmt und schwankend tauchte er bis zum Haupt in eine Mulde hinein. Ich rannte hinter ihm her, aber, wie Althölzer das so an sich haben, mit wachsender Entfernung verkleinern sich die Lücken. Da die hell gestreiften Keulen von den großgabeligen derben Stangen überschaukelt, da Vorschlag und Haupt, gleitende gelbgraue Flanke, dann wieder Stamm, Stamm, schmale Lücke und hinter ihr ein dunkler schneller Wisch, jetzt eine breitere Schneeblöße, aber der Hirsch querte sie nicht, er hatte abwärts gewendet, drehte gleich darauf steil bergan. Nochmals sah ich die Stangen, die Lauscher, das Haupt mit dem im Schmerz fest geschlossenen Äser, und dann war er verschwunden.

Was sollte ich jetzt tun? In das Treiben hinein folgen? Das ging mir gegen das Gefühl. Der runde Waldberg war ganz umstellt, es war so gut wie ausgeschlossen, daß ihn der Schwerkranke ungesehen, ja unbeschossen verlassen konnte. Zudem wäre dann mein eigener Stand nicht mehr besetzt gewesen, und es erschien sehr wohl möglich, daß der den Treibern begegnende und vor ihnen umschlagende Hirsch, der uns überdies nicht eräugt hatte, hier nirgendwo nochmals durchkam. So setzte ich meinen im ersten Feld stehenden Rauhhaardackel, den sehr willigen und wildpassionierten „Wastl I" auf die frische Wundfährte und schnallte ihn. Im Bogen befanden sich frei stöbernd zwei weitere Hunde, ein jüngerer schon recht zuverlässiger Wachtelrüde und eine Dachsbrakkendame von großer Fährtentreue. Es mußte mit dem Teufel zugehen, wenn nicht einer dieser beiden bewährten Helfer auf die Wundfährte kam. Mein Wastl, der alles Vorhergegangene wenn vielleicht nicht mitangeschaut (er konnte über die Wurzeln des Windwurfes nicht hinübersehen), so doch wissend und instinktvoll miterlebt hatte, nahm die Fährte eifrig an und folgte ihr flüchtiger, als ich's bei seiner ungeübten Jugend erwartet hatte.

Ich will es kurz machen: Nach etwa zwanzig Minuten kam mein kleiner Freund freudig und ganz erfüllt von seiner ersten Arbeit auf der roten Hirschfährte zu mir zurück. Er wedelte und wollte mir gar zu gern alles erzählen. Der Hirsch aber war, trotzdem dies fast unmöglich schien, ungesehen und nicht mehr beschossen aus dem Rohner hinausgetrollt. Der ziemlich betagte und fast taube Schütze, an dessen Stand er auf sechzig Gänge vorüberkam, hatte, eben weil er seines schlechten Gehörs halber dem Gang der Jagd nicht folgen konnte, zu früh damit angefangen, ein von ihm geschossenes Kalb aufzubrechen und bei solcher gebückten Tätigkeit den Kranken natürlich übersehen.

Somit – wie ein Felsbrocken lag mir die Enttäuschung auf dem Herzen – Nachsuche am nächsten Morgen!

Ich besaß damals einen Hannoveraner Schweißhund, den ich – es war Krieg und ich Soldat, und ich mußte, als zwei unserer bewährten alten Hunde unerwartet ausfielen, zugreifen – auf ein Inserat hin von einem Stuttgarter Jäger gekauft hatte. Ich habe aufgrund meines Berufes viel mit Viehhändlern, zur Zeit, da ich noch Reiter war, mit Pferdehändlern zu tun gehabt. Durch vieljährige Freundschaft mit dem zu seiner Zeit als Tierbändiger sehr erfolgreichen Baron Sigi von Redwitz bekam ich sogar am Rand in den Handel mit wilden Tieren Einblick. Ich habe aber auf keinem all dieser Gebiete so viele und dabei geradezu groteske Hereinfälle, besser gesagt, Hereinlegungen erlebt, wie bei dem Kauf von Jagdhunden auf Inserate hin. Hier scheint die ,,Täuschung" zum Ehrenkodex zu gehören, und es empfiehlt sich, nur in enger Zusammenarbeit mit den Zuchtverbänden Käufe zu tätigen. Dieser äußerlich schöne, mit einwandfreien Papieren versehene und für damalige Geldbegriffe sehr teure in süddeutsche Gefilde verschlagene Hannoveraner hatte einen schweren Herzschaden. Deshalb gab sein honorabler Herr, Besitzer einer größeren Hochjagd, ihn ab und verschwieg schamhaft den ,,kleinen" Fehler, daß der Hund nach längstens zweihundert Metern Hetze zusammenbrach und daß ihn dann oft stundenlang die Läufe nicht mehr trugen. Schwere Herzfehler erhöhen auch die Schärfe eines Hundes nicht.

Als ich, es dauerte eine Weile, ehe wir hinter den ,,Mangel" kamen, den Verkäufer benachrichtigte, teilte er mir bedauernd mit, bei ihm sei der Hund immer kerngesund, ein wahrer Wildfang sei er gewesen. Damals waren die Zivilgerichte für solche Austräge nicht zu haben und man hatte überdies auch andere Sorgen. Heute würde ich klagen und auf der Vernehmung vereidigter Zeugen, des Jägers etwa, der den Hund im dortigen Revier geführt hatte, bestehen.

Es war vor der Entdeckung seiner vermutlich durch falsche Fütterung einerseits und viele zum Teil bestimmt sinnlose Hetzen andererseits entstandenen Nimmer-Brauchbarkeit, daß jener Udo uns dreieinhalb Stunden lang auf der im Schnee leicht zu haltenden Fährte des fort und fort stark schweißenden Hirsches bergan und immer wieder bergan führte, bis wir endlich (ich hatte zwei Jäger dabei) den Ostrand der großen Farnpointdickung erreichten, in der der Hirsch höchstwahrscheinlich stehengeblieben war.

Mittlerweile war es einhalbvier Uhr geworden, was die an sich wenig günstige Gesamtlage noch verschlechterte. Westwind hatte eingesetzt und innerhalb kurzer Zeit den Himmel mit schwerem, düstergrauem Gewölk vollgeschoben.

Ich wollte so sicher gehen wir möglich, vor allem aber nicht riskieren, den Hirsch anders als durch den der Fährte folgenden Hund hochzumachen. So gab ich dem jüngeren meiner beiden schon etwas bemoosten Begleiter den Auftrag, unverzüglich zu einem etwa hundertfünfzig Meter oberhalb unseres Stand- und Beratungsplatzes beginnenden Altholz aufzusteigen und, sobald er es erreichte hätte, dem Wind entgegen, also nach Westen, im raumen felsgründigen Bestand weiter zu birschen. Ging der Hirsch nämlich, wie bisher auch jetzt wieder, aufwärts, dann würde er sich, wenn überhaupt, vermutlich dort oben irgendwo dem Hund stellen. In der Dickung selber aber – vielleicht stellte der wahrscheinlich schwer kranke Hirsch sich schon hier – sollte und durfte *nur* der Führer unseres famosen Udo auf den Standlaut zugehen. Ich mußte den weitesten Marsch machen, steil bergab einen zur Zeit durch Holzziehen gebahnten Weg erreichen, auf ihm so lange wieder bergwärts eilen, bis ich den großen Farnpointleitenschlag erreichte. Im Schlag mußte ich ein gutes Stück wieder aufsteigen, so weit, daß ich die ihn querenden Hauptwechsel zur Not überschießen konnte.

Ich überzeugte mich, nochmals alles durchkäuend, daß man mich genau verstanden hatte, wobei mir eine gewisse durch die beginnende Ermüdung gesteigerte übellaunige Bockigkeit, ein passives Sichsträuben gegen weitere Taten, vor allem aber gegen die Ausführung weiterer Weisungen, keineswegs verborgen blieb, und rannte dann, ungerührt von den Märtyrerblicken der harten Bergjäger, los. Um vier Uhr sollte der Forstwart mit dem Schweißhund in die Dickung eindringen; es verblieb mir nur eine sehr knappe halbe Stunde für meinen weiten Weg, der zu mehr als der Hälfte Schneewaten erforderte.

Ich schaffte es mit Müh und Not. Der obere Teil des Farnpointleitenschlages ist weit weniger steil als der untere. Man hat deshalb zu Beginn des Aufstiegs keinen Überblick. Erst wenn man das untere Steilstück hinter sich gebracht und ein treppenartiges schmales Plateau etwa in der Mitte des Schlages erreicht hat, sieht man bis hinauf zum Rand eben jenes Alpenwaldes, durch den der Revierjäger Matthias vorsichtig gen Westen, also quer zum Hang und gegen mich her birschen sollte, um dem Wunden vielleicht den Wechsel abzuschneiden. Die Entfernung von der Schlagmitte, die ich soeben keuchend erreicht hatte, bis hinauf zum Rand jenes felsgründigen Altholzes betrug nahezu dreihundert Meter. Die Dickung hinwiederum, in der wir den Hirsch vermuteten, lag zu meiner Rechten, ihr westlicher Rand, dessen Linie mit der des Alpenwaldrandes ungefähr einen rechten Winkel bildete, lief nur etwa hundert Schritt von mir entfernt in den Schlag hinein aus. Wenn der Hirsch nicht ein gutes Stück über mir durchwechselte, hatte ich schlechten Wind. Es war mehr oder minder ein Auswehrerposten, den ich hier bezogen hatte.

Gerade wieder etwas zu Atem gekommen, hörte ich zu meinem maßlosen Erstaunen durch das Rauschen des immer lauter werdenden Westwindes hindurch – den Hals eines Hundes. Ich schaute, schnell den Sicherungsflügel herumlegend, auf die Uhr an meinem Handgelenk: Noch fehlten ein paar Minuten von der Zeit, zu der gemäß klarer Abmachung der Hundeführer mit dem Rüden die Dickung betreten sollte. Was hatte es da gegeben!? Ich konnte es mir leider denken. Die beiden Herren Waidgenossen hatten es wieder einmal besser gewußt. Es war recht unbequem, mit einem Hund am Riemen in einen verschneiten, teilweise übrigens schon zum Stangenholz gereinigten Jungwald einzudringen.

Im Lauf eines, zumindest in seiner ersten Hälfte, leider nur wenig beaufsichtigten Jägerlebens hatte man nichts anderes gekannt, als den Hund auf der Wundfährte zu schnallen, wenn das beschossene Stück nicht nach längstens hundert Metern „herging", will heißen da lag. Dazu hatte man ja schließlich ein Hunderl, dazu fütterte man es und machte es (so ziemlich als einzige Dressurleistung!) scharf, indem man ihm ein ausgekochtes Geweih hinhielt, das es verbellen mußte. Schweißriemen oder Rebschnur? Ja, der alte Herr Forstrat, der Oberförster Schrobenhauser, der Förster Steiner, diese Altbachenen hatten sich dessen bedient. Aber für das, was ein richtiges Hunderl ist, brauchte man dieses Zeug nicht. „Mei Hündin, wenn die z'ruck kimmt – nachan ko ma sicher sein, daß an Stückl net viel fehlt! I brauch' 's ganze Jahr koa Leina net oder gar an Schwoassream!!"

Na schön, decken wir die Wetterkotze drüber! Sie alle hatten zu kurze Lehrzeiten gehabt, waren blutjung in den Krieg gezogen und als fertige Männer, die sich nichts mehr sagen ließen, aber fleißig schießen wollten, daraus zurückgekehrt. „Hab' alles von mir selbst gelernt, es ist auch danach!"

Als ich dann herangewachsen war und zur Freude der Alten dazwischenfuhr, trug mir dies bei den Jüngeren nicht gerade Beliebtheit ein.

„Mir wiss ma scho selber, was mir z'toan ham! So viel Jager san mir allweil no!"

Der den Namen einer guten alten Jägerdynastie tragende Anton also hatte den Schweißhund am Dickungsrand, genau da, wo ich ihn nach allen Weisungen und Ermahnungen verlassen hatte, der Einfachheit halber geschnallt und das noch vor der Zeit! Es wurde mir nach kurzem Hinhören klar, daß der Hund, der von Natur einen hellen Hals hatte, Standlaut gab, und zwar ziemlich hoch droben, etwa da, wo Dickung und Altbestand sich trafen.

Nur gut, daß ich den Matthias in den Alpenwald hinaufbeordert hatte. Er konnte trotz des vom Hundeführer wissentlich und besserwisserisch begangenen groben Fehlers und der damit verfrüht eingeleiteten Hatz jetzt nicht viel mehr als gute hundert Meter vom Standlaut des Hundes entfernt sein und mußte, wenn er darauf zubirschte, überdies den Wind im Gesicht haben. Stellte er sich nicht dümmer als ein triefäugiges, altes Beerenweib, dann mußte er in längstens einer Viertelstunde den Verendtschuß abgegeben haben. Ich ahnte nicht, daß dieser Getreue zu der Stunde, da ich mich solchen hoffnungsvollen Erwägungen hingab, soeben erst seine, wie er bei jeder Gelegenheit zu betonen pflegte, kriegsbedingt karge, aber anscheinend doch recht ausgedehnte Brotzeit am Platz unseres Auseinandergehens beendet hatte. Ob er den Posten im Hochwald oben, auf den ich so großen Wert gelegt hatte, überhaupt aufgesucht hat, ist zumindest zweifelhaft. Warum ich das annehme, will ich später erklären.

Ich stand vor der Frage, was ich bei solcher Lage der Dinge und Herkunft der windverwehten hellen Glockentöne mit mir selber anfangen sollte. Da der Hirsch vorderlaufkrank war, würde die Hatz, wenn sie überhaupt weiterging, sich bestimmt nicht abwärts wenden und auf mich zukommen. Es erschien mir dagegen so gut wie sicher, daß der vielleicht fortbrechende Hirsch oben im Altbestand nicht über die Schneid gehen, sondern quer zum Hang gen Westen weiterflüchten würde. Er mußte dabei ein paar breite Steinriesen queren, und an denen wollte ich versuchen, mich vorzulegen. Zeit durfte ich nicht mehr viel verlieren. Ich setzte mich also quer nach links ausholend in Schnellgang. Im tiefen Pulverschnee so beschleunigt wie möglich dahinwatend, stellte ich mit dem rechten Ohr immer wieder beruhigt fest, daß der Standlaut sich nicht von der Stelle bewegte. Es konnte noch alles gut werden.

Nach etwa hundertfünfzig Metern mußte ich einmal kurz verschnaufen und schaute mir dabei die Augen aus den Höhlen, ob sich zwischen den Randschirmfichten denn gar nichts vom Hirsch oder wenigstens vom Hund, dessen erregter Hals jetzt (ich war ihm etwas näher gekommen, obwohl ich nicht darauf zuging) deutlich zu mir herübertönte, entdecken ließ. Und da sah ich auf einmal etwas, was mich erst in Schrecken und dann in wütende Verzweiflung versetzte: aus der Dikkung tauchte zweihundertfünfzig Meter von mir, aber kaum mehr als achtzig Meter vom vermutlichen Standplatz des Hirsches entfernt, der Forstwart auf. Er ging sehr gelassen ein Stück über die freie Schlagfläche, stützte sich dann auf seinen Bergstock und horchte zum Hund hinauf. Warum nahm dieser – dieses (wozu eine längst verklungene Litanei von in die Schneeluft hinaus geschleuderten Schimpfworten wiederholen!) – warum also nahm dieser, dieses – nicht Deckung? Da, wo er stand, *mußte* der Hirsch ihn ja aus dem Alpenwald heraus eräugen!! Aber es kam noch schlimmer: Der erfahrene Berufswaidmann machte sich, die Büchse schneidig übers Kreuz geschlagen, daran, in kurzen Zickzack-Serpentinen eilig auf den Ball loszusteigen. Dabei schaute er mit angezogenem Kinn vor sich in den Schnee hinein.

Was geschehen mußte, geschah: Plötzlich kam der Hund aufjaulend aus den Fichten herausgefahren, während oberhalb von ihm ein massiger dunkler Schatten durch die Stämme glitt und verschwand. Der verdutzt stehenbleibende und ihm nachschauende große Meister der grünen Zunft hatte überhaupt nichts von ihm zu Gesicht bekommen, und nur das Krachen der Äste veranlaßte ihn zu vorwurfsvoll erstauntem Nachschauen. Erst nach etwa einer Minute wurde der Hetzlaut des braven Udo hörbar. Ich rannte mit allerletztem Atem noch fünfzig oder sechzig Meter schräg bergauf. Aber als ich endlich die Sicht auf die erste der breiten Steinriesen frei hatte, sah ich auf mehr als hundertfünfzig Meter nur noch den Hund in merkwürdig langsamer, fast taumelig erscheinender Gangart sie überqueren. Der Hirsch war schon durch. Ich rechnete aber damit, daß er sich, schwer laufkrank wie er war, in dem felsig zerklüfteten Gelände dem Hund bald wieder stellen würde, deshalb setzte ich (jetzt noch weiter nach links ausbiegend) meinen mühsamen Weg fort. Der Wind war inzwischen zum Sturm geworden, man würde den Laut des Hundes aus einer Mulde heraus höchstens noch hundert Meter weit hören, zudem wurde es dämmrig.

Endlich kreuzte ich die frische Fluchtfährte des Hirsches. Er hatte sich nun doch schräg abwärts gewendet und dabei riesige Fluchten gemacht, einmal schien er sogar, Steine, Gras und Erdreich über den Schnee schleudernd, gestürzt zu sein. Aber ich fand keine Hundespur. Vielleicht hatte der Udo sichtlaut jagend versucht, dem Kranken den Weg abzuschneiden, also ging ich weiter. Umsonst! Da war nirgends ein Hund gefolgt. Jetzt wurde mir etwas bang um den Treugesellen. Hatte der wegbrechende Hirsch ihm einen Forkelhieb versetzt!?

Ich änderte meinen Kurs, ließ von der Wundfährte ab und stieg in die Richtung, in der ich den Hund zuletzt gesehen hatte. Mehrmals rief ich nach ihm. In eine Sturmpause hinein meinte ich dann, etwas wie Winseln gehört zu haben. Als das Rauschen in den Schirmfichten abermals für ein paar Sekunden aussetzte, rief ich erneut so laut ich konnte nach dem Hund, und jetzt jaulte es schwach und leidvoll ganz in meiner Nähe. Neben einem der rauhen Stämme lag der Udo auf der Seite und begrüßte mich mit schwachem Rutenschlagen. Ich sah auf dem Schnee keinen Schweiß. Hatte der ziemlich schwere Hund sich am Ende die Schulter versprungen im steilen Gelände?

Ich nahm ihn schließlich behutsam auf die Arme und trug, selbst am Rand meiner Kräfte, den sehr Gewichtigen in der wie vom Sturm herangewehten düsteren Dämmerung abwärts. Weiter unten traf ich dann kurz nacheinander mit meinen beiden treuen Helfern zusammen. Der eine behauptete allen Ernstes, er habe geglaubt, ein so kräftiger Hund müsse einen schwerkranken Hirsch ,,derhalten", was so viel wie ,,nicht mehr von der Stelle lassen" heißen will. Deshalb sei er so sorglos auf den Ball zugegangen. Der andere wollte (und versuchte dies mit viel Märchenerzählerkunst glaubhaft zu machen) schon fast am Hirsch gewesen sein und ihn den Hund abwehren gesehen haben, bis er dann wegbrach. Warum die beiden Jäger, die ihrem Bericht nach im Moment des Wegbrechens nicht weiter als hundert Schritt voneinander entfernt gewesen sein mußten, einander dann nicht begegnet und zusammen abgestiegen waren, blieb unaufgeklärt. Zu mir waren sie getrennt und auf verschiedenen Wegen gestoßen. Ich war für einen gebührenden Krach zu erschöpft und beschränkte mich auf die milde Feststellung, daß sich die beiden saudümmer nicht hätten anstellen können. Wir machten des Hundes wegen noch eine kurze Rast. Ich gab ihm etwas Tee aus der hohlen Hand und teilte mein letztes belegtes Brot mit ihm. Er hatte sich anscheinend etwas erholt, hielt aber auf dem Heimweg nur mühsam mit uns Schritt.

Es bedurfte noch einiger ähnlicher Erlebnisse mit ihm, um mich zu der Erkenntnis zu bringen, daß er trotz seiner guten Nase und ruhigen Suche als Schweißhund kaum noch einsetzbar war. Er endete in guten Händen als Bewacher einer kleinen, etwas einsam gelegenen Villa und Leibwächter ihrer übrigens sehr hübschen Bewohnerin. Den Hirsch, der seit Jahren immer an dieselbe Fütterung gekommen war, hat niemand von uns je wiedergesehen. Ich glaube bestimmt, daß der Schnee, der uns beim nächtlichen Abstieg schon umwirbelte und drei Nächte und zwei Tage in nicht endenwollender Fülle vom heulenden Sturm herzugetragen wurde, ihm zum Bahrtuch geworden ist.

Keine schöne Erinnerung das! Freilich: Allzu große Schuldgefühle hatte ich hinterher und habe ich auch heute nicht. Das Mißgeschick überwog hier bei weitem Fehler, die man berechtigt so nennen darf.

Daß man sich an den Haltepunkt seiner Büchse gewöhnt, ist nicht nur begreiflich, es ist notwendig und richtig. Und daß man ausnahmsweise und gezwungenermaßen ohne Zielfernrohr schießend reflexhaft bei seinem für diese Gegebenheit etwas zu tiefen Haltepunkt bleibt, ist zumindest verzeihlich. Auch der Schuß schräg hinters Blatt auf knapp fünfzig Meter ist weder riskant noch unwaidmännisch. Nach dem mißlungenen Schuß war es die schon eher böswillige als dumme Unachtsamkeit der Jäger, die den Erfolg der Nachsuche verdarb. Sie sind nun beide schon in jenseitige Reviere hinübergewechselt. Eine Mitursache ihrer lustlosen Widersetzlichkeit damals war ohne Zweifel das fünfte Kriegsjahr. Denn während sich an den kämpfenden Fronten die guten Eigenschaften eines Volkes zeigen, entwickeln und bewähren, wirken und wachsen sich in der Heimat die schlechten aus. Keiner der beiden litt Hunger, aber die knappere Ernährung gab willkommenen Vorwand für die Faulheit. Dazu hetzten im Hintergrund die Xanthippen, wenn ein Knopf fehlte oder ein Strumpf durchgewetzt war.

Als ich nach meiner russischen Gelbsucht eine Zeitlang beim Ersatzheer diente und öfters Sonntagsurlaub bekam, rief ich hin und wieder an einem Sonntag zu gemeinsamer Birsch oder setzte ein kleines Riegeln an. Einer der ,,Getreuen", eben jener Hundeführer, kam daraufhin beschwerdeführend zum Forstverwalter: Es sei eine Zumutung für das Jagdpersonal, seine Sonntage zu opfern, nur weil ich ,,so oft" Urlaub bekäme. Die anderen dächten genau wie er, aber *er* sage es offen heraus. Er sprach so frei, weil er sich vor einem Hinausschmiß als altes Parteimitglied hinlänglich abgesichert fühlte. Später, als ich von diesen üblen Zeiterscheinungen Abstand gewonnen hatte und trotzdem meinen lang verhaltenen Zorn nicht auslöschen konnte, habe ich mich oft gefragt, ob ich nicht besser daran getan hätte, diesen Mann der ,,offenen" Rede (sein Kerbholz hatte und bekam noch manch andere Kerbe), der für sich einen Sonntag auf dem Kanapee beanspruchte, während ich ihn im weniger geruhsamen Dienste ,,an Führer und Vaterland" zubringen sollte, ob ich ihn nicht, nachdem sein Rückhalt an obskuren, aber einflußreichen Parteifreunden weggefallen war, ohne christliche Hemmung hätte hochbogig hinausschmeißen sollen. Ein grober Gegenschlag ist vielleicht dem eigenen Seelenheil zuträglicher als eine stillschweigende Vergebung, ein Darüberhinweggehen mit Dienstwohnung, Altersrente, sogar gelegentlichen jagdlichen Freuden bis ins Greisenalter des nicht nur ungetreuen, weit mehr gehässig-feindseligen Dieners, ist es vielleicht vor allem dann, wenn man nicht *vergißt*. Rache ist vielleicht, zumindest für einen selber, das kleinere Übel, als die ohne Vergeltung weiter schwelenden Zorngefühle über ungesühntes Unrecht.

Andererseits: Bei fast allem menschlichen Verhalten (davon bin ich tief überzeugt!) ist das Handeln, ist die *Tat* entscheidend. Sie ist das Sich-Auswirkende und das Bleibende, gibt festen Anhalt, während Gefühle, auch die düstersten, kaum mehr als Rauch und Nebel bedeuten, der einmal da-, einmal dorthin weht und ohne nachhaltige Wirkung auf- und niederwallt. Ob freilich äußeres Handeln auch wirkliche Befreiung vom innerlich verbleibenden Haß bedeutet? Ich weiß nicht, ob ich es bejahen darf. Aber vielleicht salviert man seine Seele trotz nicht tilgbarer innerer Empörung dennoch durch tätige Vergebung, durch äußeres Übergehen fremder Schuld, als man dem sonst in nicht abreißender Verkettung fortwirkenden Haß ein Ende macht. Denn jedes Sich-Rächen entzündet immer aufs neue Rachsucht; Vergebung löscht sie aus.

Damit bin ich weit abgeraten vom Weg, vom ermüdenden Schneeweg jener Nachsuche und des auf sie folgenden nächtlichen Abstiegs. Hätten die zwei nur halbwegs gutwillig ihre Kräfte eingesetzt (von der Verpflichtung, die ihnen ihre Berufsehre hätte auferlegen müssen, will ich gar nicht reden), dann wäre der erlösende Fangschuß gefallen. Es wäre wahrscheinlich und trotz alledem durch mich noch zu diesem Fangschuß gekommen, hätte mir nicht ein lieber Waidgenosse, der sich für eigenen Schaden an einem anderen schadlos halten wollte, einen herzkranken, einen nicht mehr einsatzfähigen Hund angedreht; einen braven und verlässigen Hund, der vermutlich oft zu sinnloser Hatz eingesetzt worden war, ohne das unerläßliche Verantwortungsgefühl seines Führers, der in allen Fällen sich überlegen müßte, inwieweit einem noch dazu schweren Hund die jeweilige Anstrengung einer Hatz im Gebirg zumutbar ist. Der Hannoveraner hatte bei uns, wenn keine Hatz notwendig war, ein paar gute Arbeiten auf der kalten Fährte geliefert und hatte auch damals seine Pflicht tun wollen. Er hätte trotz des Krieges das Ehrenbrot bei seinem ersten Herrn verdient gehabt. Der hatte es aber vorgezogen, ihn abzuschieben, sobald er vom Nachlassen der Kräfte seines treuen Gesellen Gewißheit bekam.

Ich konnte mir zumindest sagen, daß ich, nachdem das Unglück nun einmal geschehen war, das Jägermögliche unternommen hatte, um das daraus entstandene Leid zu beenden. Trotzdem war mir das Herz tagelang schwer; nicht nur die Enttäuschung, sondern auch der Kummer um das dem arglosen Wild angetane schwere Leiden brannte darin.

Armes, ahnungsloses Wild, dem man, wenn auch wider Willen und ohne ernsthafte Schuld, so Schlimmes antut! Es ungeschehen zu machen, hätte ich liebend gern auf dies durch Jahre vergeblich gesuchte und begehrte Geweih mit den ganz sicher dreißig Zentimeter langen Augendenbogen, den mächtigen „Brauen", verzichtet, das mir nun freilich auch so verloren war.

Aber man muß solchen Erinnerungen immer wieder einmal ins Auge schauen. Man braucht dem Teufel nicht erst mit Leichtsinn die Tür offenzulassen, er zwängt sich durch den schmalsten Spalt, und es ist notwendig, daß man das weiß!

Vom Teufel kann ich noch eine andere, eine ganz vertrackte Geschichte erzählen, die auch in den Bereich der Nachsuche gehört und deren Kenntnis vielleicht den einen oder anderen Bruder in Huberto vor Ungemach bewahrt.

Sie läßt sich ausnahmsweise und sogar von mir auf kürzerem Raum berichten:

Anton von Perfall hat uns die sehr reizvolle Geschichte vom „Blessenbock" erzählt, einem von Kunde und Sage umwobenen Gamsbock mit kapitalen, „ganz ausdrahten" Krucken, den es aber in solcher Urstärke überhaupt nicht und nur in der Einbildung und Fabulierfreude der Bewohner eines abseitigen Alpentales gegeben hat. Wurde er, der Vermeintliche, geschossen, dann war er's nicht, wurde er gefehlt, dann entsprossen der alten Sage um ihn neue Blüten.

So etwas Ähnliches habe ich vor nicht gar langer Zeit in den fränkischen Wäldern erlebt. Da war's kein „Blessenbock", sondern nur der in jenem Jahr „Stärkste im Revier". Ihn sollte ich mir als ersten vornehmen, riet der Oberförster, er sei der eines Bruches Würdigste.

In der Gegend seines Aufenthaltes hatte kurz zuvor ein nicht von mir geladener Gast mit zwar unbegründeten, aber anscheinend ziemlich ausgeprägten Jagdherrengefühlen schon einen Bock geschossen, einen dünnstangigen, weißendig prahlenden Jungsechser, der, wie ich vermute, versehentlich statt jenes „Stärksten" hatte sterben müssen. Allzu happig hitziges Begehren schafft manchmal Leiden.

Obwohl ich in diesem Fall zunächst nicht hitzig begehrte, sondern ungläubig prüfte, widerfuhr mir schon am ersten Abend ein ähnliches Malheur. Manchmal verleitet zu tiefe Skepsis gleichfalls zu Fehlern. Ich blattete auf einer kleinen Kanzel im Föhrenstangenholz nahe dem Einstand des Gesuchten. Sind mir damals nach etwa fünf Minuten zurückhaltenden Musizierens vielleicht doch fast gleichzeitig zwei Böcke gesprungen? Ganz ausgeschlossen wäre es nicht; jedenfalls meinte ich eine mir angesagte Rückwärtsbiegung der linken Stange zu erkennen, als der Bock erstmalig sichtbar wurde und in selbstgefälligen, ein wenig paradehaften Kurzfluchten eine Lücke zwischen zwei unterwüchsigen Fichtenhorsten gegen mich her querte. ,,Gar nichts so Besonderes, genau wie ich's mir gedacht habe", brummte ich in mich hinein. Dann, als der Bock nicht wieder auftauchte, wurde ich interessierter, und nach einigen Minuten meinte ich, weiter hinten zwischen Föhrenstangen, Farnen und Jungfichtennestern zwei Rehe davonwischen zu sehen. Auf erneutes Blatten kam der Bock dann aber doch zurückgeschlichen, nahte faul, zögernd, immer wieder verhaltend. Nun, es war ein recht guter, rauh geperlter Sechser. ,,Was doch die Einbildung macht!", dachte ich und schoß ihn dann trotzdem, weil er voll jagdbar war.

Von einer linksseitigen Rückwärtsbiegung war jetzt aber nichts mehr zu bemerken. Pfahlgerade und eng wuchsen beide Stangen aus der durchaus nicht altersgrauen, mit einem kleinen schwarzen Dreieck gezierten Stirn. Vier-, vielleicht erst dreijährig und – nicht mehr zum Leben erweckbar! ,,Ja, wegen *so* einem hätten wir doch kein Aufhebens gemacht!" Das war die geschlossene Stellungnahme von Jagdleiter und Revierjäger.

Also verließen wir den blamablen Ort oder besser die Stätte blamierenden, altjägerischen Unglaubens und entsprechenden Tuns. Wir umfuhren den ,,abgerissenen See", eine aus dem Grund eines trockengelegten Fischteiches erwachsene ziemlich große Waldabteilung, eben die, in der unser ,,Bester des Jahres" seinen Einstand haben sollte und packten es jetzt von der Wiesenseite her an. Und siehe, schon in der ersten Bucht ward uns sein Anblick. Neben einer anscheinend von ihm zur Spätbrunftgefährtin erkorenen Kitzgeiß war er mitten in der kurzgrasigen Wiese niedergetan. Ich hatte bis dahin angenommen, es seien mir drüben bei der Blattkanzel *zwei* Böcke gesprungen: der Platzbock und, fast gleichzeitig, ein jüngerer Rivale. Der Bessere, so mutmaßte ich, habe den Schwächeren, sobald er seiner ansichtig geworden war, auf den Schwung gebracht. Die eifersüchtige Jagd habe dann sehr nahe bei der Geiß vorbeigeführt, die der zu einem kleinen Seitensprung aufgelegte Platzbock vorübergehend verlassen hatte. Und da habe der Ungetreue sich ihr ohne viel Scham und Reue einfach wieder zugesellt. Auf das erneute Blatten hin sei aber der versprengte Beibock im weiten Bogen und mit großer Vorsicht (weil immer eines heimtückischen

Überfalles gewärtig!) zurückgekehrt. Und weil ich, skeptisch und voller Unglauben, ihn für den sogenannten „Besten des Jahres" hielt, habe er dabei sterben müssen.

Diese Hypothese ließ sich aber angesichts des hier in den Wiesen im teilnahmslosen Halbschlaf bei seinem Altreh ruhenden Bockes kaum mehr aufrecht erhalten. Der sah mir nicht nach einer kurz zuvor stattgehabten Eskapade und eifersüchtigen Sprengerei aus. Oder hatte er, reumütig zurückgekehrt, die leicht zu versöhnende Geiß beschlagen und war ihr dann noch ein paar hundert Meter weit bis hinaus auf die Wiese gefolgt?

Das ist der die Phantasie reich beschäftigende Zauber, diese Fülle schöner Geheimnisse um den Wald und seine Geschöpfe, deren Enträtselung sich auf das Vermuten und Zusammenreimen beschränken muß, die aber, nicht viel weniger als Schuß und Beute, die Verlockung des Waidwerks ausmachen.

Wie dem aber auch gewesen sein mochte, der Bock war jetzt vor mir auf der Wiese niedergetan, pflegte der Ruhe und ließ sich von der Landstraße her auf gut zweihundert Schritt ziemlich lange ansprechen. Es stimmte, daß die linke Stange ein wenig abnorm zurückgebogen war. Der Bock war gut, auch das war richtig, aber wenn er wirklich der mit Abstand beste dieses Jahres sein sollte, dann durfte ich mir von den paar anderen, auf die ich es außer ihm noch abgesehen hatte, nicht viel erwarten.

Endlich wurde er hoch und begann steifläufig und müde zu treiben. Seine Alte machte es ihm nicht schwer, nur ab und zu deutete sie mit ein paar bockenden Halbfluchten notwendigste Verschämtheit an. Aber der ganze Reigen war doch fördernder, als er sich ansah: Als ich zum Schuß entschlossen hinter einem kleinen Erdhaufen in Stellung ging, war das Paar schon außer Reichweite meiner Kugel. Und das tändelte so fort und in die freien Wiesen hinaus, bis die Entfernung vierhundert Meter betrug. Wieder bestiegen wir den Wagen und machten „eine gute Krumb". Wir hatten die Wiese jetzt überhöht; in Deckung eines Föhrenwäldchens birschte ich mich an und sah, herangekommen, zuerst die Geiß, der sich soeben das vernachlässigte Kitz zugesellte. Also war der Bock nicht mehr in ihrer unmittelbaren Nähe. Wo war er innerhalb der sieben Minuten, die unser Umfassungsmanöver etwa benötigt hatte, hingeraten?

Ich suchte in der mit weißen Nebelgespinsten aufsteigenden Dämmerung die ganze Wiese ab. Wo war er? Gab es so etwas, daß ein sichtlich brunftmüder Bock von einer Minute zur anderen auf neue Brautfahrt

geht!? Aber halt, da war er ja! Sieh', das Gute li
hundertfünfzig Schritt rechts und unter mir stand er z
und einem an sie anstoßenden Stoppelfeld breit da und
zu mir her. Ich ging sofort in Anschlag, aber wehe, da
50 auf meiner Büchsflinte versagte bei auch nur beg
rung völlig (die von mir hochgeschätzte Firma hat das dann später in Ordnung gebracht), und ich sah den Bock nur noch falb und unklar in den Linsen. Eh' ihm das Abkommen hinter dem Blatt stand, zog er weiter, nicht flüchtig, aber eilig, ganz so als ob er mißtrauisch geworden wäre. Der noch stehende Bock war vom Waldrand kaum mehr als fünfzig Meter entfernt gewesen. Er hatte also keinen weiten Weg in die Deckung. Vor der hohen schwarzen Wand des Fichtenaltholzes befand sich ein halbschrotschußbereiter abgeholzter Streifen, der kniehoch mit Jungföhren und -fichten aufgeforstet war. Überall schimmerten auf Lücken die morschen Stöcke aus dem Grün. Am Rand dieses Kulturstreifens verhielt der Bock nochmals und äugte auch jetzt wieder zu mir her. Ich mußte kniend freihändig schießen. Meine ganze Energie versammelte sich in meinen Armen und in meinem rechten Auge. Ich zielte dem graurötlichen, in breithalsig trotzigem Mißtrauen erstarrten Bockschemen, so gut sich's zusammenschauen und -halten ließ, aufs Blatt. Länger als drei Sekunden hat dies Zielen nicht gedauert. Im bläulichen Aufzucken des Mündungsfeuers entschwand mir das Wild. Zugleich schmetterte aber ganz nahe der Stelle, auf der es gestanden hatte, heller, steinerner Kugelschlag, und eine halbe Sekunde später zum zweiten Mal derselbe Schlag, aber diesmal hölzern und hoch in den Wipfeln des Bestandes. Auch meinen beiden Begleitern, die vierzig Schritt hinter mir zugeschaut hatten, war dieser merkwürdige Doppelkugelschlag aufgefallen. Das Teilmantelgeschoß, das deutlich hörbar so lebfrisch zwischen Boden und Bäumen herumgezickzackt hatte, konnte schwerlich zuvor schon einen Wildkörper gefaßt haben. Ich hatte auch im Schuß das Gefühl gehabt, nach unten zu verziehen. Am Anschuß war nichts weiter mehr festzustellen, als daß der Bock hier herum sicher nicht lag. Wir setzten den Treffpunkt zur Nachsuche am nächsten Frühmorgen drüben auf der Landstraße fest, und ich fuhr peinlich verärgert, wie ich's nach jedem Fehlschuß bin, nach Hause.

Ein schwüler und vorgewittrig düsterer Morgen war's dann. Auf der Wiese äste kaum verkennbar die magere hochläufige Kitzgeiß mit ihrem Kind. Der vergrämte Bock war nicht da. Am Anschuß war nichts, aber schon auch gar nichts zu finden, nicht einmal der von der Kugel zerschmetterte Stein im Sand. Wir verzichteten alle drei drauf, zwecks ındung des zweiten Kugeleinschlags die Bäume des Waldrandes ınen nach dem anderen zu erklettern, durchsuchten statt dessen den Kulturstreifen, die darauf befindlichen Beete aus Binsen, Farnen und Schmielen und bogen die Büsche, da wo sie sich zu dichten Nestern geschlossen hatten, auseinander; dann kam ein grasiger grellgrüner Weg, auf dem man jeden Schweißtropfen hätte sehen müssen und dann das weiträumige Altholz, in dem man aufmerksam Ausschau haltend einen verendeten Bock auch ohne Glas bis auf hundert Meter hätte liegen sehen müssen. Unser Eifer war gering, denn es erschien uns höchst unwahrscheinlich, daß die jenseits des Zieles in „ausgelassener Freude" herumtanzende Kugel den Bock berührt haben konnte.

Trotzdem kamen wir zu dem Schluß, daß der Förster noch mit seiner Hündin nachsuchen sollte. Er tat es, während wir, die knappe Zeit meines Aufenthaltes zu nützen, in anderen Revierteilen blatteten. Er tat es und – fand den Bock, der nicht geradeaus fortgestürmt war, sondern in der Abflucht einen scharfen Haken nach links geschlagen haben mußte, so daß er fünfzig Schritt vom Anschuß nicht am Weg oder Waldrand, sondern dicht am Wiesenrand in den Jungföhren lag. Eine so verdrehte Fluchtrichtung, einen solch sonderbaren Umsprung im Schuß oder mit letzten Kräften beschriebenen Bogen hatten wir nicht angenommen und deshalb in dieser Gegend nicht gesucht. Der Fluchtweg eines wunden, vor allem aber eines totwunden Wildes ist fast wie grundsätzlich meist anders, als der Jäger, auch der erfahrene, ihn annimmt. Deshalb sind Nachsuchen ohne Hund in fast allen Fällen verlorene Mühe, wenn das Wild nicht stark schweißt.

Dieser Bock, so bestätigte der Förster, hatte bis zu der Stelle, an der er lag, kaum einen Tropfen Schweiß verloren, obwohl die Kugel das eine Blatt durchschlagen und ziemlich tief dicht vor dem anderen mit im Schuß abgewendeten den Wildkörper verlassen hatte. Ein untadeliger Blattschuß war es. Aber der Schweiß war aus der abgeschossenen Aorta nach innen in die Kammer geströmt. Die Nutzanwendung in diesem Fall ist einfach und kurz. Es kann auf Stein und Holz, Wasser und Eis und was weiß ich einen Kugelschlag geben, auch dann, wenn das Wild getroffen, der Wildkörper zuvor von der Kugel durchschlagen worden ist. Eine Nachsuche, und zwar eine mit dem Hund, ist immer geboten, auch wenn man „sicher gefehlt" hat.

Im übrigen besagt der Kugelschlag auch nach der positiven Seite nicht immer das Richtige. Ich schoß einmal nachts bei Mondschein auf einen Hirsch. Den Revierteil, in dem er zu Schaden ging, durchwechselte Rotwild nur selten. Um so erregter waren die (übrigens gerechtfertigten) Klagen der Bauern, die ein paar Kartoffel- und Kohläcker inmitten ihrer weiten Moorwiesen noch nicht abgeerntet hatten. Ich fuhr ein paarmal zum Nachschauen hin, sah aber den Hirsch und sein kleines Rudel erst in der dritten oder vierten Nacht. Ich birschte mich an und mußte trotzdem noch ziemlich weit schießen. Viel schlimmer aber war, daß der Hirsch, den ich (es war ein älterer Achter) in mehrfacher Hinsicht als sehr gute Prise betrachtete, vom Mond *beschienen* war, mir also nicht die Schattenseite zeigte und sich schlecht vom falben Gras der Streuwiese, auf der er äste, abhob.

Der Schuß ging mir nicht recht harmonisch, nicht mit sauberer Ruhe aus dem Rohr, aber zu meinem freudigen Erstaunen hörte ich den dumpfharten Kugelschlag auf dem Wildkörper und hoffte, den hochflüchtigen und nicht in Richtung auf sein Kahlwild im Birkicht untertauchenden willkommenen Gast aus fremdfeindlichem Jagdbann anderen Morgens unweit vom Anschuß vor mir liegen zu haben. Er war aber gefehlt. Die Fährte führte jenseits wieder aus dem Birkenwäldchen hinaus und kehrte im großen Bogen zum Rudel zurück, das erst frei übers Feld und dann, für mich unsichtbar, berg- und waldwärts geflüchtet war. Zum Glück hatte die Wiedervereinigung mit dem Gebieter sich auf diese Weise für mich nicht wahrnehmbar vollzogen; der feste Glaube daran, daß ich andern Morgens meinen Hirsch finden würde, hatte mir nämlich die kurze Nachtruhe gerettet. Aber ich wollte nach überwundener erster Enttäuschung dann doch wissen, wie dieser ganz echte Kugelschlag hatte zustande kommen können und stellte nachschauend fest, daß ich den Hirsch wahrscheinlich knapp überschossen hatte. Hinter ihm befand sich ein von den Birkenbüschen kaum sich abhebender verrotteter Komposthaufen, und an den hatten Bauern ein paar Säcke voll Kartoffeln gelehnt, die anscheinend für Saatzwecke bestimmt waren. Ich fand das sehr beachtliche Loch der wieder ausgefahrenen Kugel, als ich die Säcke von rückwärts besichtigte.

Ich glaube nicht, daß der Teufel je schläft, aber er schaut manchmal in eine andere Richtung, irgendwohin, wo er noch Reizvolleres für sich sieht als eine arme Jägerseele, die er mittels ihrer Leidenschaft und seiner Tücke zu quälen gedenkt. Oder er übersieht einmal eine winzige Chance, die sich wie ein Schlupf aus seinem Netz auftut. Oder – und daran glaube ich – er ist an gewisse Spielregeln gebunden und der Jäger der teuflischen Willkür doch nicht völlig preisgegeben. Wenn er's zu häßlich treibt, dann treten ihm die guten Schutzgeister des Waidwerks entgegen.

Schöne Jugendzeit! Ich hatte hoch oben im Aschentalgebiet, auf einer kleinen felswaldumwachsenen Alplichtung, dem ,,Aschelboden", während der Hirschbrunft – ein Schmalreh entdeckt. Das ist gar kein so unbedeutender Fund im Gebirg: Wo ein Schmalreh seine zierlichen Schalen hinsetzt, da findet sich auch, meist schon im grünen Maien, der Bock ein, und zwar vor anderen der alte und starke. Damals im Oktober hielt ich auch gleich begierig Ausschau nach dem väterlichen Begleiter der schmalen Geiß, der irgend ein bis dahin nie geschauter Latschenurian sein konnte, entdeckte ihn aber nirgends, obwohl ich einen ganzen schönen Hirschbrunftnachmittag drauf verwendete und selbst vor ein paar Geschreistößen über den Rand des schon gilbenden Buchenblattes nicht zurückscheute. Dabei hatte sich's in jenen Jahren der sogenannte ,,gesetzgebende Körper" zur Abwechslung einmal so ausgedacht, daß mit dem dreißigsten September die Schußzeit auf Rehböcke endigte. Wir schrieben an dem Tag den zweiten Oktober, waren aber am dreißigsten schon zur Aschentalhütte aufgestiegen, und mein Begleiter war überdies der treue Adolf. Wer wollte uns, wenn wir andern Tags mit einem Rehbock zu Tal stiegen, nachweisen, daß er nicht vierzig Stunden zuvor schon sein Leben hatte lassen müssen? Aber ich wurde nicht in Versuchung geführt, oder, richtiger gesagt, mein Bemühen um die Versuchung war fruchtlos.

Aber eines Augustmorgens im folgenden Jahr stieg ich, nachdem mir unten in den taunassen Talwiesen nicht das erhoffte Heil auf einen Altgabler geworden war, mit plötzlichem Entschluß und sehr langen Schritten in das Seitental des mir frisch entgegensprudelnden Grattenbachs hinein und von dessen aus dem Fels brechender Quelle weg den steilen Serpentinensteig zum Aschelboden hinaus. Nichts, nicht die in den Lahnern äsenden Gams, nicht die zwei dem Latschenwechsel zum Mühlhorn hinüber folgenden Basthirsche und nicht einmal der hoch im Blau kreisende Aar beirrte mich auf meinem von romantischen Bildern und glücklichen Hoffnungen beschwingten Weg. Zwischen den mit Blaubeerkraut bewachsenen Felsblöcken und den flechtbehangenen Rauhfichten würde er geschlichen kommen mit vor Eifersucht und Mordlust funkelnden Lichtern, immer den Schatten suchend und doch da und dort in einem Sonnenfleck feuerrot aufflammend, oder in langen Fluchten über bemoostes Fallholz heranwettern und auf der Lichtung in den noch blühenden Almrauschbeeten empört verhoffen mit taufeuchter rauher Krone zwischen hochgestrafften Lauschern über einem weißen Altersgesicht! So fördernd, so meiner Sache sicher war ich den oft begangenen Steig noch nie hinaufgehastet.

Aber das sich bei anderen Jägern oft bestätigende ,,gute Vorgefühl" hat mich zeitlebens getäuscht. Nur die böse Ahnung behielt – und das nicht nur beim Waidwerk – fast immer recht. Die hat sich mir in einzelnen Fällen sogar wie eine Lähmung auf die Arme und auf die Willenskräfte gelegt, wenn das heißbegehrte Wild nach allen Gesetzen der Vernunft nicht mehr auskonnte, unfehlbar mir gehören mußte. Um es ehrlich zu sagen: Am gefährlichsten war es, wenn ich starkes Wild nahe vor mir hatte, aber aus irgendwelchem Grund mit dem Schuß noch zuwarten mußte. Der Gamsbock stand spitz von hinten, der Hirsch war niedergetan und zeigte dabei nur Haupt und Geweih, der Rehbock verhoffte mit verdecktem Rumpf, der zustehende Fuchs verhielt sichernd spitz von vorn so auf vierzig, fünfzig Schritte. Die vernünftige Stimme riet: „. . . brauchst nur zu warten, die Ruhe bewahren, er kann dir nimmer aus!" Und dann pfiff irgendwo eine Geiß, oder ein Stuck schreckte, oder der Wind schlug um, und weg waren Bock und Hirsch. Oder der Gams fuhr auf einen Rivalen los, der Rehbock auf eine Geiß. Oder, und das in gar nicht wenigen Fällen, die Spannung wurde einfach zu groß und man schoß auf den Träger, obwohl Äste ihn verdeckten, oder auf den spitz stehenden Fuchs, obwohl man wußte, daß die Chance eines ins Hirn durchschlagenden Schrotes 5:100 war, oder, oder . . ., und dann war mit einem Mal die eben noch so unverlierbar scheinende Chance dahin oder gar verscherzt und die Bühne leer und nur noch die fruchtlose Reue und der ohnmächtige Zorn waberten und quirlten und zuckten darüber hin. Aber in all diesen Fällen war vom ersten Moment des Ansichtigwerdens dies ungute Vorgefühl da, das verdeckte Wissen um den der günstigen Gegebenheit zum Trotz unabwendbaren schlechten Ausgang. Denn oft, ja viel häufiger sogar, ist auch alles gut verlaufen, entsprach das glückliche Endergebnis der glücklich gebotenen Chance. Dann lag mir aber auch dieser sonderbare verneinende Alp nicht auf der Brust.

Wo ist hier die Ursache und wo die Wirkung!? Ist's eine echte Vorahnung, was man da verspürt, oder ist es nur ein Unterwissen von der an eben dem Tag oder zu dieser entscheidenden Stunde gegebenen eigenen Unzulänglichkeit, vom Nichtmeisternkönnen einer günstigen, aber angespannten Lage!? Ich habe keinen Hauspsychologen, den ich befragen könnte oder möchte. Seine Aufklärungen brächten mir überdies die verlorene Beute nimmer zurück, die in fast all diesen Fällen von besonderer Stärke gewesen ist.

Damals, an jenem strahlenden Hochsommermorgen, war es auch umgekehrt: Meine freudige Zuversicht wurde enttäuscht. Denn als ich den Aschelboden endlich erreicht und nach kurzer Schnauf- und Trokkenpause mit meinem Musizieren begonnen hatte, lösten sich alsbald zwei rehrote Gestalten aus Gefels und Gestämm und kamen in langen Gazellenfluchten zu mir herunter. Aber dem ersten freudigen Sichkrampfen dicht über dem Herzen folgte sehr bald die ernüchterte Enttäuschung: Die beiden Stücke waren von allzu unterschiedlicher Stärke, das vordere hochläufig und feuerrot, das nachfolgende niedrig und blond. Mein Schmalreh vom Vorjahr war zur Mama geworden und kam herangeprescht, voll der Neugierde, wer wohl aus der Familie Reh sich in ihre Aschelbodeneinsamkeit verirrt haben mochte.

Auch wieder so ein holdes Geranke von Waldgeheimnissen um dieses Schmalreh und sein Leben hier oben im rauhen Felsfichtenwald! Wo war der Vater des Kitzes? Hatte irgend ein fahrender Ritter das junge Waldfreifräulein vor Jahresfrist hier herauf entführt und nach verflogenem Hochsommerrausch wieder verlassen? Oder hatte es selber schon als Kitz da gelebt, war die alte Stammutter im vorletzten Winter eingegangen hier oder unten im Tal und war es dann allein in der Heimat verblieben oder zum vertrauten Sommersitz zurückgekehrt? Und wartete die junge Mutter jetzt des Freiers, oder war der Reigen auch diesmal schon wieder beendet? Ich blieb noch lange hinter meinem Buchenstrunk sitzen, fing sogar, als die Geiß sich verzogen hatte, zweimal wieder zu blatten an, bis sie, sofort wiederkehrend, mißtrauisch wurde und sich in die Latschen hinauf verziehend ein paar helle Schrecklaute hören ließ. Dann ward es still; unten im Graben flüsterte der Felsbach und von der hohen Roßalm herunter klimperten die hellen Glocken des Jungviehs. Nüchtern betrachtet hat diese kleine Vorgeschichte nichts mit einer Nachsuche zu tun, aber für mich ist sie ganz einfach damit verbunden. So ein Augustmorgen im Gebirg ist voll von Möglichkeiten für den Jäger. Man erfaßt ihn, seine Stimmung und Ausstrahlung, seinen satten Pflanzenduft nur, wenn man sich an *alles* Erlebte erinnert, das er vermittelt hat.

Jetzt also steigabwärts und heim! Man spürte es trotz der frühen Stunde, daß einer der heißen Höhepunkttage dieses Sommers heraufgestiegen war. Schon summte es überall von schweren Insekten, und nur auf Schattenplätzen lag noch kleinperliger Tau.

Ich hatte den halben Weg zur Grattenbachquelle wieder zurückgelegt, als ein seltsamer Tierlaut aus dem Gegenhang mein Ohr traf. Ich blieb stehen. Was war das gewesen!? Jetzt wieder – ein Klagelaut ohne Zweifel, aber von welchem Wild? Gleich sprang mich die Jagdlust an. War es am Ende eine der ungezählten Variationen aus der Skala des Angstgeschrei's? Trieb hier der oben vergeblich gesuchte Urian? Und da wischte es in wilder Fahrt aus den Latschen. Zwei rötliche Wildkörper waren es. In kaum vorstellbar langen Fluchten ging es in einen felsigen Graben hinunter und in ihm weiter fast senkrecht steil nach unten und – auf mich zu. Und dazu, immerfort sich wiederholend, jener merkwürdige meckerige Angstton, als ob ein Lamm nach der Mutter riefe. Aber – das waren keine Rehe, das waren Gams! Das vordere Stück klagte. Es war ein zwei- oder dreijähriges Gams, das verfolgende dagegen schien stark zu sein. Jetzt bog das Junggams aus dem Graben heraus, um nicht in die Steilwände der Klamm hineinflüchten zu müssen, wendete aufwärts, und da hatte das andere, ein, wie ich jetzt erkannte, sehr starker Bock, es auf einem zwischen zwei kleinen Wänden hindurchlaufenden Grasband auf einmal eingeholt. Und nun geschah etwas, das mich, der ich es bis dahin noch nie beobachtet oder gehört hatte, in geradezu maßloses Erstaunen versetzte. Der Altbock nahm den Jungen mit einer Wut und Heftigkeit auf die Krucken, die etwas Unheimliches an sich hatten. Hellauf schrie das Schwache, so daß es laut zu mir herübertönte. Neben den Stößen und Rissen der Krucken bedrohte es die Absturzgefahr, denn das Band war schmal. Und es dauerte auch nur Sekunden, bis dieser blindwütig sich gebärdende stämmige Bockteufel das schlanke Gemslein (vielleicht war's auch eine Geiß?), das ihm bestimmt nichts zuleid hatte tun wollen und ahnungslos in seinen Bereich eingewechselt war, aus der Wand geworfen hatte. Zusammen mit einem Felsbrocken, der fast so groß war wie es selber, stürzte es, Läufe nach oben, gut zimmerhoch frei durch die Luft, aber zum Glück in ein dichtes Latschenbeet hinein. Dem Tempo nach, in dem es ein paar Augenblicke später schräg abwärts daraus heraus- und davonflüchtete und in einem Alpenwaldstreifen verschwand, konnte ihm nicht viel fehlen.

Der Bock aber stand trotz seines gelblichen Sommerkleides auf dem Grasband, wie wenn Hochbrunft wäre, zog den Rücken krumm, stellte den kurzen Sommerbart, hob die Oberlippe und bot (ich hatte ihn jetzt in den Linsen des Spektivs) mit fliegenden Flanken und funkelnden Lichtern ein Bild höchster bösbebender Erregung. Erst nachdem sich mein Staunen gelegt hatte, dachte ich ans Schießen. Es war ein Mordslackl von einem alten Bock, die Krucken standen nicht weit und waren auch nicht übermäßig hoch, dafür aber sehr scharf und lang gehakelt. Vor allem anderen aufregend war die Stärke, die urhafte „Dicke" der Schläuche. Ich schoß sonst kaum je einen Sommergams, es sei denn, daß er mir um den 25. August herum, dem Tag des hl. Ludwig, begegnete. In dankbarer Erinnerung an das Ferienglück der Schülerjahre, an den mir damals vom Vater zum Namenstag gewährten Abschuß eines Gamsbokkes, nahm ich ihn auch später und nehme ihn noch heute manchmal mit um die Zeit. Sonst aber ließ ich im Hinblick auf die vielen Bartböcke, die damals vom Jagd- und Forstpersonal und von den Gästen geschossen wurden, den Sommerböcken ihren Frieden. Wenn man die auch noch befunkt hätte, dann wären wahrhaftig nur die Fünf- und Vierjährigen übrig geblieben, um die Geißen zu beschlagen.

Aber bei dem da war's doch was anderes. Der hatte sich mit seiner Altersbosheit selber als überständig verraten und Auge und Büchsenlauf des Jägers auf sich gelenkt.

Weit war es; gut zweihundert Meter übers tiefe Felstal hinüber! Ich führte die alte Büchsflinte, die auf 120 m eingeschossen war, würde also am Kreuz abziehen müssen. Ein großer Stein bot Auflage und Schulterstütze. So aus ruhiger Hand war der Schuß kein Kunststück. Zudem stand der Bock regungslos: Nur das Haupt drehte er unausgesetzt in streitbarer Unruhe hin und her. Man neigt dazu, das Treiben der Gamsböcke untereinander für ein mehr oder minder harmloses Sichherumjagen zu halten, bei dem keiner dem anderen ernstlich an den Leib rücken will. Manchmal, wenn zwei meist jüngere Böcke stundenlang blädernd in gemächlichem Tempo und immer wieder stehenbleibend hintereinander her sind, scheint dies auch zuzutreffen. Was außer vielleicht der allgemeinen Erregung und Anziehung durch die Brunftwittrung sie zu dieser merkwürdigen Gefolgschaft treibt, habe ich nie zu enträtseln vermocht. Es ist wohl häufig, aber keineswegs immer ein jüngeres Böckepaar, das solches Benehmen zeigt. Nur ein Zeitvertreib, ein aus der Not kommender Ersatz für die Zaungäste beim großen Liebesfest, kann es demnach nicht sein. Ich meinte auch zu beobachten, daß zwischen solchen Partnern nie ein größerer Altersunterschied bestand.

Ich war einmal vor Jahrzehnten in einem Gamsrevier zu Gast, dessen hoher Jagdherr ein vorbildlicher und reich erfahrener Heger war. Trotzdem es sich, und zwar, wie ich annehme, aus Äsungsgründen, um ein Revier mit dünnem Bestand, also verhältnismäßig wenig Scharwild handelte, begegneten einem auf der Novemberbirsch fort und fort, sei es auf einsamer Suche oder in zwei-, drei-, ja vierköpfigem Reigen gute, ausgereifte, alte Böcke.

Ich machte dort – weil zeitlich ein wenig gedrängt – den Fehler, die Kugel nicht lang genug im Lauf zu behalten. Dazu trug auch der Wunsch des Jagdherrn bei, der in jenen Jahren den Abschuß auf Böcke eines ganz bestimmten, ein wenig geißenhaften Kruckentyps erfüllt und sogar darauf beschränkt haben wollte. Das störte mich nicht, denn ich bin nie ein Trophäenjäger gewesen. Die Stimmung, die das Wild in seiner Landschaft, man darf auch sagen, die eine Landschaft mit ihrem Wild verschenkt, und die Gefühle zwischen himmelhohem Jauchzen und tiefer Betrübnis, die um das Waidwerk kreisende Leidenschaft zu erwecken vermag, die sind alles; Zentimeter, Millimeter, Kilogramme und Dekas weniger noch als Schall und Rauch, verstaubende Nichtigkeit. So sehe ich es, sollen andere mit ihrem Blickpunkt glücklich werden. Natürlich wird ein Jäger, der das Herz da hat, wo es hingehört, nur für starkes und reifes, insbesondere altes Wild in Leidenschaft entbrennen, er wird sogar messen und wägen, aber er wird das Wild, nicht den Knochen an der Wand, sich erträumen und erjagen wollen. Trotzdem beging ich dort und damals den Fehler zu meinen, daß innerhalb der freigegebenen Klasse nicht allzugroße Variationen möglich seien und schoß, freilich auch selber sorgfältig ansprechend, was der in die hegerischen Absichten seines Herrn genau eingeweihte führende Jäger mir als richtig bezeichnete. Ich hätte ruhig ein wenig zögern sollen, denn auch unter diesen Geißkruckigen hätte es dort ein paar Mordslackelböcke gegeben mit sehr starken und hohen Schläuchen, und einer war da, dessen dicke verpechte Krucken zwar eng standen und erstaunlich niedrig waren, aber großbogig und so scharf gehakelt, daß ihre langen Spitzen nach innen wiesen.

Ich hatte zwei Böcke frei. Mit dem ersten, einem neunjährigen, ging es verhältnismäßig schnell. Ich schoß ihn am zweiten Tag, und den anderen dann gegen Ende des vierten Tages. Auch er war hegerisch und im Sinn des Jagdherrn richtig geschossen, ein dünn- und engkruckiger Siebenjähriger mit sehr gutem Bart. Es ging schon gegen Abend, und so blieben wir die Nacht über auf einer kleinen Hochalmhütte, die einen Blick gewährte, wie man ihn sonst nur aus seligen Träumen kennt.

Als wir andern vormittags heimgingen, begegneten uns nicht weniger als drei Bockpaare, die alle gemächlich, einmal mit tiefem Windfang, dann wieder blädernd, hintereinander herzottelten oder umeinander herumpiaffierten. Und bei jedem weit abseits vom Scharwild sich herumtreibenden Böckepaar befand sich mindestens einer, dessen Abschuß erlaubt und der weit begehrenswerter gewesen wäre als die von mir nun leider schon ins Jenseits beförderten zwei.

Der Kurzkruckige, den ich damals kennenlernte und den ich auf grund gleicher Übereilung auch im nächsten Jahr unbeschossen lassen mußte, folgte einem wahren Kapitalbock mit herrlich weit ausgeschweiften hohen Schläuchen. Beide Böcke hatten dichte, unübersehbare Pinsel, und der wackere Hans, der Oberjäger an meiner Seite, sagte: „Des san jetzt, moan i, inserne zwoa ältesten Böck' so ziemli."

Die Geißen, soweit wir an jenem Morgen welche antrafen, standen entweder allein oder wurden von jungen Jahrgängen behelligt.

Erklär' mir einer das! Treibt der etwas stärkere den etwas schwächeren Bock aus irgendeinem sturen Muß heraus stundenlang vor sich her, „geht ihn müde", um ihn am Ende doch noch mit den Krucken zu bearbeiten? Oder ist's nur eine Art gemeinsame, durch die gleiche Unruhe und Ausdünstung belebte Suche nach brunftigen Weiblichkeiten? Ich weiß es bis zum heutigen Tag nicht. Aber eines weiß ich (und damit kehre ich zu dem Erlebnis jenes Augustmorgens zurück), daß der alte, ja schon der ältere Gamsbock von sieben, acht Jahren ein bitterböser und mordlustiger Verfolger und Forkler der jüngeren sein kann und dem Rehbock darin keineswegs nachsteht. Wenn er einmal die Lauscher anlegt und seine Lichter zu glitzern anfangen, dann droht dem ihm in die Quere geratenen Jungbock Schlimmes. Erwischt er ihn, dann stößt und reißt er mit den Kruckenbögen und ihren Spitzen wie ein Berserker an ihm herum und läßt ab und kehrt nochmals um und fährt fort im grausamen Werk. Daß er ihn nur selten umzubringen vermag, liegt an der Art seiner Waffe. Aber der eine oder andere geringe Bock geht sicher auch an den Folgen solcher Mißhandlung, an einer aufgerissenen Flanke, an Verletzungen des Kurzwildbrets und auch an durch Abstürze verursachten Knochenbrüchen ein. Der alleinstehende Altbock – und eben das wußte ich damals noch nicht – säubert im Frühjahr und Sommer sein Gebiet böse und zornmütig von jeglichem jungen Geraffel. Die arglosen Junggams, die Jahrlinge und die eben mütterlicher Hut und Führung entwachsenen Zwei- und Dreijährigen sind hierbei am gefährdetsten. Und so etwas, mit kaum glaubhaftem glimpflichen Ausgang, hatte sich hier abgespielt.

Der in aller Ruhe auf die Bartlinie dicht hinter dem Widerrist hingezielte Schuß brach und weckte rollendes Echo im engen Graben. Nach dem Bruchteil einer Sekunde, die die Kugel für den weiten Weg brauchte, stellte sich drüben der Bock wie ein Lipizzaner auf die Hinterläufe und fuchtelte mit dem linken Vorderlauf in der Luft umher, während der mir zugekehrte rechte schlaff herabhing. Noch einmal hob sich der Bock so empor, kehrte mit den Vorderläufen wieder zum Boden zurück und verharrte dann mit angezogenem Kinn und krummem Rücken eine Weile regungslos.

Also trotz hohen Haltepunkts noch zu kurz gezogen! Oder war's am Ende doch ein Herzschuß? In meiner hinter dem Stein verklemmten Stellung ging es nicht schnell genug mit dem Nachladen, und während ich gerade die Büchsflinte wieder zuschlug, wendete mein Wild scharf hangauf und verschwand mit ein paar federnden und (so ist das beim Gams!) völlig gesund aussehenden Fluchten steil nach oben in den nachschwankenden Latschen. Da und dort noch ein gelbes Fortwischen über Lücken und schmale Rinnen, dann war der Bock meiner Sicht entzogen. Auf dem weißen Gestein am Anschuß aber leuchtete, sich lebhaft davon abhebend, ein scharlachroter Schweißfleck.

Da hatte ich's, mit meinem Weitschuß bei einer zu schwachen Ladung! Es war weiter gewesen, als ich gemeint hatte, *zu* weit eben. Recht geschah mir mit meiner Gamsschießerei im Sommer, jetzt durfte ich, der ich mich nach allzu kurzer Nachtruhe schon auf das harte Roßhaarpolster auf der Liegebank in meiner Turmstube gefreut hatte, ich durfte jetzt in der Hitze heimgehen, mir den Hund holen, wieder heraufsteigen, in den Graben hinunter und drüben die Wände hinaufkreilen zum Anschuß und von da eine nahezu aussichtslose Nachsuche beginnen. Ein vorderlaufkranker Gamsbock geht dem Teufel zu durch schärfste Gräben und über steilste Wände hinauf. Es war fraglich, hing von der Schwere der Knochenzertrümmerung ab, ob er sich dem Hund überhaupt stellen würde und wenn, dann wahrscheinlich erst jenseits der Schneid, auf die hinauf man vom Anschuß weg durch sperrige, qualvoll ermüdende Latschenfelder nahezu eine Stunde brauchte. Aber es half nichts, ich hatte mir's so eingebrockt, jetzt mußte ich meiner Waidmannspflicht genügen. Um dreiviertel acht Uhr war der Schuß gefallen, um drei Uhr stand ich, der ich nach eingenommener, die Kräfte auffüllender Frühkost einer Schlafversuchung doch nicht hatte widerstehen können, endlich vor dem großen, inzwischen unter der brütenden Hitze schwärzlich eingetrockneten Schweißflecken am Anschuß.

Der Gebirgsschweißhund, den ich damals führte, war noch recht jung, im zweiten Behang erst, war begabt, aber hitzig und – darüber hatte ich erst zwei Jahre später volle Gewißheit – von schlechtem, unzuverlässigem Charakter. Immerhin (ich hatte es an Mühewaltung um ihn nicht fehlen lassen!) kannte er sich aus, hatte schon eine ganze Anzahl leichterer Arbeiten erfolgreich hinter sich gebracht und war, so glaubte ich, fährtentreu. Man durfte es mit ihm probieren, zumal ich keinem der anderen Hunde mehr zutraute als ihm und der einzige voll erfahrene und zuverlässige Schweißhund des Reviers, des Forstrats hochgepriesener „Rasco", im zwölften Lebensjahr stehend zu alt für diese hochsommerlich glühheiße Arbeit in Fels und Latsche war.

Ich muß es offen eingestehen: schon nach siebzig Metern der Riemenarbeit im Latschendschungel nahm ich dem hechelnd und voll gierigen Eifers der Wundfährte nachziehenden Hund die Halsung ab. Es ging selbst über Jungjägerkräfte, in diesem hitzeüberwaberten Geflecht und Verhau aus abertausend Wurzel- und Astarmen hinter dem Hund herzukriechen. Eine gewöhnliche Fichten- oder gar Föhrendickung ist dagegen ein Wandelgarten für Klosterfrauen.

Ich schnallte also den Vasco, wischte mir Schweiß und Latschennadeln aus dem Gesicht, setzte den mir zum fünftenmal vom Kopf gerissenen Hut auf und stieg nach kurzem labyrinthischen Irrweg zwecks Aus- und Umschau auf einen kleinen das Krummholz überragenden Felskopf hinauf. Und als ich gerade schwer keuchend seinen Scheitel erklommen hatte, jauchzte der erste Hetzlaut viel höher oben, viel weiter entfernt, als ich's gehofft hatte, aus dem schwarzgrünen Latschenmeer. „Jiff, jaff . . . jiff", wie auf herbstlicher Hasenjagd klang es. Jagte der Hund am Ende an einem Schneehasen!? Aber da fing mein Auge eine schnelle weiß-gelbliche Bewegung über eine kleinwinzige Lahnerblöße hinüber auf. Und unmittelbar danach sah ich gut und gern dreihundert Meter weit von mir entfernt und hoch über mir ein starkes Gams fast senkrecht über eine haushohe Wand hinauffahren wie einen gelben Blitz. Durchs Glas erkannte ich den nicht mitmachenden rechten Vorderlauf. Auf einem Felsvorsprung bremste der Bock jäh ab und äugte gestrafft auf den ein gutes Stück unter ihm Laut gebenden Hund zurück. Ich warf mich, den Repetierer von der Schulter reißend, auf den Boden meines Aussichtsturmes, fand irgendwie Halt für die Ellbogen und Anstrich für den Lauf. Eine Handbreite über der Rückenlinie brach mir der Schuß. Ich sah nicht das befürchtete weiße Aufstauben im Fels, aber plötzlich und ohne jeden Übergang die vier Läufe des Bockes in der Luft und dann nur noch ein helles windschnelles Herabstürzen über die zehn Meter hohe Wand ins Latschenmeer zurück. Und während ich's, tief Atem holend, noch kaum zu fassen vermochte, daß die Mühsal dieser fast aussichtslosen Nachsuche, an die ich mit einem beklemmenden Druck auf der Brust herangegangen war, daß sie innerhalb einer knappen Halbstunde einen unglaubhaft glücklichen Abschluß gefunden hatte, daß es jetzt nichts mehr zu befürchten, zu bestehen und vor allem zu mühen gab, hallte oben der nicht gar zu tiefe, aber glockenklare Standlaut des jungen Hundes von den Wänden zurück.

Was dann noch folgte, war wohl noch Mühsal, aber die glücklichste unter den unserem Stammvater einst auferlegten. Ich hielt es nicht einmal bis zum Ende der nur zu einem Drittel gestopften kurzen Pfeife aus auf meiner Aussichtskanzel. Erst war's ja schön, dies Hineinlauschen in den verglühenden Hochsommernachmittag, in dieses vergessene Stück Felsen- und Latschenwelt, aus der pausenlos der Hundehals herabtönte. Ich glaube, daß solche Stimmung in die Zeiten der Armbrust zurückversetzt. Nur ist es wahrscheinlich nicht der gleiche ungeteilte Jubel jener bis auf die Schultern herab belockten Jäger, zu dem wir heute noch fähig sind. Das Gift aus der Frucht des Erkenntnisbaumes ist seitdem tiefer eingedrungen ins Menschenherz. Und überall und immer bohrt freudezersetzendes Denken.

Wie viele Dramen mochten hier abgerollt sein in all ihren Stufungen!! Leben ist Jagen und Gejagtwerden, ob für die mein nacktes Knie ratlos überwandernde Ameise oder für den Menschen. So deutlich freilich wie heute und jetzt war mir das nur selten geworden. Da säubert der Mächtigste im engen Kar herrisch und überheblich sein Reich, will den Tod des anderen, der ihn hier gestört hat. Und der noch Mächtigere, dem auch er weichen muß, ist ausnahmsweise in diesem Reich zu Gast und zugegen und schleudert seinen Feuerkeil und trifft und verfolgt und tötet. Und wer wiederum lauert diesem Mächtigeren auf?

Schluß! Keine Erkenntnis! Sie zerstört alle ursprüngliche Lust. Ich schwang mich vom Felsen und, alsbald wieder keuchend und schwitzend, zwängte ich mich und stürmte auf den Standlaut zu. Kaum mehr als eine Viertelstunde brauchte ich für den Weg, der mich ohne den Glockenruf aus den Latschen doppelt so viel Zeit gekostet haben würde.

Zwischen dem Fuß der Wand und dem Latschenfeld war ein schmaler, den Fels umringender Lahnerstreifen. Ein paar Almrauschbüsche standen darauf in letzter Blüte, und zwischen ihnen, mit einem Kruckenbogen in sie verhakelt, lag der Bock. Dicht bei ihm verbellte krummrükkig bös und seinem eigenen Herrn die Beute mißgönnend der feingliedrige rote Bergjägerhund.

Der Bock war zehnjährig, wog mit dem Edelgeräusch 69 Pfunde. Die Kugel hatte den rechten Lauf hoch zertrümmert und auch noch das Brustbein stark gestreift; eine Handbreite zu tief hatte sie gefaßt, aber nur zwei Fingerbreiten fehlten daran, daß sie ins Leben gegangen wäre. Das schlanke Geschoß aus dem Lauf des Repetierers dagegen hatte die linke Blattschaufel etwas hoch durchschlagen und war hinter der rechten dicht unter dem Kreuz und mit starker Zerstörung ausgefahren.

Ein fast vergessener alter Felspfad, den ich beim Aufstieg gekreuzt hatte, erleichterte mir den Heimweg. Im kühl talwärts fächelnden Abendwind, der immer noch voll warmer Sommerdüfte war, wandelte ich schwer beladen, aber sicheren Fußes meinen Steig entlang.

Unten im Alpenwald flutete abendliches Sonnenlicht vom Westen her zwischen die urkräftigen Stämme der Tannen, Lärchen und einiger knorriger Buchen herein und verklärte tiefgolden die aus dem steinigen

Waldboden wuchernden Kräuter oder ihn überziehenden Moose. Dünnes Felsrinnsal, ein glitzernder Wasserschleier nur über algigem Steingrund, spendete karge Labung. Aber dann tat die Schachenalm sich auf. Es summte von Fliegen, brummte von Hummeln, schnarrte von rotflügeligen Grillen, gaukelte von Pfauenaugen, Füchsen und Admiralen, duftete nach Speik und Minze, klimperte und klang vom Glockengeläut der Rinder. Ein Weidling voll Milch auf dem kleinen Klapptisch vor der Kaserwand, zu Füßen der pralle Rucksack, aus dem mit dem Latschenbruch im Äser das Haupt des Bockes und die vier kantigen Gamsläufe ragten, zur Seite die waschblaubehoste Sennerin mit den klugen grauen Augen, dem braungebrannten Kropf und dem schütter grauzottelbärtigen Kinn, aber den bei aller Rissigkeit und schwarzen Ränderung schönen, weiblich einfühlsamen, vom rotgoldenen Witwenring Würde verleihend geschmückten Händen.

Im Schloß nach Dusche und Umzug ein Gedränge von Gästen, ein Gewirr von Stimmen und Gesprächen, zwischenhinein immer wieder ein heimliches Sicherinnern: der auf den Hinterläufen stehende Bock, der scharlachrote Fleck im Gestein, schweißerpressende Mühsal des Wiederaufstiegs, rote Fährte, zundertrockene glühheiße Latschenschinderei, Hundegeläut und dann der Schuß, der Schuß, dieser verzweifelte, der Wirklichkeit nimmer achtende Fernschuß in die Wand hinauf und wieder Hundehals, dann durch die Randlatschen hindurchschimmernd des Bokkes weißlicher, schweißbesprühter Bauch, schwarze Pechkrucken, Latschenbruch, eratmende lange Rast . . .! Als ich bei Tisch einmal für kurze Zeit der Sprechverpflichtung ledig war, trank ich mir – wie ich's oft getan – ganz für mich selber zu. Ich hatte einen guten, freudigen Grund. Der Teufel hatte ein paar Sekunden nicht aufgepaßt!

# *Gamsböcke in der „Goger"*

Wenn ich heute darüber nachdenke, dann erfasse ich erst, wieviel väterliche Nachsicht und Liebe notwendig waren, um meinen überaus pflichtbewußten und in mancher Hinsicht strengen Vater zu veranlassen, mir, als ich nach München auf das Gymnasium gekommen war, alljährlich im November einen schulfreien Samstag, der die Erlaubnis zum Abschuß eines Gamsbockes in sich schloß, zu bewilligen. Die Entschuldigung für das Fernbleiben vom Unterricht (meist wurde Krankheit als Grund angegeben) mußte dann aber meine Mutter schreiben.

Für mich bauten sich diese vierundzwanzig Stunden der Schulbefreiung und Jägerfreiheit, mit Vorausdenken und Daran-Planen sowohl als auch mit Rückschau in die gehabte Beglückung, wie ein das ganze Gebäude des nicht enden wollenden mehr als drei Monate währenden Wintertertials tragender Pfeiler auf.

Wir hatten viel Gamswild im großen, damals noch ganz eigenen Revier, und wenn auch mein Vater die Jagd auf der Ostseite unseres Tales verpachtet hatte, blieb „. . . noch genug der Lust dabei zur Gemsenjägerei". Ein Tag Gamsbirsch war damals gleichbedeutend mit reichem Anblick von schwarzen Gams auf weißem Schneehintergrund. Zu der Zeit aber, da ich das Erlebnis hatte, von dem ich erzählen möchte, war die alte Gamsherrlichkeit, weil seither zu viele Menschen sich mit dem Wild in die einst gesegnet ungestörte Bergwelt teilen wollen, längst entschwunden. Aber ich hatte (und soweit die Kräfte noch reichen, *habe*), wenn die Mitte des Gamsmondes, des November, gekommen war oder ist, mir die Anhänglichkeit an die gamsjägerisch romantischsten Plätze in dem uns verbliebenen Revier bewahrt. Dort hat sich übrigens auch ein bescheidener Gamsbestand erhalten. Auf die bewährten Ansitzplätze vorsichtig hinzubirschen und sich da dann für ein paar Stunden wohl ausgestattet einzurichten, einem Gamsrudel zuzuschauen, oder den auf der Suche durchwechselnden Bartbock zu erwarten, das versetzt mich um Jahrzehnte zurück in die glückseligen Tage jener frühen Jugendzeit.

So saß ich – an die zwölf Jahre mag es jetzt her sein – wieder einmal um den zwanzigsten November etwa, an einem Tag ständigen Wechsels zwischen blasser Sonne und Hochnebel, auf alterprobtem Platz in der „Goger". Die „Goger", das ist der von mir schon mehrmals beschriebene, von steilen, felsdurchzogenen, zum Teil auch umwaldeten Lahnern eingeschlossene enge Almkessel, in dem sich keine Almhütte befindet. Im Sommer wird er vom auf schmalem Felssteig hineingetriebenen Vieh der benachbarten Laubensteinalm beweidet. Dieser Kessel war schon die umträumte Sehnsucht meiner Knabenjahre. Er ist, allein seinem Landschaftscharakter nach, der alle Romantik des Gejaids auf Gams am herrlichsten untermalende und ausdrückende Platz unseres weiten Reviers, zudem in diesen nördlichen Ausläufern unserer Berge nächst dem unfern in die Zellerwände eingebuchteten „Gamslagl", die eigentliche Heimat des Gamswildes, an dem es, so lange ich denken kann, zäh und aller Beunruhigung ringsumher trotzend, festhält.

Es tat sich nicht viel an jenem Novembertag. Hoch oben auf der Schneid, wenn man es genau nehmen wollte schon außerhalb der Goger, äste und ruhte ein kleines Rudel von etwa sechs Köpfen. Dem in seiner Mitte niedergetanen Bock sank vor spätbrunftiger Übermüdung das Haupt immer wieder vornüber. Er hatte Krucken – ich hatte genügend Zeit, sie mir durch das Perspektiv anzuschauen – eines Typs, den ich nicht mag, von unten her sehr starke, nach oben aber merklich sich verjüngende Schläuche, die dann in unverhältnismäßig kleinen Hakeln (Bogen konnte man schon nicht mehr sagen) ausliefen.

Mir gegenüber auf dem bewaldeten Grat, der die Goger von den Heuraffelwänden schroff und kantig abgrenzt, tauchte einmal ein einzelner Bock auf. Seinen niedrigen Krucken nach, die mir außergewöhnlich stark vorkamen, war er etwa fünfjährig, dem breiten Träger und seinem Gesicht nach mußte er älter sein. Aber sein halber Rumpf blieb mir ständig verdeckt, so daß ich den Pinsel nicht zu sehen bekam. Schließlich versank er wieder unerwartet, wie er gekommen war, hinter den Gratfichten. Aber dann auf einmal geschah es:

In voller Flucht kam eine Geiß auf dem oberen Wechsel gleichfalls aus dem Heuraffel in die Hänge meines Kessels hereingeflüchtet, von denen der vor einer Woche gefallene Schnee schon wieder halb weggetaut war. Und um wenig Gamslängen hinter ihr folgte hoch gesträubten Bartes ein in Krucke und Figur aufregend starker Bock. Ich machte mich feuerfertig und ging in Halbanschlag. Zum Glück suchte die Geiß dem ihr an Schnelligkeit überlegenen Bock durch Kreuz- und Querfluchten zu entkommen, so daß die Jagd keinen Augenblick zum Stillstand kam. Das brachte mich, den der erste Anblick aus dem vernünftigen Gleichgewicht gebracht hatte, zur Besinnung. Ich ließ den Repetierer sinken und nahm das Glas vor die Augen: Dieser Bock war kapital veranlagt, aber – er war nicht alt. Das siebente Jahr konnte er erreicht haben, dem jungen Haupt und dem noch nicht starken Pinsel nach nicht mehr. Was würde der für ein Kapitaler werden, wenn man ihm zur Vollentwicklung noch drei Jahre Zeit gab! Durch einen Aufwärtshaken, den sie vor dem ihr stur nachpreschenden Verfolger schlug, gewann die Geiß so viel Vorsprung, daß sie in die Heuraffelwände zurückkehren konnte. Mit der gleichen Vollflüchtigkeit ihres Erscheinens waren daraufhin die beiden wieder verschwunden.

Dieser Begegnung sind, ich muß es vorweg nehmen, nur noch zwei weitere gefolgt. Im November des nächsten Jahres sah ich den (ja, man durfte ihn so nennen!) Kapitalen als Platzbock eines großen Rudels wieder in der Goger. Aber, obwohl die Entfernung an die vierhundert Meter betrug, bekam das Scharwild Wind und verzog sich, wenn auch nicht hochflüchtig, so doch eilig durcheinanderdrängend in die Heuraffelwände hinüber. So blieb mir nur wenig Zeit, mich durch das Spektiv am guten Anblick zu erfreuen. Ein Jahr darauf konnte ich mich im Gamsmond immer nur für wenige Tage freimachen. Ich meine auch mich daran zu erinnern, daß das Wetter meist ungünstig war. Jedenfalls warf es große Schneemengen auf unsere Berge und in unser Tal. Ich kam überhaupt nicht in die Gegend der Goger damals. Es gab andere Plätze, die gerade bei tiefer Neuschneelage guten Erfolg versprachen und überdies mit weniger Plage zu erwaten waren.

Aber dann endlich war das dritte Jahr da, und die Frist war um, die ich dem starken Wild, auf daß es ausreifen könne, zuerkannt hatte. Mit einem mich besonders erfreuenden Erlebnis, das ich glaubte, als gutes Vorzeichen werten zu dürfen, fing dieses Jagdjahr an: Schon in meinen Jungjägerzeiten war es mein romantischster Wunsch gewesen, am Kalendertag eines bestimmten Heiligen einen Spielhahn zu schießen. Nur leider, aber eben das machte für mich den Reiz aus, steht dieser Tag im Hinblick auf die Balz der Kleinen Hahnen spät im Kalender, so spät, daß dann das Vieh schon auf die Almen getrieben ward, der Firnschnee auf den Schneiden schon stark zusammengeschmolzen und das Lied des Kleinen Hahns auf vielen Plätzen bereits verstummt ist. Nun, und in diesem Jahr balzte, vielleicht des vorhergegangenen strengen und anhaltenden Winters wegen so verspätet, ein ausnehmend starker alter Hahn (alt muß er sein, denn um diese Zeit stehen alle jüngeren Hahnen schon in der Mauser) trotz weit vorgerückter Zeit auf immer noch hinlänglich großem Schneefleck unentwegt hinter dem abziehenden Lenz her.

Ich bekam die Meldung erst zweimal vierundzwanzig Stunden vor dem Tag meines Heiligen, durfte also nicht säumen, den steilsteinigen Nachtweg hinauf zu jener Alm anzutreten, auf deren schattseitigem Hang noch mehrere zusammengefrorene Schneeplatten verteilt waren, die der Hahn sich zum Tanzboden erkoren hatte. Die alten Randfichten waren so tief beastet, daß man keinen Schirm zu bauen brauchte.

Mein lang gehegter Wunsch war ja nur auf diesen einen Morgen gerichtet. Es ließ sich da nichts verschieben, obwohl ich es nicht verschwören möchte, daß ich, wenn das Unternehmen mißlungen wäre, noch einen zweiten Morgen daran gewagt hätte. Ein Kuriosum wäre der Erfolg auch dann gewesen. Aber alles ging gut. Der Morgen zog in strahlender Klarheit herauf, der Hahn, dem man von der um diese Zeit einsetzenden Mauser nichts anmerkte, fiel ein und balzte, wie er zu Anfang Mai es nicht feuriger hätte tun können, und schließlich schoß ich ihn.

Ich trug ihn auf die Schneid hinauf, von wo ich weiten Fern- und Überblick hatte in das lenzlich grüngolden prangende Land. Mit kaum erträglicher Blendung empfingen mich da die Strahlen der dem leicht übernebelten Spiegel des Chiemsees soeben entsteigenden Sonne.

Es ist etwas Schönes um einen so lange gehegten und schließlich doch erfüllten Wunsch. Ein ganz besonderer, wenn auch vielleicht nicht lange währender Frieden hat dann mit einem Mal Einzug gehalten in des ruhelosen Jägers Sinn und Herz.

Der Friedenstabak brannte erst wenige Minuten, als ich von links aus den Heuraffelwänden Wild heranflüchten hörte. Ich schaute hin und sah knapp fünfzig Meter neben mir ein sommerlich voll verhärtes Gams jäh seine Flucht abbremsen und mich, anscheinend noch ohne Verdacht, anäugen. Ein sehr guter Bock war es mit hohen, mittelweit gestellten und starken Schläuchen, in deren Verharzung sich die Frühsonne hell spiegelte, als wären sie vergoldet. Ich freute mich des Anblicks und fragte mich zugleich, was den Bock zu seiner Herflucht wohl hatte veranlassen können, als plötzlich, wie durch Zauber aus dem Boden gewachsen, hinter ihm ein zweiter Bock stand. Wahrscheinlich hatte der ihn, sein Quartier reinigend, aus den Wänden herausgetrieben. Und da wollte mir mit einem Mal das Herz still stehen: Frei bis fast auf die Schalen stand da – ich konnte es keine Sekunde bezweifeln – *der Kapitale!* Auch auf seinen die Lauscherspitzen hoch überragenden Schläuchen spiegelte sich blitzend, fast grell der Morgenglanz. Das machte ihn vollends zur Erscheinung, zu etwas Verzaubertem, kaum Glaublichem. Die Zlatorogsage konnte einem bei diesem Anblick lebendig werden.

Doch die Erscheinung war mir nur für wenige Herzschläge gegönnt. Der erste Bock ruckte, als er den Starken hinter sich, wahrscheinlich nur mit den Lauschern, wahrgenommen hatte, plötzlich an und flüchtete über die Schneid in den Wald hinunter. Der Kapitale folgte mit ziemlich lässigen Fluchten schräg hinterher, sichtlich bemüht, dem Ausgejagten eine Rückflucht in den Heuraffel von der Flanke her zu verwehren. Durch den Anblick noch immer benommen, sah ich kurz von rückwärts in die starken sonnbestrahlten Krucken hinein, dann verschwanden mir beide Böcke mit hochschnellenden Rücken und aufgestellten Wedeln in der noch vom Schatten beherrschten Tiefe.

Und dann, fünf Monate später, kam die Brunft und wir suchten rund um den Heuraffel herum vergeblich nach diesem Bock, der mein Bester geworden wäre, nachdem mir in jüngeren Jahren zwei andere, deren einer ihm ebenbürtig und deren anderer noch besser gewesen ist als er, schon weggewildert wurden. Ich habe auch bei diesem dritten keinen Zweifel, daß er gestohlen worden ist.

Es treibt sich während des Sommers zu viel Gesindel in unserem dicht an der Landesgrenze gelegenen, gegen das Flachland zu auslaufenden nördlichen Alpenstreifen herum. Ein so verhältnismäßig vertraut sich an Passanten gewöhnendes Wild wie das Gams läßt sich von vielen mit einem jener billigen japanischen Riesenferngläser bewaffneten Passanten meist eingehend beaugapfeln. Und ist ein gutes, eine starke Trophäe tragendes Stück und sein Standort erst einmal bekannt, dann stellen sich, sei's aus nah gelegenen Höfen und Hütten, sei's weiter her, ziemlich unverzüglich die Begehrlichen ein.

Der Berufsjäger muß in unserer Gegenwart, schon weil sein Bereich sich zur Vermeidung allzu hoher Personalkosten fast überall erweitert hat, mehr Pflichten erfüllen, hat mehr Arbeit zu leisten, als zu älteren Zeiten, da die Jagdherren oder ihre Verwaltungen sich eine ganze Anzahl von auch zu jagdlichem Dienst heranziehbaren Hilfskräften in ihren Wäldern leisten konnten. Der Jagdschutz als solcher ist erschwert, seit der Touristenstrom in noch vor einem halben Jahrhundert unvorstellbarer Weise angeschwollen ist und jeder Wanderer ohne alle Rücksichtnahme auf Wild oder gar Jagd überallhin und hindurch die Sohle setzen darf. Überdies sind die Stunden des Jagdschutzes nicht mehr wie einst Schwerpunkt, nicht mehr im alten Sinn Alltäglichkeit im Arbeitskreis des Jägers. Sehr oft muß er die Zeit, die er auf Abwehr und Bekämpfung der Wilderei verwendet, seinem mit harter Arbeit an Fütterungen, Hütten, Steigen, vor allem aber mit Jagdausübung, um den Abschußforderungen der Behörde nachzukommen, ausgefüllten Tag abringen.

Da ist es kein so besonderes Husarenstück mehr, Wild zu stehlen, vor allem aber nicht in Revieren, in denen verantwortungsvoll gehegt wird und gute Stücke durch Jahre am Leben bleiben.

Wie dem aber auch gewesen sein mag, ich habe den kapitalen Gogerbock an jenem vorsommerlichen Morgen auf der Heuraffelschneid zum letzten Mal gesehen. Und auch dem Oberjäger Andreas, der ihn kannte und immer wieder Ausschau nach ihm hielt, ist er zu keinem späteren Zeitpunkt nochmals begegnet.

In den Brunftwochen des ersten Jahres seines Verschwundenseins war bei dem etwa zwölfköpfigen Rudel in der Goger ein auffallend unverträglicher Platzbock, der zwar geringe Krucken, dabei aber alle äußeren Merkmale eines alten Bockes zeigte. Kein anderer durfte sich in seinem Bereich auch nur aus der Ferne sehen lassen. Er eräugte ihn sofort. In zorniger Vollflucht stürmte er auf den Eindringling los, so schnell, daß der Angegriffene sich beeilen mußte, rechtzeitig umzuschlagen. Der Alte schien dann auch noch großen Wert auf eine gründliche Verfolgung zu legen, denn meistens kam er nach einer viertel oder gar halben Stunde erst zum Rudel zurück.

Ich hielt es nicht für ganz ausgeschlossen, aber auch nicht für wahrscheinlich, daß der streitbare Altbock dem ihm an Kräften sicher überlegenen Kapitalen durch seine angriffswütige Art die Goger verleidet haben könne. Gerade beim Gamswild erlebt man es nicht gar so selten, daß bei einem Austrag zwischen zwei etwa gleichaltrigen Böcken der im Gebäude stärkere weichen muß.

Ich hatte in der kleinen Hütte auf der Laubensteinalm für zwei Tage Quartier bezogen und mich zunächst auf abwartendes Beobachten verlegt. Wenn ich in die Goger hineinbirschte – eine gute Viertelstunde benötigte man, um von der Hütte aus den Weg dorthin zu machen – blieb Bild und Erlebnis aber immer das gleiche. Stets war es der Streitbare mit seinen eng gestellten, mittelhohen Krucken, der entweder auf einer erhöhten, kanzelartig aus steilem Lahner herauswachsenden Felsplatte in gespannter Wachsamkeit niedergetan ruhte, oder von noch ungebrochener Leidenschaft angetrieben die Goger von anderen Gamsmännlichkeiten frei zu halten sich mühte.

Am dritten Tag wollten wir eine lange Wanderung („Birsch“ konnte man bei der Menge von Touristen, die auch im November noch unseren Bergen Besuche abstatten, nicht mehr gut sagen), eine bewaffnete Gratwanderung also hinüber nach Süden bis zu der von der Landesgrenze durchschnittenen Feichtenalm unternehmen, um dort wieder einmal in meiner Lieblingshütte, einem engräumigen Almkaser, einzukehren. Ich hatte mir vorgenommen, keine Frühbirsch mehr zu machen und auszuschlafen, wie ich dies übrigens auch sonst in der Gamsbrunft öfters so hielt, ohne daß es Erfolge und Strecke je beeinträchtigt hätte. Als ich aber beim Erwachen durch das Nordostfenster der Schlafkammer sah, daß die Berggrate schwarz wie Tusche vor einem eindringlich rot glühenden Morgenhimmel standen, wurde ich, bestärkt durch ein Gefühl vollen Ausgeschlafenseins, anderen Sinnes.

Den Bock in der Goger hatte ich schonen wollen, weil er wahrscheinlich einer von denen war, die im Herzen unserer Eigenjagd standen und der nach der Brunft auch hier stehen bleiben würde. Den Rest des Abschusses, den ich damals wie heute mir selber zuzumessen pflegte und pflege, wollte ich lieber aus den an sich größeren, aber ständig von nachbarlichen Büchsen bedrohten landesgrenzennahen Gamsrudeln, will heißen aus der sie umkreisenden Böckekorona, erfüllen.

Während einer tief durchschlafenen Nacht jedoch reifen uns oft klar und meist recht gute Entschlüsse. Ich war zu der Einsicht gekommen, daß es, was die Kruckenbildung anbelangte, nicht schaden könne, wenn durch Abschuß des derzeitigen Tyrannen besser veranlagten Böcken zur Herrschaft über das vielköpfige Gogerrudel verholfen würde. Die Verteilung der Eingriffe in die verschieden beheimateten Gamsbestände dürfte damit auch gleichmäßiger werden, wiewohl ich wußte, daß die Natur diesen Ausgleich am besten selber zu besorgen versteht.

So stieg ich also über die leiterartige Treppe von der Schlafkammer hinunter in den Koch- und Wohnraum, um mit dem Oberjäger beratend den Plan, den wir für diesen Tag gemacht hatten, umzuformen. Das Ergebnis war, daß ich schon nach einer halben Stunde ungefrühstückt und nur mit einer Tasse Tee gelabt mich zum soundsovielten Male in Richtung Goger auf den felsigen Weg machte. Und was sich dort dann zutrug, läßt sich mit wenigen Worten erzählen.

Rudel und Bock waren, von erster Sonne blaßgolden beschienen, auf den gewohnten Plätzen. Das Scharwild äste, ob der vorhergegangenen Nachtruhe wohl noch ein wenig schläfrig, in den aperen Stellen des großen Lahners herum, der Bock thronte majestätisch, wachsam erhobenen Hauptes, auf seiner Steinplatte. Während ich, bei den letzten, volle Deckung gewährenden Schirmfichten angelangt, mich unter ihren armstarken baldachinhaft sich breitenden Ästen für den weiten, aber von mir schon mehrmals gemachten Schuß einrichtete, wurde der Tyrann aber jäh aufschnellend hoch. Irgendwo mußte wieder ein Beibock im Begriff sein, sich dem Rudel zu nähern. Aber ich bemerkte, daß gleichzeitig auch andere Stücke beunruhigt aufwarfen und zum Kesselboden hinunteräugten, und dann kamen mit einem Mal von dort einige Gams flüchtig über den vom Nachtfrost noch knirschenden Schnee heraufgeflüchtet. Geiß, Kitz und Jahrling und was noch folgen mochte. Sie hatten sich anscheinend unterhalb meines Anmarschweges aufgehalten und durch die noch abwärts ziehenden Lüfte Wind von mir bekommen. Jetzt war plötzlich Eile geboten.

Ich weiß heute noch nicht, was ich bei der Abgabe des schnell aber ruhig gezielten Schusses falsch gemacht habe. Ein schlechtes Gewissen hatte ich danach jedenfalls nicht. Der Bock stellte sich auf die Hinterläufe, fuchtelte mit den Vorderläufen in der Luft herum, wobei ich meinte, durch's Zielfernrohr zu sehen, daß der linke, der mir zugewendete Lauf nicht recht mittat, und stürzte sich dann sofort hochflüchtig mitten in sein Rudel hinein. Es war von da weg, als wolle die erschrokken durcheinanderwimmelnde schwarze Schar ihn in ihre Mitte nehmen. Ich konnte trotz genauen Hinsehens nicht einmal erkennen, ob der Bock hinkte, und so sehr ich mich mühte, noch einen zweiten Schuß anzubringen, der Rumpf war nimmer frei. Die Gams drängten und schoben sich durcheinander, und nach kürzester Frist schon verschwanden sie mir in einem schmalen Altfichtenstreifen, der an dieser Stelle die Sicht zum Einstieg in die Wände des Heuraffel verwehrte.

Das war jetzt eine nette Geschichte! So kann ein vernunftvoll geplantes Unternehmen durch widriges Geschehen jäh durchkreuzt werden!

Wenn ich, was unter anderen Umständen das Gebotene gewesen wäre, zum Anschuß hinüberstieg, nach Wundzeichen suchte und sie verbrach, dann würde das (der Hin- und Rückweg durch die dazwischen liegenden Wände) eine Stunde in Anspruch nehmen und mehr als eine weitere würde es mindestens dauern, bis der Hund, dem Andrä seine Tiroler Bracke, angesetzt werden könnte. Dieser Astor, der seine Laufbahn vielversprechend begonnen und durch ein paar Jahre Gutes geleistet hatte, war, seit er sich einem krank geschossenen Stück Rotwild Standlaut gebend zu scharf genähert und dabei schwere Schalenschläge auf den Kopf bekommen hatte, in seinem Wesen verändert und nicht mehr verlässig. Die Schneid war ihm abgekauft. Manchmal hatte man den Eindruck, als wiche er dem angeschweißten Stück aus, als drücke er sich drum herum. Es war fraglich, ob er in diesen zerklüfteten Wänden eine Hatz durchhalten würde.

Unter unfrohen Gedanken kehrte ich in die Hütte zurück.

Dort hielten wir erneuten Kriegsrat. Letzten Endes bleibt einem nichts anderes übrig, als aus einer durch Fehler oder Mißgeschick verquerten Lage Bestmögliches herauszugestalten.

Auch diese neue Lage ließ sich vielleicht mit etwas Glück und zur Not meistern. Wir beschlossen, daß der Oberjäger sich mit seiner Bracke an den Anschuß begeben sollte, den ich ihm genau beschreiben konnte. Es war dies nicht schwierig. Er kannte die Steinplatte, den kanzelhaften Thron des Gogerbeherrschers, von unseren gemeinsamen Birschen her genau, und dicht daneben, kaum meterweit davon entfernt, war der Bock, als ich den Schuß abgab, gestanden. Sollte der Befund dort auf einen Laufschuß schließen lassen, dann mußte er die Nachsuche einleiten. Ich untersagte ihm aber, mit dem Hund am Riemen in die Wände einzusteigen. Es müsse seinen Astor schnallen, sobald die Wundfährte in das Felsgebiet hineinführen würde. Käme er aber am Anschuß sowohl als auch auf dem in den Heuraffel führenden Wechsel zu der Überzeugung, daß dem Bock nichts oder nicht viel fehlen könne, dann würde er die Nachsuche abbrechen.

Ich dagegen wollte den keineswegs schwierigen, aber mühselig steilen Weg entlang dem westlichen Grat der Goger und dann um das ganze Heuraffelmassiv hinauf- und herumsteigen. Jenseits von Fels und Felswald würde ich mich am Rand eines breiten Lahners vorstellen, den jedes Gams, das den Heuraffel nach Süden hin verlassen wollte, überqueren mußte. Mehrere altbewährte Wechsel zogen sich über diesen Lahner hinüber in Richtung der sich anschließenden Hochalmen. Laufkrankes Wild flüchtet vor dem Hund kaum je abwärts, und so mußte der Bock, wenn er wund geschossen war, über diesen Lahner hinüber. Da ich mit mindestens einer Stunde für den von mir zu bewältigenden Umgehungsweg rechnete, brauchte der Andrä, der die Hütte zuvor noch aufräumen mußte und dazu auch nicht weniger Zeit benötigte, sich mit dem Aufbruch zur Goger nicht zu beeilen. An dem ursprünglichen Vorhaben, zur Feichtenalm weiterzubirschen, wollten wir auch unter diesen veränderten Gegebenheiten festhalten und uns, wenn nicht am Lahner, so spätestens in der dortigen Almhütte wieder zusammenfinden.

Da bekanntermaßen ein Mißgeschick selten allein kommt, wurde mir an diesem Vormittag der lange Spaziergang bis zum Lahner hinauf so sauer wie noch nie. War es der Föhn, den ich sonst nicht scheue, konnten es die langen Birschwege der Vortage sein, an die ich zu der Zeit gewöhnt war? Ich wußte es nicht, weiß nur, daß ich ein „Verschnauf-Standerl" nach dem anderen einlegen mußte. Zusätzlich begegneten mir sage und schreibe nacheinander drei suchende Gamsböcke, alle drei an der Grenze der Schußbarkeit, einer von ihnen höchstwahrscheinlich sogar um Jahre älter, als seine Krucken es hätten vermuten lassen. Ich blieb aber einem von mir bisher noch nie durchbrochenen Grundsatz treu, vor dem klärenden Abschluß einer Nachsuche auf Schalenwild nie auf ein anderes gesundes Stück zu schießen, trotzte aller Versuchung und marschierte unentwegt weiter. Aber als ich mich meinem Ziel näherte, war mir schließlich klar geworden, daß ich viel zu lange gebraucht hatte, daß alle drei Möglichkeiten, das Durchjagen und -flüchten von Hund und Bock, der durch den Heuraffelkopf gedämpfte und überhörte Fangschuß, oder die ergebnislose Umkehr von Jäger und Hund schon geraume Zeit stattgehabt haben mußten. Sollte ich trotzdem noch die hundertfünfzig Meter zu meinem Vorpaßplatz hinuntersteigen? Motto des alten Waldhüters auf dem fränkischen Waldgut meines Großvaters, auch wenn ihm die Ausführung eines jagdherrlichen Auftrags wenig sinnvoll erschien: „Geh ich halt nochenander ninder und wieder nochenander ro, daß ich gesoch kann: ich war do." Ich entschied mich für das „nochenander ninder" und stieg vorsichtig Schritt vor Schritt durch einen den Lahner von den Almen trennenden felsigen Randfichtenbestand so weit abwärts, daß ich den Lahner überschauen konnte. Als ich den ersten Blick durch die fast bis zum Boden herab flechtig beasteten Fichten tat, ward mir ein Anblick, der mich gleichermaßen enttäuschte und beruhigte: ein kleines Gamsrudel, junges Geraffel, wie mir schien, stand äsend mitten im Lahner. Es war undenkbar, daß im Lauf der letzten halben Stunde hier oder irgendwo in der Nähe eine Hatz durchgegangen sein sollte, ohne es zu vertreiben. Meine Verspätung konnte somit nichts verdorben haben. Gleich unwahrscheinlich aber erschien es auch, daß der Bock wirklich angeschweißt war. Der Andreas mußte meiner Berechnung nach schon vor fast einer Stunde in der Goger gewesen sein. Wenn er nicht – dies war allerdings nur eine schwache Hoffnung – inzwischen, ohne daß mir der leiseste Hall vernehmbar gewesen wäre, einen glücklichen Fangschuß abgegeben hatte, dann war der Hund entweder geschnallt oder aber er hatte am Anschuß nichts gefunden, was ihn zu einer Fährtenfolge hätte veranlassen können.

Nun, ich war jetzt am Ziel, so wie ich es mit dem Jäger vereinbart hatte, und ich war müde. Ich wollte eine Weile hier sitzen bleiben. Behutsam schob ich mich zum Waldrand vor, fand einen einladenden Sitz mit freiem Überblick bis zu den untersten, den Lahner kreuzenden Wechseln und schaute dem vertraut äsenden Jungvolk vor mir zu. So ein- bis dreijährige Junggams verlassen manchmal, als ob sie wüßten, daß sie dort stören, das von brunftiger Unruhe umwaberte Hauptrudel und beziehen in der weiteren Umgebung, manchmal von einer Altgeiß, die in dem Jahr nicht aufnehmen möchte, begleitet und betreut, einen ihnen gemäßen Spiel- und Äsungsplatz.

Bei alledem war ich nicht glücklich, konnte im Gedanken an meinen Schuß in der Goger keine Beruhigung finden. Ich hatte im Rucksack eine Flasche ,,Kalterer", eine kleine Salami und ein Stück kümmelwürzigen hellen Roggenbrotes. Aber trotz meines ausruhsamen Sitzes zwischen mächtigen Wurzeln und Felsblöcken, trotz des Fernblickes ins dunstüberzogene Tal und trotz des friedsamen Bildes der äsenden, manchmal ein wenig scherzenden Gams vor mir und obwohl ich allmählich Hunger verspürte, mochte ich jetzt keine Brotzeit machen. Das, wodurch sie genußvoll hätte sein können, das Behagen nach gerechtem Waidwerk, das keineswegs immer von glücklicher Erbeutung gekrönt sein muß, fehlte. Ich wollte jetzt auch noch eine Zeitlang abwarten, ob nicht der Andreas irgendwo auftauchte, um mir von dem zu erzählen, was sich bei der Nachsuche zugetragen hatte, und mit mir gemeinsam dann den Weg zur Feichtenalm fortzusetzen. So sann ich eine Weile vor mich hin und schaute den Flugspielen der Bergdohlen zu, die mit hellem Pfeifen den Heuraffelkopf umkreisten. Da mit einem Mal war mir gegenüber ein rußschwarzes Gams aus den Laublatschen hervorgetaucht und beäugte regungslos den Lahner. Der Farbe und Stärke des Rumpfes nach konnte es nur ein Bock sein. Noch ehe ich es in die Linsen des Glases hineingebracht hatte, setzte es sich schräg aufwärts gegen die Wand zu, die den südlichen Ausläufer der Heuraffelwände bildet, in Bewegung. Jetzt sah ich, daß es vorne links stark schonte, daß es also laufkrank war. Und gleichzeitig erkannte ich auch an den Krucken, daß dieses Gams der von mir am Morgen beschossene Bock sein mußte. Die Wand, die er annahm, ist sehr steil und völlig kahl. Umso erstaunlicher ist es, daß eine, eine einzige mächtige, mit ihrem Geäst weit ausladende und nahezu haushohe Fichte fast genau in ihrer Mitte steht. Es bleibt rätselhaft, wie sie dort Wurzeln hatte schlagen und zu so voller Größe hatte aufwachsen können. Die kaum verständliche Erscheinung solcher Altfichten auf nacktem Fels, die einsam in luftiger Höhe durch mehr als ein Jahrhundert gesund bestehen, ist in unseren Voralpen, in denen der Fels vielfach weit unterhalb der Baumgrenze schon beginnt, keine Seltenheit. Der kranke Bock schien zu diesem Baum, der ihm sicher in Sturm und Wetter schon öfters Beschützer gewesen war, auch diesmal seine Zuflucht nehmen zu wollen.

Ich erwachte jäh aus meiner Versonnenheit und griff nach dem Repetierer, der gesichert vor mir an einem Felsblock lehnte. Aber ich wurde etwas zu spät fertig. Der Bock, der, trotzdem er sich nur auf drei Läufen fortbewegte, unerwartet schnell über die Wand hinausgekommen war, verschwand mir schon hinter dem zottigen Mantel der

Fichtenäste, als der Schuß brach. Wenn man auf kranke Stücke schießt, darf man nicht zimperlich sein. Die Kugel (ich war ganz sicher abgekommen) mußte ihn waidwund gefaßt haben. Alles Bemühen, irgendwo im Geäst eine Lücke zu finden, um noch einen Schuß anbringen zu können, war vergebens. Aber die Tatsache, daß der Bock auf der anderen Seite des Baumes nicht wieder zum Vorschein kam, durfte man als Zeichen dafür deuten, daß er sich in Deckung niedergetan hatte, daß er wahrscheinlich schwer krank war.

Ich wußte zunächst nichts Besseres zu tun, als abzuwarten und tat es, die feuerfertige Büchse auf den Knien. Nach einer Weile aber überlegte ich, daß, wenn es irgend eine Möglichkeit gäbe, dem waidwunden Bock ein schmerzvolles Verenden zu ersparen, die Pflicht gerechten Jagens es gebot, sie wahrzunehmen. Dazu kam noch die Erwägung, daß es keineswegs ein gefahrloses Beginnen sein würde, den verendenden Bock aus der Wand herauszuholen.

Ich verließ meinen Stand und birschte vorsichtig abwärts, immer darauf bedacht, es nicht zu übersehen, wenn der Bock doch noch hoch werden sollte, und immer wieder mit dem Glas die schwarzgrünen Vorhänge des rauhen Fichtengeästes abtastend, ob sie nicht doch irgendwo in etwa der Höhe eines niedergetanen Gams ein Stück Hintergrund freigaben. Und endlich, endlich, fand ich, den kantigen Grat entlang kletternd, so einen, freilich winzigen Durchblick. Dahinter war ein weißer Fleck. War das Schnee? Nirgends in diesem sonnseitigen Gewänd lag noch Schnee. Ein Stein? Gab es hier oben irgendwo so leuchtend weißes Gestein? Nachdem ich mir durch das scharfe Glas schon fast die Augen aus dem Kopf geschaut hatte, rätselten die Linsen (vielleicht half dabei ein kurzes Sich-Bewegen des Wildkörpers) noch ein Stück Gamshals unter dem weißen Fleck, der also sicher Kinn und Kehle des Bockes war, heraus. Wenn ich noch ein wenig tiefer stünde, würde der Durchblick sich vielleicht erweitern. Ich stieg abwärts, aber da war die Lücke ganz verschlossen. So rutschte ich abermals aufwärts und hatte alle Mühe, die Stelle wieder zu finden, von der aus der weiße Fleck sichtbar gewesen war. Nun, dieser Schuß, der einzige, den der schirmende Fichtenmantel mir nicht verwehrte, er wollte gezielt sein. Ich lag im Gestein und legte Hut und Fäustlinge unter den Handrücken der den Vorderschaft fest umgreifenden Linken. Ich zielte lange, bis die Spitze des Abkommens ganz unbewegt da stand, wo weiße Kehle und schwarzer Hals sich berührten. Hoffentlich hingen keine übersehenen kleinen Zweige in die knapp zwei Handflächen große Lücke hinein. Solche nämlich vertrug meine hochrasante 5,6 Kugel nicht. Wenn sie daran streifte, entwich sie irgendwo ins Blaue. Der Schuß krachte mit aus nahen und fernen Wänden zurückhallendem Echo in den todstillen Herbstabend hinein. In kaum glaubhaft jäher Wirkung warf es den Bock hinter der Fichte heraus, und er rutschte und überschlug sich erst über die Wand und dann über den Lahner hinunter, kollerte und flog, schneller fast, als das Auge ihm folgen konnte, bis er in einem Seitengraben verschwand.

Ich schaute hinter ihm her. Nachsteigen, beim besten Willen, ganze Arbeit zu tun, nachsteigen würde ich ihm nicht. Es war genug der Steigerei gewesen heute, und ein gutes Stück Weges stand mir noch bevor. Am Ende dieses Weges würde der Andrä mich erwarten und mir über das für mich schwer Deutbare im Mittelstück dieses erregenden Erlebens heute Klarheit verschaffen. Ich will es vorweg nehmen, es war ähnlich, wie ich es vermutete, abgelaufen: Der Astor hatte in der Goger keinen Anschuß verwiesen, und als sein Herr mit ihm den Hauptwechsel, den man fast als Zwangswechsel bezeichnen darf, ein Stück weit gefolgt war, auch keine Wundfährte angefallen. Daraufhin brach der Oberjäger die Nachsuche als zwecklos ab. Da er darüber viel Zeit verloren hatte, nahm er an, ich hätte meinen Vorpaß längst verlassen und schaute erst gar nicht nach mir, als sein Weg zur Grenzalm ihn nahe bei mir vorbeiführte. Den kranken Bock (es zeigte sich nach der anderen Tags erfolgten Bergung, daß er elfjährig war) hatte mir demnach mehr oder minder der Zufall vor die Büchsmündung geführt.

Alles andere erfuhr ich am Abend im Rauchgespinst unter der Petroleumlampe der Almhütte. Aber zunächst stand ich noch vom Erlebnis beglückt am Rand des steilen Lahners. Auf dem Vorpaß lagen noch Mantel und Rucksack. Des letzteren Inhalt war mir jetzt auf einmal reizvoll geworden. So setzte ich mich noch auf eine Weile des Nachgenießens zwischen die Felsblöcke und Wurzelschlangen und ließ, an einen rauhborkigen Fichtenstamm gelehnt, den herben roten Wein mit sanftem Gluckergeräusch in den Silberbecher fließen. Wie viel freier ging jetzt der Atem, wie leicht und froh schlug das Herz! Es war, als hätte ein freundlicher Zauber den Farben der spätherbstlichen Waldhänge zu meinen Füßen neue Leuchtkraft geschenkt, als glitzerten die silbrigen Flußläufe draußen im flachen Land und der Spiegel des großen Sees eindringlicher als zuvor.

Ob ich viel glücklicher sein könnte, wenn es der verschwundene Kapitale wäre, den ich da unten im Graben liegen wüßte? Ich vermochte es jetzt nicht zu sagen, aber eines war mir wieder, wie schon oft, zur Gewißheit geworden: Wenn das Waidwerk eine hohe, eine edle Lust bleiben soll, dann muß es anderes, muß es viel mehr sein als die Freude über eine gewonnene Trophäe, was einen dabei bis in die Tiefe des Herzens glücklich macht.

# Warum?

moderato
rall.
So hat man oft mich schon ge - fragt: "Nenn' mir den
Grund, warum man jagt? Geht es um Beu-te, Kro-nen,
Schuss? Ist's Zeitvertreib, zwingt dich ein Muss?

rall.
Was lässt sich darauf sa - gen? (Mm)...am klügsten wär's, bliebe man
Ja.
stumm - - . Nur manchmal frag' ich dach zurück: "Sag', wa-rum
rall.
su-chen wir das Glück?" - - "Sag', wa - rum
meno
su - chen wir das Glück ? " - ("Nenn' mir den
Star Nr. 6, 12 Systeme®

Das Lied „Warum“ ist eines von 4 Gedichten des Autors Ludwig Benedikt Freiherr v. Cramer-Klett, zu denen Hermann Thieme die Musik für Bariton und Klavierbegleitung geschrieben hat.